JN149958

加藤尚武訳

ヘーゲル全集 2a

自然哲学

（哲学大系II）上巻

岩波書店刊行

謝辞

本訳書を完成するにあたっては、実に多くの方々のお世話になった。とくに、座小田豊氏（東北大学）、山崎純氏（静岡大学）、伊坂青司氏（神奈川大学）、栗原隆氏（新潟大学）、滝口清栄氏（法政大学）、石川伊織氏（新潟女子短期大学）、原崎道彦氏（高知大学）、木村博氏（法政大学）、北沢恒人氏（千葉大学）、小林亜津子氏（京都大学・大学院）はきわめて完成度の高い訳稿を下訳として提出して下さった。長島隆氏（日本医科大学）は、各国語の翻訳、参考資料などあらゆる情報環境を整えて下さった。鶴巻幸平氏（元千葉大学大学院生）は、ヘーゲル全集のテキスト・データベースを作成して下さった。屋宜克治氏（元千葉大学学生）は、既訳のコンピュータ入力をして下さった。これらの方々の援助がなければ本訳書は完成できなかった。厚く御礼申し上げる。

一九九八年三月

加藤尚武

凡例

一、本書はヘーゲルの『自然哲学』の翻訳である。すなわち『エンツュクロペディー』(Enzyklopaedie der philosophischen Wissenschaften im Grundrisse)の第二部(Zweiter Teil, Die Naturphilosophie)の本論(第二四五節から三七六節まで)、注解、補論、原注を含む全訳である。邦訳は上下二分冊とし、上巻には第三三六節までを収めた。補論(Zusatz)は、ヘーゲルの死後、弟子のミシュレがヘーゲルの草稿、学生のノートなどから編纂したものであって、ヘーゲル自身の執筆したものではない。

二、翻訳にあたっては、底本としてズールカンプ版著作集第九巻(G. W. F. Hegel, Werke in zwanzig Baenden, Bd. 9, Suhrkamp Verlag, Frankfurt am Main, 1970)を用いた。ペトリの英訳(M. J. Petry, Hegel's Philosophy of Nature, George Allen and Unwin, 1970)とミラーの英訳(A. V. Miller, Hegel's Philosophy of Nature, Oxford University Press, 1970)を参照した。

三、「 」は原則として、原文の引用符に対応するが、時として原文一語の訳文が長くなった場合、「もともとの自体的な在り方」(Ansichsein)のように理解を助けるためにも用いた。

四、原文で( )内の文章は、なるべく( )を用いずに、地の文章に直した。これは原文の( )の使用目的が、主として文章が複雑になることを回避するためであるのだが、この訳文では、文章全体をなるべく短く区切るという方針にしたので、（　）をつけるとかえって分かりにくいと判断したからである。

五、原文を分かりやすくするためになるべく短い文章に切って訳した。元の文の切れ目（原則として前の文章のピリオドの後）に番号を入れた。これは同一の段落のなかの文章の順番を示している。引用記号のなかに、ピリオドがある場合も、一文として扱った。たとえば、〈カントは「ＡはＢである。ＣはＤである」と言った。〉は、二つの文章として数えた。

六、段落の切り方は、原則としてズールカンプ版の通りとした。

七、訳語のあとに（　）で別の訳語を入れた場合がある。たとえば「単独に（対自的に）」と記したとき、従来の訳語では「対自的に」と訳してきた語（fuer sich）を「単独に」と訳したことを示している。

八、［　］はすべて訳者による補充である。

九、注はヘーゲルによる原注、編集者ミシュレの作った注、ズールカンプ版の編者の注がある。内容的には本論への注、注解への注、補論への注、原注への編者による注に分類できる。ヘーゲルとミシュレの注では区別のできないものもあるので、一括して「原注」として扱った。訳文中には（注１）、（注２）のように表わし、注の番号は、原注と訳注を区別せずに通し番号とした。注の位置は、該当個所の段落の後に置いた。「原注」であると判明している場合は、そのつど注記した。

十、ズールカンプ版の原文でイタリック体によって強調されている部分は、傍点（、）を付した。原文の一語が訳文の中では複数の単語に対応するとき、原則として最初の一個所に傍点を付した。ヘーゲル生前の版（Encyclopaedie der philosophischen Wissenschaften im Grundrisse. Zum Gebrauch seiner Vorlesungen von Dr.

Georg Wilhelm Friedrich Hegel, Zweite Ausgabe, Heidelberg, Druk《ママ》 und Verlag von August Osswald, 1827)などを参照しても、原文の強調は隔字体によるものだけで、強調のために文字種を変えたり、隔字体とイタリック体を併用したりすることはない。ただし、ドイツ語以外の言葉を表記する場合に活字を変えている例がある。原版の隔字体をズールカンプ版はイタリック体で再現している。ただしズールカンプ版では「補論」(Zusatz)という単語、固有名詞、書名もイタリック体で表現している。この分については本書では再現しなかった。

十一、訳文の中に原文を挿入する場合の表記は、ドイツで行われている新式表記にしたがった。すなわち、ウムラウト(¨)、エスツェット(ß)などドイツ語だけにつかわれる文字や表記法を排除して、ウムラウトは小文字のeをつけて表記し、エスツェットはssと表記するという原則を採用した。

十二、原テキストの成立事情、訳語の採択方針、本書の内容を含む対訳テキスト・データベースの特質などについては、下巻末の「解説」を参照していただきたい。

目次

下巻目次

緒　論

補論〔一〕　もしかすると「われわれの時代には哲学は特別な厚遇とか好意にあずかることがない。少なくとも以前のようには認めてもらえない。哲学の研究があらゆる他の学問的な教養と職業教育にとって不可欠の導入となり基礎となるべきだというような以前には認められていたことが、今日ではなりたたない」と言う人もいるかもしれない。[1] しかしそれだけに、ことさらに自然哲学がしつこく嫌われているという事実は深く考えるまでもなく、その通りだと認められる。[2] 特に自然哲学に対するこうした偏見がどの程度まで正当かということについて、私はくだくだしく述べ立てるつもりはない。だが私はまたそれをまったく見過してしまうわけにもいかない。[3] ともあれ、取りざた騒ぎが大きいときには例外なしによくあることが、起こっている。近年になってあからさまになった自然哲学の理念が、この理念の発見がもたらした最初の満足がえられると、思索する理性によって育てられる代わりに、未熟な人々［シェリング派］の手で粗雑にとらえられ、その結果、その敵によって打ち倒されるというよりは味方によって打ち倒されてしまったと言っていい。[4] 自然哲学の理念が、手を変え品を変え、何とたいていの場合には、外面的形式主義に変えられて、皮相な思想と空想的想像力とのための概念のない道具に転倒されてしまった。[5] 私は、理念というよりはむしろその生命を奪われたさまざまの形式が使用されている逸脱の相をあれこれ細かに述べようとは思わない。[6] 私はかなり前に、『精神現象学』の序文でこの点についてもっと多くのことを語ったことがある。[7] 当時、考えの行き届いた自然直観も粗野な経験主義も、理念によって導かれた［まともな］認識も外面的な抽象的悟性も、みな一様に［このロマン派の］バロック的なまた不遜な仰々しい作り話に背を向けてしまったことは不思議ではなかった。この［ロマン派の］作り話そのものが、粗野な経験主義や無分別な思想形式、まったく恣意的な空想や表面的な類比で論を運ぶ凡庸なやり方を、無秩序に混ぜ合わせたものなのである。彼らは、こうしてできた発酵物を理念・理性・学問だの、神的認識だのと称し、あらゆる方法と学問性との欠如を学問性の頂点だと言い触らした。[8] こうしたイカサマのために、自然哲学、一般にシェリング哲学は不信を買った。[9]

〔二〕しかし、理念のこのような混乱と誤解のために、自然哲学そのものをも放棄するとなると、問題はまったく別である。[1] 哲学の濫用と転倒とが、哲学に対する憎しみにとらわれている人々の思う壺であることは珍しくない。というのは彼らは学問そのものを誹謗するために、この転倒に付け込んで、この転倒に対する理のある批判すらも、ややもした曖昧な仕方で、哲学の図星を突いたという主張に仕立てて通そうとするからである。[2]

〔三〕さしあたり自然哲学に対する現存の誤解と偏見とにかんしては、この学の真の概念を確立することが、目的に適っていると思われるだろう。[1] こうした最初にわれわれの目にとまる反対は、しかし偶然的で外面的なものだとみなすべきである。そしてわれわれはそのような仕方をただちに脇に除外してしまってよい。[2] このような多分に攻撃的(polemisch)になって行く論調はそれ自体として喜ばしいものではない。一面から言うと、この点にかんして知的に有益なことなら、学問［体系］そのものに属する。他面、一般的にエンツュクロペディー［哲学体系］のようなものでは、もともと制限されている紙面をその豊かな素材のためにいっそう狭めることは知性のためにならないだろう。[3] というわけだから、前にすでに述べたことで留めておこう。前に述べたことは、こうした手口に対する一種の抗議(Verwahrung)だとみなされても構わない。すなわち、このような自然哲学の営み——しばしば輝かしい姿、また面白くもあるような姿、少なくとも驚きに値するような姿を現していて、自然哲学のうちにきらびやかな仕掛花火を見るとまで公言する人々を満足させ、思想を休ませるような自然哲学の営み――をこの叙述に期待してもらっては困るという予防策（Verwahrung）でもある。[4] われわれがここで扱うのは、想像の問題でも空想の問題でもなく、概念、理性の問題なのである。[5]

〔四〕こうした観点からすると、自然哲学の、概念、規定、手法・方法について、ここで述べるわけにはいかない。[1] しかしある領域の学問を論文に著すには、その対象と目的が何であるか、その学問でいったい何が、どのようにして考察されるのかの規定を前もって述べておくことは、たしかに一般的には適切である。[2] 転倒した仕方に対する自然哲学の反対は、その概念を詳細に規定すれば、おのずから消える。[3] 哲学という学問は、おのおのの分肢が先行者と後続者をもつひとつの円環である。さて、エンツュクロペディー〔円環体系〕の中では自然哲学は、しかし、全体の中の一つの円環として現れるにすぎない。だから、自然が永遠の理念から生ずることとか、その創造だとか、さらに必然的に一つの自然が存在するという証明すらも、先に論じたこと[4]（第二四四節）の中に含まれる。ここ〔自然哲学〕では、こうしたことはすでに知られていると前提せざるをえない。自然哲学とは何であるかを一般に規定しようとすれば、自然哲学を、対照的な規定に対して分離して、取り扱うのがもっともよい。なぜかというとあらゆる規定には二つのことが必要だからである。[5] まず第一にわれわれには自然哲学が自然科学一般、物理学、博物学、生理学に対する特有の関係におかれていることが分かる。自然哲学はそれ自身が物理学である、しかし合理的物理学である。[6] われわれが合理的物理学を把握し、特にその物理学への関係を確立しなければならないのは、この点においてである。[7] 今の場合、こうした対立は新しいものだという見方があるかもしれない。[8] 自然哲学はさしあたり新しい学問だと考えられる。このことはもちろんある意味では正当であるが、他の意味では正当ではない。[9] 自然哲学は古いからである。自然哲学は、自然観察一般と同様に古い。自然哲学は自然観察と区別できない。たとえばアリストテレスの『フィジカ』が、物理学（Physik）であるよりもはるかに自然哲学であるように、実際、自然哲学は物理学より古い場合すらあるからである。[10]やっと最近になって初めて、自然哲学と自然観察が互いに分離されるようになった。[11]ウォルフ哲学において、宇宙論として物理学から区別され、世界もしくは自然の形而上学だとみなされた学問のうちには、自然哲学と自然観察の分離が見出される。もっとも、その宇宙論は全く抽象的悟性規定に局限されたものではあるが。[12]この形而上学は、しかし、今日われわれが自然哲学として理解しているものよりもはるかに物理学から隔たったものだった。[13]何よりもまず物理学と自然哲学との区別ならびに相互の規定にかんして、物理学と自然哲学はひとが最初に考えつくほどには、ばらばらでないことが注意されなければならない。[14]物理学や自然誌は何よりもまず経験科学と呼ばれ、全く知覚と経験とに属している。そのようにして自然哲学に、すなわち思想による自然認識に対立するようなふるまいをしている。[15]しかし実際には、経験的物理学に示さなければならない第一のことは、経験的物理学のうちには、それが自ら認め、また知っているよりはるかに多くの思想が含まれているということである。また経験的物理学は、それが思っているよりもよい[思索的な]ものだということである。ことばを換えれば、思索が万一物理学で何か悪いものだとみなされるとすれば、経験的物理学は思ったよりもずっと悪い。[16]だから物理学と自然哲学が区別されるのは、知覚と思惟とが相互に区別されるようにではなくて、ただ思索の仕方と種類によってである。物理学と自然哲学はともに自然の思索的認識なのである。[17]

［五］これがまずわれわれの最初に考察しようとすることである。しかも、われわれはまず思索が物理学の中でどのようになっているかを考えようと思う。続いて第二にわれわれは、自然とは何であるかを考察し、そして第三に自然哲学の区分を示そうと思う。[1]

自然の考察方法

補論　自然哲学の概念[一]を見つけだそうとするには、われわれはまず第一に自然認識一般の概念を規定し、第二に物理学と自然哲学との区別を展開しなければならない。[1]

[二]自然とは何であるか。[1] われわれはこの問い一般に対して、自然認識と自然哲学を通じて答えようと思う。[2] われわれは自然をひとつの謎、問題としてわれわれの前に見出す。それに対してわれわれは解決したい衝動を覚えるとともに、またそれによって跳ね返される。引きつけられるとは、精神が自然のうちに自分を予感するということである。跳ね返されるということは、精神が、その中に自分を見出さない他者によって跳ね返されるということである。[3] アリストテレスは哲学が驚きから始まらなければならない（『形而上学』I、二、九八二b以下）と述べている。[4] われわれは知覚を始める。われわれは自然の多様な形態および法則に関する見聞を集める。こういうことをするだけですでに、無限の細部に出て行ったり、上に昇ったり、下に降りたり、奥に突込んだりするということなのである。そしてまさに終わりは見極められないので、こういうことをしてわれわれが満足するということはない。[5] しかも何事につけても、この認識の豊かさに向かって、自然とは何であるかという問いが新たに出て来る、または初めて生じてくる可能性がある。[6] 自然はどこまでも一つの問題であり続ける。[7] われわれは自然の過程や変化を見ることにより、その単純な本質を把えようとする。換言すれば、このプロテウス[たえず変化するギリシャ神話の神]を強要して、その変化を止め、われわれに自分の姿を見せて、語るようにさせる。プロテウスが単に多面的な、常に新たな形態をわれわれに示すのではなくて、プロテウスは何であるかを単純な仕方で言葉で意識にもたらしてくれるように仕向ける。[8] この「である」に対する問いには多様な意味がある。たとえば、「これは何の植物であるか」が問われる場合のようにしばしば問われたことが単に名称の意味しか

もたないこともある。あるいは名前が与えられている場合には、直観という意味をもつ。たとえば、私が羅針盤(Bussole)とは何であるのかを知らないとき、この道具を見せてもらって羅針盤が何であるかが今分かったと言う場合がそうである。[9]「あの人は何者である(ist)か」と訊く場合には、このである(ist)は身分という意味になる。[10]しかし「自然とは何であるか」と問う場合には、身分という意味にはならない。[11]われわれが自然の哲学を知ろうとするなら、どういう意味で〈である〉を問うているのだろう。これが、われわれが研究しようとしていることである。[12]

[三] というわけで、「自然の哲学こそがわれわれに自然の理念を提示しなければならない」などと言いながら、哲学的な理念に逃げ場を見つけることだってできる。[1] 哲学的理念に逃げるということから始めるとするなら、その〈である〉の意味は分からなくなるだろう。[2] というのはわれわれは、その理念そのものを具体的なものとしてとらえ、そのさまざまな規定を認識し、そして、それらを総合してとらえるということをしなければならないからである。だから、自然の理念を手に入れるためには、さまざまな規定の系列を通覧しなければならない。こうした系列を通じてはじめて、その理念がわれわれに示される。[3] さて、われわれに熟知されている形式でこうした規定を取り上げて、われわれは思索しつつ自然に関与すると言うとすれば、もっと他の仕方もまた存在する。この仕方を私が導入するのは完全性を狙ってのことではない。そうではなくて、この仕方の内に、理念の認識にとって不可欠であり、われわれが個別的に他の自然考[観]察の仕方の内で、前もって意識にのぼっている要素や契機が見出されるからである。[4] こうすればわれわれの計画の特徴点が頭角をあらわす地点を手近に引き寄せることになるだろう。[5] われわれは、実践的に自然に関係したり、理論的に関係したりする。[6] 理論的考察では、ひとつの矛盾が明らかになるだろう。この矛盾のおかげでわれわれは第三の立場に導かれる。この矛盾を解消するには、実践的な関係に固有のものを採り入れざるをえなくなる。そのために実践的関係は総体性にまで統合され、理論的な関係と合一されるだろう。[7]

二四五

実践的に人間は、自然に対してふるまう。その自然は、直接的で外面的なものそのものである。人間もまた直接で外面的なもの、したがって感性的な個体としてふるまう。この感性的な個体が、自然対象に対して自分を目的だとして対処するのは当然でもある。[1] こういう関係に従って自然を考察すれば、有限な目的論的な立場（第二〇五節）が生まれる。[2] この立場には、自然は絶対的な窮極目的を自己のうちに含んでいないという正しい前提が含まれている（第二〇七―二一一節）。しかしこういう考察が特殊な有限な目的から出発するとなると、一つには、その目的の偶然的な内容が、それだけですでに無意味で浅薄なものであるのに、そうした目的が考察の前提になってしまっていることがある。ところが他方では、目的関係というだけですでに、外面的で有限な関係に従うような把握よりももっと深い把握の仕方が必要になる。——すなわち、その本性から言って一般的で内在的であり、したがって自然そのものに内在する概念による考察の仕方である。[3]

補論　［一］一般的に自然に対する実践的な関わりは、利己的なものである欲望によって規定される。欲求は、自然を自分の効用のために利用し、自然を擦り減らしたり、擦り損じたりする、すなわち自然を絶滅させようとすることを目指している。[1] この点についてもっと詳しく見ると、直ちに二つの規定が現れてくる。[2] α) 実践的な態度では、自然の個別的な所産、もしくはそうした所産の個別的な側面が問題になる。[3] 人間の必要と智恵によって、自然を利用し、征服するための限りなく多様な方法が発見されてきた。[4] ソフォクレス（『アンティゴネー』Vの三三四行、三六〇行）はこう述べている。

……げに人間ほどにそら恐ろしきものはなし……
……不動にして。その果ては空しきもの。[5]

自然が人間に対してどのような力を繰り広げ、解き放とうと、寒さであれ、野獣であれ、水であれ、火であれ、人間はそれにそうした力に対抗する手段を知っている。しかも人間はその手段を自然から取ってきて、自然に対抗して用いる。人間の理性の狡知のおかげで、人間は自然の力に対して、他の自然物をその前にずらして、これをその力が磨滅させるにまかせ、その蔭で自分を守り、自分を維持する。[6] しかし、こうした仕方では、自然そのもの、その普遍者を支配することはできない。その普遍者を自分の目的のためにてなずけることはできない。[7] β) 実践的な態度のもう一つの規定は、われわれの目的が最後のもので自然物そのものは最後のものではないので、われわれは自然物を手段にするということである。しかし、手段になるということは自然の規定性(使命)そのもののなかにはなく、われわれのなかにある。それはちょうど、われわれが例えば食糧を血液にする場合のようなものである。[8] γ) 生じてくるのは、われわれの、何らかの種類の欠如によって妨げられていた満足であり、自己感情[満足感]である。[9] 私の内にある飢餓の中には私自身の否定がある。その否定は同時に、私自身ではない他者として現に存在し、消え尽きるものとしてある。私の行為は、この他者を私と同じものとして措定し、物の犠牲を通じて私の私自身との統一を回復することによって、この対立を克服(止揚)することである。[10]

[二] 以前おおいに愛好された目的論的な考察はたしかに精神への関係を根底においてはいたが、しかしただ外的な合目的性だけにしがみついていた。また精神を、有限的な精神という意味で受けとめ、そして自然的な目的にとらわれたものとして受けとめていた。このような自然事物を効用のあるものとして示すという、有限的目的の浅薄さのために神の叡智を示すという信用を失ってしまった。[1] 目的概念はしかし「羊毛は私が着るために存在する」というような自然にとっ

て外的なものだけではない。この場合には、たとえば神の叡智は『クセニエン』（注）に言われているように、瓶の栓のためにコルクの木を、胃弱の対策に薬草を、顔料用に辰砂を生じさせたのだから、驚くべきだというような馬鹿げたことが往々にして起こる。[2] 自然物に内在するものとしての目的概念は、そのものの単純な規定性である。たとえば、ある植物の芽には、実在的な可能性として樹木になって現れるはずのすべてのことが含まれている。だから合目的的な活動はただ自己保存の方向にだけ向かっている。[3] アリストテレスもまたこのような目的の概念をすでに自然の内に認識していた。そしてこのような作用性のことを彼は「事物の本性」と呼んでいる。これこそが本当の目的論的な考察、最高の考察なのであって、自然を自由な、その固有な生動性のなかで考察することが、その本領である。[4]

（注）『クセニエン』は、ゲーテとシラーがさまざまの同時代人を風刺して書いた警句集（一七九六―九七年頃）で、ヘーゲルがここで言及したのは「目的論者」という題のものである。「いとも有り難き創造主様よ。いかなる敬意にも値しましょう。コルク樫の樹を創造されると同時に、瓶の栓まで発明なさるなんて」という言葉がある。この種の子供じみた擬人法的な類比による「主観的目的論」を、自然そのものに内在的な目的性があるという「客観的目的論」と区別するという論旨は、この『自然哲学』だけでなく、あらゆるヘーゲルの著作で繰り返し語られている。

二四六

物理学と呼ばれているものは、以前は自然哲学と呼ばれていた。物理学もまた、同様に、自然の理論的な考察、しかも思索による考察である。一面から言うと、このような考察は、先に述べたような目的のように、自然にとって外面的である諸規定から出発するのではない。他面から言うと、この考察は自然のもつ普遍を認識することを、この普遍が同時に自己のうちで規定されていることの認識を目指している。普遍とはさまざまの力、法則、類のことであり、さらにまたこれらの内容は、単なる寄せ集めではなく、目(Ordnung)とか、綱(Klasse)とかの階層秩序のなかにあって、一つの有機体の姿をあらわさなくてはいけない。[1] 自然哲学は概念的に捉える考察である。だから、同じ普遍を対象としても、しかしそれだけを単独に(fuer sich)対象とする。そして、普遍を、概念の自己規定にしたがって、固有の、内在的な必然性のなかで考察する。[2]

哲学と経験的なものとの関係については一般的な緒論(Einleitung)で述べておいた。[1] 哲学は自然経験と一致しなければならないだけではなく、哲学的な学の発生と形成は経験的な物理学を前提とし、条件としている。[2] しかし、一つの学問の発生の歩みとか準備作業とかは、学問自体とは違う。学問のうちでは、そうした歩みや準備作業が基礎として現れることはありえない。ここで基礎となるものは、むしろ概念の必然性でなければならない。[3] すでに述べたが、哲学的な歩みの中では、対象はその概念規定に従って述べられなければならない。しかし、これだけではない。この概念規定に対応する経験的現象をつぶさに挙げて、これが実際に概念に対応することを明示しなくてはならない。[4] とはいえ、内容の必然性との関係では経験に訴える必要はない。[5] まして、直観と呼ばれてきたものや、たいていは類比による表象や想像(いやそれどころか空想)の働きにすぎないものに訴えることは許されない。類比は、偶然的な場合もあれば、有意義な場合もある。類比は、対象に規定や図式をただ外面的に印象づける(第二三一節注解)。[6]

補論 [一] 理論的な取り扱いをするときに、まず第一に大事なことは、α) われわれが自然物から引き下がり、自然物をあるがままにして、われわれを自然物の方に向けるということである。[1] ここではわれわれは自然の感覚的な見聞から始める。[2] しかし物理学がただ知覚にだけ基づいていて、知覚が感覚の確証に他ならないとしたら、物理学的な営みは、ただ見ること、聞くこと、匂いを嗅ぐこと等々にだけ成り立つことになる。それならば動物だって同じ仕方で物理学者だということになる。[3] しかし、見たり、聞いたり等々するものは、精神であり、思索者である。[4] われわれは理論的な扱いの中では事物を自由にしなければならないと述べた。このことはただ部分的に外的な感覚にだけ関係する。［部分的だと言うわけは］外的な感覚そのものがある部分では理論的であり、ある部分では実践的であり（第三五八節）、ただ表象の作用、すなわち知性だけが、事物に対する自由な態度をもっているからである。[5] たしかにわれわれは事物をただ手段である存在（Mittel-Sein）という側面だけで考察することができる。しかし、そうなると認識もまた手段であって、自己目的ではなくなる。[6] β）事物のわれわれに対する第二の関係は、事物がわれわれにとって普遍性の規定を得るということである。つまり、われわれが事物を普遍的なものに転化させている。[7] 表象のなかで思索が多くなればなるほど、自然らしさ、つまり事物の個別性と直接性は消えていく。侵入してくる思想によって、無限に多様な自然の富は貧しくなる。自然の春は死滅し、色彩のきらめきはあせていく。[8] 生命の自然のなかで騒ぎ立てていたものは、思想の沈黙のなかで黙ってしまう。自然の暖かい豊かさは、幾千にも分かれて魅力的な奇跡となって姿を現すが、曇った北国の霧にも似た、ひからびた形式と形態のない思想のなかへと朽ちていく。[9] γ）このような二つの規定は、両方の実践的な規定と対立するだけでなく、われわれには理論的な態度そのものがそれ自身の内部に矛盾を抱えているのが見てとれる。理論的な態度は、それが狙っているのとは反対のことを直ちに引き起こすように見える。[10] つまり、われわれは現実にある自然を認識しようとする。存在しないものを認識しようとは思わない。自然を放置して、自然の真実にあるがままを受け取り、自然を知覚する（wahrnehmen）代わりに、われわれは自然から何かまったく別のものを作り出す。[11] われわれは事物を思索することによって、それを普遍的なものにする。事物はしかし個別的である。ライオン一般というものは実存しない。[12] われわれは事物を主観的なもの、われわれによって作られたもの、われわれに属するもの、しかもわれわれ人間に固有のものにする。というのは、自然物は思索しないし、表象でも思索でもないからである。[13] 先に述べておいた第二の規定に従えば、まさにこの転倒(Verkehrung)が生ずる。われわれが始めたことが、始めるや直ちに不可能にされてしまうと思われないこともない。[14] 理論的な態度は、欲望を抑えることから始める。利己的ではなくなり、事物をあるがままにし、存立させる。こうした姿勢を取ると同時に、われわれは主観と客観という二つのものになり、この分離に固執して、此岸と彼岸となる。[15] われわれの意図は、しかし、むしろ自然を捉える概念を把握し、それがもはや疎遠なものでも、彼岸的なものでもなく、われわれのものにすることである。[16] ここには困難が登場する。どうしたらわれわれ主観は客観に移行することができるのか。[17] この裂け目を飛び越そうと思いついて、われわれは身をそこに引き込まれるにゆだねるのだが、この自然を思索する。われわれとは違う他者である自然を、そのあるがままとは違う他者にする。[18] 両方の理論的な関係は相互に直接に対立しあってもいる。われわれは事物を普遍的なもの、われわれに固有のものにする。しかし事物は自然的なものとして自由に(遊離して)単独に(fuer sich)存在するのでなければならない。[19] 認識の本性について問題になるのはこの点である。これが哲学の関心事である。[20]

〔二〕自然哲学は、しかし、自分が現に存在していることを証明しなければならないという不遇な立場におかれている。自然哲学を正当化するためには、それを既知のものに還元しなくてはならない。[1] 主観と客観の矛盾の解消については、学問からと宗教からとすでに周知でもある固有の形態について触れておかなければならない。宗教から生まれた〔解消の〕形態は、しかし過去のもので、この困難な点をすべて除去するのに時間はかからない。[2] すなわちこの二つの規定〔主観と客観〕の合一が、「罪のない根源的な状態」と呼ばれるもので、そこで精神は自然と同一なのである。そして精神の目が直接に自然の中心に立っている。他方、意識の分裂の立場は神の永遠の統一からの〔罪の〕堕落である。[3] こうした統一は、根源的な直観、同時に空想の内にもあるような理性、すなわち感性的な形態を形成しつつまさにそれによって感性的な形態を理性化［こじつけ］するものとして思い浮かべられている。[4] この直観する理性は神的な理性である。というのは、われわれは当然、神は精神と自然がそこで統一の内にあるようなもの、知性が存在と形態をともにもつと言ってよいからである。[5] 自然哲学が邪道に陥った理由のひとつはこのような思いこみにある。すなわち、たとえ今日の諸個人がもうそのような天国にいるわけではないとしても、それでも神が真実の認識と学問を眠っているうちに伝えるような幸運児（天才）がまだ存在するという思いこみである。またそのような幸運児ではなくとも、少なくともそれへの信仰によってそのような、自然の内面がおのずと人間に直接的に啓示される瞬間（契機）に自分を置き換えることができる。その際、人間はただ予言的に真理を述べたてるには自分の空想にものを言わせるのだと思いつきさえすればいい。[6] これ以上は何の源泉も指摘することのできない、こうした陶酔状態が一般に学問的な能力の完成だとみなされている。そればかりではない。さらに次のようなことさえ付け加わる。完全な学問のこのような状態が現在の世界史よりも先に進んでおり、こうした統一から堕落した後には、神話と伝統と他の痕跡のなかに、まだいくつかの砕片と、かの精神的な荘厳さ（光の状態）のかすかな余光が残っているという。宗教における人類の教養がそれ以上に進むには、この荘厳さ（光の状態）に結合して、そこから全ての学問的な認識が出発してきたのだという。[7] 真理を認識することが、意識にとって辛いことではないとすれば、そしてただ三脚椅子（注）に座って、神様のお告げを語っていればいいということであるなら、思索の労働はもちろんなくてもいいことになる。[8]

（注）　デルフォイ神殿の巫女が神託を告げる時に三脚椅子に座る。

［二］このような思いこみの欠点がどこにあるかを手みじかに述べると、もちろん最初に指摘されなければならないものは、そのなかに高いものがあって、それが最初みたところでは推奨に値するように見えるということである。[1] 知性と直観、

精神の内部中心(自己内存在)とその外面性への関係とのこのような統一は、しかし、始まり(始元)ではなくて目標なのである。直接的なものではなくて、産出される統一でなければならない。[2] 思索と直観との自然的な統一は、子どもの統一、動物の統一であり、たかだか感情と呼ぶことができるだけで、精神性と呼ぶわけにはいかない。[3] しかし人間は善悪の認識の木から[実を]食べてしまったに違いない。思想の労働と活動を通じて、この自然と自己との分裂の克服者となるまで歩み続けなければならない。この分裂の克服者としてのみ人間は、人間の本質(何であるか)となる。[4] 今述べた直接的な統一は抽象的な、もともと自体(即自)的に存在する真理にすぎない。それは現実的な真理ではない。内容が真理であるだけでなく、形式も真理でなければならない[からである]。[5] 二分裂の解消が、その形式が知る理念であるという形態をもたねばならない。解消の諸契機は意識そのものの内に追求されなくてはならない。[6] 大事なのは、抽象と空虚さに席をゆずることではない。知ることの無に逃避することではない。意識が、矛盾の発生したもとになる仮定を、通常の意識を通じて反駁することによって、自己を維持しなければならないということである。[7]

[四] 自然物がわれわれに対立したままで持続的であり、不加入的であるという難点、理論的な意識の抱く一面的な仮定は、実践的なふるまいによって直ちに反駁されてしまう。こういうふるまいの内には、「個別的な事物はもともと自体的には無である」という絶対的に観念論的な信仰がある。[1] 欲望の欠点は、それが事物に関係するという側面、事物に対して実在論的であるという側面にあるのではなくて、あまりにも観念論的であるという側面にある。[2] 哲学的な本物の観念論は、ほかならぬ、事物の真理が、事物そのものが直接的に個別的であって、すなわち感覚的であって、仮象、現象にすぎないという規定の内になりたつ。[3] 現代を席巻している形而上学によれば、われわれは事物がわれわれに対して絶対的に確固としているのでわれわれは事物を認識できないそうである。この形而上学については、次のように言うことができる。動物でさえもこの形而上学者ほどには馬鹿ではない。なぜなら、動物は事物を目指して、襲い、つかまえ、食ら

ってしまうからである。[4] 同じ規定が、先に述べた理論的態度の第二の側面、すなわち、われわれが自然物を思索するということのうちにある。[5] 知性は、もちろん感性的現存の内にある事物とはなじまない。しかし、知性は事物を思索することにより、事物の内容を自分の中に入れる(setzen)。そして、単独ではただ否定的であるにすぎない実践的観念性に、形式、普遍性を付け加えることによって、知性は個別性という否定的なものに肯定的な規定を与える。[6] 事物のもつこのような普遍はわれわれに属するような主観的なものではない。むしろ、推移的な現象(Phaenomen)に対して措定された本体(Noumen)として、真なるもの、客観的なもの、事物そのものの現実として存在する。それはプラトンのイデアのようなもので、どこか離れたところにあるのではなくて、実体的な類として個別的な事物の内に現存する。[7] われわれがプロテウスに強制を加えて、ということはつまり、感性的な現象に気兼ねをしないようにして初めて、プロテウスは真理を語るように強制される。[8] 月の神イシスのヴェールに書き込まれていた「われは在りしもの、在るもの、やがて在るものである。いかなる死すべきものも、わがヴェールを外さざりき」という言葉は、思想の前に消える。[9] だからハーマン(注)が「自然は、子音だけで書かれているヘブライ語である。この言葉には悟性が句読点を打たねばならぬ」と書いたのは至言である。[10]

(注)　カント宛書簡(付録)、一七五九年一二月末。

[五] 経験的な自然考察(観察)は普遍性のカテゴリーを自然哲学と共有している。しかし、経験的自然考察は、この普遍が主観的か客観的かで動揺することがある。綱(Klasse)とか目(Ordnung)とかが、ただ認識のためにだけに作られたという話はしばしば耳にする。[1] この手の動揺は、人が徴標は事物の本質的な客観的な規定であるという意見ではなしに、われわれが事物にしるしをつけるのに便利であるからという意見で、徴標を追求する場合にも発生している。[2] それ以上何もないとすれば、例えば人間の徴標としては耳たぶを指摘すればいい。人間以外の動物には耳たぶがないからである。

そのような規定が、人間に関して本質的なものを認識するのに不十分であることはすぐに感じられる。[3] しかし、この普遍が法則とか、力とか、物質とかと規定されるとすると、これを外的な形式だとか、主観的な付け足しだとかとみなす人はいないだろう。法則には客観的現実性があるとみなされる。力は内在的であり、物質は事物そのものの真の本性だとみなされる。[4] 類についても同じことが認められるだろう。たとえば、類は似たものの寄せ集めでも、われわれによって作られた抽象でもない。対象の固有の内的な本質である。また目(Ordnung)もまたわれわれにとっての概観ではなくて、自然そのものの階層的な段階である。[5] 徴標だって、同じように類の普遍、実体的なものとみなされる。[6] 物理学自身がこのような普遍性を自分の勝利だとみなしている。物理学はこのような普遍化を進めすぎているという人もいる。[7] 人は今日の哲学を同一哲学と呼んでいる。それならば物理学にも同じことを言えばもっと正しくなるだろう。なにしろ物理学は今日の「電気‐化学」では磁気も、電気も、化学過程も徹底的に同じだとみなしてさまざまの規定性を除去しているだけである。[8] あまりにも同一的なもののなかにいるということが物理学の欠点である。なぜなら同一性とは悟性の基本的なカテゴリーだからである。[9]

[六]自然哲学は、物理学が経験から取って自然哲学のために用意した素材を、物理学がその素材を運び終わった地点で受け取り、この素材を究極の確証として経験を根底に置くことなしに再び変容する。物理学は、哲学が自分に渡された悟性的な普遍を概念に翻訳するのを助けて働かなくてはならない。哲学は、普遍が内在的に必然的な全体として概念から生じてくるあり様を示す。[1] 哲学による表現の仕方は、ひとが永年二つの足で歩いた後でとつぜん趣きを変えて逆立ちをして歩くとか、普段の顔に突然色を塗ってみるとかというような恣意(思い付き)ではない。物理学の仕方では概念が満足されないので、だからこそ先に進まなくてはならない。[2]

[七]自然哲学が物理学から区別される理由は、詳しく言うとそれぞれが使っている形而上学の仕方にある。形而上学とい

うのは、普遍的な思索規定の範囲、いわばわれわれがあらゆる素材を持ち込むことで、その素材をはじめて理解可能(悟性的)にするダイヤモンドの網にほかならないからである。[1] 教養のある意識ならそれなりの形而上学、つまり本能的な思索がある。それが、われわれの内なる絶対的な力となる。われわれがその力そのものをわれわれの認識の対象にしたときに、われわれはその力を支配することができる。[2] 哲学は一般に哲学として通常の意識とは違うカテゴリーをもっている。すべての教養［の違い］はカテゴリーの違いに還元される。[3] 世界史だけではなく、学問の中のあらゆる革命はきまってつぎのようにして生ずる。精神が、いまや自己の理解と知覚のために、自己を所持するために、自己のカテゴリーを変更した。自分をもっと真実に、もっと深く、自己をもっと内的に、もっと自己と一体化して捉えつつ、カテゴリーを変更する。[4] さて物理学的な思索規定の不十分さは次の緊密に連関しあった二点に還元される。[5] α) 物理学の普遍は抽象的でただ形式的であるにすぎない。それは自己の規定を自分自身の身につけて(an ihm)もってはおらず、特殊性に移行しない。[6] β) まさにそのために規定された内容が普遍の外部にあって、その内にある必然的な連関もなしに、まったく有限なものとして、分散しており、断片化しており、個別化されており、分離されている。[7] 例えば花には、悟性は個別的な性質に着目する。化学は花を裂き、分析する。[8] われわれは色彩、花弁の形態、くえん酸、揮発性油、炭素、水素、等々を区別する。そして花はこうした部分から成り立つと言う。[9] ゲーテが言うように、

化学ではそれが自然の処理と呼び
自分で自分をあざ笑い、だけど、どうしていいかは知らない。[10]
部分を手に取っても
残念ながら、ただ精神による絆ばかりはありゃしない。[11]
（『ファウスト』第一部、書斎の場Ⅴ、一九四〇―四一行および一九三八―三九行

精神は悟性的反省のこのような仕方に留まっていることはできない。それを超えて行くには二つの道がある。[12] α) とらわれのない精神が生き生きと自然を直観するとき、われわれはゲーテにおいてしばしば感性的な仕方で直観が働いているのを見出すのだが、精神は生命と自然の内の普遍的な連関を感じる。精神は宇宙を有機的な全体として、理性的な総合性として予感している。同時にまた精神は個別的な生物の内にも自己自身の内の内的な統一を感じ取っている。しかしわれわれが花の全ての成分を集めても、花は生まれてこない。[13] こうして自然哲学で直観が呼び出され、直観が反省の上に置かれた。しかし、これは邪道である。なぜなら直観からひとは哲学することはできないからである。[14] β) 直観さえも思索されなくてはならない。その断片的なものを単純な普遍へと思索しつつ戻さなくてはならない。この思索された統一が概念である。概念は、規定された区別であるが、しかし、自己内で運動する統一をもっている。[15] 哲学的普遍性にたいしてさまざまの規定は無関係ではない。哲学的普遍は自己自身を満たす普遍であり、そのダイヤモンドのような同一性のなかに同時に区別を自己内に保持している。[16]

［八］真の無限とは、自己自身と有限者との統一である。これは今では哲学のカテゴリーであって、だからこそ自然哲学のカテゴリーでもある。[1] 類とか力とかが、自然の内部であり、こうした普遍者に対比して、外部とか個別者は消滅するものである。そこで人はさらに第三の段階として内部の内部 (das Innere des Innern) を求めるが、それは前の節で述べたように普遍と特殊の統一であろう。[2]

「自然の内部へは」、おお、汝、俗物よ、「被造物である精神には、入り込むことはできない。[3]」
私にも、兄弟にも、そのような［内部という］言葉を思い出させないでほしい。[4]
どこにいようと、われわれは、内部にいると考える。[5]
「幸いなるかな、自然から外側の殻ばかりを示されし者よ。[6]」

この言葉を、六〇年もの間、聞かされた
この言葉を、呪ってはいたが、しかし、密かに盗まれた。
一〇〇〇回でも言って欲しい
自然はすべてを惜しみなく与えると
自然には核だけあるとか、殻だけあるとかいうことはない。
自然は、一挙に、そのすべてである。
君、自分で試すのが何より肝心ですよ
自分が、核なのか、殻なのか。(注)[7]

§ 246

内的なものの把握によって理論的なものと実践的なものの一面性は克服(止揚)[否定]される。同時に、両方の規定に充足がなされる。[8] 理論的なものには、規定性のない普遍性が含まれる。実践的なものには、普遍のない個別性が含まれる。概念的に把握する認識は、この中間(媒体)であって、この中間(媒体)のなかで普遍性は対象の個別性に背を向けたままで私の内なる此岸にとどまるということがなくなる。普遍が事物に対して否定的にふるまうことによって、自己を事物に同化させる。それによって、普遍は個別性までもその事物のうちに見出すが、事物をあるがままにし、自己内で自由に自己規定にゆだねる。[9] 概念的に把握する認識は、こうして理論的な態度と実践的な態度との統一である。個別性の否定は否定の否定として、肯定的な普遍性であり、この普遍性が諸規定に存立を与える。なぜならば真の個別性は同時に自己自身の内で普遍性だからである。[10]

(注) ゲーテが『形態学によせて』(Goethe, Zur Morphologie, I Bd., 3. Heft, Stuttgart u. Tuebingen 1820, S. 304)に発表した詩の一部を変えてヘーゲルは引用している。この詩のなかには、ゲーテによってアルブレヒト・フォン・ハラ

ー(Albrecht von Haller, 1708–1777. スイスの解剖学者で詩人)の詩の一部「自然の内部へは被造物である精神には入り込むことができない。せめて自然から外側の殻を示されればあまりにも幸運である」がはめ込まれている。

[九]この立場に対して出されるかもしれない非難は、まずさしあたり次のような問いであろう。普遍はどのようにして自分自身を規定できるようになるのか。[1] 無限者はどのようにして抜け出して有限性に到達するのか。[2] 具体的な形の問いでは、神はどのように世界を作るにいたったのか。[3] 人は神が世界の外にいる主体、現実性であると思い浮かべている。しかし、このような特殊者の外部にある抽象的な無限性、普遍性は、ただ一側面にすぎない、だからそれ自身が特殊者であり、有限者なのである。[4] 悟性は無自覚だから、まさに悟性が立てた規定を克服(止揚)[廃棄]してしまう。そして自分が欲したのとは反対のことをしでかす。特殊者は普遍者から分離されねばならない[という立場を悟性はとる]。しかし特殊者はそれによって普遍者の内に措定される。それゆえただ普遍と特殊の統一だけが存在する。[5] 神は二様に、自然としての啓示をし、精神としての啓示をする。神の二つの形態は神が自ら満たし、その内で現前する寺院である。[6] 抽象体としての神は真実の神ではない。神はただ、自分の他者である世界を措定する生きた過程としてのみある。この他者を神の形で捉えれば、子である。神は、他者との統一の中で、すなわち精神の中で、はじめて主体である。[7] 精神が自分自身の本質、概念を自然のなかで、自分の写像[対象]を自然の内に見出すこと、これが自然哲学の使命であり、目的である。[8] 自然研究とは、精神を自然の中へ解放することである。精神は他者と関わるのではなく自分と関わる限りにおいて、そこ[自然、自然研究]に生起するからである。[9] それはまた自然の解放でもある。自然はありのままで理性である。精神を通じてはじめて、自然それ自体が自然の側で現存に達する。[10] 精神はアダムがエヴァを見たときに抱いたのと同じ確信「これこそ我が肉の肉、我が骨の骨」という確信をもつ。[11] 自然は、精神と結婚した花嫁である。[12] しかし、この確信は真理でもあるのだろうか。[13] 自然の内部が普遍者に他ならない以上は、われわれが思想をもつ限り、われわれはこの自然の

内部において、自分の許に(bei sich)とどまる。[14] 主観的な意味での真理が、思い浮かべた表象と対象との一致であるとすれば、客観的な意味での真理は客観、すなわち事物のそれ自身との一致、事物の実在性がその概念と適合していることである。[15] 私の本質のなかの自我は、概念であり、自己同一者、すべてを貫いて行く者である。これは、特殊的な区別への支配を保持するので、自己の内に戻る普遍である。[16] このような概念こそが、唯一の現実的なもの、真実の理念であって、宇宙の神的な理念である。[17] 神のみが真理である。プラトンによれば、身体と霊魂が一つになった不滅の生命体である。[18] ここでの最初の問いは、なぜ神は自然を創造するようにと自分を規定したのかということである。[19]

自然の概念

二四七

§247

自然が身代わり(他在 Anderssein)という形の理念であることが明らかになった。[1] この身代わりの理念は、自分自身に対して否定的なもの、すなわち自分に対して外的なものとして存在する。だから、自然は外面的に単に相対的にこの理念(および理念の主観的な実存、すなわち精神)と関係するだけではない。外面性そのものが、理念が自然として存在するときの規定を形づくっている。[2]

補論 [一] 神が完全充足者、求めるべき欠落のない者であるならば、どうやって神は自分と端的に不同なものになろうと決意したのか。[1] 神的な理念は、まさに、こうした他者を自分から産み出そうとする決意、そして再び自分の内に戻って、主観性と精神になろうとする決意である。[2] 自然哲学そのものは、この戻りの道に属する。というのは、自然哲学は、自然と精神の分裂を克服(止揚)し、精神に自然の中でのその[精神の]本質の認識を保証するものだからである。[3] これが全体としての自然の位置である。自然の規定性とは、[1]理念が自分自身を規定し、つまり[2]区別を理念の内に取り込み(setzen)、[3]他者を措定する(setzen)ということである。ただし、理念は不可分性の内にあって、無限の善であり、身代わり(他在)に理念のすべての豊かさを分かち与える。[4] 神は、このような自分の規定のなかでも自己同一のままである。その契機の一つ一つそのものが全体的な理念であり、神的な統合として措定されなくてはならない。[5] この区別された契機は三つの形式で捉えられる。普遍、特殊、個別である。[6] 区別された契機は、第一に、理念の永遠の統一の中に保持される。これがロゴスで、フィロン(注)のとらえ方によれば、神の永遠の子である。[7] この極には他の契機、すなわち有限の精神の形式となる個別性がある。[8] 自分の内へ戻った形で、たしかに個別性は精神[聖霊]である。しかし個別性は、あらゆる他の有限な精神や人間精神を排除するような身代わり(他在)として精神である。というのは人間以外の他の有限な精霊たち(Geister)にはわれわれは関与しないからである。[9] 個別的な人間は同時に神的本質との統一の中でとらえられるので、個別的人間はキリスト教の対象となる。このことは個人の側ですることのできる最も大きな期待である。[10] われわれがここで問題にする第三の形式は特殊性の中での理念で、これは二つの極の間におかれた自然である。[11] この[特殊の]形式が悟性にとってはもっとも受け入れやすい。精神は単独で現存する矛盾として設定(setzen)される。というのは無限に自由な理念と個別性の形式の中での理念とは客観的な矛盾におかれているからである。自然の中では矛盾はもともと自体的であるにすぎない。すなわち「われわれにとって」矛盾であるにすぎない。身代わり(他在)が静かな形式として理念の側で現象するからである。[12] キリストの中で矛盾は、生命、受難、再生として登場し(gesetzt)、克服

（止揚）されている。自然は神の子である。しかし、［自然的な意味での］子としてあるのではなくて、身代わり（他在）の中での固執という［哲学的な］意味での子である。自然は愛の外に瞬間に対して固定されたものとしての神の理念である。[13] 自然は疎外された精神である。この精神は自然のなかでただ放任されている。自分自身を制したり、抑えたりしないバッカス的な神である。自然のなかで概念の統一は隠されている。[14]

（注）アレクサンドリアのフィロン（前二〇—後四五年）のこと。ヘーゲルは、その『哲学史』（ズールカンプ版全集十九巻、四二一ページ、岩波版全集、下巻の一、二二ページ）で、「神の似姿と面影がロゴス、思惟する理性であり、世界を支配し、世界を秩序の中に保つ最初の息子である」という言葉を引用している。

［二］思惟的な自然考察［自然哲学］は、［1］自然がこうした精神になる過程、身代わり（他在）を克服（止揚）する過程を身につけているということ、［2］自然そのものの各段階に理念が現存するということを考察しなくてはならない。理念から疎外されると、自然はただ悟性の死骸にすぎない。[1] 自然がいくら理念であるとはいっても、それはもともと自体的（即自的）に理念であるにすぎない。だからシェリングは自然を化石化した知性と呼び、他の者は凍った知性とも呼んだ。神はしかし化石化されたまま、死んだままではいない。石が叫び、自分を高めて精神にする。[2] 神は主観性、活動性、無限の現勢（Aktuositaet）である。そのなかでは他者はただ瞬間的に存在するだけであり、もともと自体（即自）的には理念の統一の内にとどまっている。他者それ自身が理念のこうした統合だからである。[3] 自然が身代わり（他在）という形式をとった理念だとすれば、理念という概念からして、まったく端的な理念そのもの（即かつ対自的な理念）は自然のなかにはないということになる。たしかに、だからと言って、自然が、理念が顕在化され、そこに出現するあり方の一つでないということにはならない。[4] 理念のこういうあり方こそが自然なのだということ、これは議論と証明の的になる第二のことがらである。最後には、この定義が思いこみ（表象）に対応しているかどうかの比較を示さなくてはならない。こ

の点の論述は後で出てくる。[5] ところで哲学は思いこみを問題にしない。またどのような観点であれ哲学は思いこみから要求されるものを実行する必要もない。というのは思いこみというのは勝手に作られるものだからである。しかし、それでも一般的には哲学と思いこみは一致しなくてはならない。[6]

[三] 自然のこのような根本規定の場合には、形而上学的な側面との関係が注目されなければならない。この関係は、世界の永遠性への問いという形で扱われる。[1] ここでは形而上学は脇にどけておいてもいいと思われるかもしれない。しかし、こここそまさに形而上学を前に出してくるべき所である。形而上学とは言っても細かな点に入り込むわけではないし、すぐにけりが付くのだから遠慮はいらない。[2] 自然の形而上学とは、自然の区別の本質的な思想規定である。本質的な思想規定とは、自然がその身代わり(他在)の中での理念であるということである。だから、この思想規定の中には、自然が本質的に観念的なものであるということ、つまりは、ただ相対的なものとしてだけ、区別との関係のなかでだけしか規定性をもたないことが含まれる。[3] 世界の永遠性への問いにかんして言えば、世界のことを人は自然と混同している。というのは世界は精神的なものと自然的なものとの集合体だからである。世界の永遠性には、第一に最初に時間という観念(表象)の意味、時間のなかには始まりをもたない無限に長い時間すなわち永遠性という意味がある。第二には、創造されないもの、永遠なるものとしての自然が、単独で自立して、神に対するものと思い浮かべられるという意味がある。[4] 第二の点にかんしては、身代わり(他在)の中での理念であるという自然の規定からは、遠ざけられ、完全に斥けられる。[5] 第一の点にかんして言えば、世界の絶対性という意味を離れてしまえば、ただ時間の観念(表象)との関係の中での永遠性があるのみである。[6]

[四] この点について言っておかなくてはいけないのは、α) 永遠性は時間の前にあるのでも後にあるのでもないということである。世界創造の前でもないし、世界が消滅するとしたら、その後でもない。永遠性は絶対的な現在性であって、

以前も以後もない今である。[1] 世界は創造された。今創造されている。永遠に創造されるであろう。このことは世界の維持という形で現れる。[2] 創造とは絶対的理念の活動性である。自然の理念は理念そのものと同じように永遠である。[3] β) さて世界・自然が有限性のなかで時間の中での始まりをもつか否かという問いを出すに当たって、人は世界、もしくは自然一般を思いこみ(表象)の前にもつ。思いこみ(表象)の前にあるものは普遍者である。真の普遍者はすでに述べたように理念であり、理念は永遠である。[4] 有限なものは時間的であり、前と後をもつ。人が有限なものを自分の前にもつとき、人は時間のなかにいる。[5] 有限なものは、始まり[始元]をもつが、絶対的な始まり[始元]はもたない。その時間はそれとともに始まり、時間は有限者の時間である。[6] 哲学は時間のない概念把握である。時間をもあらゆる事物一般をもその永遠の規定にしたがって把握する。[7] 時間の絶対的な始まり[始元]を遠ざけるとすれば、無限の時間という反対の思いこみが現れる。無限の時間は、それがまだ時間として思い浮かべられ、克服(止揚)された時間としては思い浮かべられていない限り、まだ永遠性からは区別されている。[8] 思想が、有限なものを永遠なものに解消できないかぎりで、無限の時間は、「この時」ではない。それは別の時である。そして、さらにまた別の時である。つねにさらに、別の時である(第二五八節)。[9] 物質は無限に分割可能である。物質の本性とは、全体として措定されたものが、一者としては端的に自分自身に外的であり、多数者を自分内にもつということである。[10] しかし物質は実際に、原子から成り立つように分割されているのではない。分割は単なる可能性にすぎない可能性である。無限に分割するというのは積極的なもの・現実的なものではなく、主観的な思いこみに過ぎない。[11] 同様に無限な時間も、「前に出ていく」がどこまで行っても否定的なものにとどまるという想念にすぎない。人が有限者として有限なものを考察している間は、必然的な想念である。[12] しかし、私が普遍的なものに、有限でないものに移行したら、私は個別性とその交代が生ずる場となる視点を放棄することになる。[13] 表象のなかでは世界はただ有限性の集まりに過ぎない。世界がしかし普遍者、統合として捉えられると[世界の」始まりについての問いは直ちに消えてしまう。[14] どこで始元（始まり）を作るかということは無規定である。それは始元を作るということで、そのような始元は相対的である。[15] ひとはここを超える。しかし、無限に進むわけではない。むろんこれまた制約されたものに過ぎないようなもっと遠くの始元に行くだけである。要するに、われわれが有限なものの内にいるために、ただ相対的なものの本性が表現されているだけである。[16]

〔五〕これが抽象的な規定を絶対的だとみなしてその間を行きつ戻りつしている形而上学である。[1] 世界は時間上の始まりなしに存在するのか、それとも始まりがあるのか、過不足のない積極的な答えは出てこない。[2] 過不足のない答えというのは、一方かさもなければ他方かという意味である。[3] 過不足のない答えとは、むしろあれかこれかという問いは役にたたないということである。[4] あなた方が有限なものの中にいるなら、あなた方は始まりも始まりの無さももっている。このように対立した諸規定は有限なものに属するが、解消も和解もしない矛盾のなかにある。それは矛盾であるために没落してしまう。[5] 有限なものの前には他者がある。有限の連関をたどれば、地球の歴史とか人間の歴史とか、この「前」を探求せざるをえなくなる。[6] そこに終わりはない。ひとがあらゆる有限なものでは終わりに至るのと同様である。有限なものの多様性に対して支配権をもつのは時間である。[7] 有限なものには始まりがある。この始まりはしかし最初のものではない。有限なものは自律的である。しかし、この直接性もまた制約されている。[8] 想念（Vorstellung）は、このような前とか後とかをもつ規定された有限者を見捨ててしまうかもしれない。そして、時間の空虚な想念に移るとか、もしくは、世界一般に移るとかするならば、想念は空虚な想念のなかを、ただたんに抽象的な観念のなかをうろつくだけである。[9]

二四八

こうした外面性のうちに、概念のさまざまな規定が、照らし映される。概念のさまざまな規定が相互に無関係に、存立するように見えたり、個別化されているように見えたりする。概念が、内的なものとして存在するのはそのためである。[1] だから自然がその現存在の中で示すものは、自由でなくて必然性と偶然性である。[2]

［自然崇拝の否定］自然が自然であるよりどころは、自然の特定の現存である。しかし、自然をその特定の現存にかんして神化すべきではない。また、人間の行為や人間界の出来事をさしおいて、太陽や月や動物や植物等々を、神の作品とみなして引き合いにだすわけにはいかない。[1] ――自然はもともと自体的には、すなわち、理念のなかでは神的である。しかしありのままでは、自然の存在は自然の概念に適応しない。自然はむしろ解消されない矛盾である。[2] 自然の固有性は、固有だと見立てられた在り方(Gesetztsein)である。つまり、古代人が物質一般を非存在と捉えたように、消極的なものである。[3] そこで、自然は、理念の自分自身からの離反(Abfall)とも言われる。というのは、理念は、外面性というこの形態では、自分自身との不適合になっているからである。[4] 自然が第一のもの、直接的なもの、存在するものに見えるのは、ただ感性的な意識だけである。感性的な意識は、それ自身がはじめは外面的で、それゆえ直接的であるからである。[5] ところが、外面性という本来の境地(Elemente)にあっても、自然は理念の表現なのだから、ひとが自然のなかの神の英知を見て驚嘆の念をいだいても不思議ではない。[6] さてしかし、ヴァニーニ(注)は、神の存在を認識するにはわら一本で十分だと言った。だとすると、精神のどんな表象でも、想像の最低限、気紛れの戯れ、またどんな言葉でも、これらはすべて、神の存在の認識根拠として、個々のどんな自然対象よりも優れているということになる。[7] 自然のなかでは、形式の戯れがとらわれのない放埒な偶然性を示すだけではない。どの形態も、それだけ単独では自分自身の概念を欠いている。[8] 自然がその現存在で目指す最高のものは生命である。生命も、ただ自然的な理念としては、外面性という理性的

でないものにゆだねられている。個々の生命性は、その現存のすべての契機の中で、他の個別性と繋がれてしまっている。これにたいし精神のどのような外化［あらわれ］にも、自由で普遍的な自分自身への関係という契機が含まれている。[9] 精神的なものを一般に自然物より低く評価したり、人間の手になる芸術品は外部からその素材を取って来なければならないという理由で、また生きていないという理由で、芸術品を自然物よりも劣ったものとみなすのは、誤解である。[10] 精神的な形式が、自然的な形式よりも一層高次の生命を含んでいるからこそ、精神に相応しい。あらゆる倫理［人倫］的なものの中で、人が物質(Materie)と呼ぶことのできるものは、まったくただ精神だけに属している。それは自然のなかでの一層高次のもの、すなわち、生きものが、その物質を外部から取って来るのと同様である。こうした真理が、精神を自然より低く見る立場では、嘘みたいに思われている。[11] 自然は、その現存の中で、どれほど偶然であっても、永遠の法則にあくまで忠実であるということが、自然の長所だと言われる。しかし、同じことは自己意識の領域でも言える。一つの摂理が人間のさまざまな営みを導いているということは、信仰のなかですでに承認されている。それとも人間の営みの領域で、こうした規定が単に偶然で不合理なものにすぎないとでも言うのだろうか。[12] しかし精神の偶然性(気紛れ)、すなわち恣意が嵩じて悪にまですすむことがあったとしても、そのこと自体はやはり、天体の合法則的な運行や植物の無心さよりもはるかに高い。というのも、このように道を誤るのも、それが精神だからこそである。[13]

（注）　ルチリオ・ヴァニーニ(Lucilio Vanini, 1585-1619)。イタリアの自然哲学者。自然を神そのものだと主張したため、ヘーゲルは『哲学史』(ズールカンプ版二十巻、四〇ページ、岩波版全集、下巻の一、二五一ページ)で、「彼は自然の生命力に感心していた」と述べている。神を冒瀆した科で火あぶりの刑にあった。

補論 ［一］ 物質が無限に分割できるということは、物質がそれ自身にとって外面的なものであることに他ならない。[1] 最初に感覚を驚かせる自然の測りがたさというのは、まさにこの外面性である。[2] 質点はどれも他のすべての質点から完全に独立しているように見える。自然は自分の思想を集約していないので、自然の領域では概念のない見方が大手をふっている。[3] 太陽、惑星、彗星、元素、植物、動物はおのおの単独で(fuer sich)存在している。[4] 太陽は地球に対する他の一つの個体である。太陽を他の諸々の惑星と結びつけるものは重力だけである。[5] 生命に達して初めて主体性、すなわちばらばら状態の反対が登場する。心臓、肝臓、眼は単独では自立した個体ではない、肉体から切り離されれば、手は腐敗する。[6] 有機的な身体も、まだ多様なもので、ばらばら状態の在り方である。しかしそのおのおのの個別者は、主体のなかだけで持ちこたえ、概念がおのおのの分肢の支配力として現存している。[7] このように概念は、没概念性の中では単に内的なものであるにすぎないが、生命に達して初めて霊魂(Seele)として現存するようになる。[8] 有機体の空間性は霊魂に対しては全く何の真理性もない。さもないと、われわれは点と同じ数の霊魂をもたなければならなくなる。なぜなら霊魂はあらゆる点で感ずるからである。[9] 人はばらばら状態(相互外在態)という仮象によって欺かれてはならない。むしろ、ばらばら状態の在り方が一つの統一を形づくることを認識しなければならない。諸々の天体はまったく自立しているもののようにしか見えないが、それらは一個の軌道の番人(Waechter)である。[10] しかし自然の中の統一は見かけ上自立した者の間の関係なので、自然は自由ではなく、全く必然的で偶然的である。[11] なぜなら、必然性とは、まだ無関係に現れている区別されたものの不可分性だからである。一方、中心を自分の外にもつ存在(自己外存在)という抽象さえもその正しさ(権利)に達するということは、偶然性である。この偶然性は外的必然性であって、概念の内的必然性ではない。[12] 物理学では極性について語られることが多い。この極性という概念は、物理学の形而上学の中で起こった大きな進歩である。なぜなら極性という思想は、一つのものと共に他のものもまた画定(setzen)される限りにおいて、それぞれ一つのものである二つの異なるものの間の必然性の関係の規定に他ならないからである。[13] この極性は対立[するもの]の上だけに制限される。対立を通じて、しかし対立から戻ることもまた統一として画定(setzen)される。そしてこれが第三の者である。[14] これこそまさに概念の必然性を極性以上にもつものである。[15] 身代わり(他在)としての自然では、また自乗性(Quadrat)、換言すれば四数性(Vierheit)が、例えば四大、四原色、等々の中のように、必然性の全ての形式に含まれる。さらに進んで例えば五指とか五官のように、五数性(Fuenfheit)も含まれる。精神では三数性(Dreiheit)が必然性の根本形式である。[16] 自然の中では概念の選言構造(Disjunktion)の統合が四数性(Vierheit)として現存する。その理由は次に述べる。第一のものは普遍そのものである。しかし、第二のものすなわち区別は、自然そのものの中では二重のものとして現象する。自然の中で他者は単独(対自的)に他者として現存しなければならない。このようにして普遍性と特殊性との主観的統一が第四のものとなる。この第四のものもまた他の三者に対して特殊的な現存をもつ。一と二とがそれ自身で完全な特殊性を形成するときには、概念そのものの統合が五数性(Fuenfheit)にまで進むこともある。[17]

[二] 自然は、理念の否定的なものであるために、否定的である。[1] ヤコブ・ベーメ曰く、神が最初に生んだものはルツィファー(光の天使)であり、この光の存在者(Lichtwesen)は自らのうちに自らを想像して入れ込み(hineinimaginieren)、悪となった。光は区別の契機、すなわち、愛の中の身代わり(他在)である子に対抗して確保された身代わり(他在)である。[2] 東洋的な趣味に現れているこのような想念(表象)の根拠と意味は、自然の否定的本性のうちにある。[3] 身代わり(他在)の他の形式は直接性である。直接性とは区別されたものが抽象的にそれだけ単独で(fuer sich)存在していることである。[4] しかしこの存立は瞬間的なものに過ぎず、本当の存立ではない。理念だけが永遠に存立する。というのは理念は絶対的存在(即かつ対自的存在)、すなわち自分へ戻った存在だからである。[5] 自然は時間の中では最初のものである。し

かし絶対的な最初は理念である。理念という絶対的な最初は、究極(最後)のものであり、真なる初めである。アルファがオメガである。[6] 人間はしばしば直接的なものをずっとすぐれたものと受けとり、媒介されたものでは依存的なものを思い浮かべる。概念にはしかし二つの側面がある。概念は媒介の克服(止揚)を通じた媒介であり、そのようにして直接性である。[7] 神の直接的信仰についても同じように言われる。しかし、直接的信仰は、存在の低い在り方で、もっと高次の在り方ではない。根源となった最初の宗教が自然宗教だったのと同様である。[8] 自然の中の肯定的なものとは概念の輝きが貫いていることである。概念がその威力を示すさしあたりの仕方は、この外面性のうつろいやすさである。しかしまた全ての現存するものは、霊魂がその内に住まう一個の肉体でもある。[9] 概念はこの巨大な肢体に顕在化される。しかし自分そのものとしては顕在化されない。概念があるがままに現存することが生起するのは、ただ精神の中だけである。[10]

§249

二四九

自然はさまざまの段階からなる一つの体系として考察されなければならない。一つの段階は他の段階から必然的に発生して来る。一つの段階はこの段階が結果としてでてきた[先行する]段階のまず最初の真理である。しかし、一方の段階が他方の段階から自然的に産み出されるのではない。自然の根底を形づくる内的な理念のうちで産出される。[1] 形態変容(Metamorphose)は、概念そのものだけに属する。というのは、概念の変化だけが発展だからである。[2] しかし概念は、自然の中では、一部は単に内的なものにすぎず、一部は生きた個体としてだけ現存する。したがって現存する形態変容は生きた個体だけに限定される。[3]

自然の形式や圏域がもっと高次のものへと形成・移行してゆくことを、外面的現実的な産出と見るのは、古代だけでなく、近代の自然哲学の未熟な考えである。未熟な考えをもつ人々はこの産出を明らかにしようとして、こともあろうに、これを過去の闇のなかにもどしてしまっている。[1] さまざまの区別をばらばらに切り離し相互に無関係な現存物として登場させるという外面性こそ自然にとって固有である。段階を追って進む弁証法的な概念は、自然の内部である。[2] たとえば動植物が水から発生したと言う。また発達した動物の組織が下級のものから発生したと言う。こういう曖昧な、根本的に感性的な考えは、思索的な考察が拒否しなければならない。[3]

補論〔一〕 自然物の効用の考察は、自然物がもともと本来（即自対自的に）絶対的目的ではないという真理をその内に含んでいる。このような否定性は、しかし自然物にとって外的ではない。その理念の内在的契機である。この「否定性という」契機が、事物の変わり易さと他の現存への移行、しかも同時に高次の概念への移行を生じさせる。[1] 概念はあらゆる特殊性を普遍的な仕方で画定（setzen）するが、さらには現存化する。[2] 類が時間の中でだんだんに進化すると考えるのは全く空虚である。時間の区別は思想にはまったく無関係である。[3] 枚挙することは、一般的に感覚の前に生物の系列を次々に引き出し、生物が一般的な類に分けられることを見ることである。たとえば生物が規定や内容の点でだんだん高等で複雑になるのをみる場合もある。そういう場合には最もとぼしい規定から始められる。しかし、逆の方向で観察が行われることもある。枚挙することは、常に普遍的な関心事である。[4] 枚挙することは、すでに自然を三つの領域に分けたように、一般に一つの秩序づけ（Ordnung）である。すべてをごちゃ混ぜにしておくよりはましである。それは、感覚一般、予感する概念にとって何かむかむかするようなものをもっている。[5] 発生という思いこみ（表象）が使われるとき、このような無味乾燥な系列を力学的（dynamisch）にしようとか、哲学的にしようとか、もっと概念的にしようとか、そのほか言い方はいろいろあろうが、何とかしようと考えてはいけない。[6] 動物的自然は植物的自然の真理であり、植物的自然は鉱物的自然の真理である。地球は太陽系の真理である。[7] ある系統でもっとも抽象的なものが最初のものとなる。各圏域の真理は最後のものである。しかしまたこの最後のものも同様に一層高次の段階の最初のものに過ぎない。[8] ある段階が他の段階によって補完されることは理念の必然性である。そして形式の相違は必然的で明確(規定的)なものとして捉えられなければならない。[9] 水棲動物からは、しかし陸棲動物は自然的には発生しない。陸棲動物は空中で飛ばない。鳥類がいわば落ちて再び陸に戻ることはない。[10] 自然のある段階を他の段階と互いに比較するとき、この動物は一つの心室を、あの動物は二つの心室をもつということに着目するのは、正しい(richtig)だろう。しかし、まるでこの部分が生じて出てきたみたいに、部分が付け加わったなどと言ってはならない。[11] 同様に、前の方の段階の範疇を別の段階の説明に使ってはいけない。植物は炭素極、動物は窒素極であると言う(注)場合のように、それは形式上の嵌め違いである。[12]

(注) シュテッフェンス(Henrich Steffens, 1773-1845)は、シェリングの影響を受けた自然哲学者で、『哲学的自然科学概論』(一八〇六年)で、「植物は、固定的対立の内に現れる炭素と押しもどされた窒素をあらわしている」と述べている。

[二] 自然の段階的歩みを把握する二つの形式がある。進化(Evolution)と流出(Emanation)である。[1] 進化の歩みは、不完全なもの、形のないものから始まる。初めに水蒸気と水成物があった。水から植物、珊瑚虫、軟体動物が、次いで魚類が発生した。そして陸棲動物が発生し、最後に動物から人間が発生した。[2] このようなだんだんの変化を人は説明(Erklaeren)とか把握(Begreifen)とかと呼んでいる。そして自然哲学から起こったこのような思いこみ(表象)がまだ流行している。けれどもこうした量的な区別は、それがいちばん分かりやすいとしても、何も説明してはいない。[3] 流出の歩みは東洋に特有のものである。流出は、完全なもの、絶対的統合、神から始まって、だんだん悪くなる段階的系列である。神は創造した。神から閃光、雷光、似姿が出現する。最初の似姿は神にもっともよく似ている。[4] こうした最初

の産出が再び能動的に産出した。しかし、もっと不完全なものである。こうして下がり続ける。あらゆる所産は、常に再び生み出すものとなり、否定的なもの、物質、即ち悪の尖端にまで達する。[5]流出はあらゆる形の欠如で終わる。[6]どちらの歩みも一面的で表面的であり、目標がはっきりしない。[7]完全なものから不完全なものへの進展の方が役に立つ。というのも、その時完成された有機体の類型が目の前に置かれているからである。こうした［流出論的な］像は、さまざまの萎縮した有機組織を理解しようとするとどうしても想念の前に置かれざるをえないものである。[8]そうした有機組織の中で低い位置にあると思われるもの、たとえば何の機能ももたない器官は、もっと高次の有機組織を通じて初めて明らかになる。つまり、もっと高次の有機組織の中では、その器官がどういう位置をもつかが分かる。[9]ところで完全なものは、［説明に］便利と考えられるとき、単に想念(表象)の中だけでなく、また現存するものでなくてはならなくなる。[10]

〔三〕形態変容(Metamorphose)という想念の場合でも、個別的な器官に対して一つの理念が持続的に置かれている。そのために個別的有機体は同一の類型の形の変化に過ぎなくなる。[1]また昆虫の形態変容(Metamorphose 変態)ということも語られる。たとえば毛虫、さなぎと蝶は同一の個体である。個体では進化はもちろん時間的なものだが、類では事情は別である。[2]もしも類が特殊の仕方で現存するとしよう。すると、同時に現存の他の仕方が画定(setzen)される。水がある限り、同時に空気、火、等々［の元素］もまた画定(setzen)される。[3]同一性を固持することは重要である。しかし区別を固持することは別問題である。区別は、ただ量的な変化だけが問題になるならば、区別は退けられる。だからこそ形態変容という単なる思いこみでは、不十分である。[4]

〔四〕自然物、とりわけ生物を形づくる系列という思いこみはこの場合に入る。[1]このような行程の必然性を認識しようとする衝動は、系列の法則を発見しようとするまでになる。この系列は差別を措定するから、根本規定は、同時にこの差別の内で反復して自分を再現し、また同時にそれによって新たな差別を生み出す。[2]しかし、概念の規定作用は、同じ形で規定される新しい付加物によって絶えず増大したり、またあらゆる肢体相互間に常に同一な関係を観察したりすることとは、性格が違う。[3] 段階の系列とかこれに類するものの想念が、こうした事情にあったために、形態が作られていくことの必然性の概念的把握の進歩が、ことさらに妨げられた。[4] だから、惑星、金属、あるいは化学的物体一般、植物、動物が系列に置かれて、この系列の法則が発見されなければならないなどと言われるなら、それは徒労である。なぜなら、自然はその形態の形成をさほどまでには系列化したり、分節化したりしないし、概念は質的規定性に従って区別をするからである。その限りでは、自然は飛躍をするからである。[5]「自然には飛躍なし」(Non datur saltus in natura) という昔の格言、もしくは、いわゆる法則は、概念の規定作用にはまったく適合しない。概念の自分自身との連続性は全く別の性質である。[6]

§250

二五〇〔自然の無力〕

理念が自然として自分自身にたいして外的であることから矛盾が生まれる。この矛盾〔は、実は必然性と偶然性の矛盾であって〕詳しく言うと、一方にあるのは、理念の形成物が概念によって産み出された必然性である。理性的な規定をその有機的な統合のなかにもっている。他方にあるのは、相互に無関係な偶然性とどうにも規定できない脱規則性である。[1] 偶然性と外から規定されるということも、自然の領域では正しさ(権利)をもっている。[2] この偶然性が最大になるのは、具体的な形成物の領域である。ただし、具体的な形成物とは言っても、自然物なので、たんに直接的に具体的であるにすぎない。[3] すなわち、直接的に具体的なものとは、相互に孤立した、多かれ少なかれ互いに無関係な性質の集まりであり、まさにそのために、単独で存在する単純な主観性もまた、これらの性質にたいして無関係であり、これを外的、したがって偶然的な規定作用のままにしておく。[4] 概念規定を単なる抽象のままで維持し、特殊なものの形成（詳述）を外から規定されるままに放置するということが、すなわち自然の無力である。[5]

〔二〕 人は、無限の豊かさや、形の多様さ、それだけでなくまったく理性的でないやり方だが、自然的な形象の外面的な配列に混ざり込む偶然性までも、自然の高貴な自由だとか、いや自然そのものの神性だとか、少なくとも自然のうちにある神性だとかとまで言って、誇って来た。[1] しかし、偶然性、恣意、無秩序を自由や合理性だと考えるのは、感性的な思いこみ（表象）のせいである。[2] このような自然の無力は、哲学に制限を立てる。「概念はこのような偶然性まで把握しなくてはならない」と言って概念に要求するのは、今までに指摘された用語を使えば、構成するとか、演繹するとか要求してきたのだが、まったく場違いなことである。それどころか、自然の形象が貧弱なもので個別化されたものであればあるほど、把握するという課題が容易になると思われている（注1）。[3] たしかに概念規定はもっとも特殊なもののなかまで辿ることができるが、しかしこのもっとも特殊なものは、概念規定によって汲み尽くされることはない。[4] このような「概念の」先導と内的な関連の跡を見て人はしばしば驚いてしまう。しかし、人類学（人間の歴史）にせよ、博物学（自然の歴史）にせよ、自然の中にただ偶然的なものしか見ない癖のついた人にとっては、特に驚異的であり、むしろ信じられないような気がしてくる。[5] しかしながら、このような「概念規定の」跡をその形象の規定の統合だと受け取らないように不審の念をもっている必要がある。そうしないと、上に述べた類比「自然崇拝」に移って行ってしまう。[6]

（注1） クルーク氏が、以前、自然哲学に、「さあ、私のペンを演繹するような技をして見せろ」と要求したことがあった（注2）。[1] 一面ではこれは上に述べた要求と同じ意味だが、同時に他面から見ると、まったく幼稚な意味で、そう要求した

のだった。もしこの学問［自然哲学］が将来大いに進歩して、現在と過去にわたって天地のすべての［クルーク氏の要求より］もっと重要な問題は解決し、それ以上に重要な把握すべきものが何もなくなったら、クルーク氏にも見込みがあろうというものだ。彼の業績も、彼のペンをしこたま立派なものに仕立てたことも、陽の目を見ることだろう。[2]（原注）

（注2）ヘーゲルが『哲学批評誌』（一巻、一篇、一八〇二年）に掲載した論文「常識は哲学をどのように受けとめるか――クルーク氏の著作に寄せて描けば」「海老沢善一訳『ヘーゲル批評集』梓出版社、一九九二年）を参照。（原注への編集者の注）

［二］自然は無力で、概念をこまかいところまで堅持することができない。こうした無力のために、経験的な観察からは綱や目のための確固とした区別を見出すことが、困難であり、多くの領域では不可能である。[1] 自然はいたるところで、中間的な（どっちつかずの）出来損いの形象によって本質的な限界をごちゃまぜにしてしまう。これらの出来損いの形象は、確固とした区別を立てようとする場合にはいつもこれに反対するための例証となる。特定の類（たとえば人間）の中だけで考えても、奇形児（Missgeburten）という例がある。奇形児は一方ではその類に算え入れなければならないが、他方ではその類の本質的な固有性とみなされる規定を欠いている。[2]――こういう形象を、欠陥、出来損い、変形とみなすためには、固定した類型が前提されている。しかしこういう類型は経験から創られるわけにはいかない。というのは、この経験こそが、これらのいわゆる奇形や変形、雌雄、異種などの中間の生き物等を提供しているからである。類型の前提となるものは、むしろ概念規定の自立性と尊厳であろう。[3]

二五一［死―生―精神］

自然はもともと自体的には一つの生きた全体である。自然の段階的な歩みによる運動は、詳しく言えば、理念が、もともと自体的にある自分自身を画定すること（setzen）である。同じことを言い換えると、理念は、死である直接性と外面性を脱け出て、自分自身のうちへ帰る。理念は、最初は生命体として存在する。しかしもっと進むと、理念が単なる生命にすぎないこのような規定性を克服（止揚）して、理念は、精神の現存にまで高まる。この精神こそ、自然の真理であり窮極目的である。理念の真の現実である。[1]

補論　概念の展開は、その展開の規定（使命）にしたがって、つまり、目標、敢えて言えば目的にしたがって、概念がもともと自体的にあるものの定立として捉えられなければならない。その結果、概念の内容のこうした規定が現存に達し、顕在化（manifestieren）される。しかし、同時に規定の現存は独立したもの、自立的なものとしてあるわけではない。概念の統一のなかにとどまる契機として、観念的なものとして、措定されたものとして、独立・自立したものとなる。[1]この措定とは、概念の主体性がその規定のばらばら状態の中で失われる限りにおいて、外化（Aeusserung）、［束縛からの］脱出、露呈（Auslegung）、［中心が］自分の外に来ること（Aussersichkommen）として捉えられる。[2]しかし、概念はそれら契機のなかで、それらの統一と観念性として自分を維持する。このように周辺に接する形で中心が外へ発出することは、おなじように反対側から見ると、この外へ向かうことが内面性に帰着することであり、外化［あらわれ］の中で現存する概念が存在することの想起（内面化）である。[3]概念が最初に置かれた外面性から始めるとすると、概念が前に進むことは中心に向かって内に進むこと（Insichgehen）である。直接性とか外面性とかいう概念に相応しくない現存を主体的統一、内部中心（自己内存在）にもたらすことである。それは概念が自分を直接性・外面性から引き出して、直接性・外面性を死んだ外皮として放置するのではない。むしろ現存そのものが自己内にあり、概念に適合するという仕方である。生命である内部中心（自己内存在）そのものが現存する。[4] 概念は外面性という皮を破って、単独（対自）になろうとする。[5] 生命とは、自己の顕在化に到達した概念である。判明となり外にさらされた概念である。ところが悟性にとっては、同時にもっとも捉えがたいものである。悟性にとっては抽象的で、死んだものが、もっとも単純なものとして、もっとも捉えやすいものだからである。[6]

区　分

二五二

§252

I　自然としての理念は、第一に、ばらばら状態（相互外在態）、無限の個別化という規定の中にある。この規定の外部に、形式の統一がある。この統一は、観念的な、もともと自体的にしか存在しないもので、したがってたんに求められている(gesucht)にすぎない形式である。［統一のない］物質とその［外在的な統一の］観念的な体系［が並立する］。それが機械論（力学）である。

II　自然としての理念は第二に、特殊性という規定の中にある。すると実在性は、内在的な形式規定で措定され、この現存する差別に即して措定されている。これが反省的関係である。この関係の内部中心（自己内存在）が自然の個体性である。——物理学。

Ⅲ　自然としての理念は第三に、主体性という規定の中にある。この規定のなかでは、形式の実在的な区別は同時に観念的な統一に引き戻されている。自己自身を見出し、単独で（対自的）に存在する観念的な統一に引き戻されている。——有機学。[1]

補論［一］　この区分は、統合の中で捉えられた概念の観点から出発している。この区分は概念の区分（Diremtion）をその規定の中で提示する。概念はこの区分の中で自分の諸規定をさらけだし、それらの規定にしかし一時的なだけの自立性を与えるので、概念はここで現実化し、自分自身を理念として確立（setzen）する。[1] しかし、概念こそは［1］自分の契機をさらけ出し、［2］自分を区別の中に分節するとともに、［3］同時にそうした自立的なものとして現象してくる段階を、その観念性と統一に、つまり自分に引き戻し、［4］実際には、こうして初めて自らを具体的概念に、理念と真理にする。[2] 区分にも二つの道があるように、学問的な歩みにも二つの道が示されているように思われる。一つの道は、具体的な概念から出発する。具体的な概念というのは、自然のなかでは生命である。生命を単独で（対自的に）考察し、生命から始めて、生命の外化にまで導かれて行く。生命は自立的な自然圏として自分から外に自分を投射して、他者としてのそれに自己を関係させ、自分の現存の抽象的な仕方を関係づける。そして生命の全体的な死滅で終わる。[3] もう一つは逆の道である。これは、概念が現存する最初だけ直接的な仕方で始める。つまり、概念の最後の中心が自分の外にある在り方（自己外存在）で始めて、真の現存在、概念の全展開の真理で終わる。[4] 最初の［具体から抽象への］道は流出という想念（表象）の道と比較できる。第二の［抽象から具体への］道は進歩という想念（表象）の道と比較できる（第二四九節**補論**）。[5] どちらの道も単独（対自的）では一面的である。これらは同時的である。神の永遠の過程は二つの対立する方向をもった流れである。それらは端的に一つのもののなかで出会い、融合する。[6] 最初のものは、たとえわれわれがそれに最高の名前を与えようとも、それは直接的なものにすぎない。[この直接的なもので]われわれは具体的なものを考えているかもしれない。[7] たとえば物質が真でない現存として否定され、より高次の現存が生起するとき、一面では、進化を媒介として、以前の段階が克服(止揚)される。他面では、この以前の段階は背景のなかに存続し、流出によって再び産み出される。[8] そこで、物質が生命に包含されるので、進化は包含でもある。[9] 単独(対自的)になろうとする理念の衝動の力で、自立的な契機が生ずる。たとえば、動物の感覚は客観的かつ外的になる。太陽、月、彗星[にも進化の系列がある]。すでに物理的なものの中でも、こうした物体が、まだ多少変化しながら同じ形態をもっているものの、自立性を失う。そして、元素である。主観的な見ることは、外部に投出されれば、太陽である。味覚は水となり、匂いは空気となる。[10] 問題は概念規定の措定にある。だから、われわれは真実の圏域で始めるのではなくて、もっとも抽象的なものから始めなくてはならない。[11]

[二] 自然の中心が自分の外にある状態(自己外存在)が最初の内部中心(自己内存在)に到達した形が物質である。抽象的であるけれども単独の存在になっている。この存在は排他的であり、だからひとつの多数性である。この多数性は、単独で(対自的に)存在する多数者を普遍的な単独の存在に集約するものとして、その統一を自己内と同時に自己外にもつ。これが重さである。[1] 機械論(力学)では、この単独(対自)存在はまだ個体的な静止的な統一ではない。もしも、そうであるとすれば、この統一は多数性を自分のもとにもたらす力あるもののはずである。[2] だから重い物質には、その中で諸規定が保持されるような個体性は帰属していない。概念の諸規定がまだ外面的であるので、区別は没交渉である。つまり、ただ量的な区別にすぎず、質的区別ではない。単なる質量としての物質には形がない。[3] 物理学で扱われる個体的な物体の場合になって、形が達成される。それゆえ重さの正体が多様性に対する単独(対自)存在の支配だということが分かっ

た。この単独（対自）存在は、さしあたりはただ現象的な仕方ではあるが、もはや何かの努力ではなく、静止に達している。たとえば金の各原子は金全体のあらゆる規定もしくは性質を含んでいる。物質はそうした規定や性質に即して特殊化され、個別化される。[4]ここではまだ特殊性は質的な規定性である。単独存在は個体性という点（Punkt）である。この二つの規定性が一つにまとまると、第二の規定になる。つまり物体が最終的に規定される。個体性はまだ個別的な排他的な特殊な性質に結合されている。まだ統合的な仕方では存在しない。[5]このような物体は過程のなかに置かれて、そのような性質を失えば、そういう存在であることを止めてしまう。質的規定性はそれゆえ肯定的に措定される。しかし、同時に否定的ということがない。[6]有機体は、自然の統合、単独（対自的）に存在する個体性である。この個体性は自分を自分内で区別されるように展開している。しかし、第一にこうした規定性は同時に具体的な統合であるが、特殊的な性質ではない。第二に、この規定性は、質的に相互に規定されている。有限なものとして、自分自身をこうした分節の過程で維持している生命によって観念的に措定されている。[7]というわけで多数の単独（対自）存在があることになる。これは単独に存在する単独存在に還元される。この単独存在は自己目的として肢体（分節項）を支配し、肢体を手段に貶めている。［これが］質的に規定された存在と重さの統一であり、自分自身を生命の内に見出す。[8]

〔三〕各段階は、特有の自然領域である。あらゆるものが単独で（対自的に）存立するように見える。最後のものが、それ以前のすべてのものの具体的な統一である。一般的には後続［高次］者は低次のもの［先行者］を身につけてもっている。しかし、先行者は後続者の非有機的自然として対立する。[1]一つの段階は他の段階を支配する力である。この関係は相互的である。ここに勢位（Potenz）ということの本当の意味がある。[2]非有機的な自然は個体・主体に対する勢位である。非有機的自然は、有機体を破壊する。しかし、有機体もまた同様に、その普遍的な力、空気、水に対する勢位である。これらは、いつも自由に解離されているが、また還元され、同化されもする。[3]自然の永遠の生命は、第一に、理念が各圏域に自分を提示するということである。まるで一滴一滴の水滴が太陽の像を示すように、各圏域がそれぞれの有限性のなかで自分を提示することができる。第二は、概念の弁証法であって、概念が不適切な元素(境位)に満足せず、必然的により高次の段階に移行することによって、この弁証法はこうした圏域の制約を打破する。[4]

自然哲学第一部　力　学

二五三

力学が考察するのは、以下のものである。

A　全く抽象的なばらばら状態——これが空間と時間である。[1]

B　空間と時間という抽象のなかでの、個別化されたばらばら状態とその関係、すなわち、物質と運動——これが有限な力学である。[2]

C　もともと自体的に存在する概念の自由（遊離態）における物質、すなわち、自由な運動の状態に置かれた物質——これが絶対的な力学である。[3]

補論　中心が自分の外にある状態（自己外存在）は直ちに二つの形式に分裂する。一つは積極的であり、空間である。もう一つは否定的であり、時間である。[1] 第一の具体的なものは、こうした抽象的な契機の統一と否定であるが、これが物質である。物質はその契機に関係するが、物質そのものが相互に関係し、運動の内にある。[2] こうした関係が外的ではなくて、われわれは物質と運動の絶対的な統一、自己運動する物質をもっている。[3]

A　空間と時間

a　空　間

二五四

§254

自然の最初の、あるいは直接的な規定は、自然のばらばら状態の抽象的な普遍性、——すなわち、この中心が自分の外にある状態(自己外存在)の無媒介な無関係性、空間である。[1] 空間は中心が自分の外にある状態(自己外存在)であるから、全く観念的な相互併存状態(Nebeneinander)であり、空間はまた、このばらばら状態がまだ全く抽象的で、一定の区別を自分自身のうちにもっていないから、端的に連続的である。[2]

空間の性質に関しては以前からいろいろと論じられてきた。[1] 私はここでカントの規定だけを挙げよう。カントによれば、空間は時間と同様、感性的な直観の形式である。[2] そこでまた、空間を単に想念(表象)における主観的なものとみなさなければならないということを根本とすることが、当たり前になってしまった。[3] カントの空間概念から主観的観念論とその規定とに属するものを無視すれば、正しい規定が残る。それは、空間は単なる形式、つまり一つの抽象であるが、ただし直接的な外面性という抽象であるという規定である。[4] 空間上の点を空間の肯定的な要素であるかのように言うのは、適切ではない。というのは、空間は、区別をもたないから、ばらばら状態のただ可能性だけで、その画定された在り方(Gesetztsein)ではない。そして、空間は否定的なもので、したがって全く連続的だからである。だから、単独の存在である点(Punkt)はむしろ、空間の否定、それも空間のなかで画定された(gesetzt)否定である。[5] 空間の無限にかんする問題もここから解決される(第一〇〇節の注解)。[6] 空間は一般に純粋な量である。もはや単に論理的な規定としての量ではなく、直接的かつ外面的に存在する量である。[7] ――だから自然は質的なものから始まるのではなく、量的なものから始まる。というのは、自然の規定は論理的な存在とは違って、抽象的な最初の、直接的なものではなく、本質的に、すでにそれ自身の中で媒介された外的な存在・身代わり(他在)だからである。[8]

補論 [一] われわれのやり方では、概念によって必然的な観念を確定(Feststellung)した後に、その観念が想念の中ではどのように見えてくるかを問う。さらに、空間が直観の中では、純粋な中心が自分の外にある状態(自己外存在)という観念に対応するという主張が出てくる。[1] この点でわれわれは間違えるかもしれない。だとしてもそれはわれわれの観念の真理性に背くことはないだろう。[2] 経験科学では逆の道を進まなくてはならない。そこでは空間の経験的な直観が第一であり、その上で空間という観念が問題になる。[3] 空間がわれわれの観念と一致していることを証明するためには、空間の表象とわれわれの概念の規定とを比較しなければならない。[4] 空間を満たすものは、空間そのものとは関わりがない。「ここ」というのは、他の「ここ」と互いに妨げ合うことなく併存している一つのものである。[5]「ここ」はまだ場所ではない。ただ場所の可能性に過ぎない。諸々の「ここ」は完全に同じである。こうした抽象的な多数性は真実の中断や限界のないもので、だからこそ外面性なのである。[6] 諸々の「ここ」は区別されるが、区別ではない。それは抽象的な区別である。[7] 空間はだから点性であるが、無的なもので、完全な連続性である。[8] 一つの点を定めれば空間は切断される。しかし、空間は端的にそれによって切断されない。[9] 点は、それが空間的である限りでしか意味をもたない。したがって自分に対して、また他者に対して外的である。「ここ」は、自分のなかで、さらに上、下、右、左をもっている。[10] 自分のなかで外的ではなく、ただ他者に対してだけ外的であるものは、点ではあるが、しかし、存在しない。というのは「ここ」は決して究極のものではないからである。[11] 星をどんなに遠くに置こうとも、私はもっと遠くへ行くことができる。世界はどちらの方に向かっても板で釘打ちされているわけではない。[12] これが空間の完全な外面性である。[13] 点の他者もまた点と同じように中心が自分の外にある状態(自己外存在)である。だから両方ともに区別されないし、分けられない。空間はその身代わり(他在)としての限界の彼方にまだ「自分のもとに」(bei sich)とどまっている。ばらばら状態のなかでのこうした統一が連続性である。[14] こうした二つの契機、切断と連続の統一が、空間の客観的に規定された概念である。こうした概念は、しばしば人が絶対的な空間とみなす空間の単なる抽象にすぎない。[15] 人は、この絶対的な空間が空間の真理だと思いこんでいる。しかし、相対的な空間はもっとずっと高度のものである。というのは、相対的な空間はある物質的な物体の規定された空間だからである。しかし抽象的な空間の真理はむしろ物質的な物体として存在するということである。[16]

[二] 形而上学の主要な問いは、空間はそれだけ単独で実在的か、もしくは事物のただ一つの性質に過ぎないのかということだった。[1] 空間がそれだけで実体的だと言うとすれば、空間はなにか箱のようなもので、その中に何もなくても独自のものとして自分自身を満たしているものであるに違いない。[2] しかし空間は絶対的にやわらかい。まったく抵抗がない。実在的という限りは、他のものと妥協できないものがなくてはならない。[3] 人は空間を指し示すことができない。それだ

けで単独に存在する空間は、指し示せない。空間というのはいつも満たされた空間で、その充足から区別することができない。[4] 空間は非感覚的な感覚性、感覚的な非感覚性である。自然物は空間の中にある。空間は、どこまでも根底であって、それというのも自然が外面性という絆のもとにあるからである。[5] ライプニッツにならって言えば、空間は事物の秩序である。ノウメナ（本体）はこれとはまったく関わりがない。空間が事物を支えにするというならば、空間を満たしている事物をどけても空間的な関係は事物からは独立しているということが分かるだろう。[6] 空間は一つの秩序、外面的な規定であると言ってよい。しかし、空間は外面的な規定であるだけではなくて、むしろ身につけた形でそれ自体外面性なのである。[7]

二五五

空間は、もともと自体的には概念なので、一般に概念上の区別を身につけてもっている。しかも α) その区別は、直接的に空間の無関係さのなかで、単に違っているというだけの、まったく無規定な三つの次元である。[1]

空間がちょうど三次元でなければならないという必然性を演繹することは、幾何学には要求できない。幾何学は、哲学的な学ではない。幾何学では、その対象である空間と空間の普遍的な規定とを前提してよいことになっている。[1] しかしこういう必然性を示すということは、幾何学にとって思ってもみなかったことである。[2] 必然性は概念の本性にもとづく。概念の諸規定は、しかし、ばらばら状態というこの最初の形式では、すなわち抽象的な量では、まったく単に表面的なものにすぎず、まったく空虚な区別である。[3] だから、高さと長さと幅が互いにどのように区別されるかを言うことができない。というのは、これらは区別されるはずだとみなされているだけ

(nur unterschieden sein sollen)であって、まだ区別されたものとなっていないからである。一つの方向を高さと呼ぶか、あるいは長さや幅と呼ぶかは、まったく無規定である。[4] 高さをもっと詳しく規定しようとすれば、地球の中心に向かう方向が拠り所になる。このようにもっと具体的な規定をしても、空間の本性をそれだけ単独で見れば何の関係もない。[5] この具体的な規定を前提にした場合も、この同じ方向を高さと呼ぼうと深さと呼ぼうと、それは無関係である。長さや幅も、しばしば深さとも呼ばれるが、そう呼ばれたところで何かが規定されるわけではない。[6]

二五六

§256

β) しかしこの区別は本質的に、規定された、質的な区別である。[1] そのような区別であるから、1 まず差し当たっては空間そのものの否定である。というのは、空間は直接的な区別のない、中心が自分の外にある状態(自己外存在)だからである。これが点である。[2] 2 否定はしかし空間の否定である。すなわち、否定それ自体が空間的である。点は本質的にこのような関係であるから、すなわち、自分自身を克服(止揚)するものであるから、点は線である。この線が点の最初の、身代わり(他在)、すなわち、空間的「存在」である。3 身代わり(他在)の真理はしかし、否定の否定である。[3] したがって線は面へ移行する。面は一方では線や点に対立する規定性であり、したがって面一般であるが、他方では空間の否定が克服(止揚)されたものである。そこで、否定的な契機を身につけてもつ空間的統合の回復である。――これが物を包みこむ表面であって、一つの全体としてまとまった個別的な空間を分離させる。[4]

〔一〕線が点から成り立つのではないし、面が線から成り立つのでもない。このことは概念から出てくる。というのはこうである。線はむしろ、点の自己外に存在するものとしての点である。すなわち、〔点が〕空間へと自分自身を関係させ自分を克服（止揚）するものとして、あるからである。また、面も自己外に存在する線の克服（止揚）されたものだからである。[1]点はここでは、最初のもので肯定的なものと表象され、出発点とされた。[2]しかし実際に空間が肯定的なものであるかぎり、逆に面が最初の否定であり、線が第二の否定である。しかし、この否定は、第二の否定、すなわち、その真理から言えば自己を自己自身に関係させる否定としては点である。移行の必然性は両者とも同じである。[3]点や線等を外面的に把握し定義する場合には、このような移行の必然性は考慮の外にある。それでも、点が動けば線が生ずるなどというふうに定義すれば、そこにはたしかに、最初のかの移行の仕方が考えられてはいるが、しかし偶然的なものとして考えられている。[4]幾何学はそのほかにも空間上のさまざまな図形の変容（Figuration）を考察する。これらの図形は、空間の一つの抽象である面とか、あるいは限定された全空間を、さらに質的に限定したものである。[5]必然性の契機はこの場合にもあらわれて来る。たとえば、三角形が最初の直線図形であり、その他のすべての図形は、これを規定しよう等々と思えば、三角形か四角形に還元しなければならない、などという必然性である。[6]このような図形の原理は悟性的な同一性である。この同一性がさまざまな空間の変形を規定して規則性をもたせる。この同一性は、こうしてさまざまな関係を基礎づけ、これらの関係の認識を可能にする。[7]

〔二〕ついでに記しておいてもよいと思うが、カントは妙なことを思いついた。すなわち、直線は二点間の最短距離であるという直線の定義は総合命題であると主張した。というのは、直線にかんする私の概念は量を含まず、単に質にすぎないからだという(注)[1]。こういう意味でなら、どの定義も総合命題である。直線という定義対象は、はじめはようやく直観や表象にすぎない。直線は二点間の最短距離であるという規定が、はじめて概念(すなわちこのような定義にあらわれるような概念、第二二九節参照)を形づくる。[2] 概念が直観のうちにすでに存在しているのではないということが、概念と直観の区別である。この区別があるから定義の要求が出される。[3] しかし、この定義が分析的であるということは、たやすく明らかになる。というのは、直線は方向の単純性に還元されるが、この単純性は、量との関係では、最小量の規定、ここではすなわち最短距離という規定を与えるからである。[4]

(注)「〝直線は二点間の最短距離である〟ということは総合的命題である。なぜなら直というわたしの概念は、量にかんする何ものも含んでおらず、ただ質を含むだけだからである。」『純粋理性批判』B一六ページ。

補論　[一]直線だけが、空間性の最初の規定である。曲線は、もともと自体的に同時に二つの次元の内にある。円では、われわれは第二ポテンツ(二乗)の線をもつ。[1] 第二の否定として、面は二つの次元をもつ。「二」は、「第二」[序数]にも含まれるが、二[基数]にも含まれるからである。[2]

[二]幾何学という学問は、ある規定が前提されたときにどのような規定が帰結するかを見つけなければならない。肝心な点は、前提された規定と依存的な規定とがひとつの展開された統合[幾何学体系]を形づくるということである。[1] 幾何学の定理では、全体が措定されていて、その全体がその[こまかい]規定性のなかで表現される。[2] 三角形についていえば、三角形が完全になるための二つの定理が存在する。[3] α) 三角形の、少なくとも一辺を含まなくてはならないが(三つの場合がある)、どれか三つの要素を選べば、三角形は完全に規定(決定)される。[4] この場合に幾何学は、この条件のなかで合同となるはずの二個の三角形を考えるという回り道を採る。すると思い浮かべる(表象する)のはらくになる。しかし、

これは余計である。[5] 本当のところは、命題のためには一つの三角形を使っているにすぎない。この三角形には、最初の三つの要素が決定されれば、他の三つの要素も決定されるという関係が含まれている。三角形は、二辺夾角もしくは二角一辺等などによって規定(決定)される。[6] この最初の三つの要素こそ規定性もしくは概念である。残りの三つの要素は三角形の外的な実在性に属し、概念にとっては余分なのである。[7] このような措定では規定はまだまったく抽象的で、依存性一般が存在するに過ぎない。つまり、この三角形の要素の大きさというような規定された規定性の関係がまだ欠けている。[8] この関係は、β) ピタゴラスの定理では達成されている。ピタゴラスの定理は、三角形の完全な規定性である。なぜなら直角[三角形]だけがその両脇の角[の和]がそれに等しいというかたちで、完全に規定されるからである。[9] この命題は理念の像として、他のあらゆる命題にたいして傑出している。自己内で区分された全体がある。哲学の中ではどの形態も概念と実在性として内在的に(自己内で)区分されているのと同様である。[10] 同一の量が、ある時は斜辺の二乗として存在し、また対辺の二乗として、区分されている。[11] 半径の方程式としての円のもっと高級な定義は、区別が円に見られるということである。こうすれば円の完全な規定性が得られる。[12] こうしたことは分析的な取り扱いのなかで起こっている。これはピタゴラスの定理の内に存在したことにほかならない。対辺が正弦と余弦――もしくは横線と縦線――となり、底辺は半径となる。[13] こうした三つのものの関係が規定性である。それはしかし最初の定義にあったような単純なものではなくて、区別されたものの間の[相互的な]関係なのである。[14] ユークリッドは彼の[原論の]第一部をピタゴラスの定理で閉じている。この後の関心は、違ったものを同じものに還元することに向かう。[15] というわけで第二部をユークリッドは直角三角形を正方形に還元することで終えている。[16] 一つの底辺に無数の直角三角形が可能であるように、一つの正方形に対しては多くの直角[三角形]が可能である。どちらもが対している場所は円である。[17] これが抽象的な悟性の学問としての幾何学が学問を遂行する仕方なのである。[18]

b　時　間

二五七

否定性が、単独に存在する。すなわち、否定性は、［1］点として空間に関係する。否定性は、その規定性を［2］空間のうちで線や面として展開する。この否定性が、中心が自分の外にある状態（自己外存在）の圏域［すべてのものが自己の外に自己の存在中心を置いている集合体］においても単独で存在する。［それが時間である。］しかし同時に単独に、この規定を中心が自分の外にある状態（自己外存在）の圏域に措定しながら、しかも、その際、静かに相互に併存するものにたいして無関係なものとして現象する。[1] このように単独で措定されたとき、その否定性が時間である。[2]

補論　空間は直接的に現存在する量である。空間のなかではあらゆるものが存立しつづける。限界（Grenze）でさえもある存立の仕方をもつ。これが空間の欠点である。[1] 空間は否定を身につけてもつという矛盾である。しかし、この否定が無関係な存立に解体する。[2] 空間は自分自身の内的な否定に過ぎないので、その契機の自己克服（止揚）が空間の真理である。時間は、この絶え間のない自己克服（止揚）の現存在にすぎない。だから時間のなかでは点が現実性をもつ。[3] 区別は空間から出てくる。ということは、区別がこのような無関係さであることを止めるという意味である。区別がそれだけでまったくの不安となり、もはや麻痺してはいない。[4] このような純粋な量は、単独で現存する区別である。この純粋な量は、もともと自体的に否定的なものである。これが時間である。時間は否定の否定であり、自己自身に関係する否定である。[5] 空間の場合の否定は他者に付いた否定である。否定的なものが空間ではまだその本領を発揮していない。[6] 空間の場合に面は確かに否定の否定ではある。しかし、真実には面は空間から区別されている。[7] 空間の真理は時間である。こうして空間は時間になる。われわれは主観的に時間に移行するのではない。空間そのものが移行する。[8] 表象の中では、空間と時間はまったくばらばら状態である。空間があるかと思えば、時間もまた存在する。こうした「もまた」と哲学は闘う。[9]

二五八

時間は、中心が自分の外にある状態（自己外存在）の否定的統一である。［空間と］同じように、時間もまた一つの全く抽象的なもの、観念的なものである。[1] 時間は、存在しながら存在せず、存在しないことによって存在する存在である。時間は、直観された生成である。つまり、まったく瞬間的な、すなわち、ただちに自分を克服（止揚）する区別が、それにもかかわらず同時に、外的な、すなわち自分自身にとって外的な区別として規定されている。[2]

〔一〕時間は空間と同様に、感性、すなわち、直観の純粋な形式である。すなわち、感性的でない感性である。しかし、空間と同様に、時間もまた、客観性とこれに対立する主観的な意識との区別には関知しない。[1] もしも客観性と主観的意識という［区別された］規定を空間と時間に適用すれば、空間は抽象的な客観性、時間は抽象的な主観性ということになるだろう。[2] 時間は、純粋な自己意識である我＝我と同一の原理である。しかしこの原理、すなわちこの単純な概念は、まだ完全な外面性と抽象性のうちにある。時間は、直観された単なる生成である。すなわち、時間では、純粋な自己内存在(Insichsein)が、そのまま自己外脱出(Aussersichkommen)［つまり、時間点の中にあることとその点から脱出することは同じ］である。[3]

［二］時間は空間と同様連続的である。というのは、時間は抽象的に自分へ関係する否定性であり、こうした抽象のなかには、まだ実在的な区別がないからである。[1]

［三］時間のうちで万物は生起し消滅すると言われる。すべてのものを、すなわち、時間を充たすものも、空間を充たすものも捨象すれば、空虚な時間と空虚な空間が残る。——すなわち、こうした外面性という抽象物が想定され(gesetzt)、まるでこれらのものが単独で存在するかのように思い浮かべられている。[1] しかし時間の中で万物が生起し消滅するのではない。時間そのものがこの生成、生起と消滅、存在する捨象作用なのである。時間は、万物を産み、かつ自分の産んだ子を破壊するクロノスである。[2] ——実在的なものは、たしかに時間とは違う。しかしまた本質的には時間と同一である。[3] 実在的なものは制限されており、このような否定のための他者は、その外部にある。規定性が、実在的なものそのものの身について、外面的である。つまり、実在的なものの存在が矛盾なのである。規定性の矛盾とこの矛盾の不安という、こうした外面性としての抽象が、時間そのものである。[4] だから有限なものは、はかなく時間的［無常］なのである。というのは、有限なものが、概念と違って、身について統合された否定性ではなく、このような否定性を自分の普遍的な本質として自分のうちにもってはいるが、しかしこの本質に適合せず、本質が一面的であり、したがって自分の力としての否定性に関わるからである。[5] 概念は、しかし自由に単独で現存する自己同一性の中にあって、すなわち我＝我の中にあって、申し分なく絶対的な

否定性と自由である。したがって時間が概念の力なのではない。また概念が時間のうちにあるのでも、概念が一つの時間的なものであるのでもない。むしろ概念こそが時間の力である。時間は、外面性としての否定にすぎない。[6]だから自然的なものだけが、それが有限である以上、時間に服従する。これにたいして真なるもの、理念、精神は永遠である。[7]しかし永遠という概念を、時間を捨象したものとして、永遠は時間の外部にいわば現存するというふうに、消極的に理解してはならない。また、永遠が時間の後に生ずるかのような意味に解してもいけない。そういうことをすれば、永遠は、時間の一つの契機にすぎない未来にされてしまう。[8]

補論〔一〕　時間は、その中に万物がまるで流れの中に置かれているような入れ物、流れて、そこから万物が引き飛ばされ、引き下ろされる入れ物ではない。[1]時間はただ消滅することの抽象にすぎない。[2]物が有限だから物は時間の中にある。物が時間のなかにあるから、物が没落するのではない。物それ自体がはかないもの(時間的なもの)なのである。はかないもの(時間的なもの)であるということは物の客観的な規定である。[3]現実的な事物の過程そのものが時間を作り出す。もしも時間がもっとも力あるものと呼ばれるとすれば、それはもっとも無力なものでもある。[4]「今」は絶大な権利をもっている。この個別的な今以外には何もない。しかし、私が「今」と言うことによって、「ゼロの時間を拡張しているが」その拡張のなかで「今という瞬間の」排他的なものは消滅、飛散し、霧消している。[5]持続とは、この今の普遍化されたものである。それぞれの今、持続しない事物のこの過程の克服(止揚)された存在である。[6]事物は持続するかもしれないが、時は消滅し、休むことがない。ここでは時間は事物から独立し、事物から遮断されたものとして現象している。[7]われわれが事物は持続しているのに時間は消滅すると言うとき、それはこういう意味になる。いくつかの事物が持続していても、他の事物には変化が現象している。たとえば太陽の運行がある。だからやっぱり事物は時間のなかにある。[8]事物に静止と持続を帰属させようとして、ゆるやかな変化などというのは、最後の浅薄な逃げ口上である。[9] 万物が静止し、われわれの表象さえもが持続するなら、時間は現存しないだろう。[10] 有限な物はすべてはかない(時間的)。その理由は、短い長いに関わりなく、物が変化に従うからである。だから物の持続は相対的であるにすぎない。[11]

[二] 絶対的な無時間性は、持続とは区別される。自然的な時間なしにあるのが永遠性である。[1] 時間そのものは概念の上では永遠である。特定の時間とか、今とかではなくて、時間としての時間そのものは、時間の概念である。時間の概念そのものは、あらゆる概念一般と同じように永遠なるものであり、絶対的な現在である。[2] 永遠性は[将来]存在しないであろう。永遠性は[過去]存在しなかった。しかし、永遠性は存在する。[3] 持続は時間の相対的な克服(止揚)にすぎないという点で永遠性から区別される。永遠性は、無限の持続であり、つまり相対的ではなくて、屈折して自己内に戻った持続である。[4] 時間の中に存在しないものは、過程のないものである。もっとも劣ったものともっとも優れたものは時間のなかにはなくて、持続する。[5] もっとも劣ったものというのは、それが抽象的な普遍性だからである。空間、時間そのもの、太陽、元素、石、山、非有機的自然一般、人間の作品であるピラミッドさえも同様である。こうしたものの持続は何ら長所ではない。[6] 持続するものはすぐに消えるものよりも高く評価される。しかし、すべての花、美しい生動性は、早く死ぬ。[7] 優れたものも持続する。生きていない、非有機的な普遍だけではない。自己内で具体的な、他の普遍、類、法則、理念、精神もまたそうである。[8] なぜなら、われわれはあるものが過程の全体であるか、過程の一つの契機であるかを区別しなければならないからである。[9] 法則という普遍者も、自分の内に過程を含み、ただ過程としてのみ生きる。しかし、普遍者は過程の部分ではない。[10] 過程の内にはない。過程の[全体と部分という]二つの側面をもち、それ自身は過程のないものである。現象という側面では、法則は時間のなかに現れる。そして概念の契機は自立性という仮象をもつからである。しかし、概念のなかでは、排他的な区別が、和解したもの、平和のなかに引き戻されたものとして、ふるまう。[11]

理念、精神は時間を超える。それらは時間の概念そのものであるから。そのようなものは、永遠で、絶対的(即かつ対自的)で、時間に引き込まれはしない。過程の一側面に自分を失うということがないからである。[12] 個体そのものでは事情が違う。個体は一面では類である。もっとも美しい生命は普遍者とその個体性とが完全に一つの形態に一体化しているものである。[13] その場合にも個体は普遍者から分離はされるが、それもまた過程の一側面、可変性である。この可死的な契機によって、それは時間の手に落ちる。[14] ギリシャ的生命の花、アキレスとか、アレクサンダー大王とかは、無限に力のある個体ではあるが、生き延びるわけではない。ただ彼らの行為、彼らの成果は存続する。それらによってもたらされた世界が持続する。[15] 平凡なものは持続し、最後には世界を支配する。思想にも平凡さがある。平凡さが現存する世界を打ち伸ばし、精神的な生動性を解消し、その世界をたんなる習慣と化し、平凡さは持続する。[16] その持続はまさに平凡さが非真理の中に成り立って、その権利を獲得せず、概念にその名誉を与えないということ、真理がこの平凡さの所では過程として姿を示していないということである。[17]

二五九

現在、未来、過去という時間の次元は、外面性の生成そのものであり、この生成の解消でもある。すなわち、無への移行［現在から過去への移行］としての存在と、存在への移行［未来から現在への移行］としての無との区別への解消なのである。[1] これらの区別が直ちに消滅して個別性になることが、今という現在である。この今は個別性として排他的である。しかし、同時に全く連続的であって他の諸契機のなかへ行く。したがって「今」はそれ自身、存在が無へ消滅することと無が存在へ消滅することにほかならない。[2]

有限な現在[一]は、存在するものとして固定された今である。具体的な統一、したがって肯定的なものとして、否定的なもの、すなわち、過去・未来という抽象的な契機から区別されている。しかし有限な現在という存在そのものは、無へと消滅する抽象的なものである。[1]——ついでに言えば、時間が今である自然の中では、「過去未来という」次元の区別が存立するに至らない。これらの次元は必然的に単に主観的な表象、すなわち、想起と、恐怖あるいは希望のなかにしか存在しない。[2]しかし時間における過去と未来は、自然の中に存在するものとしては空間である。というのは、空間は否定された時間だからである。克服（止揚）された空間は、さしあたり点であり、単独で展開されると、時間である。[3]

　空間の学である幾何学[二]に匹敵するような時間の学があるわけではない。[1]時間の区別には、中心が自己の外にある（自己外）存在の無関係さがない。すなわち、空間の直接的な規定性を形づくる無関係さがない。したがってこれらの区別には、空間とは異なり、形態化（数字表現）が不可能である。[2]この時間の原理が麻痺させられ、時間の否定性が悟性によって一つのもの（単位）にひき下げられてはじめて、時間の原理に形態化が可能となる。[3]この死んだ「一つのもの」（単位）は思想の極度の外面性であり、外面的な組合わせが可能である。算術の数であるこれらの組合わせはまた、同等か不等かにしたがって悟性規定が可能である。すなわち、同一化と区別が可能である。[4]

　[三]さらにまた、哲学的な数学などというものを思いつく人もある。この哲学的な数学は、普通の数学的な学問が、前提された規定［公理］から悟性の方法［同一律］によって導き出すものを、概念から認識する。[1]しかし数学はそもそも有限な量規定の学問である。これらの量規定はあくまで有限性にとどまって、有限性のなかで力を発揮するので、移行してはならない。だから、数学は本質的に悟性の学である。そしてまた数学は、完全な仕方で悟性の

学となる能力をもっているのだから、この種の他の学問にたいして数学のもつ長所は、むしろ守っていたほうがいい。数学にとって異質的な概念や経験的な目的を混入させてこの長所を汚してはならない。[2] その際、このような概念が、算術の演算および幾何学の命題における指導的な悟性原理や、秩序とその必然性を基礎づけるかどうかは、つねに開かれた問題なのである。[3]

〔四〕さらにまた、思想を表現するために、空間図形や数のような融通のきかない不適切な媒体を使おうとして、これらをその目的のために暴力的に扱ってみても、余計な無駄骨に終わるだろう。[1] 最初の単純な図形や数は、単純なために、象徴として使っても誤解されないという特質がある。もっとも象徴は、思想にとっては異質的な、苦しまぎれの表現ではある。[2] 純粋な思索の最初の試みは、この窮余の手段に訴えた。ピタゴラスの数の体系はその有名な例である。[3] しかしこういう手段は、もっと内容の豊かな概念となると全く不十分である。というのは、こういう手段の外面的な複合や、結合の偶然性は、一般に概念の本性にそぐわない。そのために、複合された数や図形がとりうる多くの関係のうちでどの関係を確保すべきであるかが、全くあいまいになるからである。[4] またこういう外面的な媒体のなかでは概念の流動性が飛散してしまう。こういう媒体のなかではすべての規定が無関係的なばらばら状態に陥る。[5] このような二義性は、説明による以外に除去する道がないだろう。[6] こうなれば、思想の本質的な表現はこの説明だということになる。その象徴化は実のない余計物である。[7]

〔五〕他の数学的な規定、たとえば無限のものとか、その比、無限小、因数、冪とかの規定は、その真の概念を哲学そのもののうちに持っている。これらの規定を哲学のために数学から取って来て転用するのは不適切である。というのは、数学ではこれらの規定が没概念的に、いやそれどころか、非常にしばしば無意味に取り扱われており、その訂正と意義づけはむしろ哲学に期待しなければならないからである。[1] 思索や概念規定を免れるために、思想の直接的な表現ですらない公式やすでに出来上がったその図式に逃げ道を求めるのは、怠惰にすぎない。[2]

量論〔六〕としての数学の真に哲学的な学問は、度量の学問となるだろう。しかしこの学問は、具体的な自然界の中ではじめて存在する事物の実在的な特殊性をすでに前提している。[1] このような学は、量の外面的な性質のためにもっとも困難な学問となるであろう。[2]

補論〔一〕 時間の次元は、直観の規定を完全にする。時間の次元が、生成である時間の概念を直観に対してその概念の統合や実在性のなかに措定するからである。概念の統合や実在性が成り立つのは、生成である統一の抽象的な契機が、それぞれ単独（対自的）に全体として措定されるということによる。ただし、対立しあった規定のもとに措定されるのではあるが。[1] こうした二つの規定は、おのおのそれ自体が存在と無の統一である。それらがまた区別されてもいる。[2] この区別はただ発生と消滅の区別である場合もある。[3] 過去（ハデス〔冥府〕）では存在が出発点となる根底である。過去は世界史だとか、自然事象だとかとして、現実的であった（ist wirklich gewesen）。しかし、そこに付け加わってくる非存在という規定のもとに画定されて（gesetzt）いる。[4] 未来の場合は逆である。未来では、非存在が第一の規定となる。存在は、時間にかんしてではないが、〔論理的には〕もっと後の規定である。[5] 中間は、両方の無差別の統一である。そこではどちらも規定するものとはならない。[6] 現在は過去が存在しないことによってのみ存在する。反対に今の存在は存在しないという規定なのである。今の存在の非存在が未来である。現在は否定的な統一である。[7] 今がとって代わる存在の非存在が過去である。現在のなかに保たれている非存在の存在が未来である。[8] 時間の積極的な意味について、ただ現在だけが存在し、前も後もないと言うことができる。しかし、具体的な現在は過去の結果である。そして現在は未来をはらんでいる。[9] 真実の現在はだから永遠性である。[10]

〔一〕ちなみに数学という名前は、空間と時間の哲学的な考察にも使うことができる。[1] しかし、空間と一者の図形変容を哲学的に扱おうとすると、それらはその固有の意味と形態を見失ってしまうだろう。こういうものの哲学は論理的なものであろうし、また概念に具体的な意味が与えられる限りで、他の具体的な哲学的な学にかんするものではあるだろう。[2] ところが数学はこうした対象についての量規定だけを考察する。また既に述べたように、これらについて、時間そのものを考察するのではなくて、一者をその図形変容と結合のなかで考察するにすぎない。そこで［例えば］運動論では時間がこの学問の対象ではあるのだが、しかし応用数学は一般に何ら内在的な学ではない。なぜなら応用数学はまさに与えられた素材と経験から得られた規定に純粋数学を適用したものだからである。[3]

c　場所と運動

二六〇

空間はそれ自身、無関係なばらばら状態と区別のない連続性との矛盾であり自己自身の純粋な否定性であって、さしあたり時間へ移行する。[1] 同様に時間もまた、無差別への、区別のないばらばら状態、すなわち、空間、への直接的な崩壊である。というのは、時間の、対立しながら一つに総括された契機が直接に克服(止揚)されるからである。[2] したがって空間の中では、その否定的な規定、すなわち、排他的な点は、もはや単にもともと自体的に概念に即応するにすぎないものではなく、措定されており、時間である統合的な否定性を通ずることによって、それ自身具体的である。このように具体的な点が場所である（第二五五節、二五六節）[3]。

補論　持続という概念の内容分析をふりかえってみよう。空間と時間のなりたつ根拠は、空間と時間の直接的な統一である。というのは空間の否定が時間であり、時間の積極的なもの、区別されたものの存在が空間だからである[1]。しかし空間と時間は同じ価値で措定されているのではない。言葉をかえれば両者の統一というのは一方の他方への移行として表現されている。そのために始元と実現化と結果がばらばらになって現れてくる[2]。しかし結果というものは、これらの根拠と真理を言い表しているものである[3]。持続するものは、そこへ時間が戻っていく自己同一性である。この自己同一性は空間である。というのは空間の規定性は無関係な現存在一般だからである[4]。点は、ここでは、真理の内にあるのと同じで、すなわち普遍者としてである。点は、だからこそ全空間として、諸次元の統合である[5]。ここというのは時間でもある。直接的に自己を克服（止揚）する現在である。存在してきた今である[6]。ここは同時に今である。というのは今は持続の点だからである[7]。ここと今とのこのような統一が場所である[8]。

二六一〔場所・運動・物質〕

場所は、このように空間と時間の措定された同一性である。ところで空間と時間は、それぞれが矛盾を身につけており、矛盾なのであるが、場所はまた、差し当たってはこのような矛盾の措定されたものである[1]。場所は空間的な個別性である。だからこそ〔他と〕無関係な個別性である。場所がそうした個別性であるのは、ただ空間的な今と

したがって場所は、直接的にはこの場所としての自己にたいして無関係であり、自己にたいして外面的であって、自己の否定、したがって他の場所である。[2] 空間が時間に消え、時間が空間に消える。空間が時間で再生し、時間が空間で再生する。このような消滅と自己再生が、すなわち、時間が空間的に場所として措定され、しかもこの無関係な外面性がまた同様に直接に時間的に措定されるということが、運動である。[3] しかしこの生成はまた同様にそれ自身、その矛盾が自己のうちへと崩壊する。空間と時間の直接的に同一的な現存在する統一、これが、すなわち物質である。[4]

〔一〕観念性から実在性への移行、すなわち、抽象から具体的な現存在への移行、ここでは空間と時間から、物質として現象する実在性への移行は、悟性には理解できない。だからこの移行が悟性にとってつねに外面的なもの、与えられたものとなる。[1] 普通の表象では、空間と時間は空虚なものである。すなわち、空間と時間を充たすものにたいして無関係なものである。そのくせ、つねに充ちているものとみなされ、また空虚なために外部から物質で充たされるのだとされている。こうして一方では、物質的な事物を空間と時間にたいして無関係なものと考えながら、他方では同時に、物質は本質的に空間的で時間的だと考えられている。[2]

〔二〕物質について言われていることは、α) 物質が合成されたものだということである。これは物質の抽象的なばらばら状態、すなわち空間に関係する。[1] また物質から時間や、一般に形式という形式をすべて捨象した上で、主張されて来たことは、物質は永遠で不変であるということである。[2] 実際またこれは、上のことから直接生じてくる。しかしこういう物質は単に真実味のない抽象にすぎない。[3] β) 物質は不可入的で抵抗し、触わることができ、見ることができる等々のものである。[4] これらの述語が意味するのは、物質は一方では、特定の知覚にたいして、一般に他者にたいして存在するが、他方では単独で存在するということである。[5] この二つのことがらは、物質がまさに空間と時間との同一性として、すなわち、直接的なばらばら状態と否定との、つまり単独的なものとして存在する個別性との、同一性としてもっている規定である。[6]

観念性の実在性への移行〔三〕は、有名な力学的現象でも顕著にあらわれている。すなわち、観念性が実在性の代理をし、その逆もまた可能なのである。両者がこのように交換可能であるにもかかわらず、そこから両者の同一性を、表象や悟性が見抜けないのは、たんに表象や悟性が無思想だからにすぎない。[1] たとえば梃の場合、距離が質量の代理をし、その逆も可能なのであって、一定量の観念的な契機は、これに相応する実在的なものがもたらすのと同一の結果をもたらす。[2] 運動量の場合でも、たんに空間と時間の量的関係にすぎない速度が質量の代理をする。逆に、質量が増大しこれに比例して速度が減少すれば、そこに生ずる実在的な結果は同一である。[3] 一個の煉瓦は単独で人間を打ち殺すのではない。打ち殺すだけの速力によってはじめてそういう結果をもたらす。すなわち、人間は空間と時間によって打ち殺される。[4] 一たん悟性にとって固定されたものは、窮極のものとして居座り、悟性がその規定の関係をさらに問うことを妨げる。ここでは力という反省規定が、そうである。[5] 力の作用(結果)は、実在的なもの、感覚に訴える明白なものである。力のなかでは、その外化のなかに存在するものとは同じである。まさに、この力は、その実在的な外化にかんして、空間と時間という観念的な契機の関係によって得られるものである。しかし、少なくともこの程度のことは思い浮かぶ。[6]

〔四〕そのほかにもこのような没概念的な反省に含まれるのは、いわゆる力を、物質に植えこまれたもの、すなわち、物質にとってはもともと外面的なものとみなすことである。ほかならぬ時間と空間の同一性こそ、力という反省規定で思い浮かべられていたものであり、真実には物質の本質を形づくるものである。ところが、この時間と空間の同一性が、物質にとって無縁な偶然的なもの、外部から物質のなかへ持ちこまれたものと想定され(gesetzt)ている。[1]

補論 [一] 一つの場所は、他の場所を指し示すだけである。そうして自己自身を克服(止揚)して、他の場所になる。しかし[場所の]区別もやはり克服(止揚)された区別である。[1] あらゆる場所は、単独ではただこの場所であるにすぎない。場所と場所は互いに等しい。要するに場所とは端的に普遍的なここ(Hier)である。[2] 何かが自分の場所を占めると、そのことが場所を変えてしまう。それが別の場所になると、前のときと同じように自分の場所をとり、その場所から抜け出さない。[3] 場所が身につけているこうした弁証法をゼノンは、動かないという指摘をすることで語った。運動というのは自分の場所を変えることである。しかし、矢は自分の場所から抜け出さない。[4] この弁証法は、時間が「ここ」に即して措定されることによって、「ここ」である無限の概念である。[5] 三つの場所が区別される。今ある場所、今後占める場所、去って行った場所である。時間の次元の消失が麻痺している。[6] しかし、同時にただ一つの場所だけが存在する。それぞれの場所という普遍者、あらゆる変化の中での不変なものがある。これは概念にそのまま従う持続である。そのようにして持続は運動なのである。[7] 運動がここで論議したようなものであることは、これだけで十分明らかになった。この運動概念は運動の直観に一致している。[8] 運動の本質は空間と時間の直接的な統一であるということである。運動は空間を通じて実在的になる、存立する時間である。つまり、時間を通じてはじめて真実に区別された空間である。[9] このように運動には空間と時間が帰属していることが分かる。速度、運動の量は、過ぎ去った一定の時間との比における運動の量である。[10] 運動は空間と時間の関係だと言う人もいる。この関係のもっと詳しい仕方を把握しておくべきだった。[11] 運動のなかで時間と空間ははじめて現実性をもつ。[12]

〔二〕〔円運動の成立〕ニュートンによれば、時間は単純で形相的(formell)な自然霊魂であるし、空間は神の感覚中枢である。だとすれば運動は世界の真実の霊魂の概念である。われわれは運動を述語、状態とみなすことになれている。しかし実際には運動は〈自己〉である。主体としての主体、消失のなかの存続なのである。[1] しかし運動が述語として現象するということは、まさに運動のみずから消滅するという直接的な必然性である。[2] 直線運動は、絶対的(完全に自立的)な運動ではない。それは他者に従属している。その他者のなかで、述語となり、克服(止揚)されたものとなり、契機となっている。[3] その運動に対立するものとしての、点の持続を回復することは、不動のものとしての場所の回復である。[4] このような回復された場所は、しかし、直接的な場所ではなく、変化から戻った場所であり、この運動の結果であり根拠である。点が次元として存在し、他の契機に対立することによって、点は中心点である。[5] 線のこのような還帰は円周である。「今と前と後」(das Jetzt und Vor- und Nachher)が互いに一緒につながっている。これがこれらの次元の同等性である。その結果、前が後であるのと同様に後は前である。[6] こうして始めてこれが空間の中で措定された必然的な諸次元の麻痺(Paralyse)である。[7] 円運動は、時間の諸次元(今と前と後)の、空間的な統一、すなわち存立する統一である。[8] 点は、自分の未来である場所に向かい、過ぎ去った点を置き去りにする。しかし点が自分の後に残すものは、同時に、点が最初に来るはずの場所である。点が到達した「前」には、すでになっている。[9] 点の目標は、点の過去である点である。未来ではなくて過去が目標になるということが、時間の真理である。[10] 中心点に関係する運動そのものは、面であり、総合的全体(das synthetische Ganze)としての運動である。その中には次のような契機が存立している。中心点では運動が消失するということ(ihr Erloschensein im Mittelpunkt)、運動そのもの(sie selbst)、運動の消失したものへの関係(ihr Beziehen auf das Erloeschen)、円の半径(die Radien des Kreises)である。[11] しかし、この面そのものが運動する。この面が運動の身代わり（他在）となる。これが全空間である。これが自分の内に戻ることで、静止的な中心点が、そこに全体が静かに沈潜する普遍的な点になる。[12] その本質における運動とは、今、前、後という運動の次元の区分を、すなわち運動の概念を克服（止揚）していることである。[13] 円のなかでは、これらの契機がまさに一つになっている。円は、持続の回復された概念、自己内で消失した運動である。[14] こうして質量が措定される。質量とは、自己自身によって自己を凝縮しおえている持続するものである。質量は、可能性としての運動を示している。[15]

〔三〕表象のなかではわれわれはつぎのような考えをもつ。「運動があるので、何かが動く。この持続する何かが、しかし、物質なのだ。[1] 空間と時間は物質で満たされている。[2]」空間はその概念に一致しない。だから物質のなかで自分に現存を作り出すというのが、空間そのものの概念である。[3] 人はしばしば物質から始めて、空間と時間を物質の形式だとみなしてきた。[4] この点にかんして、物質が空間と時間に関わる実在的なものであるということは正しい。[5] しかし、空間と時間は、それが抽象的であるために、ここでは最初のものとして登場してくる。その上で、物質がそれらの真理であるということが示されなくてはならない。[6] 物質のない運動はない。同様に、運動のない物質もない。[7] 運動は時間から空間へ、空間から時間への移行という過程である。物質は、これに対して静止的な同一性としての空間と時間の関係である。[8] 物質は最初の実在性である。現存在する単独（対自）存在である。物質はたんに抽象的な存在であるだけでなく、空間の積極的な存立である。ただし、他の空間を排除している。[9] 点もまた排除しなくてはならないのに、まだ、排除はしていない。というのは点はただ抽象的な否定に過ぎないからである。[10] 物質は自己への排他的な関係であって、したがって空間における最初の実在的な限界である。[11] 時間と空間を満たすと言われているものは、摑めるもの、触れるもの、抵抗のあるものである。摑める、触れる、抵抗とは、つまり、他者との関わり［接触］の中でしか存立できない在り方（対他存在）の中で単独（対自）的であることである。この対他存在の中で対自という在り方が、時間と空間一般の統一のなかで達成される。[12]

B　物質と運動　有限的な力学

二六二

物質は、自分の自己同一性にそむいて、否定性の契機、抽象的な個別化の契機によって、ばらばら状態を保つ。これが物質の反発である。[1] これらの差異のあるものが［それぞれ］同一のものなので、このばらばら状態で存在する単独存在の否定的統一も、本質的である。こうして物質は連続的であり、これが物質の牽引である。[2] 物質は不可分的に反発と牽引の両者であって、これらの契機の否定的統一、すなわち個別性である。物質は、しかし、物質の直接的なばらばら状態に対抗するものとして、まだ区別されている。だから、物質は、それ自身まだ物質的なものとして措定されておらず、観念的な個別性、すなわち、中心である。——これが重さである。[3]

[一] カントの数ある功績のなかには、彼が『自然科学の形而上学的基礎（Anfangsgruende）』で、いわゆる物質の構成を試みて、物質の概念に端緒を開き、この試みによって自然哲学という概念をふたたび目覚めさせたことも含まれる。[1] しかしカントはその際に、牽引力と反発力という反省規定をあくまで対立するものと考え、しかも、物質をこの両者から生ずるものとみなして、物質をまたもや一つの出来上がったものとして前提してしまった。そうなると、物質がすでに存在していて、これが牽引され反発されるのだということになる。[2] 私はカントのこの

解明における主たる混乱を、拙著『大論理学』第一巻第一篇一一九ページ以下［『ヘーゲル全集6a』（上巻の一）、二一五ページ以下］により詳細に述べておいた。[3] ——ちなみに、重さのある物質であってはじめて、統合、すなわち、牽引と反発が生じることのできる実在的なものとなる。物質には、個別性、すなわち、主体性という概念の観念的契機がある。[4] だから牽引と反発は自立したもの、あるいは［牽引力と反発力という］二つの力として単独に切り離して考えてはならない。物質は、概念契機としてのこの牽引と反発から結果として生ずる。この牽引と反発の現象にとっては、しかし、前提されたものである。[5]

［二］重さは、たんなる牽引からは本質的に区別されなければならない。[1] 牽引は、一般にばらばら状態の克服（止揚）にすぎず、たんなる連続性を与える。[2] これにたいし重さは、ばらばら状態で存在するとともに連続的でもある特殊性を、否定的な自己関係としての統一へ還元することである。すなわち、一つの（とは言えまだ全く抽象的な）主体性である個別性へ還元することである。[3] しかし自然の最初の直接性である圏域では、自己外に存在する連続性は、まだ存立するものとして措定されている。物質的な自己内反省がやっと始まるのは、物理的な圏域が最初である。[4] 個別性は、したがって理念の規定としてはたしかに存在しているが、この場合物質的なものの外部に存在している。[5] したがって物質は、まず本質的にそれ自身重いものである。重いということは、物質から切り離すこともできる外面的な性質ではない。[6] 重力は物質の実体性を構成する。物質自身が、——しかし（これも物質の他の本質的規定である）自己の外へ堕ちる中心への努力（Streben）である。[7] そこで、物質は中心によって牽引される、すなわち、物質の、ばらばら状態の連続的な存立が否定されるとも言える。しかし中心［重心］そのものが物質的なものと考えられると、牽引もたんに相互間のことで、同時にそれは牽引されることでもある。そこで中

心はふたたびそのものとは違ったものとなる。[8] しかし中心は物質的なものと考えてはならない。というのは、物質とは、その中心を自己の外部に措定するということだからである。[9] 中心ではなく、中心への努力が物質にとって内在的なのである。[10] 重さはいわば、単独の存在における物質の中心が自己の外にある（自己外）存在が空無であること、すなわち、物質の非自立性、物質の矛盾を告げるものである。[11]

〔三〕また、重力は物質の自己内存在であると言ってもいい。ただし、物質がまだそれ自身中心、主体性でないかぎり、まさにそのかぎりにおいて、物質はまだ未規定、未発展、未開示であり、形式がまだ物質的ではないという意味においてであるが。[1]

〔四〕中心がどこにあるかは、その中心を自己の中心とする重さのある物質によって決定される。物質が質量であるかぎり、物質は規定されている。それとともにその努力〔傾動〕が規定されている。この努力が中心の措定であり、したがってこの努力は中心の一定の措定だからである。[1]

補論〔一〕物質は空間的な距離である。物質は抵抗し、その際、自己を自己からはじき返す。それが物質が自分の実在性を措定し、空間を満たす反発（斥力）である。[1] 個別化されたものは相互に反発されているが、すべてただ一つのものであり、たくさんの一つのものである。それらは一つのものである。他者もまた一つのものである。[2] 一つのものは自己をただ自分自身からはじき返す。これが単独（対自）存在者の距離を克服（止揚）することになる。これが引力である。[3] この二つが一つになって重さとして、物質の概念を形づくる。重さは物質〔という主語〕の、その主体（主語）の実体を形づくる述語である。[4] 重さの統一は、物質が永遠に追放されているただのゾレン、憧れ、もっとも不幸な努力にすぎない。というのはこの統一は自己自身に帰らず、自己自身に到達しないからである。[5] もしも物質が重さの中で求めているものが達成されたとすれば、物質は一つの点に溶けて集まってしまうだろう。[6] 統一はまだ成り立っていない。その理由は、斥力が引力と同じように物質の本質的な契機となっているからである。[7] 鈍い、暗い統一は自由にはならない。それにもかかわらず物質は多数者を〈一つのものに措定すること〉を自己の使命（規定）としているので、哲学者たらんとする人々ほど鈍くはない。彼らは一者と多者をばらばらにして、それで物質について論駁した積もりでいる。[8] 斥力と引力のそれぞれ二つの統一は、重さの不可分の契機であるとはいえ、観念的(ideell)統一にまでは合一されない。後に考察する光の段階になってはじめて、こうした統一が単独で現存するようになる。[9] 物質は多数者の外部に一つの場所を求める。求めるものと求めるものの間に区別がまだないから、なぜあるものは他のものよりも近いのかということは理解できない。[10] それらは円周の上の同じ距離のところにある。求められている点は中心である。それはあらゆる次元に向かって拡張される。われわれが達する次の規定は、球である。[11] 重さは、物質の内面性の在り方である。死んだ外面性ではない。こうした内面性はここではまだ自分の位置をもたない。今のところ物質はまだ内面性を欠いている。概念喪失という概念なのである。[12]

〔二〕われわれが今考察しなければならない第二の局面は、したがって有限の力学である。なぜならここでは物質はその概念にまだ適合していないからである。[1] 物質の有限性は運動と物質そのものとの区別された在り方である。物質は、その生命、運動がそれにとって外面的であるかぎりで、有限的なのである。[2] まず物体は静止している。運動はその物体の外部から伝達される。これが物質そのものに即してなりたつ最初の区別である。しかし、これはやがてその本性、重さによって克服（止揚）される。[3] ここにわれわれは有限の力学の三つの規定を手に入れる。第一は、慣性的物質、第二は衝突、第三は落下である。落下が絶対的な力学への移行を行う。絶対的な力学では、物質もまたその現存の中で、概念に適合している。[4] 重さは物質にもともと自体的に帰属している。それだけではない。その自体(Ansich)がもともと既に現象している限りで重さは物質に帰属している。重さが最初に現れるのが落下である。[5]

a 慣性的物質

二六三

物質は、さしあたりたんに普遍的で直接的なものとして、たんに量的な区別をもっているだけで、さまざまな定量に特殊化されている。これが質量(Masse)であるが、質量は、一つのまとまった全体とか一とかという表面的な規定を受けた場合には、物体(Koerper)である。[1] 物体もまた、同じように直接的にはその観念性と区別される。しかも物体は、本質的に空間的で時間的(raeumlich und zeitlich)である。しかし空間の中、時間の中にあるものとして(als im Raume und in der Zeit)空間的で時間的である。物体は、時間空間というこのような形式に無関係なその内容として現象する。[2]

補論 物質が空間を満たすということは、物質が空間の中の実在的な限界であるということである。なぜなら物質は単独(対自)の存在として排他的であるからである。空間それ自体はそうではない。[1] 単独の存在とともに直ちに多数性の規定が入ってくる。しかし、この多数性はまったく無規定な区別である。物質の区別が物質の側ではまだなりたっていない。物質は相互に排他的である。[2]

二六四

空間規定では時間が克服（止揚）されている。空間規定からみれば、物体は持続的である。時間規定では無関係的な空間的存立が克服（止揚）されている。時間規定からみれば、物体は無常であり、一般的には全く偶然的な一つのものである。[1] 物体はたしかに、持続と無常という対立する契機を結合する統一、すなわち、運動である。しかし、物体は、空間と時間にたいして無関係である（前節）。空間と時間の関係（第二六一節）、すなわち運動にたいしても無関係であるため、運動は、物体にとって外面的である。物体による運動の否定である静止が物体にとって外面的であるのと同様である。すなわち、物体は慣性的である。[2]

物体の有限性とは、物体が自己の概念に適合しないということである。この圏域では有限性はつぎのことを意味する。すなわち、物体は、物質としては時間と空間の抽象的な直接的な統一にすぎない。物体は、時間空間の、一つの展開された不安な統一の中にあるのではない。すなわち、内在的なものとして物体の身につけて措定された運動ではない。[1] こうした規定では、物体は物理的な機械論一般のなかで受け取られる。物理学的な機械論では、物体は全くたんに外面的な原因によってだけ、運動――これも一つの状態である――や静止の状態に置かれるというのが公理となる。[2] この際、もっぱら自己を欠いた地球上の物体が思い浮かべられている。これらについてその公理の規定はもちろんあてはまる。[3] しかしこれは、直接的な、だからこそ抽象的で、有限である物体性にすぎない。[4] 物体としての（qua）物体とは、物体のこのような抽象である。[5] しかしこのような抽象的な現存が真理でないということは、具体的に現存する物体では克服（止揚）されている。そして、自己を欠いた物体の場合にはそうした克服（止揚）の措定がすでに始まっている。[6] 慣性、衝撃、圧力、引力、落下等の諸規定を、有限な物体性としたがってまた有限な運動との圏域である通常の力学から、絶対的な力学へ転用するのは、不当な手口である。絶対的な力学では物体性と運動はむしろ、それらの自由な概念のなかで現存している。[7]

補論　質量[一](Masse)は、直接的に措定されると、抵抗としての運動を身につけている。なぜならこの直接性は対他存在だからである。[1] 区別の実在的な契機は質量の外部にある。運動はこの概念として、もしくは克服（止揚）されたものとして質量の側についている。[2] 質量をこの意味で固定すれば慣性的と呼ばれる。慣性的ということによって静止を表現しようというのではない。[3] 持続は、その実現・運動に概念として対置されるという関係のなかでは静止である。[4] 質量は静止と運動という契機の統一である。静止も運動も克服（止揚）された形で質量の側についている。言葉を換えれば、質量はどちらに対しても無関係（等しく妥当）である。運動もできるし、静止もできる。単独では両者のどちらでもない。[5] 質量は単独では静止しない。運動もしない。ある状態から別の状態へと外からの衝突によって進む。つまり静止も運動も他者によって質量に導入(setzen)される。[6] 質量は静止しているかぎりは静止している。自分自身から運動に移行するということはない。質量が運動の中にあれば、質量はそのまま運動のなかにある。単独で静止に移行するということはない。[7] もともと自体的に物質は慣性的である。その実在性に対置された概念としての物質は慣性的なのである。[8] 実在性がこのように分離されて、対立させられているということは克服（止揚）された実在性だということである。つまり、実在性がただ抽象としてしか現存しないということである。感性的な現実性こそが実在的なものであり、抽象の形式がもともとの自体（即自）だと思っている人々は、いつもこうした抽象をもともとの自体（即自）とか本質とか称する。[9]

〔二〕有限な物質が運動を外から受け取るのに対して、自由な物質は自ら動く。自由な物質はその自分の圏域(Sphaere)では無限的である。というのは全体としては物質は有限性の段階にあるからである。[1]同じようにして人倫的な人間は法律の中で自由である。人倫的でない人にとってだけ法律は外面的である。[2]各圏域(Sphaere)は自然の中ではその無限性のなかにだけ現存するのではない。圏域そのものが有限の関係としてすらも現存する。[3]圧力とか、衝突とかの有限な関係は、それらがわれわれの反省に熟知されているという利点、それらが経験によってなされるという利点をもっている。[4]その欠点は、ただ他の関係もこの作られた規則に包摂されるという点である。[5]人は、我が家で行われることは天国の中でも行われると思いこむ。[6]有限な関係は無限性のなかでひとつの圏域を表現することができない。[7]

b 衝突

二六五

§265

慣性的な物体は、外的に運動状態に置かれる。この運動は、まさにこのために有限なのである。こうして他の物体に関係させられて、瞬間的にこの物体とともに一つの物体を形づくる。というのは、これらの物体は、単に量的な区別をもつにすぎない質量だからである。運動は、このようにして両物体による一つの運動である(運動の伝達)。[1]しかしまたこれらの物体は、そのおのおのが、同様に直接的な一つのものとして前提されていることによって、互いに抵抗しあう。[2]これらの物体の単独の存在は、質量の定量によってさらに特殊化されている。この単独の存在が相互に物体の相対的な重さ(relative Schwere)、すなわち重量(Gewicht)である。重量とは、量的に特殊化された質量(外延的には重さのある部分の集合、内包的には一定の圧力、第一〇三節注解参照)の重さである。実在的な規定性としての重さは、運動の観念的な、すなわち、量的な、規定態である速度と合して一つの規定性(運動量 quantitas motus)を形づくる。この規定性の内部では、その重さと速度という二つの規定性が相互に代理しあうことができる(第二六一節注解参照)[3]。

補論 〔一〕この観点で第二の要点は、物質が運動のなかに入れられ(gesetzt)、この運動のなかで相互に接触するということである。[1] 物質は場所に対しては無関係であるから、物質が動かされるということが起こるという結論になる。[2] これは偶然的である。あらゆる必然的なものごとが、ここでは偶然性という在り方のなかに置かれて(gesetzt)いる。物質の運動もまた現存の中で必然的であるということは、後に考察するつもりである。[3] 二つの物体が互いに衝突すると、二つとも動くとみなされる。というのは一つの場所をめぐる争いだからである。[4] 衝突するものが静止しているものの場所を占領する。衝突されたものは、自分の場所を維持しようとして、自分も動く。そして相手が居座ったその場所をふたたび占領しようとする。[5] 質量がしかし互いに衝突し、圧迫し、その間に空虚な空間がまったくない以上、まさにこの接触のなかに物質の観念性一般がはじまっている。物質の内面性がどのようにして登場してくるかを見ることは興味あることだが、概念が現存に達するということが、一般につねに興味深いことである。[6] すなわち質量が互いに接触するということは、相互に対しているということは、二つの物質的な点、もしくは原子が一つの点に、同一性に存在するということであり、それらの単独存在は単独存在ではないということを意味する。[7] 物質は堅いと思い浮かべられることもあれば、脆弱だと思い浮かべられることもある。人は、それらの間にはまだ何かが残っていると思い浮かべるだろう。

——それらが接触する以上は、どんなに小さいとその点を考えるにせよ、それらは一つのものと設定されたもの（Gesetztsein in Einem）をもつ。[8] これ［接触］は高次の現存する物質的な連続性である。外面的な、単に空間的な連続性ではない。実在的な連続性である。[9] 同じように時間点は、過去と未来の統一である。二つのものが一つのものの中にある以上は、それらは同時に一つのものの中にあるのではない。[10] 運動とは、まさに一つの場所にあると同時に他の場所にもある、そして同様に他の場所にあるのではなくて、ただこの場所にだけあるということである。[11]

［二］諸質量が一つのもののなかにあるという在り方では、諸質量は単独でもある。これは反発というもう一つの契機である。つまり、物質は弾力的である。[1] 一つのものがただ表面的なものであること、つまり、全体が連続的であるという理由は、その物体が完全に堅いということの内にある。[2] しかし全体だけが一つのものであり、したがって一つのものが画定され（gesetzt）ないので、物体は端的にくぼむ、つまり絶対的に柔らかい。[3] しかし、その全体を無視すれば、この［連続的］物体はおなじ程度に内的に緊密な一つのものである。[4] まさにこの柔軟性は、物体の拡散した、自己の外部にある力の克服（止揚）である。力が自分の内に戻るので、力を再び回復することである。[5] こうした二つの側面の直接的な交流は、弾力性である。[6] 柔らかいものは、反発もする。弾力的である。柔らかいものは、引っ込んでくぼむが、そこまでで、一つの場所から追い出されない限りにおいてである。[7] このようにしてわれわれにさしあたり物質の自己主張の拠り所となる単独存在が外面性に対する内面性（力とも呼ばれる）として現象してくる。内面性とは、ここでは対他存在すなわち他者がその内にあることである。[8] 単独（対自）存在の観念性とは、ある他者が質量に威力を発揮して、その質量は自己を他者の内に威力を発揮するということである。[9] このような観念性という規定が明らかになる。それは外部から来るように見えるが、物質の固有の、それ自身が物質の内面性に帰属するような本質としてある。そこで物理学は力という反省表象に移行する。[10]

〔三〕 活動性(作用)の量(大きさ)としての衝突の強さは、単に物質がその単独存在を維持し、抵抗するよりどころにすぎない。というのは衝突は抵抗でもあるからである。抵抗はまさに物質である。[1] 抵抗が行うことは物質的である。逆に言うと、抵抗をする限りで物質的なのである。抵抗は二つの物体の運動である。規定された運動と規定された抵抗とは同じものである。[2] 諸物体は、それらが自立的であるかぎりで、相互に作用し合う。諸物体がそのようであるのは重さを媒介とするかぎりにおいてである。[3] 物体はその重さを通じて相互に抵抗する。この重さはしかし物質の概念を表現する絶対的な重さではなくて、相対的な重さにすぎない。[4] 物体の一方の契機は重量(Gewicht)である。物体は地球の中心点に向かって努力する際に、自分に抵抗する他の物体に圧力を加える。したがって圧力は他の質量からの分離を克服(止揚)する運動である。[5] 物体のもう一つの契機は、その中に入れられた(gesetzt)、中心へ向かう方向(Suchen)から外れた切線方向の運動である。[6] この運動の大きさ(量)は、質量とその速度としての運動の規定性という二つの契機によって規定される。[7] この大きさがある内的なものだとす(setzen)れば、われわれが力と呼ぶものとなる。諸力からなる国家はしかし無しで済ませることもできる。というのはこれに関する力学の定理がとても同義反復的だからである。[8] 物質的な部分の集合が速度と交換され、あるいは反対に速度がその集合と交換される場合に(というのは物質的な活動性はただ自動的なものとして存在するから)、ある規定があって、それが力の規定である場合に、われわれは確かに物質の同じ活動性をとらえている。とはいうものの、観念的要因はただ部分的にのみ実在的な要因に代わることができるのであって、全面的には代わることができない。同様に、実在的要因は全面的には観念的要因に代わることができない。[9] 質量が六ポンドで速度が四であれば、力は二四である。八ポンドの物が三の速度で動く場合等々と同じである。これは天秤の錘の掛かった腕の長さと、荷の掛かった他の側とで均衡するのと同様である。[10] 圧力と衝突は外的力学的(機械的)運動の二つの原因である。[11]

二六六

§ 266

内包量としての重量が物体そのものの中で一点に集中されると、それが物体の重心である。しかし物体は、重いものとして、その中心を自分の外に置き(setzen)、中心を外にもつ。[1] ［二つの物体の］衝撃と抵抗は、この両者によって措定された運動と同様に、その実体的な基礎を、個々の物体に共通で、しかもこれらの物体の外にある中心のうちにもっている。これらの物体の、外面的に導入された(gesetzt)あの偶有的な運動は、この中心点では静止の状態に移行する。[2] この中心が物質の外部に存在する以上、この静止は同時にたんに中心への努力にほかならない。物質は諸物体として特殊化され共通の中心へ向かって努力する。こういう関係によれば、この静止は、物体相互の圧力である。[3] この努力は、物体がその重力の中心から相対的に空虚な空間によって分離されているという関係に置かれれば、落下である。落下は本質的な運動であって、かの偶有的な運動は、概念に従ってこれに移行し、現存の上では静止へ移行する。[4]

［一］［慣性法則］外面的な運動、すなわち有限な運動にたいしては、もし物体が外面的な原因によって一方の状態から他方の状態へ移されないならば、静止している物体は永遠に静止し、運動している物体は永遠に運動を続行するであろう、というのが、力学の原則である。[1] これは、運動と静止を同一性の法則（第一一五節）に従って述べたものにほかならない。すなわち、運動は運動であり、静止は静止なのである。この［運動と静止という］両規定は、相互に外面的である。[2] もしこうでなければ、運動は永遠に続くであろう、などという空虚な主張が生ずるのは、このように運動を単独に、静止を単独に抽象するからにすぎない。[3] この原則の基礎である同一性の法則（同

一律)は、それだけ単独で取り上げた箇所〔第一一五節〕で空しいものであることが示されている。[4] またこの主張には経験的な根拠がなく、すでに衝撃そのものが、重力によって、すなわち落下の規定によって制約されている。[5] 放物体は、落下が本質的な運動であるのにたいし、偶有的な運動を示す。しかし物体としての(qua)物体という抽象は、物体の重さと不可分であり、結合されていて、放物体の場合には、この重さがおのずから頭をもたげてきて考察せざるを得なくなる。[6] 分離され、単独で現存するような放物体というものは、示すことができない。[7] 遠心力(vis centrifuga)から生ずるとされる運動の例としては普通、手で振りまわす投石器のなかで、石がつねにこの投石器から離れようとする努力を示すことが挙げられている(ニュートン『自然哲学の数学的原理』定義五)。[8] しかし問題なのは、こういう方向が現存すると言われていることではなくて、ちょうど力の場合、重さが全く独立なものとして思い浮かべられているように、このような方向が重さと分離して単独に現存すると言われているということである。[9] ニュートンは上記の箇所で、鉛の玉は、もしも(もちろんもしもの話であるが)これに適当な速度を与えることができさえすれば、空中へ飛び去り、無限に飛び去ってゆくであろうと断定している。[10] このように外面的な運動と本質的な運動を分離するのは、経験にも概念にも属しておらず、ただ抽象的反省の領分にすぎない。[11] 両者を区別することは不可欠である。しかし、これらを数学的に別々の線として図示し、それぞれ別個の量的な構成因子として扱ったりなどすることと、これらを物理的に自立する現存とみなすこととは、別である(注)。[12]

(注) ニュートンはつぎのように明言している(同書、定義八)。すなわち、「中心への牽引、衝撃、あるいは傾動などという名称を、私はどれも特に区別せずごちゃまぜにして用いる。というのは、私はこれらの力を物理的な意味ではなく、た

んに数学的な意味で考えているからである。[1] だから読者は、私がこの種の言葉を使ったからと言って、私が運動の種類や様式、あるいは物理的な原因や根拠を規定するつもりだとか、あるいはまた、中心(それらは数学的な点である)に現実的かつ物理的な力を付与するつもりだとか、というふうに考えないで貰いたい。たとえ私が、中心が引き寄せるとか、中心力が存在するとか言ったとしても」と。[2] しかしニュートンは、もろもろの力の観念を導入することによってこれらの規定を物理的現実から追放し、本質上自立的なものとした。[3] 同時に彼自身いたるところで、物理的対象をこれらの観念によって論じている。事実また彼は、いわゆる世界像のたんに物理学的でなければならず、形而上学的であってはならない叙述において、このような相互に自立した独立の力や、その牽引、衝撃などを物理的な現存として論じ、これらを同一性の法則にもとづいて扱っている。[4] (原注)

〔三〕 しかし鉛の玉がこのように無限に飛び去るという場合にも、空気の抵抗、すなわち、摩擦が捨象されねばならない。[1] 永久運動は、理論的にはいかに正確に計算され証明されたとしても、いつかは――この日は必ず訪れるであろう――静止状態へ移行するのであるが、この場合には重力が捨象され、この現象は全く摩擦のためであるとせられている。[2] また、振り子運動が次第に弱まりついに休止するに至るのも、まさにこの妨害のためであるとせられている。振り子運動についても同様に、もしも摩擦を除くことができれば、振り子運動は無窮に持続するであろうと言われている。[3] 物体がその偶有的な運動において受けるこの抵抗は、たしかに物体の非自立性の必然的現象に属する。[4] しかし物体が妨害を受け、その中心物体の中心に達することができなくても、そのためこれらの妨害が物体の圧力、重力を克服(止揚)することがないのと同様に、摩擦というあの抵抗が物体の放射運動を妨げても、そのために重力が除去されてしまっているとか、摩擦が重力の代理をするなどということにはならない。[5] 摩擦は一つの妨害であるが、外面的、偶有的な運動の本質的な妨害ではない。[6] 有限な運動は重力と切り離せないようにこれと結びついており、偶有的なものとしてそれ自体が、物質の実体的な規定である重力の方向に移行し、この重力に服従する、という事態はあくまで残る。[7]

補論 [一] ここでは重さそのものが運動するものとして現れる。運動は一般に、例の分離、すなわち中心からの距離を克服(止揚)するという規定をもつ。[1] ここでは運動は、自己自身を産出するものとして、自己自身を介する現象という規定が確定される(gesetzt)運動である。[2] 第一の規定性は方向であり、次の規定性は落下の法則である。[3] 方向とは、重さのなかで求められ(gesucht)、前提されている一つのもの[宇宙の仮想的な重心]への関係である。——ここで求める(Suchen)というのは、空間の中を探し回ったり、あちこちさまようことではない。まさに物質が空間のなかに一つのものを一つの場所として自分に想定する(setzen)が、しかし、そこに到達することはない。[4] 中心は、そこに物質が集まったり、引きつけられたりする、いわば核として存在するだけではない。質量の重さがそのような中心を産み出す。さまざまの質点(物質点)が、自ら求めつつ、そのことによって自分たちに一つの共通の重心が設定されて(gesetzt)いる。[5] 重さとは、そのような一つのものの措定である。あらゆる個別的な質量がこの一つのものを措定する。質量が自分の内に一つのものを求め、他者へのそのすべての量的な関係を一つの点に集約する。[6] この主観的な一つのものは、ただ求めつつあるという点では(nur suchend)客観的な一つのものであるが、一つの物体の重心である。[7] あらゆる物体は、[それ自身が、一つの]中心として自分の中心を他者の内にもつために、一つの重心をもつ。質量はそれが重心をもつ限りで、現実的な一つのものであり、すなわち物体である。[8] 重心は、重さの一つのものの最初の実在性である。物体のすべての重量がそこで一緒になる努力である。質量が静止するためには、その重心が支えなくてはならない。[9] うまく行けば、それ以外の物体が、まるでないかのようになる。その物体の重さはすっかり一つの点に還元されてしまう。[10] この点が線になって、線のあらゆる部分がこの一つのものに帰属すると、それが梃子である。中間にある重心が端点に分かれ、その点の連続が線となる。[11]同じように、全体はこの重さの一つのものである。表面は一つのものを形づくってはいるが、その一つのものが全体としては中心に引きこもっている。[12]ここでさまざまな次元にばらばらになっているものは、直接的には一つのものである。つまり重さこそが全体としての個別物体を構成する。[13]

〔二〕それぞれの個別的な質量は、その中心にすなわち絶対的な重心に向かって努力している物体である。[1]物質が中心を規定する限り、物質がこの中心に向かって努力し、この中心が統一点となる限り、物質はしかし多数者にとどまる限り、物質は自己の場所からの自己外脱出として規定される。[2]物質とは「もともと自己内に中心をもたない」自己外存在の自己外脱出である。これは、外面性の克服(止揚)として、最初の真なる内面性である。[3]あらゆる質量はこのような中心に属する。あらゆる個別的な質量は、真実のものと対比して非自立的存在、偶然的なものである。[4]こうした偶然性の内には、個別的な質量がこの中心物体から分離されうるということが含まれている。[5]二つのものの間にもう一つの、中心に向かう方向にあるその物体から反れてしまうような特殊な質量がある以上は、物体は中間の特殊な質量によっては妨げられない。物体は運動する。つまり、一つの物体は支えられているわけではないこと、つまり物体は落下するという規定が登場している。[6]落下は外的運動を静止するようにする。この静止もやはりまだ努力ではある。静止はしかし偶然的ではない。単なる状態でもない。最初の静止と同じように外的に措定されたものではない。[7]われわれがいま問題にしている静止は、たとえば落下のように概念によって措定される静止である。落下は、概念によって措定された運動であって、外的偶然的な運動を克服(止揚)する。[8]われわれが物質の概念に達している以上は、惰性はここでは消えている。[9]あらゆる質量が重いものとして、中心点に向かって努力し、したがって圧迫する。そこで運動とは、他の質量に威力を発揮して、それを観念的にする(setzen)ように試みる運動(eine versuchte Bewegung)にすぎない。これはちょうど、この静止が、抵抗し、自己を維持することによって、第一の静止を観念的にするのと同様である。[10] 有限の力学では、二つの種類の運動と静止が同じ段階に置かれる。[11] ひとはすべてを、関係のなかにあって、さまざまな方向と速度をもつ力に還元する。主たる問題はそこから出てくる結果である。[12] 人は、重力によって措定される落下の運動と放物の力を同じ段階に置く。[13]

〔三〕人は、大砲の弾が重力よりも大きな力で発射されるとしたら、空気の抵抗がないとすれば、切線方向に飛び去るだろうと思い浮かべる。[1] 同じように、空気の抵抗がないとすれば、振り子は無限に振動するだろうと思い浮かべる。[2]「振り子は円弧のなかを落下する。[3] 垂直方向に達すると、振り子は落下によって速度を得て、この速度によって再び反対側に向かって弧の中をさっきと同じ高さまでのぼるに違いない。こうして絶えず往復運動をするに違いない」と言われる。[4] 振り子は一面では重さの方向をもっている。人が持ち上げれば(Aufheben)振り子は重さの方向から離れて、別の行き先が与えられる。[5] この第二の行き先によって、横運動が措定される。[6] 次のような主張がある。「抵抗によって生じる主要なことは、振動の弧がだんだん小さくなって、最後には振り子が静止してしまうということである。さもないと振り子運動はもともと自体的には際限なく持続するだろう」という。[7] 重さの運動と切線運動とは相対立する二つの運動ではなく、重さの運動が実体的運動で、その中に第二の偶然的な運動は消滅する。[8] 摩擦はしかしそれ自身、偶然的ではない。たとえ減らすことができるにしても、重さの帰結である。[9] フランクール(Louis Benjamin Francoeur, Traité élémentaire de méchanique, [Paris 1801] p. 175, n. 4-5)は、このことを認めて、次のように発言している。「摩擦は物体の重量が一定しているときには、接触に当たっている面の広さに依存しない。[10] 摩擦は圧力に比例する。[11]」だから摩擦は外的な抵抗という形をとった重さである。中心に向かう共通の引きつけとしての圧力である。[12] 振り子の場合に、物体の不定な運動を防ぐためには、振り子がある別のものに固定されていなくてはならない。このような物質的な連関は避けられないが、しかし振り子の運動を妨げ、それによって摩擦が発生する。[13] 摩擦そのものが振り子の構成にとって必然的な契機である。摩擦はけっして除去することはできないし、また無いと想定することもできない。[14] 摩擦がなければどうなるかと思い浮かべても、それは空しい表象である。[15] 振り子の運動を静止に至らせるものはただ摩擦だけではない。摩擦が止んだとしても振り子はやはり静止に達するはずである。[16] 重さは振り子を物質の概念によって静止に至らせる力である。重さは普遍者として疎遠なものに対して優越力をもつ。振動は落下の線で停止する。[17] 概念の必然性は外面性の領域で外的な障害として現象する。すなわち摩擦として現象する。[18] 人間は撃ち殺されるかもしれない。このような外的なことはしかし偶然的である。真実は、人間は自己自身によって死ぬということである。[19]

[四] 落下と偶然的な運動、たとえば放物との結合は、われわれには何の関係もない。われわれは偶然的な運動の克服（止揚）を単独に考察しなくてはならない。[1] 放物の場合には運動の大きさは放物の力と質量の重量との積である。[2] 同一の重量が、しかし、同時に重さでもある。重さは普遍者として優越力をもっているので、重さは自分の中に措定された規定性を克服する。[3] 物体はただ重さを通じてのみ投げられる。その際、［1］物体は特定の重さから始まり、［2］普遍的な重さに戻り、［3］単なる落下になる。[4] こうした還帰は重さにさらにもっと規定を措定し、言葉を換えると運動をもっと重さと一つになるようにする。[5] 重量は放物運動では運動力の一つの契機にすぎない。つまり、重量は重さの外部にある力を克服して重さのなかに措定する。[6] このような移行を通じて、重さはいまでは動かす力の全体である。重さは運動の原理をもっているが、まだ自己の外でもっている。しかし、落下の場合に純粋な距離としてであったのと同じように、まったく形式的にはたんなる衝突としてである。[7] 放物は、このようにして、落下である。振り子運動は、落下であると同時に放物である。[8] 重さは自己自身からの距離である。自己を二分するものとしての表象であるが、すべてはまだ外面的である。[9] 固定された点、落下の線からの離反、運動する点を離れたままにしておくこと、現実的な運動の契機は他の

ものに属する。[10] 放物から落下の線への復帰は、それ自身放物作用である。振り子の振動は、放物の落下しつつ自己を産出する克服(止揚)である。[11]

c　落　下

二六七

落下は、相対的に自由な運動である。自由というのは、落下運動は、物体の概念によって措定されているから、自己自身の重さの現象だからである。したがって落下の運動は物体にとって内在的である。[1] しかし、この運動は、同時に外面性のたんに最初の否定にすぎない。この点で制約されている。だから、物体の中心との結合からの距離は依然として、外から導入された(gesetzt)偶然的な規定である。[2]

〔一〕運動の法則は量に該当する。ただし本質的には経過した時間の量とその時間に通過した空間との量に該当する。これらの法則は、不滅の発見である。この発見のおかげで悟性の分析には最高の栄誉が与えられる。[1] これらの法則の証明が非経験的だということも重要である。この証明も数学的な力学によって与えられた。そこで経験にもとづくこの学問もまた、たんなる経験的な指示(証示)に満足はしない。[2] このアプリオリの証明の際に前提となっているのは、落下における速度が一様に加速されるということである。しかしこの証明の拠り所は、数学的な定式の契機が、[1]物理学的な力、すなわち、[2]瞬間ごとに(同一の)衝撃を与えるとされている加速力(注1)、

〔3〕ならびに瞬間ごとに達成される増大した速度を継続するための慣性力に転換するということにある。これらの規定は、経験的な論拠を欠いているし、概念もこの規定とは無関係である。[3] さらに立ち入って言えば、この定式でべき乗関係を含む量的な規定が、相互に独立した二つの要素の和という形態を与えられ、そのために、概念と関連する質的な規定を不可能にしてしまっている。[4] この証明されるはずの法則からは、一様に加速される運動では速度は時間に比例するという帰結が出てくる。[5] しかし実は、この命題は、一様に加速される運動そのものの全く単純な定義にすぎない。[6] 単調な等速運動では、通過した空間は時間に比例する。加速される運動というのは、次の時間部分に移るごとに速度が増大するような運動である。そこで一様に加速される運動では、速度が経過した時間に比例する。そこで v/t は、すなわち、s/t^2 である。[7] これが単純な真の証明である。(8) ――すなわち、v は速度一般であり、まだ未規定な速度である。したがって、同時にこの速度は、抽象的な、すなわち、単調な等速度である、ということになる。[9] この証明で生ずる難点は、まず v が未規定な速度として述べられているのに、数学的表現では s/t、すなわち単調な等速度として示されているということである。(10) 数学的な解明から導かれる証明というこの回り道は、速度を単調な等速度 s/t と解釈し、この s/t から s/t^2 へ移ろうという要求に奉仕する。[11] 速度が時間に比例するという命題では、まず速度が一般的に述べられているのであるから、この速度を数学的に s/t、すなわち、単調な等速度として措定し、そうして慣性力をこれにもち込み、この慣性力に等速度という契機を帰したりするのは、余計なことである。[12] 速度が時間に比例するということによって、速度はむしろ、一様に加速される s/t^2 として規定せられている。その s/t という規定はここでは無用であり、除外されている(注2)。[13]

(注1) この、いわゆる加速力というのは、とても不適当な名称を負わされているとも言える。というのは、この加速力か

ら生ずるとされている結果は各時間契機で等しい（一定）からである。落下の量の中の経験的な係数、すなわち、単位（地球の表面では一五フィート）がすなわちこの常数である。[1] 加速度とは、時間契機（瞬間）ごとにこの経験的な単位を付加することで成り立つ。[2] これと反対に、いわゆる慣性力には、少なくともこれと同様なやり方で加速が属する。というのは、慣性力の作用は、各時間契機の終わりに達成された速度の持続であるとみなされ、慣性力もまた自前でこの速度をあの経験的な量に付加し、しかもこの速度は、各時間契機の終わりには、これに先行する時間契機の終わりの時よりも大きいとみなされているが、これが慣性力のせいでそうなったとされているからである。[3]（原注）

（注2） ラグランジュは『解析函数論』［パリ、一七九七年］第三巻「函数論の力学への応用」第一章で彼一流のやり方で、単純で、全く正しい道をとっている。彼は、函数の数学的な処理をまず前提にして、つぎにこれを力学へ応用する場合、$s=ft$ にかんしては ft は bt^2 としても、自然のなかに実際に見出されると言う。そして $s=ct^3$ は自然のなかには示されていないと語っている。[1] 当然のことではあるが、$s=bt^2$ の証明を提出しようなどということは、ここではまったく問題にならない。この関係は自然のなかに見出されるものとして採用されている。[2] t を $t+\theta$ と置いて、函数を展開する場合、θ という時間に通過する空間として生ずる系列のなかから、最初の二項だけが使えるのであって、他の諸項は消去しなければならないとされている事情は、もっぱら解析的な関心にもとづき、彼が普通やっている仕方で解決されている。[3] しかし、その最初の二項は、対象にたいする関心のために、それら二項だけが実在的な規定をもっているからという理由によって使われている（同章、第四節、第五節、「第一と第二の関数は、力学のなかにおのずからあらわれるのであって、力学ではこれらに一定の値と意義が与えられるということが分かる」）。[4] ここからラグランジュは、慣性力に属する抽象的な、すなわち、単調な等速度というニュートン的表現と加速力を思いついたのであり、それとともにまた、無限小の時間（θ）とか、その始めと終わりとかという反省の作り話がはいり込んだ。[5] しかしこのことが、その正しい道には何の影響も及ぼさなかった。すなわち、この道は、これらの規定を、法則の証明に使おうとはしない。この場面では適切なことだが、証明を経験から取って来て、つぎに数学的処理をこれに適用している。[6]（原注）

落下の法則[二]は、外部から規定せられる死んだ機械的関係の抽象的な等速性とは反対に、自由な自然法則である。すなわち、物体の概念から規定される側面を自己のうちにもつ法則である。[1] ここからの帰結として、落下の法則を物体の概念から導出することが可能でなければならなくなる。だから、この導出の見込みが立たなくてはならない。通過した空間は経過した時間の二乗に比例するというガリレイの法則が、概念規定とどう関連するかということを説明する道に見込みが立たなくてはならない。[2]

[三]しかしこのような関連は、単純な形で次の点にあると見ることができる。ここでは概念が規定する段階なので、時間と空間の相互の概念規定は、自由になる。すなわち、時間と空間の量の規定がその概念規定に従って関わり合う。[1] ところで時間は、否定の契機、すなわち単独存在の契機であり、「一つのもの」の原理であって、その量(任意の経験的な数)は、空間との関係では、単位(統一)、あるいは分母として受けとめることができる。[2] それにたいし空間はばらばら状態である。ただしほかならぬ時間の量以外の量ではない。というのは、この自由な運動の速度は、時間と空間が相互に外的、つまり偶然的ではなくて、時間と空間が一つの規定であるということである。[3] 時間の形式である単位は、空間のばらばら状態に対立する形式である。この形式に他のなんらの規定態も混入しないとき、これが二乗である。二乗とは、[量の自己関係であるから]自己の外へ脱出し、第二次元へ自己を措定し、かくして自己を拡大するのであるが、しかし自己自身の規定態以外のいかなる規定態にも従わず、このような拡大にたいし自己自身をその限界とし、他者となることによってただ自己だけに関係する量である。[4]

[四]これが事柄の概念にもとづく落下の法則の証明である。[1] べき乗の関係は本質的には質的な関係である。そして、これのみが概念に属する関係である。[2] ――後述することにも関連するので付け足して述べておく。落下は同時に

まだ自由のなかでの制約性を含んでいる。時間は、だから直接的な数である抽象的な単位にとどまる。空間の量的規定もたんに第二の次元に達するにすぎない。[3]

補論 ［一］落下では中心を求めること(Suchen)だけが絶対的な側面である。他の契機、分離、差異、物体を支えのないところに置くことが、概念からどのようにして出てくるかは、後で見ることにしよう。[1] 落下の場合には質量は自分から分離されない。しかし、分離されても統一に復帰する。[2] このように落下運動は移行し、慣性的な物質と概念が絶対的に実現されていく物質もしくは絶対的な自由運動との中間にくる。[3] 単に量的な無関係の差異としての質量は一つの外的運動のファクターである。ここでは運動が物質の概念によって措定されるので質量の量的な区別そのものは何の意味ももたない。質量は物質一般として落下するのであり、質量として落下するのではない。[4] 落下の際に物体はつまりたんに重いものとしてだけ考察される。大きい方の物体も小さい方の物体、重量の少ない物体と同じように重い。[5] われわれは、にこげの羽根が鉛の弾のようには落ちないことを知っている。しかし、これは媒体のためであって、媒体は避けなければならない。質量は抵抗の質的な差異にしたがってふるまう。[6] 例えば石は水のなかよりも、空気の中の方が早く落ちる。しかし、真空のなかでは物体は同じように落ちる。[7] ガリレイはこの命題を立てて、それを僧侶たちに講義した。ただ一人の教父が自己流の仕方で呑み込んで「鋏とナイフは同時に地面に着く」と言った。物事に決着をつけるのは、それほどに簡単ではない。[8] このような認識は、幾千ものいわゆる輝かしい思想よりも価値がある。[9]

［二］物体が一秒間に一五フィート落下するというのは、経験的な大きさである。緯度が違えば小さな違いがでるが。[1] 物体が二秒落下すれば、二倍の長さを落下するのではなくて、四倍の六〇フィート通過する。三秒ならば9×15フィートである等々。[2] ある物体が三秒、他の物体が九秒落下したとすれば、通過した空間は3：9ではなくて、9：81である。[3] 端

的に一様な運動は普通の力学的な運動である。一様でない加速運動は恣意的である。一様な加速運動が最初の法則的で生命的な自然運動である。[4] したがって、時間とともに速度が増す。$t : s/t$ はすなわち $s : t^2$ である。[5] なぜなら $s : t^2$ は s/t^2 と同じだからである。[6] 力学ではこうしたことを数学的に証明する。いわゆる慣性力を人は正方形で、いわゆる加速された力を、正方形にはめ込まれた三角形で表記する。これは興味あることである。そしてたぶん数学的な表現にとっては必然的なのだろう。しかし、それはただ数学によってそうなるだけであり、無理な表現である。[7] こうした証明ではいつも証明されるべきものが前提されている。[8] 次にはたしかに、そこに現れてくるものが記述される。数学の表象は、べき比をもっと扱いやすいものに換えようとする要求から生まれてくる。たとえば加算、減算とか、乗算とかに還元しようとする。こうして落下運動は二つの部分に分解される。[9] しかし、このような区分は、実在的なものではなく、空しい仮構であり、ただ数学的な表現のためだけに使われる。[10]

§ 268

二六八

落下は、一つの中心をたんに抽象的に措定することである。特殊な質量や物体の区別は、この中心の統一のなかでは、骨抜きになって(克服(止揚)されて)措定されている。質量、重量は、だから、この落下という運動の量では何の意味もない。[1] しかし中心の単純な単独存在は、このような否定的な自己関係として、本質的に自己自身の反発である。多くの静止している中心(星)に向かうのは形式的な反発である。概念の諸契機に応じてこれらの中心を規定することが生きた反発である。それは、概念的契機に応じ区別されたものとして措定されたこれらの中心を、相互に本質的に関係させることである。[2] こうした関係は、これらの中心が、自立的な単独の在り方と概念のうちに統合された在り方との矛盾であり、中心の実在性と同一性とのこの矛盾の現象が運動であるが、ただし絶対的に自由な運動である。[3]

補論 [一] 落下の法則の欠点は、次の点を見れば直ちに分かる。われわれはこの運動で最初に空間を第一の勢位で抽象的に線と想定して(gesetzt)見ている。[1] この理由は、落下の運動が自由な運動である(前の節)とともに制約された運動でもあることにある。落下は重さの最初の現象であるにすぎない。制約が中心からの距離としてまだ偶然的であるからである。そのため、重さそのものによって規定されてはいない。[2] この偶然性はやはり除去しなくてはならない。(3) 概念が物質に完全に内在的にならなければならない。それが第三篇[C]の絶対的な力学である。そこで扱われるのは、その現存在において概念に完全に一致している完全に自由な物質である。[4] 慣性的な物質はその概念には一致していない。[5] 重い物質は、落下しながらの状態だと、概念にただ部分的にだけ一致している。すなわち、多数性の克服(止揚)という点とか、物質の一つの場所、中心点への努力とかである。[6] しかし、他の契機、それ自身の内にある場所[中心]の違いはまだ概念によっては措定されていない。換言すると引きつけられた物質がまだ重いものとしては反発さ(斥けら)れてはおらず、多くの物体への分離がまだ重さそのものの行為とはなっていないという点が欠点である。[7] そのような物質とは、多数者として延長し、同時に自己内で連続的で、自己内に中心をもつものということである。この物質は反発されなくてはならない。これが実在的な反発であり、そこでは中心が自己自身を反発し、自己を多様化しなくてはならない。質量もまた多数で措定され、各自がその中心によって措定される。[8] 論理的な一者は自己自身への無限な関係である。このような自己同一性は、しかし自己自身に関係する否定性として、それゆえ自己自身からの突き返しでもある。これが、概念に含まれている他の契機である。[9] 物質の実在性には、その物質が自己をそれら契機の規定性のなかで措定するということが必要である。[10]落下とは物質を引っ張るという一面で措定することである。さらには、物質が反発としても現象する[11]［はずだ］。形式的な反発にはその権利がある。というのは自然とはまさにこの抽象的で個別化された契機を単独で存立させることだからである。[12]形式的な反発のそのような現存在は星である。まだ区別はされていないが、一般的には多数の物体であり、ここではまだひかり輝くものとしては考察されていない。それは物理学的な規定である。[13]

［二］星と星相互の関係には悟性があると思うこともできるが、それらは死んだ反発に属しているだけである。[1]星の図像化は本質的な関係の表現である可能性もある。しかしこれが、中心点が自己内で区別される生きた物質に属しているわけではない。[2]星の軍団はひとつの形式的な世界である。というのはただその一方的な規定が支配権を発揮しているだけであるから。[3]この体系はけっして太陽系と比べてはならない。太陽系こそは実在的な理性体系であって、われわれが天に認識できるものである。[4]星はその静けさのために尊敬されるかもしれない。しかし尊厳にかんして星は具体的な諸個体［人格］とは比較できない。[5]空間を満たすことが無限に多数の物質を産み出した。しかし、それはそれをみることが喜びになる最初の発生物にすぎない。[6]この光の発生は人間における発疹や蠅の発生と同じく驚嘆に値するものではない。[7]こうした星の静けさは心情に呼びかけて誘う。この静けさと単純さを感じとれば、情念もやわらぐ。[8]この世界は感覚にとっては関心事となるが、しかし哲学的な観点にとっては関心事とならない。[9]世界が多様性にたいする無限の余地であると言うことは理性にとっては何ら意味がない。これは外面的なもの、空しいもの、否定的な無限性である。[10]理性はそれ以上に高く昇るすべを知っている。それは否定的な賞賛、自分の制約のなかにとどまったままであるような高揚にすぎない。[11]星についての理性的なこととは、それらが相互に立てられている図像化を理解することである。[12]空間が抽象的な物質へと発出することはそれ自体は内的な法則に従う過程であって、その結果、星があたかも内的な結合をもつような結晶作用を表象させる。[13]そこにみられるような好奇心は空しい関心である。[14]こうした図像化の必然性については多くを

語る必要はない。[15] ハーシェル（注）は星雲の中に規則性を暗示するような形を見た。[16] 銀河よりももっと遠い空間はもっと空虚である。そこでハーシェルとカントは星がレンズの形をしているという結論になった。[17] これはまったくあいまいな普遍的なものである。[18] 学の尊厳を、あらゆる多様な形態を把握し、説明するということに置いてはいけない。むしろ人は実際に今日までに把握できることで満足しなければならない。[19] まだ把握されていないことはたくさんある。このことを人は自然科学で承認しなければならない。[20] 星についての理性的な関心は今では星の幾何学のなかでしか示されない。星はこのような抽象的な無限の分離の領域であり、そこでは偶然的なものが本質的な影響を「全体を」まとめあげるのにもっている。[21]

（注） フレデリック・ウィリアム・ハーシェル（一七三八—一八二二年）。星雲が三二種のタイプに分類できると、『天の構造に関する天文学的観察』（一八一一年）で述べた。

C　絶対的な力学

二六九

§ 269

引力は、物質的な物体性の、理念として実現されている真の規定された概念である。[1] 普遍的な物体性は、本質的に根源分割(urteilen)されて、特殊な物体(天体)となる。そして、個別性の契機、すなわち、運動は現象する現存在としての主体性の契機へと連結(推論)される。こうして、この運動は直接的には、数々の天体からなる体系である。[2]

万有引力はそれだけ単独では一つの深い思想として認められなければならない。この思想がいち早く注目と信頼を集めたのは、とくにこれと結びついた量的な規定のためである。その思想の確証は、上は太陽系から下は毛細管現象にまでいたる経験にもとづいてなされている。この思想は、反省の領域でとらえる限り、たんに抽象物一般としての意味、具体的に言えば、落下の量的規定における重さの意味しかもたず、本節で述べたような実在性のなかで展開された理念という意味をもつわけではない。[1] 引力は、慣性の法則と直ちに矛盾する。というのは、引力のおかげで、物質は、自己自身から外へ出て他者へと向かおうと努力するからである。[2] 重さの概念のなかには、すでに示したように、単独の存在という契機とその単独の存在を克服(止揚)する連続性という両方の契機が含まれている。[3] 概念のこれらの契機は、牽引力と反発力に対応する特殊な力として、さらに詳しく規定すれば、求心力と遠心力としてとらえられる。求心力と遠心力が重さと同様に物体に作用し、相互に独立にしかも偶然に、第三者である物体でぶつかりあう。[4] このために、普遍的な重力という思想にまつわる深いものも、やっぱり何でもないものとなってしまう。これらの力の発見が賞賛を受けて、絶対的な運動の理論を支配しているかぎり、概念と理性がそこに割り込む余地はない。[5] ――重さの理念を含む推論のなかには、さもないと自立的なものとして思いこまれてしまう、さまざまの契機の理性的同一性と不可分性が含まれている。この理念そのものは、すなわち、物体の特殊性を通じて外面的な実在性のなかで自己を開示すると同時に、これらの物体の観念性と自己内反省、すなわち、運動において、自己自身と連結するものとして現れてくる概念としてある。[6] 運動そのものは本来、もっぱらもろもろの物体の体系、ただし異なった規定に従って相互に関係する物体の体系としてだけ意味と現存をもつ。[7] それ自身三つの推論の体系である統合の推論のなかでの、もっと詳細なこの規定は客観性の概念のところで示しておいた（第一九八節参照）。[8]

補論〔一〕 太陽系は、さしあたり相互に関係し（引きつけ）合う独立の天体の集合である。それらは、重さをもち、この関係のなかで自己を維持し、それらの統一をそれらの外部にある他者に措定する。[1] このようにして多数性は、星たちの場合のように、もはや没規定ではなく、区別が措定されている。この区別の規定性は、しかし、絶対的に普遍的な中心性という規定性と特殊的な中心性という規定性とである。[2] この二つの規定から物質の概念が満たされるような運動の形式が帰結する。[3] 運動が生ずるのは、相対的な中心物体（天体）で、自己内で場所の普遍的な規定である。この天体が自己の中心を他者の内にもつ限りで、このものの場所は没規定である。この没規定性もまた現存在をもたねばならないが、他方、絶対的に規定される場所はただ一つである。[4]特殊的中心天体にとってはどの場所にそれがあるかは無関係没交渉である。特殊的中心天体がその中心を求めること、つまり、自分の場所を去って、他の場所に自分を置くという現象が起こる。[5]第三は、こうである。さしあたり特殊的中心天体はその中心から等しい距離にあることができる。そうだとすると、それらは相互には離れていないことになる。[6]これらの天体がすべてその際同時に同一の軌道を運行するとしよう。するとそれらは相互にまったく識別できないことになる。しかし、それらは自己同一である。それぞれがただ他者の反復であるに過ぎない。だから、それらの差異は無意味な言葉なのである。[7]第四はこうである。天体は相互に違った距離で場所を変えるので、カーブをえがいて自分の内に戻る。ただこうすることによって中心天体に対する自立性を表現するからである。中心点との統一もまた表現するが、それは天体が自己を同一のカーブでその中心をまわることによってそうする。[8]中心天体に対して自立的なものとして、天体は自分の場所に即して自己を維持し、中心天体に落下してしまうことはない。[9]

〔二〕
すると三つの運動があることになる。α) 外部から伝達される機械的(力学的)な、均一の運動。β) なかば制約され、なかば自由な落下の運動。ある天体の分離された存在はその重さにかんしてまだ偶然的に措定されている。しかし、運動はすでに重さそのものに属している。γ) 無制約的に自由な運動、その主たる契機はわれわれに与えられている。巨大な天のメカニズム。[1]この運動は一つのカーブである。特殊的天体が一つの中心天体を措定する(setzen)ことと、その天体がその中心天体によって画定される(gesetzt)こととは、同時的である。[2]中心は円周なしには無意味である。周辺は中心なしには無意味である。[3]このことは、時に中心から、時に特殊的な天体から出発して、時に中心、時に特殊的天体が根源的なものとして措定される(gesetzt)という物理学的な仮説を解消して消滅させる。[4]［仮説を構成する］各見解は必然的である。しかし個別的にはその見解は一面的である。区別されたものへの分離と主観性の措定とは、一、つ、の行為であり、自由な運動である。それは圧力とか衝突のように外的なものではない。[5] 重さを拠り所にして、牽引力は人が示すことのできる単独の実在的力であると言われたり、そう思われたりしている。[6] 落下させるものとしての重さとは確かに物質の概念ではあるが、しかし抽象的で、まだ自己として自己内に分化して(dirimierend)はいない。落下は重さの不完全な現象で、それゆえ実在的ではない。[7] 遠心力とは切線方向に飛び去ろうとすることである。この遠心力は、愚かにも、側面へ投げるとか、振動力とか、天体が初めからもっていた衝突とかによって、天体に属するとみなされている。[8] このような外部からもたらされる運動の偶然性は、——糸に繋がれた石を斜めに投げると、糸から逃げようとするというような——慣性的な物質に含まれる。[9] たくさんの力について語ってはならない。[10] 力について語るなら、その契機が二つの力となって違った側面に引っ張るということのない一、つ、の力が存在する。[11] 天体の運動はそのようなあっちに引っ張られこっちに引っ張られるという運動ではない。自由な運動である。天体は古代の人が言ったように、聖なる神々として運行する。[12] 天の物体性は自己の外に静止と運動の原理をもつようなものではない。[13]「石は慣性的だから、全地球は石からなりたっているから、他の天体も同じようなものだから」、こういう理由で、全体の性質を部分の性質と同じにみなす推論がなされる。[14] 衝突、圧力、抵抗、摩擦、牽引のようなものは天体以外の他の物質の現存にしか妥当しない。[15] 両方に共通のものはもちろん物質であるけれども、これは良い観念と悪い観念のようなもので、良い観念が観念だからといって、悪い観念が良いとは言えない。[16]

二七〇［中心天体と衛星］

重さの概念が自由に単独に実在化されている天体にかんするかぎり、これらの天体は、その概念の諸契機を、自分の区別された本性の規定としてもっている。[1] そのために、［これらのうちの］一つの天体は、自己自身への抽象的な関係という普遍的な中心である。[2] この最端の極に対立するのが、直接的な、［他者に回転中心をもつことによって］自己外に存在する、中心のない個別性である。これもまた同様に自立的な物体の在り方で現象する。[3] しかし特殊なのは、自己外存在という規定のなかにあると同時に自己内存在という規定のなかにもある天体である。これは単独の中心［たとえば月を衛星としてもつ地球］でありながら、その本質的な統一である第一の天体［太陽］に関係する。[4]

惑星という［一］天体は、現存状態にある直接的に具体的な物体として、もっとも完全なものである。[1] 普通、ひとは太陽をもっとも優れたものとみなしている。ただし［カントが「星しげき空」というように］恒星でさえも太陽系の中の天体よりも高いと思うことから分かるように、悟性が抽象的なものを具体的なものよりも好む限りでそう言われる。[2] 中心のない天体の在り方は、外面性に属するものとして、月という天体［衛星］と彗星という天体の対立に特殊化され、そのような対立を身につけている。[3]

［二］絶対的に自由な運動［天体運動］の法則は周知のようにケプラーによって発見された。これは不滅の名声をもつ発見である。[1] ケプラーがこれらの法則を証明したというのは、彼が経験的なデータに普遍的な表現を見つけたという意味である（第二二七節）。[2] その後、最初にニュートンがこれらの法則の証明を発見したという一般的な言い方がされるようになった。[3] 一つの栄誉が不当にも最初の発見者から他の人に移されたということは、軽視できない。[4] この点にかんしてつぎに断って置きたいことがある。[5]

［三］1 それは、数学者たちも認めているように、ニュートンの公式がケプラーの法則から導き出されるというこ

とである。[1] しかし全く直接的な導出は、単純にこうなる。ケプラーの第三法則では、A^3/T^2 は常数である。[2] これを $A \cdot A^2/T^2$ と置き、ニュートンにならって A/T^2 を普遍的重さ（万有引力）と呼べば、このいわゆる重さの作用が距離の二乗に反比例するというニュートンの表現がなりたつ。[3]

［四］2　つぎに、「万有引力の法則に従う天体は楕円軌道を描いて中心の天体の回りを運行する」という命題のニュートンによる証明は、円錐切線一般にかんするものであって、これにたいし、証明すべき主命題は、このような天体の描く軌道が円でもその他の円錐切線でもなく、もっぱら楕円だけだというまさにその点にあるということである。[1] また、この証明を単独に取り上げても（『自然哲学の数学的原理』第一巻、第二章、定理一）、それに対して断っておかなくてはならないことがある。事実また解析も、ニュートン理論の基礎であるこの証明をもはや必要としない。[2] 天体の軌道を特定の円錐切線にする条件は、解析の公式では常数である。この常数を規定するのは、経験的な事情、すなわち、天体の特定の時点での特殊的な位置と、その天体が最初に受けたはずの衝撃の偶然的な強さに帰着する。そこで曲線を楕円だと規定するための事情は、証明すべきこの公式の範囲外にあり、これを証明するなどということは、誰も考えない。[3]

［五］3　いわゆる重力にかんするニュートンの法則も、同様にただ経験だけから帰納によって示されるということである。[1]

［六］ケプラーが単純かつ見事なやり方で天体運動の法則という形で述べたことを、ニュートンは、落下でその量の法則が明らかになる重力という反省形式へと転化したという違いが見て取れるだけである。[1] ニュートンの数式が解析的な方法にとって好都合であるだけでなく必然的でもあるとすれば、それはたんに数式の相違にすぎない。

ニュートンの表現やこれと関係のある命題をケプラーの法則から導き出す方法は、解析にはずっと以前から分かっていた(この点にかんしては、私は、フランクールの『力学基礎論』〔パリ、一八〇一年〕第二巻、第二章、第四節におけるエレガントな解明に依存している)[2]。そもそも証明と呼ばれる古くからの手口は、ただの幾何学的な構成の線と空虚な反省規定から織り出された、混乱した織物の様相を呈している。たんなる幾何学的な構成にすぎない線には自立的な力という物理学的な意味が与えられている。また、空虚な反省規定には、すでに述べた加速力とか慣性力とか、特に、いわゆる重さそれ自体と求心力と遠心力との関係等々がある[3]。

〔七〕ここで述べている断り書きには、もっと詳細な論議が要るが、この綱要の中で論議するのは適当ではない[1]。世評と合わない命題は、意見の押し売りだと思われてしまう。その命題が高い権威者たちと矛盾すれば、もっと悪いことに、思い上がりだと思われてしまう[2]。しかし、私がここに述べたことは、命題というよりは、むしろ生の事実である。反省して欲しい点は、ただ、数学的解析がもちこんでくる区別、規定、またその方法に従って取るべき筋道は、物理学的な実在性をもつとみなされるものと区別されねばならない、ということだけである[3]。解析が必要とし、またこの解析がもたらす前提、筋道、結論は、これらの規定や筋道の物理学的な値、物理学的な意味づけに該当するような留意事項とはまったく別領域になっている[4]。注意しなければならないのは、この点である。問題はまさに、物理的力学が一種の名状しがたい形而上学で水ぶくれになるさまを意識することである。この形而上学は、経験と概念にそむいて、もっぱらこのような数学的規定ばかりを源泉としている[5]。

〔八〕解析的手法が発展したために、ニュートンの本質的な原理に含まれ、彼の栄誉に含まれる多くの事柄が、不必要になり、放棄されてしまった。ニュートンがこの解析的手法の基礎以外に、ケプラーの法則につけ加えた内容豊かな契機が、摂動の原理であるということは、認められている。この原理は、なにしろいわゆる牽引とは物体の個々のすべての部分が物質としてもつ作用であるという命題にもとづいている以上、ここでその重要性を指摘しておかなくてはならない。[1] この命題には、物質は一般に自己に中心を置く(setze)ということが含まれている。[2] この体系のすべての天体は、それらの太陽を措定する。しかし個別的な天体でさえも、その一般的な運動に従って入り込む相互の相対的な位置に応じて、重さの暫定的な相互関係を形成する。そこで、これらの天体は、距離という抽象的な空間的関係にとどまることなく、相互に特殊な中心を措定する。しかしこの中心は、一部は一般的な体系[たとえば太陽系]のなかでふたたび解消するが、一部は相互の関係が存続するかぎり(木星と土星との相互干渉のように)、この関係に従い続ける。[3]

[九] ここで、自由な運動の主要な規定が概念とどのように関連するかという根本的特徴をいくつか述べたいと思う。この説明の基礎づけをもっと詳しく展開するわけにはゆかない。差し当たって運命にゆだねる[簡潔に説明する]ことしかできない。[1] この際、原理となるのは、自由な運動の量的規定にかんする理性的証明は、ただ空間と時間の概念規定にだけしか依拠できないということである。空間と時間という両契機の相関(しかし外面的ではない相関)が運動である。[2] 学問というものが、自分が形而上学的カテゴリーを使っているということを意識するようになるのは、そして形而上学的カテゴリーではなくて、事柄の概念を根底に置くようになるのは何時の日だろう。[3]

第一に、[一〇] 運動は一般的に自己のうちへ戻る運動である。このことは、個別性ならびに特殊性としての天体一般の規定(第二六九節)に含まれている。すなわち、一方では、中心を自己自身のなかにもち、自立的な現存をもちながら、他方では、自分の中心を他の天体のなかにもつという規定である。[1] これが、求心力と遠心力という想念の根底にある概念規定である。しかし、この二つの力は、まるでそれぞれが単独で自立的に、他方の力の外部に現存し、独立に作用し、たんにその結果においてこれらの二力が外面的に、したがって偶然的に出会うかのような、逆立ちした議論が行われている。[2] これらの力は、数学的な規定のために引かざるを得ない線が物理的な現実に転化させられたものである。[3]

〔二〕第二に、この運動は一様に加速され(かつ、自己のうちへ戻るものとして、逆に一様に減速される)。[1] 自由な運動としてのこの運動では、空間と時間は、あるがままに、すなわち差別をもつものとして、運動の量的規定で本領を発揮する(第二六七節注解)。抽象的な単調な等速度におけるようなふるまいはやらなくなる。[2] 一様に加速され減速される運動を、求心力と遠心力の量の交互の増減によるものであると、いわゆる説明がなされたとき、このような自立的な力の仮定がもたらす混乱はその極に達する。[3] この説明によれば、惑星が遠日点から近日点へ向かって運動する場合に、遠心力は求心力より小さい。反対に、近日点そのものにおいては、遠心力はただちに求心力よりもふたたび大きくなるはずだという。近日点から遠日点へ運動する場合は、同様に二つの力の関係を逆にすればよい。[4] ここでは、優勢になった一方の力が他方の力に打ち負かされるという突然の転換が、力の本性から取られたものでないことは、明らかである。[5] むしろ反対の推論が成り立つはずである。一方の力が他方の力よりも優勢になったとすれば、たんにこの優勢を持続するだけでなく、他方の力を完全に圧倒してしまうだろう。もし求心力が優勢ならば、運動は静止し、惑星は中心天体へ墜落してしまうであろう。もし遠心力が優勢ならば、直線を描いて飛び去ってしまうであろう。[6] ここで行われている単純な推論は、天体は近日点からはますます太陽から遠ざかるが故に、遠心力はふたたび大きくなるのであり、天体は遠日点で太陽からもっとも遠ざかるが故に、遠心力は遠日点では最大である、という。[7] 自立的な遠心力と求心力という形而上学的なお化けが前提されている。こういう悟性の虚構にたいしてはこれ以上の悟性(分別)を差し向けるべきではない。このような力が、それは自立的であるのだから、どうして自発的に他の力より弱くなったり、優勢になったりするのか。またそうされるままになるのか。そしてつぎにその優勢をふたたび克服(止揚)(否定)したり、または奪われるままにするのか。こういう問いを出しても無駄である。[8] このような増減の交代はそれ自身根拠のないものである。だからもっとよく見れば、近日点と遠日点の中間の距離には、この二つの力が平衡状態にある点が見つかることになってしまう。[9] すると、つぎにはこれらの力がこの平衡状態から脱け出すはずである。だが、これまた突然の転換と同様、理由づけられない。[10] 一般に、こういう説明の仕方では、ひとつの窮地を脱けだすためにさらに別の規定を用い、新しいもっと大きな混乱を呼び込むことになるのは、すぐ分かる。[11] 同様の混乱は、振り子の振動が赤道下で遅くなるという現象の説明にもあらわれる。[12] この現象は、赤道下で増大するはずの遠心力のせいだとされている。しかし、重さは、大きくなればなるほど、ますます振り子を静止の鉛直線の方向へ強く引きとめるから、この現象の理由を重さに帰することもできる。これくらいのことは、容易に考えつく。[13]

〔一二〕 さて軌道の形態にかんして言えば、円はただ単調な等速運動の軌道にすぎないと解される。[1] たしかに、「速度が」一様に増減する運動が円の中で起こることは、考えられるとは言えるだろう。[2] しかしこのように「考えられる」ということ、すなわち可能性とは、単に抽象的な、「思い浮かべることができる」(vorstellbar 表象しうる)ということにすぎない。この「思い浮かべることができる」ということは、まさに問題となっている特定のことがらを投げ捨ててしまうことであり、ただ表面的であるだけでなく、間違いである。[3] 円は自己のうちへ戻る線である。そこではすべての半径は等しい。すなわち、円は半径によって完全に規定されている。これは一つの規定性にすぎないが、しかし全ての規定性である。[4] しかし、自由な運動では、空間的な規定と時間的な規定が、差別性に入る、すなわち相互の質的な関係に入るために、この関係が空間的なものそのものでは必然的に空間的なものの差異として登場する。そこでこの差異には、二つの規定が必要になる。[5] こうなると、自己のうちへ戻る軌道の形態が本質的に楕円となる。[6] また、円を形成する抽象的な規定性はつぎのように現象する。すなわち、二個の半径によって囲まれている弧もしくは角は、それら〔の半径〕とは独立で、それら〔の半径〕にとっては全く経験的な量である。[7] しかし概念によって規定された運動では、中心からの距離と一定時間内に通過した弧とは、一つの規定性の中で把握され、一つの全体を形成しなければならない。（概念の契機は、相互に偶然的な関係にはない。）そこで二つの次元の空間的規定が与えられる。これが扇形である。[8] 弧はこうして本質的に半径ベクトルの函数である。時間が等しくても弧の長さが等しくないために、半径は相互に不等となる。[9] 時間による空間の限定が二つの次元の規定、すなわち、面の規定として現象する。この現象は、さきの（第二六七節）落下の箇所でこの同じ規定性の解明にかんし、時間としては平方根という形で、つぎに空間としては二乗という形で述べたことと関連する。[10] しかしここでは、空間の二乗によって示されるものは、運動線が自己のうちへ戻ることによって扇形に限定される。[11] すでに明らかなように、これが、等しい時間には等しい扇形が切り取られるというケプラーの法則の基になっている一般的な原理である。[12]

〔一三〕この法則は、半径ベクトルにたいする弧の関係に該当する。この場合時間は、異なった扇形の比較が行われる抽象的な単位である。なぜなら、時間は単位としての限定者だからである。[1] しかしもう一つの関係は、時間が、単位としてではなく、量一般・経過した時間として、軌道の量、同じことだが、中心からの距離にたいしてもつ関係である。[2] われわれは、落下というなかば自由な運動で、時間と空間がそれぞれ平方根と二乗として相互に関係するのを見た。なかば自由な運動とは、すなわち、一方では概念によって規定されているが、他方では外面的に規定されている運動である。[3] しかし絶対的な運動、自由な質量の領域では、おのおのの規定性がその統合を達成する。[4] 時間は、平方根としては単に経験的にすぎない量である。質的なものとしては、単に抽象的な単位にすぎない。[5] しかし展開された統合の契機としては、時間は同時に身につけて規定された単位であり、単独の統合であって、自己を産出し、そのなかで自己自身に関係する。時間は、それ自身の内部では次元を欠く。だから、時間はその産出によってたんに形式的な自己同一性、すなわち二乗に達するにすぎない。空間は、積極的なばらばら状態(相互外在)として、概念の次元、すなわち三乗に達する。[6] このように時間と空間の実現は、両者の元からの区別を同時に保持している。[7] これがケプラーの第三法則、すなわち、距離の三乗と時間の二乗との相関である。この法則こそ、まことに偉大な法則であって、それは、この法則が、まことに単純率直に事柄の理性をあらわしているからである。[8] ところがこれを重力の法則に転換してしまったニュートンの公式は、中途で立ち止まっている反省のこじつけと倒錯を示している。[9]

補論 ［一］ここ、機械的な関係では法則は本来の意味で登場する。というのは法則とは二つの単純な規定の結合だからである。相互のただ単純な関係だけが全体の(相関)関係を形づくる。そして両者は相互に自由の仮象をもたなくてはならない。[1] 反対に磁力(Magnetismus)ではすでに二つの規定の不可分性が措定されている。だから磁力をわれわれは法則とは呼ばない。[2] もっと高次の形態になると、個別化されているのは第三のもので、そこでは規定性が結合されている。われわれはもはや相互に関係し合った二つのものの直接の規定をもつのではない。[3] 精神でふたたび法則が存在するが、その理由は相互に自立的なものが登場するからである。[4] この運動の法則は二つの仕方で関わる。軌道の形態と運動の速度である。[5] 問題は、これを概念から展開することである。[6] これは広範な学を産み出すだろう。課題の困難さのために、まだこれは完全にはなされてはいない。[7]

［二］ケプラーは、ティコ・ブラーエによる調査にもとづいて、個別的な現象から普遍的な法則を導き出そうとして、その法則を経験的に、帰納によって発見した。これがこの領域における天才の業である。[1]

［三］1　コペルニクスはまだ軌道は円形だが運動は中心から外れるのだと考えた。[1] しかし、同一の時間内で同一の弧が通過されていない。このような運動は円運動のなかでは成立しない。というのはこのような運動は円運動の本性に反するからである。[2] 円環は、同一性を措定する悟性のカーブである。[3] 円環の運動であればそれは均一であるはずである。同じ弧が同じ半径に対応するだけである。[4] このことは至るところで認められはしない。しかし、詳しく考えると、反対説は空しい主張である。[5] 円には一つしか常数がない。他のカーブは二つの常数、長径と短径をもつ。[6] 同一の時間に違った［長さの］弧が通過されるのであれば、それらの弧は単に経験的にだけでなく、それぞれの関数(機能)にかんして違っていることになる。すなわち差異が関数(機能)そのものにあるのでなければならない。[7] 実際には円環運動ではただ経験的にだけ相互に違っている。[8] 弧の関数には本質的に半径、円周と中心との関係が含まれる。[9] 弧が違っていれば、半径も違っていなければならない。そうなれば円環の概念が廃棄(克服(止揚))されてしまう。[10] 加速が認められるならば、そこから直ちに半径の違いが帰結してくる。弧と半径は端的に連関している。[11] それゆえ軌道は楕円でなければならない。とい

うのは軌道はもとに戻って来るものだからである。[12] 観測によれば、楕円もまた惑星の軌道に完全には一致しない。それ以外の妨害(摂動)が想定されなければならない。[13] 軌道が楕円よりももっと深い関数をもつかどうか等々。もしかしたら楕円ではないかもしれない。こうしたことは今後の天文学で決定すべくのこされている。[14]

〔四〕
2 弧の規定性はここでは、それによって弧が切り取られる半径にある。これら三つの線があつまって三角形を作るが、これが、それらが契機となる規定性の全体である。[1] 半径はおなじく弧と他の半径の関数である。[2] この三角形のなかに全体の規定性があり、経験的な大きさとしての弧、外面的に比較されうる個別化された規定性としての単独の弧のなかにはないということが確認されなければならない。[3] 一方の規定性、すなわち全曲線(弧はそのどこか一部になるが)の経験的規定性はそれらの径の比に置かれており、他方の規定はヴェクトル変化の法則に置かれている。弧が全体の一部である限り、弧は、三角形と同じようにその規定性を全軌道一般の規定性を作るような規定性をもつ。[4] 一つの線が必然的な規定性で捉えられるためには、その線が全体の契機であることが必要である。[5] 線の大きさはただ経験的なもので、全体となってはじめて三角形である。この点に有限な力学における力の平行四辺形という数学的な表象の根源がある。有限の力学では通過した空間が対角線とみなされ、全体の部分、関数として措定され、数学的な扱いが可能になる。[6] 求心力は半径、遠心力は切線である。弧は切線と半径の対角線である。[7] これはしかし数学的な線にすぎず、物理的に分離すれば、空虚な表象になる。[8] 落下の抽象的な運動では時間の二乗、すなわち時間の平面は、ただの数的規定性にすぎない。二乗は空間的な意味で解してはならない。落下の場合にはただ直線が経過するだけであるから。[9] ここには落下のもつ形相的なものがある。通過した空間を二乗的な空間関係の仕方で平面として作図することは――落下の場合に記したのと同様に――ただの形式的な作図にすぎない。[10] ここではしかし二乗にまで高められた時間が一つの平面に対応するので、時間の自己産出(二乗)がここでは実在性をもつ。[11] 扇形は弧と半径ヴェクトルの積、つまり平面である。[12] 扇形の両方の規定は通過した空間と中心点からの距離である。[13] 中心となる天体が位置する焦点から引いた半径はさまざまである。[14] 二つの等しい［面積の］扇形のうちで半径が大きい方は弧が小さい。[15] 二つの扇形は同じ時間で通過することになっている。したがって半径が大きい方の扇形は通過した空間が小さく、速度は遅い。[16] ここでは弧とか通過した空間とかはもはや直接的なものではない。一つの契機に引き下げられている。したがって半径との関係を通じてある所産（積）のファクターとなっている。こうしたことはまだ落下の場合にはなかった。[17] しかし、ここで時間を通じて規定される空間的なものとは、軌道そのものの二つの規定、すなわち通過した空間と中心点からの距離である。[18] 時間は弧がただ一つの契機にすぎないような全体を規定する。[19] その中には、同じ扇形は同じ時間に対応するということが含まれている。扇形は時間によって規定される。ということはすなわち通過した空間が一つの契機に貶められるということである。[20] これは、荷重と支点との距離が均衡の二つの契機となる梃子の場合とおなじである。[21]

［五］3　さまざまの惑星の中間的な距離の三乗はその一周の時間の二乗に比例するという法則をケプラーは二七年間、追求し続けていた。以前に彼はこの法則をほとんど発見しかかっていたが、計算違いのために再び失敗した。[1] 理性がそこにあるという絶対的な信仰を彼はもっていた。その信仰のお陰で彼は法則の発見にまで達した。[2] 時間が一次元だけ遅れるということは、ずっと前から予期されていた。[3] 空間と時間とがここで結びつけられるので、それぞれがその固有性のなかでも措定されそれぞれの大きさの規定性が質を通じて規定される。[4]

［六］これらの法則はわれわれが自然科学の中でもつ最も美しいもの、最も純粋なもの、異質の素材で濁らされていないものである。この法則を把握することはしたがって最も興味深いことである。[1] これらのケプラーの法則は最も純粋で最も明確な形式で述べられている。[2] この法則のニュートンによる形式は、重さが運動を支配していること、その力が距離の二乗に逆比例することである（注）。[3] ニュートンは万有引力の法則を発見したという名声を帰せられている。[4] ニュートン

はケプラーの名声を暗くして、ケプラーの偉大な名声を見かけ上自分だけのものに奪い取った。[5] イギリス人はこのような権威を僭称し、ドイツ人は甘んじて受け入れてしまった。[6] ヴォルテールはフランス人の間にニュートンの理論にたいする尊敬の念を起こさせたが、ドイツ人はこれにもまた追随してしまった。[7] ニュートンの形式が数学的な取り扱いに対してずっと好都合にできているというのは、確かにニュートンの功績である。[8] 偉人の名声を侮蔑するなら、それは嫉妬である。しかし偉人の名声を究極のものとみなすなら迷信である。[9]

(注) ラプラス『宇宙の体系の解明』(パリ、一七九六年)。「ニュートンは実際にこの力が距離の二乗に反比例することを発見した。[1]」ニュートンは次のように述べている。「天体が楕円、放物線、双曲線(楕円は円に移行するが)のなかで運動するとき、求心力は距離の二乗に反比例する。[2]」(かっこ内はヘーゲル)(原注)

[七]

重さが数学的なものの中でもふた通りに解釈される以上、ニュートンに対して正しい扱いをしているとは言えないことになっている。[1] 第一に重さが、地球の表面では石が一秒に一五フィート落下するというように、ただ一つの方向だけを意味している。これは単に経験的な規定にすぎない。[2] ニュートンは主として重さに帰せられる落下の法則を月の運行に適用した。月の運行の中心もまた地球だからである。[3] 一五フィートという大きさが月の運行にも適用されて、根底に置かれる。[4] 月は地球から半径(注)の六〇倍離れているから、月の運動では引力の契機がこれに従って規定される。[5] これによって分かることは、地球の引力が月に作用するもの(正矢、矢)は同時に月の運行の全体までも規定しているということである。すなわち、月もまた落下する。[6] これは正しいかもしれない。[7] しかし、さしあたり個別的な落下であり、経験的な落下を地球の月への落下に適用したにすぎない。[8] 惑星についてはこのことは考えられておらず、ただ惑星のその衛星との関係にだけ適用される。[9] これは従って制限された点である。[10] 天体には落下が属すると言われる。[11] 天体はしかし太陽に落下するわけではない。そこで天体にはもっと別の落下を押しとどめる運動が存在することになる。[12] この問題は非常に簡単に決着がつけられる。[13] 子供たちは、落ちようとするボールを棒で打ち返す。[14] このような子供の関係［子供じみた関係］が自由な運動に適用されるのは好ましいとは言えない。[15] それゆえ万有引力は重さの第二の意味にすぎない。そしてニュートンは重さのなかにすべての運動の法則を見た。彼は重さを天体（物体）の法則に転化している。そしてそれを重さの法則となづけている。[16] 重さの法則をこのようにして普遍化したことはニュートンの功績である。石が落ちるときにわれわれが見るのと同じ運動のなかに、この法則がわれわれに現前する。[17] 木から林檎が落ちることがニュートンにこのような拡張のきっかけを与えたそうである。[18] 落下の法則によれば物体はその重さの中心に向かって運動する。物体（天体）には太陽に向かう衝動がある。その方向はその衝動と切線方向との合成である。対角線がこれらから帰結する方向となる。[19]

（注）原文では Durchmesser（直径）、科学的に考えて半径と訂正。

［八］ここでわれわれは一つの法則を発見するように思われる。その法則には次の二つの契機がある。1 引力としての重さの法則、2 遠心力の法則。[1] しかし円周運動の法則を考えると、われわれは一つの重さの法則をもつ。遠心力は余計なものであり、求心力がただ契機にすぎない［ものとして残る］かもしれないが、遠心力はまったく消失してしまう。[2] 二つの力から運動を合成することは、したがって無益であることが分かる。[3] 引力の側から語られる一つの契機としての法則が、引力の法則だけでなく全運動の法則として現れてくる。[4] そして他の契機は経験的な係数となる。遠心力についてはこれ以上なにも分からない。[5] 他方では、この二つの力はもちろん分離される。[6] 遠心力は物体（天体）が方向と大きさにかんしてもっていた衝撃だと言われる。[7] このような経験的な大きさは、「一五フィート」がなれないのと同様に法則の契機とはなれない。[8] 遠心力の法則をそれだけで規定したならば、このような対立ではいつも出てくる矛盾が生じてしまう。[9] ひとたび遠心力に求心力と同じ法則を与えるならば、次にはまた他方に与えなくてはならなくなる。[10] 両方の力が均

衡していないで、一方が他方よりも大きく、一方は増大し他方は減少するときに、両方の作用を分離して置こうとすると、最大の混乱が支配する。[11] 遠日点では遠心力が、近日点では求心力が最も強いと言われる。[12] 同じようにして反対のことを言うこともできたはずである。[13] というのは、もしも惑星が太陽の近くで最大の求心力をもつとすれば、太陽からの距離が再び増大し始めるのだから、遠心力もまたふたたび求心力を上回らなければならず、したがって遠心力も最大にならなければならないからである。[14] しかし、転換が突然起こるのではなくて、問題となっている力がだんだんに大きくなると仮定すれば、他の力が減少すると仮定されるので説明の便宜のために想定された対立は消える。（そうした描写をする例がいくつかあるが）他方とは違って一方が増大すると仮定するとしても。[15] それぞれがいつも他方の力を上回らなければならないというせめぎ合いの仕方では、混乱してしまう。ちょうど医学で、反応性と感受性とが逆相関の関係にあるといわれるようなものである。[16] だからこのような反省の形式はすっかり放棄されなくてはならない。[17]

［九］振り子は赤道のもとでは高緯度のところよりもゆっくりと振動する。だから振動を早くするためには振り子が短くなっていなければならない。こういう経験が生まれるのは、遠心力の振動が大きくなるためだとみなされる。というのは赤道地帯では極地よりも円環が大きく描かれるから、振動力が振り子の落下を生み出す重さの力を妨げるという。[1] 同じように立派にまことしやかに反対のことを言うこともできる。[2] 振動がゆっくりになるということは、垂線、静止の方向がここでは強まるということである。ここでは総じてこの方向が運動を弱める。これは重さの方向からの逸脱である。従ってここでは重さはむしろ大きくなる。[3] 反対の言い方では事態はこうなる。[4]

［一〇］惑星が太陽と内在的な関係にあるという思想を最初に抱いたのはニュートンではなかった。ケプラーがそういう考えをすでに抱いていた。[1] 惑星が引き寄せられるということをニュートンの新しい考えだとみなすことはばかげている。[2] 言うまでもなく「引き寄せる」という表現が不適切である。惑星はむしろ自分自身を駆り立てて行く。[3] すべては軌道が楕

円であるということの証明にかかっている。しかし、ニュートンはことを証明したわけではない。これはケプラーの法則の精髄なのである。[4] ラプラスは『宇宙体系の解明』で「無限解析はその普遍性によって、与えられた法則から導かれうるすべてを包括する。楕円だけでなく、あらゆる円錐(断面)曲線が、惑星をその軌道のなかに保持する力によって記述されうる」と認めている。[5] ニュートンの証明がまったく不十分であることは、こうした本質的な状況から見て、明らかである。[6] 幾何学的な証明でニュートンは無限小を用いた。この証明は厳密ではなく、そのために今日の解析[学]では用いられなくなっている。[7] ニュートンはケプラーの法則を証明する代わりに、反対のことをしている。事柄の根拠を得ようとしたのだが、粗悪な結末に満足することになった。[8] 無限小という表象はこの証明では立派に見えるけれども、その証明はニュートンが無限小の内ではあらゆる三角形を同等にみなすということに依拠している。[9] しかしサインとコサインは等しくない。ところが人は無限に小さい量として仮定されるなら互いに等しいのだと言うなら、この命題を用いてどんなことでもできることになる。[10] 夜にはすべての牛が黒い。[11] 定量が消失するとみなされる。しかし質的なものもまた無にされてしまう。そうすれば何でも証明できる。[12] このような命題の上にニュートンの証明が成り立っている。だからこの証明はまったく下らない。[13] 解析学は楕円から二つの違った法則を引き出す。こうしたことを解析学がするのはニュートンがしなかったような仕方による。これは後になったが、しかし、まさに第一法則は証明されなかった。[14] ニュートンの法則では重さは距離に従って減少するので物体(天体)が運動する速度である。[15] こうした数学的な規定S/T^2をニュートンは重さが出てくるようにケプラー法則を適用して、強調している。しかし、その規定はすでにケプラーの法則のなかにある。[16] これは、円の定義をしたときと同じで、$a^2=x^2+y^2$ という式は不変の斜辺(半径)とその二つの可変の対辺(横線すなわちコサインと縦線すなわちサイン)との関係である。[17] この式からたとえば横線を引き出そうとするなら、$x^2=a^2-y^2$, $=(a+y)\cdot(a-y)$であり、縦線をならば、$y^2=a^2-x^2$, $=(a+x)\cdot(a-x)$である。[18] 曲線の根元的な機能から、あらゆる他の規定性もまた見出すことができる。[19] そのようにして A/T^2 の式もまた重さとして見なければならず、だからケプラー式をただこの規定が現れるように書かなければならない。[20] このことはケプラー法則のどれからでも、即ち楕円法則からも、また時間と扇形の比例関係からも、もっとも簡単なのは第三法則からでもできる。[21] 第三法則には、$A^2/T^2=a^2/t^2$ という式がある。[22] ここから S/T^2 を引き出そう。[23] S は軌道の部分としての通過空間、A は距離である。両者はしかし交換され、また入れ替えても大丈夫である。なぜなら、距離（直径）と距離の不変函数としての軌道とは比例するからである。[24] すなわち直径が定まれば周が判る、逆も成立する。というのはそれは一つの規定性だからである。[25] さて上の数式を $A^2 \cdot A/T^2=a^2 \cdot a/t^2$ すなわち $A^2 \cdot (A/T^2)=a^2 \cdot (a/t^2)$ と書き直せば、重さ A/T^2 が出てくる。そして A/T^2 の代わりに G、a/t^2（さまざまの重力）の代わりに g とすれば、$A^2 \cdot G=a^2 \cdot g$ となる。[26] さてこれを比例関係に直せば、$A^2 : a^2=g : G$ であり、これがニュートンの法則である。[27]

〔一二〕［相対運動と絶対運動］これまでわれわれは天体（物体）運動として二つの物体を考察してきた。[1] 一つは中心天体であって、主体性であり、場所が自分のもともとの自体に即して単独に（即かつ対自的に）規定されている。すなわち自分の中心を絶対的に（absolut 他のものとは無関係に）自分の内にもっている。[2] 第二の契機は、この自分のもともとの自体に即して単独に（即かつ対自的に）規定された在り方に対する客体性である。自分の内に中心をもつと同時に他者の内にも中心をもつ特殊的天体である。[3] この特殊的天体は主体性という抽象的な契機を表現する物体ではないので、その場所はたしかに規定されている。つまり、中心天体の外部にある。しかし、その場所は絶対的には規定されておらず、場所の規定が一定していない。[4] この天体が曲線運動をすることによって、さまざまな可能性がこの天体に生じてくる。[5] すなわち曲線のどの場所もこの天体にとっては同等である。同等であるということを、この天体は曲線内で中心天体の回りを廻るということで表している。[6] この最初の関係では、重さはまだ概念の統合にまで展開されていない。そのように展開されるためには、中心となる主体性が自分を客体化して、多数の天体へと特殊化され、そこでさらに規定されなければならない。[7]まず、第一に絶対的な中心天体がある。つぎに自己内に中心をもたない非自立的な天体がある。そして相対的な中心天体である。天体のこの三種類がそろって初めて重さの体系の全体が完結する。[8]二つの物体のうちのどちらが動いているのかを言うためには、三つの物体をもたねばならぬと言われる。たとえば船に乗っていて岸辺が自分から離れて行く場合がそうである。[9]惑星は多数存在するので、すでに決め手がある。しかし、この多数性はただの多数性で、区別された規定性ではない。[10]太陽が動くのか、地球が動くのかは、この二つしかない場合には、概念の上では同じである。[11]だからティコ・ブラーエは太陽が地球の回りを廻り、惑星は太陽の回りを廻ると結論づけた。こう考えても差し支えない。ただし計算が難しくなるだけである。[12]コペルニクスは、正しいことに気付いた。もし天文学が、地球がもっと大きい地球である太陽の回りを廻るという方がすぐれているという理由を述べたとしても、別に何も言わないのと同じである。[13]質量が導入されたとき、大きい方のものが、同じ比重をもつかどうかが問題になる。[14]基本的な問題は、運動の法則である。[15]中心天体は抽象的な回転運動[自転]を示している。特殊的な天体は自立的回転運動はしないで、この中心を廻ってたんなる運動をしている。自由な運動の体系では第三の仕方があり、それは一つの中心を廻る運動をするが、しかし同時に独立の回転運動をするものである。[16]

[二]
[回転運動と回転軸] a) 中心は一つの点だとみなされている。中心も物体であるから、同時に延長をもっている。すなわち中心は、それを求めて集中するものから成り立っている。[1]中心天体が身につけてもっているこの非自立的な物質は、中心天体が自分を中心にして回転[自転]することを要求する。[2]というのは、この非自立的な点が、中心から離れたままであるが、自己自身に関係した、確定的な場所をもたないからである。これらの点は落下していく物質にすぎない。ただ一つの方向しか決まっていない。[3]それ以外の規定性はない。ひとつひとつの点は、その点が占めることのできる全

ての場所を占有しなければならない。［しゃにむに占有せざるをえない。］[4] 絶対的（即かつ対自的）に規定されているのは、ただ中心だけである。それ以外のばらばら状態［の点］はどうでもいい。[5] というのは、［中心以外の点では］場所の距離だけが決まっていて、場所そのものは規定されていないからである。規定のこうした偶然性が現存するようになると、この物質は場所を変える。そしてこのことは、太陽が自分の中心をめぐって廻る自転を通じて表現される。[6] この圏域（Sphaere）は静止と運動の統一としての直接的な質量である。言葉を換えると、この圏域は自己自身に関係する運動である。[7] 回転運動は場所の変化ではない。[9] というのはあらゆる点が相互に同じ場所を保っているからである。[8] だから全体は静止したままの運動である。運動が現実的となるためには、軸が質量に対して無関係であってはならない。質量が運動している間、軸は静止しているわけにはいかない。[10] 静止とここで運動であるものとの区別は実在的な区別、質量の区別ではない。静止しているのは質量ではない。線である。動かされたものは質量によってではなくて場所によってだけ区別される。[11]

［一三］［衛星］b）非自立的天体は同時に、一見すると自由な現存をもつが、中心をもつ天体の延長の関連した部分を形づくるのではなく、中心天体から離れたままであり、回転はするが、自分自身をめぐる回転はしない。というのは非自立的天体はその内に中心をもたないからである。[1] だからそれは自分がそこから排除された他の天体個体に属する中心を廻る。[2] その場所はまちまちである。非自立的天体は、このような特定の場所の偶然性を回転によっても表現する。[3] しかしその運動は中心天体をめぐる惰性的で硬直した運動である。というのは非自立的天体は中心天体に対してつねに同じ場所規定を持ち続けるからである。たとえば地球に対する月の関係がそうである。[4] 周辺的天体のなかの位置Aはつねに絶対的中心と相対的中心を結ぶ直線上にある。あらゆる他の点B等はその特定の角を見込む位置にある。[5] 非自立的天体は一般にもっぱら中心天体の質量としてだけ運動する。自己自身に関係する個体的天体として運動するのではない。[6] 非自立的

天体は特殊性の側面を形成する。この点には、非自立的天体が差異として自己内で分裂するということが含まれる。自然においては特殊性は二性として現存し、精神におけるように統一として現存することはないからである。[7] この二重の非自立的な天体の在り方をわれわれはここでは運動の区別という観点だけから考察する。この観点で運動の二つの側面が存在する。[8]

［一四］［彗星］1　静止する運動が不安定な運動になるという契機が、まず最初に［彗星として］措定される。逸脱の圏域である。直接的な現存在から彼岸へと抜け出る努力である。[1] この自己の外に中心をもつという在り方（自己外存在）という契機［彗星］は、ひとつの質量と圏域であるという意味で、それ自身が実体の契機である。というのは各契機がここでは固有の現存在をもつからである。すなわち、各契機が圏域となっている全体の実在性を身につけてもっているからである。[2] この第二の、彗星的圏域は、自己解消、自己を無限のもの、空虚なものに拡散しようとする、絶え間のない跳躍状態、旋回を表わす。[3] 一つには、ここでは天体の形態を度外視しなくてはならない。また一つには、彗星は、見られるから存在するというような、これらの彗星や天体一般についての思いこみも度外視しなくてはならない。こうした思いこみでは、そしてただ偶然性のことだけが考えられている。[4] こういう思いこみによれば、彗星は存在しないという可能性もある。われわれにとって、概念にとって端的に離れたところにある彼岸として考察することに慣れっこになってしまって、彗星を必然的だと認識したり、その概念を把握したりすることは滑稽ですらあるだろう。[5] 彗星が太陽から投げ出されたとか、大気の蒸気などなどであるとか、「発生の説明」と称するあらゆる思いこみがある。[6] このような説明はたしかに彗星が何であるかを語ろうとしているのだが、肝心の点、必然性はやり過ごしてしまっている。この必然性とはまさに概念である。[7] ここでは現象を捉えることも、現象に思想の色彩を塗ることも、不必要である。[8] 彗星という天体は、普遍的な自己自身に関係する秩序からはみ出し、その統一を失おうとしている。彗星は、その実体を自己の外にもつ形式的

な自由であり、未来への駆動なのである。[9] 彗星が全体の必然的な契機であるかぎりで、彗星がこの全体から逃れることはなく、最初の天体に包括されている。[10] このような天体が個体として自己を解消し、他の個別者が現存在に入ってくるのか、それとも運動としての彗星が、その静止を自己の外に第一の天体にもち、この第一の天体の周囲を運動するのか。どちらかだが不確定である。[11] どちらも自然の恣意に属する。こうした区分、この天体の規定性から他の規定性への段階的移行は感性的な現存在に属する。[12] しかし逸脱という極端そのものが必然的に、中心天体の主体性にいったんは限りなく接近し、そして反発に回避するという点に成り立つ。[13]

〔一五〕 2 しかし、この不安定こそはその中心点に向かう旋回の契機である。この移行は、純粋な動揺にすぎないのではない。この身代わりとなる変身(他在)が身についていて、変身が直接に自己自身の反対となる。[1] その対立が二重である。直接的な変身であるとともに、その変身の克服(止揚)でもある。[2] しかし、この変身は対立そのものではない。純粋な不安ではない。対立が、中心点を追求するように、静止を追求して(suchen)いる。克服された未来、契機としての過去であって、これは概念にかんしては対立の克服である。しかし、まだ現存在にかんして対立の克服であるとはいえない。[3] これが月の圏域である。直接的な現存在からの逸脱、そこから派生したものではない。生成したもの、単独存在への関係、すなわち自己なのである。[4] 彗星的天体はしたがって直接的な軸回転運動をするものに関係する。月の圏域は、これと反対に新しい自己内反省された中心点、惑星に関係する。[5] 惑星はまだそれ自身のうちで自体的で単独という在り方(即自かつ対自的存在)をもたない。それだけで軸運動をするものではない。その軸は他者であるが、しかし、第一天体ではない。[6] 月の圏域は存在する運動として表象され、ただ服従的であり、一つの中心点によってきびしく支配されている。[7] 逸脱するものもしかし同様に非自立的である。一方のものは抽象的な服従、他者への志向であるが、この他者は思いこまれた自由である。[8] 彗星は脱中心性である。抽象的な全体によって支配されている。月は静止する惰性である。[9]

[一六][四つの天体] c) 最後に、自体的で単独(即自かつ対自的)の圏域すなわち惑星の圏域は自己への関係であるとともに、他者への関係でもある。惑星の圏域は軸回転運動であると同時に自己外に中心点をもつものでもある。[1] したがって惑星は自分の中心を自分自身の内にももっている。しかし、この中心は相対的な中心にすぎない。惑星は自己内に自分の絶対的な中心はもたない。その点では非自立的でもある。[2] 惑星は[自立と非自立という]両方の規定を身につけてもっている。そしてこの両方の規定を場所の変化として表現する。[3] 惑星は自分が自立的であることを、ただ惑星の部分そのものが、絶対的な中心と相対的な中心とを結ぶ直線にたいしてもつ位置にかんして、場所を変えるということだけで明らかにする。このことが惑星の回転運動を基礎づける。[4] 軌道の軸は軸が動くことによって、夜と同じだけの歳差を生み出す。[5](同じように世界軸は自転をもち、その両極は楕円を描く。[6]) 第三の天体としての惑星は推論であるが、それによってわれわれは全体を手に入れる。こうして天体の四性が理性的な天体性の完全な体系を作り上げる。[7] これは太陽系に固有のもので、概念の展開された選言である。この「四」は天に即してばらばらに概念の契機を表現している。[8] 彗星を挟み込もうとすることは奇妙に思われるかもしれない。しかし、存在するものは必然的に概念のうちに保たれていなくてはならない。[9] 区別項がここではまだまったく自由にばらばらになっている。[10] 太陽、惑星、月、彗星という自然をわれわれは自然のあらゆる後続の段階のなかで追跡するだろう。自然を深めていくと言うことは、この「四」なるものの進行する変形にすぎない。[11] 惑星的自然は統合であり、対立の統一である。それ以外の自然は、その非有機的自然であり、惑星的自然の個別化された契機を表現するにすぎない。だから惑星的自然は、もっとも完全な自然であり、ここで考察の唯一の対象である運動という観点から見てもそうである。[12] だから惑星の上にだけ生物が存在する。[13] 古代の民は太陽を崇拝し、より高いところに置いた。われわれも悟性の抽象を最高のものだと措定し、たとえば神を最高存在として規定するとき、そうしている。[14]

〔一七〕
この統合が、根拠であり、普遍的実体である。ここから全てが導かれる。[1] 全ては運動のこの統合である。しかし、より高次の自己内存在のもとでは退く。つまり、同じことだが、より高次の自己内存在に実現される。[2] 全てのものが、この統合を身につけてもっている。しかし、統合は、特殊的な現存在として、歴史として、単独の存在が単独になるために向かう起源として、無関係なままで、さまざまに残っている。[3] 全てはこの境位に生きる。しかし、同時にこの境位から解放される。なぜなら境位はただ弱い形でしかそこに存在しないからである。[4] 地上のもの、さらにそれ以上に有機的なもの、自己自身を意識するものは、絶対的な物質の運動から免れている。しかし、その運動との共感のなかにとどまる。その内的な境位としてそのなかに生き続ける。[5] 四季、昼夜の交替、覚醒から睡眠への移行は有機体のなかの地のこうした生命である。[6] あらゆるものが、それ自身自己外に出ることと自己の中心に、自己の力に戻ることとの圏域である。あらゆるものが、すべての多様な意識を自己内に包括しつつ、その意識を支配している。[7] 夜は、そのなかに全てが引っぱり込まれる否定的なものである。そこに有機体は自分の力をもっている。力を再び与えられて、現存在の目覚めた多様性の中へと出ていく。[8] このようにして、あらゆるものが、普遍的な圏域を身につけている。あらゆるものが普遍性を自分の規定された個体性で表現する、周期的に自己内に戻る圏域なのである。磁石の針は、あちら・こちらと振れる周期で。人間は、フールクロア(注)の観察によれば、減衰と増大の四日間の周期をもち、三日間増大すると、四日目には元の点に戻ることで表現している。病気の周期的な経過も同様である。[9] 血液の循環のうちには、この圏のもっと発展した統合がある。呼吸の圏とは別の時間をもっている。[10] 第三には腸の蠕動運動にある。しかし、物理的なもの一般のより高次の自然は、圏の自由の本来的な表現を抑圧する。一般的な運動を研究するにはささいな現象につくのではなくて、その運動の自由に即した議論が必要である。個体性に即した形では運動がただ内的なもの、考えられたものになってしまって、自由な現存在のなかではない。[11]

（注）　Antoine François de Fourcroy (1755–1809). 化学者。彼の『化学的認識の体系』(パリ、一八〇〇年)の中の消化についての記述に、ヘーゲルは言及している。この本は、たいへん有名でドイツ訳もあった。

〔一八〕太陽系の描写はいままで述べてきたことではつくされない。根本規定は提示できたとはいうものの、系となる規定があって、まだ付け加わってくる。[1] 惑星軌道の相互関係も、相互の傾き、彗星と衛星の惑星に対する傾きもまた、関心の的となりうる。[2] 惑星の軌道は一つの平面のなかにあるのではない。それ以上に彗星の軌道はさまざまな角度で惑星の軌道を横切る。[3] 惑星軌道は黄道を外れることはないが、相互の角度は変わる。交点は百年周期の運動をする。[4] これを展開することはずっと難しい。われわれにはまだできていない。[5] これまで惑星一般についてだけ触れてきたが、惑星間の距離についても考察すべきであろう。惑星の系列に対して距離の比にかんする法則を得ようとしているが、まだ見つかってはいない。[6] 天文学者は全体としてはこのような法則を軽蔑している。そして関わろうとはしない。しかし、これは必然的な問いなのである。[7] たとえばケプラーはプラトンの『ティマイオス篇』の中の数を再び取り上げた。[8] 現在、この点について言われていることはつぎのようなことであろう。第一惑星・水星の距離をaとすると、金星の軌道は$a+b$で、地球の軌道は$a+2b$で、火星の軌道は$a+3b$である。[9] これら四つの最初の惑星が一つの全体を、よろしければ、太陽系の四つの天体のように一つの体系を形づくることは見て取れる。そして後から、数の点でも物理的な性質の点でも別の秩序が始まる。[10] この四つは同じ形の仕方で進む。そして均質的な四個であることが注目に値する。[11] この中で地球だけが衛星をもっているから、もっとも完全な惑星である。[12] 火星から木星までには突然大きな飛躍がある。最近になって、ヴェスタ、ユーノ、ケレス、パラスという四つの小惑星が発見され、隙間が埋まって新しい集団をなすまで、$a+4b$が分からなかった。[13] ここでは惑星の統一が、ほぼ同一の軌道をもつ一群の小惑星に分解している。この第五の場所では、ばらばらの分散が支配的である。[14] そこで第三の集団が帰結する。[15] 多数の衛星をともなう木星が$a+5b$となる等々。[16] こうしたことはおおよそ妥当するだけである。理性的なものはここではまだ認識されない[17]。衛星の数がこのように多いということは、最初の四つの惑星とは違う仕方である[18]。次に、環と七つの衛星をもつ土星がくる。ハーシェルが発見した天王星には、見たことのある人間はわずかだが、たくさんの衛星が伴われている[19]。これが惑星の諸関係のもっと詳細な規定についての手始めである[20]。法則がこのような仕方で発見されるということはたやすく分かる[21]。

〔一九〕哲学は概念から出発しなくてはならない[1]。哲学の打ち立てるものがわずかであったとしても、人はそれに満足しなくてはならない。あらゆる現象に取り組まなくてはならないというのは自然哲学の迷妄である。そういうことは有限な学問のなかでは起こる。そこでは全てが普遍的な思想(仮説)に還元される傾向にある[2]。ここでは経験的なものだけが仮説の確証となる。だから全てが説明されなければならない[3]。しかし、概念を通じて認識されるものは、それだけでも明晰であり、確固としている。哲学はあらゆる現象がまだ説明されていなかったとしても、それに不安を抱くには及ばない[4]。ここで私は理性的考察の数学的機械論的自然法則を度量の自由な領域として把握する際のただ手始めのことを述べたまでである[5]。専門家たちはこのことを反省しない[6]。しかしこの学問に理性概念が要求される時が来るだろう[7]。

二七一

物質の実体、すなわち重さが、形式の統合へ展開されれば、もう物質が自己外中心(自己外存在)を自己の外にもつことはない[1]。形式は、さしあたりはその区別に従って、空間、時間、運動という観念的な規定として現象する。次には、その単独の在り方に応じて、自己の外に存在する物質の外部に規定された中心として現象する。しかし展開された統合では、このようなばらばら状態は、端的に統合によって規定されたものとして措定されており、物質は、このように規定されたそのばらばらの在り方の外部にあるわけではない[2]。形式はこのようにして物質化されている。[3] 逆に見れば、物質は、このように自己の「他者に中心をもつ」自己外存在を統合において否定することによって、以前にはたんに求められていたにすぎない中心、その本来の自己、形式による規定態を自らその身に獲得している。[4] 物質の抽象的な隠れた自己内存在が重さ一般であるが、今やこの内部中心（自己内存在）が形式へと展開されている。物質は、いまや質を賦与された物質である。――これが物理学である。[5]

補論　われわれはこのように、第一部を終えた。力学はこのように独立に一全体を構成する。[1] デカルトは「我に物質と運動とを与えよ、しからば、我は世界を造らん」（注）と述べ、力学的観点を第一のものとして、これから出発した。[2] 力学的観点がいかに不十分であっても、それだからといって、デカルト的精神の偉大さが見誤られてはならない。[3] 物体は運動においては点としてあるにすぎない。重さが規定するものは全く点相互の空間的関係である。[4] 物質の統一はただ、それが求める（suchen）場所の統一であって、具体的な一、自己ではない。[5] これがこの圏域の本性である。規定されているもののこの外面性が物質の本来の規定性を形づくる。[6] 物質は重さをもち、単独的にあり、内部中心（自己内存在）を求める（suchen）ものである。この無限性の点は「虚焦点のような」一個の場所にすぎない。だから単独的存在はまだ実在的ではない。[7] 単独的存在の統合はもっぱら太陽系全体のうちにだけ、画定される（gesetzt）。太陽系全体であるものは、今や個別的物質であるべきである。[8] 太陽系における形式の全体が物質一般の概念である。しかし「他者に中心をもつ」自己外存在は今や、いずれの特定の現存においても、展開された概念全体であるべきである。[9] 物質はその全ての現存において単独的だとみなされている。すなわち、物質はその統一を見出す。このことが単独的にある単独的存在である。[10] あるいは、自己運動するものとしての太陽系は、たんに観念的な単独的存在の、規定のたんなる空間性の、すなわち、非単独的な存在の、克服（止揚）である。[11] 概念では、場所の否定は再びたんに場所の規定ではない。むしろ非単独的存在の否定が否定の否定、肯定であり、こうして実在的単独的存在が生ずる。[12] これが移行の抽象的論理的規定である。[13] 実在的単独的存在はまさに単独的存在の展開の統合である。そしてこのことはまた、物質における形式の自由化として表わされうる。[14] 太陽系を構成する形式規定は物質自身の規定である。そしてこの規定が物質の存在を構成する。[15] 規定と存在とはこのようにして本質的には同一である。これこそ、しかし、質的なものの本性である。なぜなら、もしここで規定が除去されれば、存在もまた消滅するからである。[16] これが力学の物理学への移行である。[17]

（注） デカルトの『方法序説』や『哲学の原理』に同じ趣旨の言葉はあるが、文字どおりのものはない。

自然哲学第二部　物　理　学

二七二

単独存在が物質のうちに展開され、物質が身につけた規定をもつようになると、物質が単独存在をそれ自身の内にもっているかぎり、物質は個体性をもつ。[1] 物質はこのようにして自分を重さから解放し、身についた規定をもつようになって、自分を顕在化させる。すなわち、自分に内在的な形式によって自発的に、空間的なものを重さに対抗して規定する。このような規定作用は以前には、物質にたいしては他者であり物質によってたんに求められていた(gesucht)にすぎない中心である重さに属していた。[2]

補論　物体は、今では個別性の力に支配される。[1] 以下、述べることは、自由な物体を消化融合する個別的統一点の支配下にこれら自由な物体を還元することである。[2] 重さは、物質の内部中心的本質、たんに内的同一性であるが、物質の概念が本質的外面性であるから、本質の顕在化に移行する。このようなものとして重力は反省規定の統合である。しかしこれら反省規定は、相互無関係に放置され、ために各規定は特殊性質をもつ物質として現れる。このような物質は、いまだ個別性の規定をもたず、無形態な要素である。[3] われわれはこれら物質化された形式規定を二重の仕方で、すなわち、一つは直接的規定、他は措定された規定としてもつ。[4] 太陽系では、それらは直接的に現象する。次いで本質的に措定されたものとして現存する。これはちょうど、両親は両親としては直接的であるが、しかし次に彼らもまた子ども、生まれたものである［という点で規定されている］のと同様である。[5] こうして光はまず太陽として現存する。次に光は外的条件から現れ出るものとして現存する。[6] 第一の光はもともと自体的である。この自体的な光は概念のなかで産出されている。しかしこれはまた措定されなければならない。そのときこの現存在は現存の特殊な仕方として区別される。[7]

二七三

物理学の内容は、

A 普遍的な個体性、すなわち直接的な自由な物理的な質、[1]

B 特殊的な個体性、すなわち、物理的な規定である形式の、重さにたいする関係とこの形式による重さの規定、[2]

C 統合的で自由な個体性である。[3]

補論 この部門は自然の中で最も困難である。なぜなら、それは有限的物体性を含んでいるから。[1] 分化したものは常に最大の困難を含んでいる。なぜなら、概念は、もう第一部門のように直接的には現れず、また第三部門のように現実的なものとして現れてもいないからである。[2] ここでは概念は隠れている。概念はただ必然性という総合する紐帯としてだけ現れる。一方、現象するものは概念を欠いている。[3] まず形式区別は交互に関係をもたず、独立的である。第二は分化、対立における個別性である。第三が初めて形式区別の支配者としての個別性である。[4]

A　普遍的な個体性の物理学

二七四

物理的な質は、a)［天体］直接的なものとしては、いまや物理的に規定された天上の物体（天体）として自立した在り方で［ばらばら状態で］相互に分離されている。b)［元素］これらの天体の統合の個体的な統一に関係するものとしては、物理的な元素である。c)［気象］これら元素の個体を生み出す過程としては、気象学的過程である。[1]

a　自由な物理的物体

補論　概念の諸規定は今では物質性を確保する。物質の自立性は諸規定の統一点を見出す。そして物質がこのように単独で存在する単独存在であり、諸規定の移行、諸規定の相互消滅そのものが消滅してしまったことにより、われわれは論理的には本質の領域へ入ることになる。[1]この本質とは、自分の他者における自分自身への還帰、さまざまな規定が相互に映し合うこと［相互反照］である。そしてこれら諸規定はこのように自分の内に戻って、今では形式として自分を展開する。[2]この形式には同一性、差異性、対立、理由が属する。[3]すなわち、物質はその最初の直接性から抜け出す。最初の直接性では空間と時間、運動と物質とが相互に移行し、物質が最後に自由な力学でこれら諸規定を自分のものとするに至った。こうして物質は自分を自分自身によって媒介し、規定することを明らかにした。[4] 衝突は物質にとってはもはや外面的ではなく、物質の区別作用が物質の内在的内面的衝突である。物質は自分を自分自身で区別し、規定する。物質は自己内反省である。[5] 物質の諸規定は物質的である。これら規定が物質的なものの本性を物語る。物質はこれら諸規定の中で自分自身を顕在化する。なぜなら、物質とはただこれらの規定にすぎないからである。[6] これらは物質の実体に内属する物質的諸性質である。物質がそうした物質であるのはその性質によってだけである。[7] 第一象面では諸規定はなお実体から分離されており、物質的規定ではない。実体はこのようなものとしてなお自分の内に匿されて顕在化されず、したがって実体もまた自分の統一性を追求するもの (ein Suchen) に過ぎなかった。[8]

α　光

二七五

§ 275

質を賦与された最初の物質は、純粋な自己同一性、自己内反省の統一、としての物質である。だから、それ自身まだ抽象的な、最初の顕在化にすぎない。[1] このような物質は、自然の中に現存在しながら、統合の他の諸規定に対抗する自立的なものとして、自分への関係である。[2] 物質のこの現存する普遍的な自己が光である。その自己は個体性としては星である。星は、一つの統合の契機としては、太陽である。[3]

〔一〕　さて第一は光のアプリオリな概念規定である。第二は、われわれがこの概念規定に対しわれわれの思いこみのなかにある光の様相を探究することである。[1] 物質は、直接的な、自分に還帰する、自由な独立の運動としては、単純な自己同一的な均質性である。[2] 運動が自己還帰していることにより、天体の圏域はその独立的理想的生命を自分の中で完成し、完結させる。こうした完全な内部中心的な在り方がまさに天体の均質性である。[3] 天体の圏域は現存在するものとして自己内にある。つまり、統合のこの内部中心的な在り方がそれ自身で現存在する。[4] 天体の圏域は他者に対してあるという契機を自らのうちにもつ。自立的にあるものは天体の中心の力ないしはその自己内封鎖性である。[5] しかしこの単純な力はそれ自身で現存在している。たんに内面的であるものが同様に外面的である。なぜなら、内面的なものは、この現存在するものの他者であるからである。[6] 物質は直接的純粋統合としては、物質の内部中心性と対他存在あるいは現存性との対立に移行する。なぜなら、物質の現存はまだその内部中心を含まないからである。[7] 物質は、それが自分に関係する運動のこの旋回の不安定として、またもともと自体的で単独(即かつ対自的)な在り方への還帰として、さらに現存在に対して現存在するこの内部中心として、認識される場合には、光である。[8] 光は、ただ純粋な力・自分の内で自分を維持する内在的な力としてだけ、物質の自己の内に閉ざされた統合である。光は、天体の圏域が自分の内部に帰りついたもの〔天体の純粋本質〕である。そして天体の旋回はまさに自分へ関係する運動の方向の直接的反対であって、それでは、すなわち流出流入では一切の区別が消されてしまう。光は、現存在する同一性として、もっぱら自分自身にだけ関係する純粋な線である。[9] 光は空間充足のこの純粋に現存在する力である。その存在は絶対的速度、現在的純粋物質性、内部中心的現実的現存在、あるいは透明な可能性としての現実性である。[10] 空間充足にはしかし二つの意味がある。もし空間充足が自立的存在で成り立つとすれば、脆弱な抵抗が流れ去ってしまうから、光は空間を充足しない。むしろ光はただ空間のうちに現存する。しかも個別的なもの、排他的なものとして現存するものではない。[11] 空間は、ただ抽象的な存立、もともとの自体的(即自)存在である。光は、現存する内部中心、あるいは内部中心的な現存在として、従って純粋な現存在として、自分の外にある普遍的現実性の力[万物を照らすもの]である。光は、一切と融合する可能性としては、万物との共通性である。この共通性は自己内にとどまり、それによって現存するものの独立性を何も損なわない。[12]

[二] 物質が光として他者との関係(対他存在)のうちに現れるとき、従って自分を顕在化し始めるとき、重さのある物質もまた自分を顕在化する。[1] しかし統一の追求(Suchen)は、他者への努力、圧力という形となる。統一の追求が、たんに否定的、敵対的顕在化となる。物質はこの中では対他存在である。しかし排斥する者として、他者を自分から離隔している。[2] 多なるものは互いに否定的に相対するが、対他存在がここでは共通性[光]であるから、われわれは今肯定的顕在化をもつ。[3] 光はわれわれを普遍的連関の中に連れてくる。すべてのものが、光の中にあることによって、理論(非実践)的な仕方で、抵抗のない仕方でわれわれにとって存在する。[4]

[三] この顕在化をわれわれは光の最初の規定性で把握しなければならない。光がまったく普遍的な、まったく未規定の自分における顕在化であるからである。[1] 光の規定性は、無規定性、同一性、自己内反省、完全な物理学的観念性である。重さのある物質というとき、われわれは区別すること、他の物を排除することまで含めて理解するのだが、この物理学的観念性は、重さのある物質の実在性に対立する。[2] この光の抽象的顕在化、物質的自己同一性は、まだ他者に対して自らを措定しない。振動、しかもただ自分の内部での振動が規定性である。[3] 自分へ関係する肯定的同一性としての単独的存在の単独的存在はもはや排他ではない。硬い一は溶融され、顕在化の無規定の連続としてその反対を失った。[4] これが純粋自己内反省であり、精神の高次の形式では自我である。[5] 自我は無限の空間、自己意識の無限の自己同等性、私自身の空虚な確実性と私の私との純粋同一性との抽象である。[6] 自我はただ、主観としての私自身の客観としての私に対する関係の同一性である。[7] 光は自己意識のこの同一性と並行し、自己意識の忠実な模写である。[8] 光が自我でないのは、光が

そのもの自身の内部で曇ったり屈折したりしないからであり、まったく抽象的現象であることにだけ基づく。[9] もし自我が、インド人の欲するように、純粋抽象的同等性で自らを保持しうるならば、自我は逃げ去り、光、抽象的透明となるだろう。[10] しかし自己意識は意識としてだけある。意識は自らのうちに諸規定を措定する。そして自己意識は、自我が自分自身の客観である限り、意識の自我の純粋自己内反省である。[11] 自我は、光と同じく、自らの純粋顕在化である。しかも同時に客観としての自分から自分への還帰の無限なる否定性である。したがって主体的個別性の、他者に対する排他の無限の点(der unendliche Punkt)である。[12] このために、光は、自己還帰の無限性を欠いているから、自己意識ではない。光は自分の、しかし自分に対するものではなく、ただ他者に対する、顕在化にすぎない。[13]

〔四〕だから光には具体的な自己との統一が欠けている。こうした統一は自立的存在の無限点としての自己意識が有する。またこのために光は自然の一顕在化にすぎず、精神の顕在化ではない。[1] そういうわけで、この抽象的顕在化は第二には同時に空間的である。すなわち空間における絶対的拡散であり、この拡散の無限の主観性の統一点への回帰ではない。[2] 光は無限の空間的拡散、あるいはむしろ空間の無限の産出である。[3] 自然で諸規定は分離されて並立しているから、純粋顕在化もまた単独で、しかし真ではない現存として、現存する。[4] 精神は、無限に具体的なものとして、純粋同一性にこのように分離された現存を与えない。自己意識ではこの思想は自分の絶対的な主観性の下に結びつけられている。[5]

〔五〕第三に光は自分の限界に達しなければならない。しかし、自分の他者に衝突するというこの必然性は、物質に抵抗をなさしめる自立的存在の絶対的制限とは別である。[1] 抽象的同一性として光は、光の否定としての区別を自己の外にもつ。これは、物理学的物体性としての、本質の他の反省規定である。[2] 光は、一般的な「〔万物を〕現象にもたらすこと」として〔神の〕最初の満足である。[3] この一般的な物理学的なものを最高のものだとみなすのは、抽象的悟性だけである。[4] 自分自身を規定する具体的理性的思惟は、自らで区別されたものを求め、自らで自らを規定し、しかもこの特殊化で普遍性を失うことなく、普遍的なものを求める。[5] 光は物質的顕在化の端緒だから、すぐれているのは抽象という意味でだけである。[6] ところで光はこの抽象のために一つの限界、欠陥をもつ。そして光はこの光の限界によって初めて自分を顕在化する。[7] 規定された内容は他の所から来なければならない。あるものが顕在化されるためには、光とは異なるものが必要である。[8] 光そのものは不可視である。純粋な光の中では、ものが見えない。まるで純粋な暗黒の中と同じである。光は暗い。光は闇である。[9] 純粋な光で見るならば、われわれは純粋な視覚である。われわれはまだ何も見ていない。[10] 限界が初めて否定の契機、従って規定の契機を含む、そして限界で初めて実在性が関係してくる。[11] 具体的なものが初めて真なるものなのだから、実在性にはただ一つの抽象的なものだけではなく、他の抽象的なものも属する。[12] 光は暗に対して光として自分を区別するとき初めて光として自らを顕在化する。[13]

〔六〕光の概念が展開された後、今では第二に問題となるのは、光の実在性である。[1] 光の現存を考察しなければならないと言うとき、われわれは光の対他存在を言っている。[2] しかし光はそれ自身対他存在の措定である。従って光の現存性でわれわれはこの対他存在の対他存在を指示しなければならない。[3] 可視性はどのようにして可視的であるか。[4] この顕在化はどのようにして自らを顕在化するか。[5] 顕在化にはある主体が必要である。そしてこの主体がどのようにして現存するかが問われる。[6] 光は、それが個別の形式の下に単独で独立に現存する限りでだけ、物質と呼ぶことができる。この個別化は光が天体としてあることによって成り立つ。[7] 光は抽象的中心性をもつ天体（それは光る天体として実在的である）の現存、あるいは物理学的意味を形づくる。これが太陽、自ら光る天体である。[8] ところでこれは経験的に認められることで、それがまずわれわれが太陽について述べなければならないことのすべてである。[9] この天体は根源的、非派生的光であり、このような光は有限的現存の諸条件から生ぜず、直接的に存在する。[10] 恒星もまた自己発光天体であって、その現存のためにはただ光の物理学的抽象をもつだけである。抽象的物質は、まさに光のこの抽象的同一性をその現存の条件とする。[11]

これが、この抽象にとどまる恒星の正確性である。それは尊厳ではなく、むしろ具体者へ移行しない不十分さである。従って恒星を例えば植物以上に尊崇するのは背理である。[12] 太陽は未だ具体的ではない。[13] 敬虔は人間、動物、植物を太陽や月と同じ高さに持ち上げようとする。しかしそうできるのは惑星だけである。[14] 自分に帰り戻った自然物、普遍者に対して単独に自分を保持する具体的な形態は未だ太陽の上には存在しない。恒星、太陽では光の物質が存在するばかりである。[15] 太陽系の契機としての太陽と自己発光としての太陽との結合は、太陽が両方の場合に同一の規定をもつということである。[16] 力学で太陽は単に自分に関係する物体である。この規定はまた抽象的顕在化の同一性という物理学的規定でもある。そしてこのために太陽は発光する。[17]

［七］次に、このように発光するものの現存の有限的原因が問題になるだろう。[1] 太陽の光をわれわれはどのようにして受け取るかと聞かれたら、われわれはそれを産出されたものとして受け取る。[2] われわれはこの規定における光が火および熱と結びついているのを見ている。例えば、燃焼として生ずる地上の光でわれわれはそれを通常、目撃している。[3] 太陽の発光を燃焼から説明しうるためには、換言すれば火が存在するために燃料を消尽しなければならない地上的過程との比較から説明するためには、太陽の燃焼が何によって保たれるかが示されねばならないと考えることができる。[4] しかしこれに対して、個別化された天体で生ずる地上的過程の制約は自由なる諸性質の関係である太陽の場合にはまだ生じないことが注意されなければならない。[5] この最初の光をわれわれは火から分離しなければならない。[6] 地上的光は大部分熱と結びついている。太陽の光もまた熱をもっている。[7] しかしこの熱は太陽の光そのものには属さず、陽光は地球で初めて熱をもつ。高山や気球旅行が示すように、陽光はそれだけとしては、冷たい。[8] 経験的にもまたわれわれは炎のない光、例えば腐木の燐光や、また電光を知っている。一体、電気による溶解は光に属することではなく、振動をその理由とする。[9] また地上的光のうちには、鉄との摩擦により、あるいは傷つけられるとき、燃焼することなく発光する金属があ

る。実際、これらの発光する鉱物の方が発光しない鉱物より恐らく多いだろう。[10] このようにここでもまたわれわれは、化学的過程のない発光として発光する天体に対して諸々の類推を行う。[11]

〔八〕さらに光は勿論また産出されたものとしても示されねばならない。[1] しかし太陽の光の物理学的制約は、概念規定ではなく、経験知の事柄に過ぎないから、われわれにはまったく関係がない。[2] しかしわれわれはさらに、太陽と恒星とは自転の中心として、その自転で自己摩擦を起こすと言うことができる。[3] その運動で太陽の生命はただ、光を発しながらある燐光現象の過程であることである。力学的にはわれわれはこのことを、軸回転が抽象的な自分への関係であるから、まさにこの理由で軸回転に求めなければならない。[4] 光が物理的には産出されなければならない限り、われわれは、太陽系に属する一切の天体は自らその中心を産出し、自らその発光天体を措定する。即ちどの契機も他なしには存在せず、一つは他を措定すると言うことができる。[5] カッセルに長らくいたフランス人、アリ将軍（注）はその著書で、太陽の光素は何によって産まれるかを説明した。というのも太陽は発光によって常に光を発し、従って絶えず消耗していくからである。[6] 他の場合に、惑星上に常に発生する水素はどうなるかが問われたとき、アリ将軍は答えた。水素は最も軽いガスであるから、それは空気中には存在せず、太陽の消耗を補う燃料を供給すると。[7] こういう思いこみの中には、惑星が自分からその物質的発生を外に投げかけ、これによって太陽体を形成するという真理が含まれている。しかしわれわれは今の場合、普通の意味での物理的、化学的媒介を除外しなければならない。[8] 恒星の生命は、恒星の統一のなかに自己の現存在が総括されるもの「惑星」によって永遠に燃やされ、更新される。これらのもの「惑星」はその多様性をこの中心の内に観念的に措定する。[9] 地上的過程で個別的なものの消尽が炎の単純性であるように、太陽でもまた多様は単純性に総括される。こうして太陽は全太陽系の、この尖端に発生する過程である。[10]

（注）　ジャック・アレクサンドル・フランソワ・アリ（Jacques Alexandre François Allix, 1776-1836）。数学教師の息

子で、フランスの陸軍中将、ナポレオン戦争の間各地に従軍。ゲッティンゲン学会の会員。政治亡命中に、『宇宙理論――運動の初期原因とその基本的効果』（パリ、一八一八年）を書いたが、ラプラスが批判したほかには注目を浴びなかった。ヘーゲルがこの著作に目を通したのは、そこにニュートン批判が書きこまれているためだと思われる。

二七六

光は、物質の抽象的な自己である。そういうものとして、光は絶対的に軽いものである。また光は物質として、無限の自己外存在「核芯のない在り方」である。しかし光は、純粋な顕在化作用、物質的な観念性として、不可分の、単純な自己外存在である。[1]

〔一〕精神的なものと自然的なものとの実体的同一性を説く東洋思想では、意識の純粋な自己性、自己同一である思索は、真にして善なるものの抽象として光と一つである。[1] これまで実在論的と呼ばれていた思いこみでは、自然に観念性が現に存在することが否定される。このような思いこみは、とりわけ光によって、すなわち、顕在化以外の何物でもないこの純粋な顕在化に照らして、吟味されなくてはならない。[2]

〔二〕自己同一性だとか、あるいは、物質がいまや自分自身のうちにもっている、中心性のさしあたり抽象的な自分だとか、こういう観念規定、こういう単純な観念性が、現存するものとしては、光である。このことの証明は、緒論（自然哲学第二四六節注解）でも述べたように、経験的に行われなければならない。[1] 内在的な哲学らしさとは、この場合にかぎらず常に、概念規定に固有の必然性である。この概念規定が、後でなんらかの自然的な現存として示されねばならない。[2] ――ここではただ、光という純粋な顕在化の経験的な現存について、いくつかの断り書きをしておく。[3] 重さのある物質は、質量で分割することができる。なぜなら、重さのある物質は、具体的な単独の存在であり質だからである。しかしながら、光というまったく抽象的な観念性のなかには、このような区別はない。光の無限な拡散を制限しても、光の絶対的な内的関連は廃棄(止揚)されない。[4] その拡散を制限された光は、つぶつぶに分離できる単純な光線だとか、微小部分だとか、それらの束だとかから成り立っているとみなされている。こうした思いこみは、特にニュートンが物理学で支配的にしたカテゴリーから生まれるあらずもがなの暴論である。[5] われわれの極めて狭い経験から見ても、光を袋につめることができないのと同様に、光線に分離したり、光の束にまとめたりすることができないことぐらいは明らかである。[6] 無限に拡散する光は分割することのできないものだということは、あくまで自己同一である一種の物理的なばらばら状態を意味する。悟性がこれを不可解だと言って放棄することはまずないだろう。というのは、悟性に固有の原理はむしろこのような抽象的な同一性だからである。[7] ――天文学者たちは、現にわれわれによって知覚されていながら、五百年以上も前にすでに起こってしまった天体現象について話題にし始めている。一面から言うと、これは、ある領域では認めてよい光の伝達という経験的現象を、これらの現象がなんらの意味ももたない他の領域へ転用したものであると考えることができる。――ちなみに、光の物質性にかんするこのような規定[伝達]は光の単純な不可分割性と矛盾するものではない。――他面から言うと、しかし、想起という観念的なやり方で過去を現在として見ることができる。[8] ――目に見える一つの表面のあらゆる点からあらゆる方向に光線が放射されていると思い浮かべてみよう。すなわち、あらゆる点から無限の次元をもつ物質的な半球が作られる。こういう光学的な思いこみから直接に生ずる結論は、これらの無限に多くの半球がすべて互いに貫通しあうということである。[9] しかし、もしそうだとすれば、目と対象との間に一つの濃縮された、混乱した塊りが発生することになるが、実際にそうなるわけではない。この説明のおかげで、説明するはずの可視性ではなくて、かえって対象の不可視性が生じてしまうはずである。そこで、このような考え方(表象)そのものがすべて無に帰する。これは、一つの具体的な物体は多くの物質から成り立っており、一つの物質の孔には他の物質が存在し、逆にまたこれらの他の物質そのもののなかにその他の物質がつまって流通しているという[多孔性という]考え方が無に帰するのと同様である。全面的な貫通は、実在すると言われている素材の不連続的な物質性の仮定を廃棄(止揚)してしまう。全面的な貫通は、むしろこれらの素材相互のまったく観念的な関係、ここで照らされるものと照らすものとの関係、顕在化されるものと顕在化するものの関係、顕在化するものがそれに向かって自分を顕在化する相手たるべきものの関係を基礎づける。――この関係こそ、自分のうちに関係を含まない自己内反省である。すべての、普通は説明し理解させることであると言われている媒介形式、小球、波動、振動などなど、また光線、すなわち光の微細な棒とか束とかも、この関係から遠ざけておかなくてはならない。[10]

補論〔一〕 自然的な事物は光によって生命を与えられ、個体化され、事物の開示が力づけられ、統合される。その限りで、光の自己的な本性は、物質の個体化のなかで初めて前面に現れてくる。ここではさしあたり抽象的な同一性が特殊性の還帰と克服(止揚)という形をとって、個別性の否定的統一となる。[1]重さも、酸味も、音も物質の顕在化であるには違いない。しかし、光が純粋の顕在化であるのとは比べものにならない。物質そのものの内の特定の変容をともなう顕在化にすぎない。[2]われわれは音そのものを聞くことができない。つねに一定の高低の音しか聞くことができない。――酸味それ自体を味わうことができない。いつもただ特定の酸味を味わう。[3] ただ光それ自体は純粋な顕在化として、抽象的な個別化されていない普遍性として現存する。[4] 光は非物質的であり、非物質的な物質である。こういう言い方は矛盾であるように見える。しかし、このような見かけは問題にならない。[5] 物理学者は、光が計量されると言った。[6] しかし大きなレンズで光を一つの焦点に集め、もっとも精巧な天秤の一方の台皿に落としたとき、その台皿が下がらなかったか、さもなければ、下がったときには作用した変化がもっぱら焦点に集まった熱と関係していたことが分かった。[7] 物質は、場所として統一をまず追求する限りで、重い。光は、自分を発見している物質である。[8]

［二］［光の宗教］光は崇拝の的となった最初の対象である。自分との統一という契機がそこに保たれているからである。分裂や有限性は、そこでは消えている。光は、人間がそこで絶対者の意識をもつようになるものとみなされていた。[1] 思索と存在、主観と客観という最高度の対立はまだなかった。人間が自然に対置させられるためには、最も深い自己意識が必要だった。[2] 光の宗教は、インド人の宗教やギリシャ人の宗教よりも崇高である。しかし同時に、人間がまだ対立の意識にいたっていない宗教である。自分自身を知る精神性にまでいたっていない宗教である。[3]

［三］［粒子説批判］光の考察は面白い。というのは、自然的なものの考察では、人はいつも個別者が存在するということ、この実在性しか考えていないからである。[1] 光はその反対である。単純な思想そのものが、自然的な仕方で存在する。[2] というのは光は自然のなかの悟性だからである。悟性の形式が自然のなかに現存する。[3] 光を思い浮かべようとするなら、合成というような規定はすべて拒否しなくてはならない。[4] 光の微粒子を語る物理学は、窓のない家を建てて、光を袋に詰めて運び込もうとする人の企てと変わりがない。[5] 光線の束というのは無意味である。それは便利な表現にすぎない。存在するのは、ただ、全体としての光で、ただ外面的に限定されているだけである。全体としての光は、自我や純粋な自己意識と同じように、光線の束のなかで分割されることはない。[6]「私の時間」とか、「シーザーの時代」とかいうの

と同じである。[7] これはあらゆる他の人々の時代でもある。しかし、私はここではシーザーに対する顧慮から「シーザーの時代」ということを語り、その時代を彼に限定づけたわけである。だからといって彼が時間の線とか時間の束とかを彼の手に単独で現実にもっているという意味ではない。[8] 光が線となって拡散するというニュートン理論、光は波のように拡散するという波動理論は、オイラーのエーテル［論］や、音響の振動［論］と同じように、物質的な表象ではあるが、光の認識には役に立たない。[9] 光の中の闇は、数学的に計算される一連の曲線として運動の中を突き抜けて走るそうである。——抽象的な規定だが、数学に持ち込まれ、今日ではニュートンに対する偉大な勝利とみなされている。[10] しかし、これは物理的なものではない。またどちらの表象も物理学にはふさわしくない。というのはここでは経験的なものが何もないからである。[11] 神経が互いに衝突力をもち、他の粒子を動かす微粒子の系列であることがないのと同じように、光の微粒子とか、エーテルの微粒子とかも存在しない。[12]

［四］
［光の伝達と速度］光の伝達は時間のなかで起こる。というのは、伝達とは活動であり変化であるから、時間という契機を欠かすことができない。[1] 光は直接的な拡散をする。しかし、光が物質として、光物体として他の物体に関係するので、そのつど一種の連続の中断となる分離が存在する。[2] こうした分離の克服（止揚）は、運動である。この中断に比例して時間もまた登場してくる。[3] 突きとおるはずの照明の距離は時間のなかにある。透過照明は（媒体、照射、反射のいずれにせよ）物質の、時間を必要とする触発作用である。[4] 惑星のわれわれの圏では、つまり多かれ少なかれ透明な媒体では、光の伝播は時間規定をもつ。光線が大気を通じて屈折されるからである。[5] 恒星間のいわば空虚な空間、大気のない距離での伝播は違っている。これは恒星の距離としてだけ充実をいわばもつような空間、すなわちいかなる充実をももたない空間であって、合一の否定にすぎないような空間である。[6] 光の伝達にかんして木星の衛星で観測される法則を、ハーシェルは恒星空間にまで移行させた。この距離は彼自身が認めているように仮説的である。[7] 周期的に明滅する一定

の恒星や星雲の場合には、ハーシェルは、光がわれわれの所にまで到達するのに要する時間のおかげで、われわれが見る時から五百年前の変化が見られ、すでになくなってしまったものの影響は幽霊のようなものであるということを明らかにした。[8] 時間の制約は、こうした帰結にそれ以上のものを加えずに、認めてしまわなければならない。[9]

二七七

普遍的な物理学的な同一性である光は、さしあたり差別されたものとして(第二七五節)、したがってここでは外的なもの・他者として、他の概念契機の中で質化された物質に、すなわち光を否定するもの、すなわち、暗黒として規定されている物質に関係する。[1] 暗黒が同様に光と差別されたものとして単独に存立するかぎり、光は、このようにまずさしあたっては不透明なもののただ表面だけに関係する。こうして表面は顕在化される。光と同様に、表面も分割できないもの(それ以上特殊化されないもの、すなわち、平滑なもの)として自分を顕在化するもの、他者で自分を映し照らすものとなる。[2] このように、すべてのものがそれぞれ他者で現象し、したがってただ他者だけが、自分の側で現象する。この自分を自分の外へ措定することによって行われる顕在化は、抽象的な、無限の自己内反省である。この自己内反省によっては、まだ何も自分自身の側で単独に現象となるものはない。[3] したがって、或るものがついに現象し、目に見ることができるようになるためには、さらに一層の特殊化(例えば、粗さ、色彩等々)が、なんらかの物理的な仕方で存在しなければならない。[4]

補論 こうした純粋な自己と対比してみると、物質はまったく自己のないもの、闇である。闇の光に対する関係は、純粋な対立の関係である。一方が積極的だとすると他方は消極的である。[1] 闇が積極的であるためには、物体としての個体化が必要である。物体は個体化されている。それ自体はただ自分との抽象的な同一性という否定的であるという側面からしか考察できない。[2] 闇は光の前に消える。ただ黒い物体が光に向かう物体として残り、この物体が見えるだけである。[3] 私が見るためには、光が必要なだけではない。物体も必要である。何かが見られるのでなければならない。[4] 光は従って光る物体としてしか見えない。[5] 黒いものは、光を通じて見えるようになるものであって、肯定的に受け取れば、物体の抽象的側面として形態である。[6] 光と闇は相互に外面的な関係をもつ。両者の限界で初めて光が現存に到達する。というのはこの対他存在で何かが明るくされるからである。[7] 空間のなかで光を限界づけることは、ただ光のもつ方向についてだけ遮断することだととらえられる。中心天体［太陽］との関係が遮断されるなら、光は存在しなくなる。[8] 限界はしたがって闇によって措定されるが、その闇は［光によって］照らされる。[9] 重い物体である闇［暗いもの］は、光が関係をもつ他者として、特殊化された物質である。しかし、次に来る特殊化は表面の空間的な差異である。物質は、ざらざらしている、つるつるしている、とがっている、こう置かれている等々である。[10] 可視的なものの区別は空間形態の区別の一つである。そこで光と影とが成立する。われわれはまだ色彩を論じていない。[11] それ以外の形態にかんして多様に特殊化された物体性は、その最初の抽象的な顕在化では、表面に還元される。それはあるものの顕在化ではなくて、それ自体としての顕在化である。だからものの定義がここではまだ空間的でしかない。[12]

二七八

対象が相互に顕在化しあうということは、これらの対象の不透明性によって制限されている。この顕在化は、自己外存在的な、空間的な関係であって、この関係は、それ以上何ものによっても規定されていない。それゆえ直接的(direkt)ないしは直線的である。[1] 相互に関係するのは表面である。表面はさまざまな位置を取ることができる。目に見ることのできる物体の他の(平滑な)物体の側での顕在化が、むしろ第三の物体の側で顕在化される等々が起こる。(鏡のなかの場所にあるものの像が、他の表面、すなわち目や他の鏡等々へ反射する。)[2] 顕在化は、このような特殊化された空間的な規定では、たんに「等しさ」しか法則がない。すなわち、入射角と反射角の「等しさ」、および入射角と反射角がそれぞれ属する平面の単一性[同一であること]。関係の同一性をなんらかの仕方で変化させるようなものは、何もない。[3]

[一] 本節で述べた規定は、すでにいっそう規定された物理学に属するように見えるかもしれない。そこには、暗黒によって光を普遍的に限界づけることから、暗黒の特殊的な、空間的な規定によるいっそう規定された限界づけへの移行が含まれている。[1] こういう限定は、光を普通の物質として思い浮かべる想念とつながっているのが通例である。[2] しかし、そこには、このような純粋な顕在化という抽象的な観念性は、分割することのできない自己外存在(中心的な統一のない状態)として、単独で空間的に、したがってまた外面的に限定された限界づけができるということしか含まれていない。特殊化された空間性によってこのように限界づけができるということは、一つの必然的な規定である。この規定には、それ以上は何も含まれない。光の伝達や物理学的な反射、その他これに類した物質的なカテゴリーはすべて排除される。[3]

[二] 本節の規定とは、[ビオーによる]いわゆる「固定」偏光とか、光の極性という粗雑な思いこみを導いた現象とが関連している。[1] いわゆる入射角と反射角は、単純な反射の場合には同一の平面である。別の鏡を持ち出し、第一の鏡によって反射された光をさらに伝達する場合には、あの第一の平面が第二の平面――第一と第二の反射の

方向によって形成された平面――にたいして取る位置が、第二の反射によってあらわれる対象の位置と明暗に影響を及ぼす。[2] したがって、二度目に反射された明るさの(光の)光度を自然のままに損なわずにおくためには、すべての入射角と反射角それぞれの属する平面が一つの平面になるという正常な位置が不可欠である。[3] ところが、これもまた同様に不可欠的に生じる結論であるが、両平面が互いに否定的(こう言うより他にない)に関係する場合には、すなわち、直角に交わる場合には、二度目に反射される明るさが、暗くなったり、消えてしまったりする(ゲーテの『自然科学論』第一巻、第一分冊『内視的色彩の要素』〔一八一七年〕二八ページ以下と第三分冊『内視的色彩論』〔一八二〇年〕XVIII, XIX、一四四ページ以下参照)。[4] ところで、(マリュ(注)によると)かの位置によって反映の光度が変容を受けることに基づいて、光の分子はそれ自体の側で、この粒子の異なった面がそれぞれ、異なった物理的作用をもっていると推理した。その際いわゆる光線は四辺形だと仮定された。この基礎の上に、これとこれまた結びついた内視的色彩現象にもとづき、煩雑極まる広大な迷宮を打ち建てた。これこそ、物理学が経験から推論するもっとも独特な実例の一つである。[5] マリュの偏光作用の出発点であるかの第一の現象から推論しうることと言えば、第二の反射による光度の条件は、この反射によって措定される反射角が、第一の反射によって措定される角と同一平面にあるというだけのことにすぎなかった。[6]

(注) エチエンヌ・ルイ・マリュ(Etienne Louis Malus, 1775-1812)は、ガスパール・モンジュ(一七四六―一八一八年)の設立したエコール・ポリテクニクの一員で、『結晶体における光の二重屈折の理論』(パリ、一八一〇年)は、光の分子説による二重屈折の説明理論である。

補論　〔一〕光は物質に到達し、物質を見えるようにする。すると光は一般にもっと詳しい規定に進むことになる。すなわち、さまざまの方向だとか、明るさの量的な違いというような規定である。[1]光の反射［屈折］は人が思っているよりも難しい規定である。[2]対象が見えるということは、光があらゆる側面に向かって反射しているということである。[3]というのは対象が見えるということは、対象が対他であるということである。対象が他者に関係する。すなわちこの見える側面は対象にとって他者の内にある。このようにして対象が他者の内にある。このことがまさに光の反射である。[4]太陽が輝くことによって、光は他者にとってある。この他者、たとえば表面はこうしてその表面と同じ大きさの太陽の表面となる。[5]表面が光っているということは光源として自ら発光しているということではない。表面はただ想定された(gesetzt)輝きである。表面がその各点で太陽としてふるまうことによって、表面は対他存在となり、表面の外に出て他者の内にある。[6]これが反射の主要な規定である。[7]

〔二〕空間形態が表面にある限りで、表面の上に何かを見る。たとえば表面がざらざらしている。表面がつるつるだと、見えるような違いが存在しない。[1]ここで見えるようになるものは、この表面そのものの何かではない。表面に違いがないからである。[2]見えるようになるのは別のものである。表面の規定ではない。つまり、表面は何かを映し出している。[3]つるつるだということは、空間的な違いの欠如である。ざらざら性がない場合には、対象になにか規定されたものが見えないから、つるつるしたものには、照りしか見えない。照りというのは、一般的で抽象的な仮象(反照)であって、没規定の発光である。[4]つるつるとは他者の像を混じりけなしに顕在化する(映し出す)ことである。[5]つるつるの表面には確定的なものはなにも見えない。というのは確定的なものが見えるのは、それが他者に対しているときだけだからである。[6]この他者が対置され表面が透過しなくなって(透明なものでもものを映す、第三二〇節補論参照)、しかも、つるつるだとすると、他者が表面に見える。見えるということは他者の内にあるという意味だからである。[7]さらにもう一つの鏡を向かい合わせて、間に光を入れれば、両側の鏡に同時に見えるものがある。しかし、どちらの鏡でも他方の鏡の限定でしか見えない。同様にどちらの鏡にもそれ自身の像が他の鏡で見えるようになっているので見える。両方の鏡に角度をもたせると、この像が無限に続く。鏡の幅が許す限り何回でも対象を見るからである。[8] これを力学的な表象で説明しようとすると、最悪の混乱に陥るばかりである。[9] 二つの鏡をABと呼ぶことにしよう。Aの中に何が見えるか。答えはBである。しかし、Bとは、そのなかにAが見えるということである。Bのなかで見えるものとしてのAが、Aのなかで見える。[10] Bのなかで見えるものは何か。[11] Aそのものである。Bの中で見えるものとしてのAである。[12] Aのなかで見えるものは何か。[13] Bであり、Bの中で見えるもの、すなわちAそのものである。そしてさらにAがBの中で見える等々。[14] われわれはいつまでも同じものを反復する。その度ごとに反復されたものは特別に現存する。[15] たくさんの光が鏡を通じても一つの点に集まることができる。[16]

〔三〕光は全てものを同一視する活動的な同一性である。[1] こうした同一性は、しかしまったく抽象的であるので、事物はまだ実在的に同一であるわけではない。事物は他者に対して自分を他者における他者と同一に措定する。[2] このように同一だとして措定することは事物にとって外的であり、光を当てられるということは事物にとってはどうでもいいことである。[3] 問題なのは、事物が単独で具体的に同一的だと措定されることである。光が事物に固有のものとなり、自らを充たし、実現しなくてはならない。[4] 光は自己性ではあるが、まだまったく抽象的で、ゆえにその自己性が非‐自分である。その内にまったく対立を含まない自由な自己同一である。[5] 太陽という天体（物体）として自由な現存をもつ光が、関係するところの他者は、その光の外にある。それはちょうど悟性が物質を自分の外にもつのと同様である。[6] こういう否定的なものをわれわれはさしあたり闇と呼ぶ。しかし、闇は単独に内在的な規定をもっている。この抽象的な規定の内に含まれる物理的な対立それ自体が自立的な現存在をもっている。このことこそ、われわれがいま考察しなければならないことである。[7]

β　対立の天体

二七九

§ 279

さしあたり光の否定である暗黒は、光の抽象的・同一的な観念性にたいする対立、したがってまた、暗黒それ自身の身についた対立である。この対立には物質的実在性がある。そして、自己自身のうちで二つの在り方に分裂する。1 それは、物体的な差別性、すなわち物質的な単独の在り方、凝固性である。2 それは、単独に、個体性によって支えられたものとしてではなく、ただ自己内に崩壊するものとして、解消と中和性として存在する対立そのものである。凝固性が月という天体であり、解消が彗星という天体である。[1]

月と彗星という天体は、相対的な中心天体としては、重力の体系においても、その物理学的な固有性として同一の概念にもとづく固有性をもっている。ここではその固有性をもっと明確に記述しておく。[1] これらの天体は、自己の軸を中心として回転［自転］しない。[2] 凝固性の天体［月］は、形式的な単独存在の天体であるが、この単独存在は対立に囚われた自立性で、したがって個体性ではない。だからこの天体は、隷属的であり、その中心軸をもつ他の天体［地球］の衛星である。[3] これにたいし、解消の天体［彗星］は凝固性の反対物で、態度が放縦で、常規を逸した軌道にあるという点でも、またその物理学的な現存在の点でも偶然性をあらわしている。——これらの天体は表面的な凝結体としてあらわれるが、しかしこの凝結も、これまた偶然にふたたび霧散し兼ねない。[4] 月には大気がない。そのためまた、気象学的な過程が欠けている。[5]月は、ただ高い山と噴火口と、この凝固体の自己自身の内部における発火を示しているにすぎない。——これは、ハイム（明敏な地質学者の一人）（注）が、これこそ単に凝固しただけの地（球）の原初的形態として発表した結晶の形態である。[6]彗星は、形式的な過程、不安定なガス体としてあらわれる。いままで彗星で、凝固したもの、核を示した例はない。[7]古代の人々は、彗星は「火の玉のような」単に一時的に生じた大気現象であると思い浮かべていた。こうした思いこみとは反対に、最近の天文学者は、もはや以前のように「天体扱いはしないという」冷淡で取りすました態度は取らなくなった。[8]ただしこれまではわずかな彗星の回帰がようやく確認されただけで、他は計算の上では予期されたが、やっては来なかった。[9]太陽系が本当に体系であり、それ自身のうちに本質的な関連をもつ統合である、という思想に直面したとき、行方さだかならぬ彗星という現象は、太陽系の全体にたいして偶然的である、などという形式的見解は放棄せざるをえない。[10]そこで、太陽系の他の天体は彗星にたいして自分を守っている、すなわち、必然的有機的な契機としてふるまい自分を維持しているにちがいないという見解が採用される。こうして、彗星にかんして恐れられていた危険にたいする従来の気休めよりも、もっとましな安心の理由が与えられる。気休めの拠り処は、取り立てて言えば、広大な天空には彗星がどこへ飛ぼうとこと欠かぬだけの空間があり、したがって地球にぶつかることは「まさかあるまい」ということだけだった。（確率論というのはこの「まさかあるまい」をより学問的に変形したものである。[11]）

（注）ヨハン・ルートヴィヒ・ハイム（Johann Ludwig Heim, 1741-1819）は、マイニンゲン生まれの地質学者。シュトラスブルクに滞在して岩石等を研究したが、職業としてはさまざまな地方官職についた。ヘーゲルが着目したのは、ハイム

の『昔の地球表面が現在の月の表面と類似していることについて』(一八〇二年)である。

補論 [一] 対立[項]が自由であるために、対立の二つの論理的側面は、ここではばらばらになって現存する。[1] 太陽系でこうした二つのものが衝突することは偶然ではない。概念の本性によって貫かれている。このような事柄もまた理念の圏内に入ってくる事柄として、理念によってのみ統制されるべき事柄として記述されることには驚かないだろう。[2] これらの対立項は、地が自分を解消して、それぞれが自立化した側面を形づくっている。月は堅い内的なものとしての地である。彗星は地の独立化された大気である。持続する大気である(第二八七節参照)[3]。しかし地がその結晶、その死んだ本質を自由に放出することができ、しなければならないとすれば、その理由は地が生命的だからである。[何をするかといえば]地の内的である契機を自分から切り離す。[そうして生まれた]月は個別者としてのその過程の統括者となる。それが普遍者の太陽がそうするのと同じである。解消される存在という概念の内にはこれが自分を自由に解放し、自立的なものとして地への関係をもたず、地から離れているということが含まれている。[4]

[二] 堅い単独の存在は、自分に固執し続けるもの、不透明なもの、単独では[他に]没交渉なものである。自立性という仕方でのこのような単独の存在は静止的で、静止したまま堅くなっている。[1] 堅いもの、脆弱なものは自分の原理として点性をもっている。あらゆる点は単独の個別者である。[2] これがたんなる脆弱さの力学的現象である。こうした脆弱さの物理学的規定は可燃性である。[3] 実在的な単独存在は自分自身に関係する否定性である。これは火が他者を食いつくし、自分自身を食いつくすかぎりで、火の過程である。[4] 堅いものは即自的には可燃ではある。しかし現実性としての火になっていない。火の可能性である。[5] ここではまだ火の過程は出てこない。それが出てくるためには、相互の違いの生き生きとした関係が必要である。ここでわれわれはまださまざまな質の自由な関係にとどまっている。[6] 水星、金星には雲、大

気の生きた交流が見られるが、月には雲も海も川もない。しかし、月でも地平線や銀糸がよく見える。[7]月では火山の噴火とみなされる一時的な光の点がしばしば見える。しかし、このためにはもちろん水分のない大気で空気のようなものが必要だ。[8]医師の兄弟であるハイムは、証明可能な地質学的な革命以前の地球の表象ができたら、地球が月と同じ形をしていたという証明をしようと努力している。[9]月は水のない結晶であり、われわれの海でいわば全体化するために、その堅さの渇きを解消しようとする。だから潮の満ち引きを引き起こす。[10]海は高まり、月に逃れようとする。そして月は海を自分の方に引きつけようとする。[11]ラプラス（『世界体系の解明』（Exposition du système du monde）第二巻、一三六―一三八ページ）は、観察と理論によって、月の潮は太陽の潮よりも三倍強く、月と太陽の潮が重なったときに最大になるということを発見している。[12]朔望（新月または満月）と矩象の時の月の位置は質的なものとしてもっとも重要な規定をもつ。[13]

[三] 堅いもの、自己内に閉じたものは、自己内で流失しているもの、抽象的に中性的なもの、規定を可能にするもの［どちらの規定でも受け入れるもの］と同じように無力である。[1]対立は、ただ対立としてだけ現存するものであるから、［緊張を失えば］対立は支えがない。そしてただ崩壊してしまう。対立が生気を与えられ対立の規定にあるためには、両極を集めて、支えている媒体が必要である。[2]堅いもの中性的なものが、この第三者に合一されると、われわれは本当の統合をもつことになる。[3]彗星は、光が透過する、透明な水性天体で、もちろんわれわれの大気圏には属していない。[4]彗星が核をもつとすれば、それは影で認識できるに違いない。彗星は徹底的に明るく、尾を通したり、彗星そのものを通したりして、星を見ることができる。[5]ある天文学者は彗星の核を見たと思ったが、それは望遠鏡のしみだった。[6]彗星は太陽の回りに、楕円［軌道］が非常にながくのばされたために、だいたい双曲線の軌道を作り出す。つぎに再び流失して、他の彗星が生まれる。[7]もっとも確実で規則的なのは、ハレー彗星の回帰で、一七五八年に最後に現れ、一八三

五年に再現することが期待されている。[8] ある天文学者は計算に従って、多数の現象が一個の彗星に帰属しうる、一つの軌道に還元できることを示した。[9] この彗星は、二度から三度、観測されている。しかし、計算によれば五回現れるはずである。[10] 彗星は惑星の軌道をあらゆるところから横断する。彗星が惑星に接触する可能性があるはずだという自立性を彗星に帰する人もいる。[11] 人々が心配になったとき、天は大きいから［衝突は］確実ではないと言っても安心はできない。なぜならあらゆる点は他の点と同じように接触する可能性があるからである。[12] 彗星が太陽系の一部であることを思い浮かべてみよう。またそう思わずにはいられない。すると彗星は余所からきた客ではなくて、太陽系の中で生まれ、その軌道は太陽系によって規定されている。他の天体も、必然的契機なのであるから彗星に対して自立性を保っている。[13]

［四］［推論の構造］彗星の中心は太陽にある。月は堅いものとして惑星に似ている。月は地球の核の単独の表現として抽象的な個体性の原理を自己内にもっているから。[1] 彗星と月は抽象的な形で太陽と惑星を反復している。[2] 惑星は太陽系の媒概念である。太陽が一つの極であり、さまざまの非自立的な在り方をするものがもう一つの外れた対立項として他の極である（普遍Ａ―個別Ｅ―特殊Ｂ）（注）。[3] しかしこれはまだ直接的な推論であって、形式的な推論である。これが唯一の推論なのではない。[4] 他のもっと規定された関係は、非自立的な天体が媒介者となるという。太陽が一方の極であり、地球が他の項目である（Ｅ―Ｂ―Ａ）。地球が非自立的であることによって地球は太陽に関係している。[5] 媒体としての非自立的なものは、極の二つの契機を自分の中にもっている。媒体が両者の統一であるから、媒体は自分のなかで分裂している。[6] 各契機は一つの極に属さなくてはならない。月的なものは惑星に属しているので、彗星的なものは太陽に属する。彗星は内的な支えのないものとして、形式的な中心に関係しなくてはならないからである。[7] 王侯により近くそばに使える宮廷人は王侯との関係を通じてより自己喪失的である。他方、大臣とその属僚は役人として合規則性を示しており、したがって同型性を示している。[8] 第三の推論は太陽それ自身が媒体となる（Ｂ―Ａ―Ｅ）。[9]

（注）（普遍A―個別E―特殊B）は、ヘーゲルが論理学の推論の第二格で表現したものである。『小論理学』第一八四節を参照。

［五］この天体の物理学的な関係は力学における天体の関係とともに宇宙論的である。[1] この宇宙論的な関係が、根底、すなわち生きた全自然がそれを共に生きるまったく普遍的な生命である（第二七〇節補論第一八段落参照）。[2] しかし、まるで月が地球に影響を及ぼすと言わんばかりに、外的な作用が働いていると表現してはならない。[3] 普遍的な生命は個体に対してむしろ受動的であり、個体が強くなればなるほど星辰的な力の威力は働かなくなる。[4] その普遍的な共同生命から流れ出てくるものは、眠りと目覚め、朝には夕べと違う気分がするということである。[5] 月の満ち欠けの周期は生命、とくに動物が病気の時に見出される。しかし、健康とか、とくに精神的なものはこのような普遍的な生命からは離れており、それに対立する。[6] しかしたとえば狂人や夢遊病者（Mondsuechtige 月を求める人）には月の位置が変化を及ぼす。[7] 天候もまた、局部的な弱さを残した傷の跡に影響を与える。[8] しかし、最近そのような重要性が宇宙論的な連関から生み出されているが、その場合にはたいていは空虚な語り口でなされており、一般的ないしはまったく個別的な例証にとどまっている。[9] 彗星の影響はまったく否定するべきではない。[10] 私は以前、ボーデ氏に溜息をつかせたことがある。私が、経験の示すところでは一八一一年とか一八一九年のように彗星の出た後にはワインのいい収穫年がつづく、こうした経験の繰り返しも同じくらいけっこうである、いや、彗星の再来についての経験以上に結構であると言ったからである。[11] 彗星の年のワインを良くしているものは、水の過程が地球から解放され、この惑星に違った状況をもたらしたということだろう。[12]

γ　個体性をもつ天体

二八〇

自分のうちへ還帰した対立が、地球や惑星一般、すなわち個体的な統合をもつ天体（物体）である。この統合のなかでは、凝固性は解放されて実在的な区別への分離と化し、この［凝固性の］解消が自分としての統一点によって集約される。[1]

〔一〕惑星の運動は、自転運動であると同時に中心天体を廻る運動である。つまり、もっとも具体的な運動であり、生動性の表現である。それと同様に、中心天体がもっている光としての本性は、抽象的な同一性である。思索の真理［論理学］が具体的な理念のなかにあるように、この［光の］同一性の真理は個体性［自然物］のなかにある。[1]

〔二〕惑星の系列にかんして言えば、天文学は、これらの惑星のさしあたりの規定性である距離についてまだ現実的な法則を発見していない。[1] 自然哲学は、この系列の理性的な在り方を物理学的な特性と金属系列との類比によって示そうと試みている。この試みもまた、要点となる観点を発見する端緒とはほとんどみなされない。[2] 偶然性という思想を根底に置くことは理性的ではない。たとえば、太陽系の配列を音楽的調和の法則によって理解しようとしたケプラーの思想（注1）のなかに夢見る想像力の混乱しか見ない（ラプラス（注2）のように）のは理性的ではない。理性がこの太陽系のなかに存在するというこの深い信念を高く評価しないのは理性的ではない。この信念こそ、この偉大な人物［ケプラー］の輝かしい数々の発見をなさしめた唯一の根拠である。[3] ニュートンは、音色の数的関係を色彩に適用したが、この適用がまったく不当で、事実の上からもまったく誤っていた。ところがニュートンは逆に名声と信頼を獲得した。[4]

(注1) ケプラー『宇宙の調和』(一六一九年)。

(注2) ラプラス『宇宙の体系の解明』(一七九六年)。

＊ 第一版(第二二四節)の注解——この問題にかんして私が以前の学位論文「「惑星軌道論」一八〇一年」で試みたものは、もはや十分とは認められない。

補論 〔一〕「太陽系と自我」惑星は、真実の第一のもの、主体性である。主体性で、この違いをもつものがただ観念的な契機となり、生動性がはじめて現に存在するようになる。[1] 太陽は惑星に奉仕する。そもそも太陽、月、彗星、恒星が地の意味であるにすぎないのと同様だからである。[2] 太陽が惑星を産出したわけでもないし、太陽が惑星を排除するわけでもない。太陽系の全体が、太陽が産出するものであるのと同様に産出されるものでもあるからこそ、存在する。[3] 同じように自我はまだ精神ではない。光が具体的な惑星でその真理をもつように、自我は精神の内でその真理をもつ。[4] 孤独に独りぼっちでいる自我を最高のものとみなすのは、否定的な空虚さであって、精神ではない。[5] それにもかかわらず自我は、精神の絶対的な契機であって、自我が自分を孤立化させる限りでは、その絶対的な契機ではない。[6]

〔二〕「地球への偏愛」個々の天体について言うべきことはほとんど残っていない。以下に述べることが、こうした個体性の展開にほかならないからである。その抽象的な規定に、ここで到達したところである。[1] 地球という有機的なものの規定は、「まず」まったく一般的な天体として自立しているという仮象を保持する星の力を消化することであり、「次に」それを、巨人的な成員でさえも契機に引き下げる個体性の支配下にもたらすことである。[2] 統合的な質は、自分自身との一体という無限の形式としての個体性である。[3] 誇りということを言うならば、地球、この目の前にあるものを高いものとみなさなくてはならない。[4] 量的な反省をすれば、地球はたしかに格下げになって「無限なものの海のなかの一滴」とみなした方がいい。しかし、大きさというのはとても外面的な規定である。[5] われわれは今、地球の上にいる。われわれの故郷である。身体的な故郷[だけ]ではない。精神の故郷でもある。[6]

[三][自然の系列]さて、一個の有機的な統一を形づくっている、たくさんの地(球)、惑星が存在する。これらについては、たくさんの一致、共鳴の提案が出されている。しかし、これらが完全に理念に一致するということは、まだ達成されていない。[1] シェリングとシュテッフェンスは惑星の系列と金属の系列を一つにした。巧妙で、智恵にたけたまとめ方である。[2] このような考え方は古い。金星は銅のしるしを持っている。水星は水銀のしるし、地球は鉄のしるし、木星は錫のしるし、土星は鉛のしるしである。これは太陽が黄金、月が銀の名称を帯びるのと同様である。[3] ここにはそれだけで何か自然なものがある。というのは金属は地の物体(地の天体)のなかでもっとも純粋なもの、もっとも自立的なものとして現れてくるからである。[4] しかし惑星は金属や化学的過程とは別の領域に存している。[5] このような付け合わせは、何をも決定するわけではないような外面的な比較である。[6] だから認識はこれによって促進されない。ただ思い浮かべてきらきらするものにすぎない。[7] リンネによる植物の系列、動物種の系列の配列を定めたのは感覚と本能である。金属は比重にしたがって順序が決まる。[8] 惑星はしかしおのずと空間のなかで順序ができている。すると人は数列のような系列の法則を見つけたがる。そうなれば、各項がその法則の反復にすぎなくなる。[9] 系列の全体像はしかし哲学的ではなく、概念に背いている。[10] というのは自然はその諸形態をそうした梯子の形で順々に示しているわけではなくて、かたまりで示しているからである。普遍的な分割が第一のもので、その後で各類の内部にふたたび分節が生ずる。[11] リンネの植物の二四綱は、自然の体系ではない。[12] フランス人のジュシュー(注)は、植物を単子葉類と双子葉類に分けることによって、大き

な違いの認識を改善した。[13] アリストテレスが動物でやったこともこれと似ている。[14] 惑星についても同じで、系列にはならない。[15] ケプラーが『宇宙の調和』で惑星の距離を音の比例として考察したとき、これはすでにピタゴラス学派の思想である。[16]

（注）アントワーヌ‐ロラン・ド・ジュシュー（Antoine-Laurent de Jussieu 1748-1836）。ヘーゲルが言及しているのは、『一七七四年パリ王立植物園で発案された方法に基づく植物の自然の秩序に一致すべく配された植物の属』（Genera Plantarum Secundum Ordines, Naturales Disposita Juxta Methodum in Horto Regio Parisiensi Exavatam, Anno 1774, Paris 1789）である。厳密に言うと、リンネ等にこの分類法の先駆形態があるが、子葉による分類法を確立したのは、ジュシューとされている。

［四］歴史的な注釈であるが、パラケルススは、人が四つの元徳をもつように、あらゆる地上の物体は四つの要素、水銀、硫黄、塩、および処女土から成り立つと述べた。[1] 水銀は、流動的な自己同一性としての金属性である。これは光に対応する。というのは金属は抽象的な物質だからである。[2] 硫黄は堅いもの、燃焼の可能性である。火は硫黄にとって異質のものではなく、硫黄は、火の自分を食い尽すような現実性である。[3] 塩は水に、すなわち彗星的なものに対応する。塩の溶解は無差別［中性的］の実在である。火が崩壊して自立的なものになる。[4] 最後に処女土は、この運動の単純な無垢であり、諸契機の解消である主体である。こうした表現のなかに抽象的な土性（Irdischkeit）、たとえば純粋の硅土が考えられている。[5] これを化学的に解釈すれば、水銀も硫黄も含まないような物体はたくさんあることになる。このような主張の意味はこうした物質が現実的に（realiter）存在するということではない。実在的な物質性が四つの契機をもつという、より高い意味でそうなのである。[6] こうしたことを実際に存在すること（現存）にしたがって解釈すべきではない。そのように解釈すると、ヤコブ・ベーメやその他の人々が馬鹿げているとか、経験が不足しているとかのせいにされてし

まうだろう。[7]

b　元素

二八一

元素的な統合の諸規定は、直接的には、自立的に存立する自由な物体として存在する。個体性をそなえた物体は、これらの規定を隷属的な契機としてその身につけている。こうしてこれらの規定は、普遍的な物理学的な元素を構成する。[1]

近ごろでは化学的な単位（単純性）が勝手に元素の規定とみなされている。こういう単位（単純性）は、物理学的な元素の概念とはなんの関係もない。物理学的な元素は実在的ではあるが、まだ化学的な抽象にまで希薄化されていない物質である。[1]

§281

補論　〔一〕〔四大説再興〕自然一般に見られるように、個体的な天体性として彼方に——連関してはいるが——存続する宇宙的な力から、われわれは今や、この力が個体性の契機としてこの世に存在するありさま、この力の現存がもっと大きな真理になるありさまに移行する。[1] 同一的なものの措定としての光は、闇をただ照らすだけにとどまってはいない。そこからさらに実在的な現実性の中に入ってくる。[2] 特殊化された物質は、それぞれがあるがままにあり続けるように、互いに照らし合うだけではなくて、それぞれが変化して他者となる。こうして自分を観念的に、同一的に措定することもまた光の活動である。[3]光は元素の過程を扇動し、喚起し、一般に支配する。[4]この過程は個体的な地(球)に属する。地(球)そのものはさしあたりまだ抽象的に普遍的な個体性にすぎない。真の個体性になるには、自己内でもっとずっと密にならなくてはならない。[5]普遍的で、まだ自己内に反省していない個体性にとっては、主体性と無限の自己関係という個体性の原理がまだその個体性の外にある。そしてそれは喚起するもの、生命力を与えるものとしての光である。[6]この[相関]関係が生じるということを、いずれにせよわれわれは銘記する。しかし元素の過程[を論ずる]に先だって、われわれは、すでにこの区別そのものの本性を単独に個別化させて考察しなければならない。[7]個体性をそなえた物体とは、さしあたりわれわれには太陽系という契機を身につけていると規定される。先に進んだ規定では、自分をそのように規定する。[8]惑星については、太陽系の天体はもう自立的ではなく、ある主語の述語である。[9]こうした元素には、四つがあり、その順番は次のようである。[10]空気は、受動的な、契機に沈殿した光であるから、光に対応する。[11]対立の元素は火と水である。[12]堅さは月的な原理であって、もはや無差別に、単独で存在しているのではない。個体性である他に対して元素として登場しながらも、過程に満ちた、活動的な、不安な単独存在であって、そこで自由になった否定性つまり火である。[13]第三の元素は彗星の原理に対応し、水である。[14]第四の元素は、ふたたび地である。[15]哲学史ではすでに知られているように、エンペドクレスの偉大な意味はこの一般的な物理的な根本方式を最初にはっきりととらえ、区別したことにある。[16]

[二] 元素というのは、もはや自立的ではないが、まだ個体化されていないような、普遍的な自然現存である。[1]化学的な見方では、元素とは物体の普遍的な構成要素であると解されざるを得ない。[2]あらゆるものが、この元素の一定の数から成り立っているとみなされる。全ての物体は合成されているという点から出発する。無限に多様な質的特性をもつ個体化

された物体を、少数の、合成されていない、それゆえに普遍的な質に還元することが、思想の関心事となる。[3] こうした規定が前提されているために、人は、今日では、エンペドクレス以来の四つの元素という一般的な考え方を、これらの元素が合成されているのだという理由で、子どもじみたものだとして投げ捨ててしまった。[4] 物理学者であれ、化学者であれ、どのような教養ある人間でも、この四つの元素についてどこかで語ることはもう許されない。[5] 今となっては当たり前となってしまった単純で普遍的な現存を探求することが、化学的な観点にだけはふさわしいと言えるのだが、これについては後で話題にする。[6] 化学の観点では、物体の個体性が前提になっている。そして、この個体性、その区別を内含する統一点を分解し、差異のあるものをそれらに加えられていた力から解放しようとする。[7] 酸と塩基が化合されれば、それらの統一である塩が生ずる。すなわち、第三のものが生ずる。この第三のもののなかになお含まれている他のものは、形態、結晶化、形の個体的統一であって、これは単に化学的元素の抽象的統一ではない。[8] 物体が区別の中和にすぎないならば、物体を分解すれば、たしかにそれらの側面が出てきてもいい。しかし、それらは普遍的な元素ではないし、根源的な原理でもない。質的特殊的に規定された構成要素以外のものではない。[9] 物体の個体性は、はるかにこれらの側面の中和より以上のものである。そして無限の形式が要点となる。特に生物ではそうである。[10] もしわれわれが植物や動物の構成要素を[分解して]指し示したとしよう。[11] 化学が単純なものを求めても、個体性は失われてしまう。[12] それはもはや植物や動物の構成要素ではない。その[生きた]ものはなくなっている。化学は、個体の諸側面を単独に表わすことに成功するだろう。なぜなら、[この場合に否定される]区別のあるならば、個体的なものが塩のように中和的[中性的]で統一はただ形式的な統一にすぎないので、統一はただ下に沈み込むだけだからである。[13] もしも分解されるものが、有機体であるとすると、統一が廃棄されるだけでなくて、認識しようとしている当のもの、すなわち有機体が廃棄されてしまう。[14] ここ物理的な元素の場合には、われわれはこのような化学的な意味をまったく視野に入れていない。[15] 化学的な観点は唯一の観点ではまったくない。それは特有の領域で、それを本質的なものとして他の形式に延長することはまったく不当である。[16] われわれは、ここで視野に入れるのは個体性の生成である。それは普遍的な個体の生成である。とはいえ、最初には普遍的な個体であって、地球である。元素は、区別された物質である。それは普遍的な個体性の観点とを混同してはならない。化学的な元素は、どのような順番に入れる[17]。したがってわれわれは化学の観点と、まだまったく普遍的な個体性の観点とを混同してはならない。化学的な元素は、どのような順番に入れることもできない。相互に完全に異質的である。[18] これに対して物理的な元素は、一般的な、概念の契機のみに従って分節された物質である。だから四つしかない。[19] 古代の人々は、万物はこの元素から成り立つと語った。彼らはただ元素という思想だけを視野に入れていたのだった。[20]

〔三〕この物理的な元素をわれわれは今もっと詳しく考察しなくてはならない。[1] これらの元素は内的に個体化されてはいないが、形態を欠いている。だからこれらの元素は解体して化学的な元素となってしまう。空気は酸素と窒素に、水は酸素と水素に、火は過程そのものであるから解体しない。そのなかの単なる光素だけが物質として残る。[2] 主体性の他の極には生物、植物液汁とそれ以上に動物的なものとが抽象的な化学的元素に解体される。特定の残存物はわずかな部分である。[3] しかし媒体、物理的な個体的非有機体はもっとも頑固である。なぜならここで物質はその個体性を通じて特殊化されているからであろう。この個体性は同時にまだ直接的であり、まだ生きていないし、感覚を働かせてもおらず、だから質としては直接的に普遍者と同一的であるからである。[4]

α 空気

二八二〔空気の機能と定義〕

区別のない単純性である元素は、もう自己との肯定的な同一性ではない。光そのものがそうであるような自己顕在化ではない。こういう元素には、一個の他者のもつ〈自己〉をもたない契機にまで引き下げられている。この元素は、そういう否定的な普遍性にすぎず、したがって重くもある。[1] このような同一性は、否定的な普遍性として、個体的で有機的なものを容赦なく、しかも忍び寄るようにして消耗させる力である。光に向かっては受動的で透明だが、しかしあらゆる個体的なものを自分のうちで揮発化させ、外に向かっては機械的な弾力性をもち、あらゆるもののなかへ侵入する流動体、これが空気である。[2]

補論〔一〕1　個体性のきずな「個体と個体を繋ぐもの」、諸契機相互の関係は個体的な物体の内的な〈自己〉である。こうした自己性は、切り離して単独にとりだせば、単独(対自)存在、点の規定をもともと自体(即自)的に含んでいるとは言っても、あらゆる[他から]支えられる(gesetzt)個体化のないものであって、それが空気である。[1] 空気は、主体性、すなわち無限に自己自身に関係する否定性、単独存在への関係のなかで支えられている(gesetzt)普遍者である。すなわち、相対的なものという規定のなかで、従属的な契機としての普遍者である。[2] 空気は規定されていないものである。絶対的に規定されうる。空気はまだ内的には規定されていない。他のものによって規定可能なのである。その他のものとは光である。なぜなら光は自由な普遍者であるからである。[3] というわけで空気は光との関係のなかにある。空気は光にとって絶対的に透過的である。空気は受動的な光、受動的なものとして意味づけられた(gesetzt)普遍者である。[4] 善もまた普遍者として、主体性によってはじめて現実化されるのであって受動的である。自分自身で活動的になるわけではない。[5] 光もまたもともと自体的には受動的である。しかし、そのようなものとして措定されてはいない。[6] 空気は、個体性であるのがただ即自(潜在)的であるために、まっくらではなくて、透明である。地上的なものがはじめて不透明である。[7]

〔二〕2　第二の規定は、空気が個体に対して端的に活動的であり、作用的な同一性であるということである。これに対して光はただ抽象的な同一性であるにすぎない。[1] 照らされたものは他者のなかでただ観念的にだけ座を占める(setzt sich)。空気はしかしいまや自分と同じもののもとにある同一性である。そしてさまざまの物理的物質に対して関わりをもつ。この物理的物質はそれぞれの物理的な規定性にしたがって現存し、相互に接触する。[2] 空気のこの普遍性とは、自分が関わりをもつ他者を実在的に同一的にするという衝動である。しかし空気の他者は空気を自己と同一にする。この他者は個体化されたもの、特殊化されたもの一般である。[3] しかし、空気そのものはただ普遍性であるにすぎないので、空気はこうした自分の働きのなかでも個体的な物体として登場することはない。個体的な物体だと、個体化されたものを解消するような力を個体化されたものに対して力をもつ。[4] 空気は端的に腐食的である。個体的なものを「分解して風化させ」普遍的な元素としてしまおう(setzen)とする、個体的なものの敵である。[5] しかし、この浸食作用は目立たず、動きもなく、暴力という形で顕在化することはない。人が空気に何かを見ることなしに、まるで理性が個体に取り入って、個体を解消するように、いたるところに忍び寄る。[6] 空気は匂いがするようにする。というのは匂うということは個体が空気と係わる、目立たない、つねに進行する「係争」過程だからである。[7] 全てのものは霧となり、微粒子となって飛び散る。そして残ったものは匂わない。[8] 有機体は呼吸を通じて空気との闘いの状態にもある。有機体は一般に元素によって闘いを挑まれている。たとえば傷は空気に触れれば危険なものとなるだけである。[9] 有機的な生命はその崩壊の過程のさなかで自己をつねに再生産しているという使命(Bestimmung 規定)をもっている。[10] この闘いに耐えられない非有機的なものは腐敗せざるをえない。もっとしっかりした一貫性を保つものは、自己を維持するが、しかし、いつも空気によって攻撃されている。[11] もう生きていない動物の姿は、空気から遮断すれば腐敗から守られる。[12] こうした崩壊は媒介されていることもある。たとえば湿気がこの過程を押し進めて特定の成果をもたらす。これはただの媒介にすぎない。というのは空気がすでにそれ自体腐食作用だからである。[13] 空気は普遍者として純粋であるが、しかし惰性的に純粋なのではない。空気の中で気化するものは、空気中では自己を維持できないが、単純な普遍性に還元されてしまうからである。[14] 機械論的物理学は空気中に拡散された物体の微細な部分はまだ空気中に漂っているのに、もう匂わないのは、部分が非常に小さく分割されているからだと説明している。[15] 彼ら物理学者だって部分をそんなに低い次元にまでおろすことには気がすすまない。われわれは物質にそれほどやさしくすべきではない。〔物質の自己同一性への過大評価だ。〕物質は、悟性の同一性体系〔シェリング〕のなかでなら別だが、長持ちしない。[16] 空気は自己を浄化する。全てを空気に変える。空気は諸物質の集まりではない。匂いも化学的な研究もこのことの保証にはならない。[17] 悟性は微細さという逃げ口上を持ち出して、「変化」という言葉に対して大きな偏見を抱いている。〔悟性は、微粒子でも性質が変わらないという想定をしている。〕知覚が許さないことを経験的な物理学が存在すると主張する権利はない。物理学がもっぱら経験的に処理しようと思えば、〔匂いは存在するが、粒子が小さくて知覚されないなどと苦し紛れの説明は止めて〕「それは消滅した」と言うべきだろう。[18]

3〔三〕 空気は物質一般として抵抗する。しかし、質量（かたまり Masse）として単に量的に抵抗するだけで、点のような、すなわち他の物体のような個体のあり方で抵抗するわけではない。[1] ビオー（『物理学概論』I、一八八ページ）はこう述べている。「あらゆる永久ガスは同一の温度、同一の圧力のもとで同じ体積で延長する。」（注）[2] 空気がただ質量として抵抗をすることによって、空気は、それが占める空間に対して無差別的である。[3] 空気は堅くない。凝集を欠いている。外見的には何の形もない。[4] 空気は一定限度までは、圧縮可能である。というのは空気は絶対的に空間を欠いているのではなくて、空気はばらばらなのであるが、決して、個体化の原理が空気で現存に達したかのように原子状態のばらばらではない。[5]この状態では、同一の空間内に他の種類のガスが場所を占めるということもありうる。これは侵入可能性という空気の普遍性に属する現象である。このために空気は内的には個体化されていない。[6]一つのガラス球を空気で充たし、他のガラス球を水蒸気で充たすとき、最初のガラス球にこの水蒸気を注入する。するとこのガラス球はまるで空気がまったくないみたいに、この同じ量を受け入れることができる。[7]空気は機械的に強力に圧縮すると、密度の高いものとみなされるほどにまでなって、空間的なばらばら状態がまったくなくなってしまうほどになる。[8]これはもっともすばらしい発見のひとつである。[9]周知のように、発火器で筒とその内径に合わせたピストンと底に信管のついたものがある。ピストンを下に押すと圧縮された空気から火花がでて信管に点火する。筒が透明であれば、火花の発生が見える。[10]ここに空気の、普遍者で自己同一的で、食い尽くすものという全性質があからさまになる。[11]見かけに出ないもの、匂うようにするものが、ここでは点に帰着させられる。ありのままにそうであったものの活動的な単独存在がここに単独に存在する単独存在として画定される(gesetzt)[12]。これが火の絶対的な起源である。食い尽くす活動的な普遍性が形をとって、無差別の存立を止揚する。それはもう普遍的なものではなくて、不安な自己関係である。[13]右の実験がすばらしいのは、それが空気と火のそれらの本性上の連関を示しているという点にある。[14]空気は眠っている火である。その火を現象にもたらすためには、ただその現存を変えさえすればいい。[15]

（注）　ジャン・バプティスト・ビオー(Jean Baptiste Biot, 1774-1862)。ラプラス学派のもっとも有力な物理学者。『実験的数学的物理学概論』(Traité de physique expérimentale et mathématique, 4 Bde., Paris 1816)をヘーゲルは引用しているが、この個所はビオーがゲー＝リュサック（一七七八―一八五〇年）によって得られた結論を引用している個所でもある。温度をいくら下げても固体とならないと思われていた水素や窒素のようなガスが、「永久ガス」である。

β　対立の元素

二八三

対立の元素は、まず第一に単独存在であるが、堅さの無関心な単独存在ではなく、個体性のなかで契機として措定された単独存在であって、単独存在となった、個体性の不安であり、これが火である。[1] 空気は、圧縮によって示されるように、もともと自体的には火である。火のなかで空気は、否定的な普遍性として措定される。すなわち、自己自身へ関係する否定性として措定される。[2] それは、時間、すなわち自己性が物質化されたもの（熱と同一である光）である。すなわち、全くの不安であって、食いつくすものであり、それは、物体が自己を食いつくし、燃え上がって生じるものであると同時に、外から物体に近づいてこれを滅ぼすものである。――つまりそれは、他者を食いつくすとともに、自己自身を食いつくし、こうして中和性へ移行する。[3]

補論　［一］すでに空気が特殊性のこのような否定性であるが、しかし、空気は区別のできない同等性という形態のなかに置かれて（gesetzt）いるので、目に見えない。しかし、孤立化され、個別的なものとなり、現存の他の仕方から区別されるようになって、一定の場所に置かれる（gesetzt）と、空気は火である。[1] 火は、特殊なものに対する関係としてだけ現存し、その特殊者を吸い尽くしはしない。特殊者を味のないもの、匂いのないもの、無規定の、気の抜けたものとするだけではない。物質としての特徴を食い尽くしてしまう。[2] 熱はこの食いつくしが個体的な物体に即して現象すること

§ 283

である。だから、それは火と同一的である。[3] 火は現存する単独存在、否定性それ自体である。しかしある他者の否定性ではない。否定的なものの否定である。そこからは普遍性と同等性が帰結する。［特定の他者を否定するのではなくて、差異性という否定を否定し、普遍化し同等化する。］[4] 第一の普遍性は死んだ［否定を含まない］肯定である。真の肯定は火である。[5] 存在しないものが火において存在的なものとして措定される。また、その、反対でもある。火は時間である。[6] 契機の一つとして、火は端的に制約されている。空気のように特殊化された物質との関係でだけ存在的である。[7] それは対立の中だけにある活動性であって、精神の［自立的な］活動性ではない。火は、食い尽くすためには、食い尽くすべきあるものをもたなくてはならない。物質を何ももたないなら、消滅する。[8] 生命の過程は火の過程でもある。生命の過程は特殊性を食い尽くすことのなかに成り立つ。生命の過程は、しかしその物質を永遠に再生産する。[9]

［二］火によって食い尽くされるものは、一度目は具体的である。次には対立する。[1] 具体的なものを食い尽くすとは、それを対立にもたらすこと、精神化する（熱中させる）こと、火化（扇動すること）である。ここには、酸化、すなわち酸を腐食性にすることも含まれる。[2] こうして具体的なものは、自己自身を食い尽くすものという極点にまでもたらされる。これは他者［統一への還元］に対するそのものの緊張である。[3] ［統一への還元の側面］他の側面というのは、このあらゆる具体的なものの内に存在する、規定されたもの、区別されたもの、個体化されたもの、特殊者が、統一、無規定なもの、中性的なものに還元されるということである。[4] このようにして化学のあらゆる過程は、対立を生み出すと同様に、水［中和性］を産出することになっている。[5] 火は措定の仕方の違う空気、否定された統一、対立である。しかし、この対立は中和性に還元されもする。[6] 火は中和性に沈みこむ。中和性、消えた火は水である。[7] 特殊化されたものは観念的な同一性にもたらされる。この観念的同一性の勝利は現象する統一としては光、抽象的な自己性である。[8] 地上的［地的］なものが、過程の根拠として残存することによって、ここではあらゆる元素が立ち現れる。[9]

二八四

他の元素は、中性的なもの、すなわち結合した対立［対立の解消］である。この結合した対立それ自身の内には、単独で存在する個別性、固定した規定性は含まれていない。［あくまで流動的なのである。］それは、汎通的な均衡であり、機械的にそのなかに措定された規定性はすべて解消されている。形態の限定はそれがただ外部から受け入れたものにすぎない。つまり、それは形態の限定を外部にむけて求めている（凝集性 Adhaesion）。それは過程という不安を身につけてはいない。端的に過程の可能性なのであり、解消可能性なのである。空気性と堅さの形の可能性、自分に固有のものの外で一つの状態である可能性、内的に規定を失う可能性である。それはすなわち水である。[1]

補論 〔一〕 1 水は〈自己〉を喪失した対立という元素、受動的な対他存在である。他方、火は能動的な対他存在である。したがって水は対他存在としての現存在である。[1] 水そのものにはまったく凝集がない。匂いがない。味がない。形態がない。水の限定は、まだ特殊的なものではないということである。[2] 水は抽象的な中和性であって、個体化された中和性としての食塩とは違う。だから水は昔「あらゆる特殊的なものの母」と呼ばれた。[3] 水は空気とおなじように流動的である。しかし、あらゆる方向に向かって膨張するような弾力性を帯びた流動性ではない。[4] 水は空気よりも地的であり、重心を求めている。水は［火、空気と比べて］個体的なものに一番近く、個体的なものに向かっていく。それは水がもともと自体的に具体的な中和性でありながら、まだ具体的なものとしては措定されていないからである。これに対して空気はもともと自体的には具体的だとすら言えない。水は区別の実在的可能性である。しかし、この区別はまだ水の身について現存しているわけではない。[5] 水にはそれ自身のうちには重心がない。水はただ重さの方向に従うだけである。また水は凝集力をもたないから、あらゆる点が線状の垂直方向に圧迫される。どの部分も抵抗することができないので、水は水平の状態になる（自己を措定する）。[6] したがって外部からの機械的な圧迫はすべて、ただ一時的なものにすぎない。圧迫された点は自分を単独では維持できない。他の点に自己を伝達（分割）する。これらが圧力を止揚する。[7] 水はまだ透明である。しかし、すでに地的なので、空気ほどにはもう透明ではない。[8] 中和的なものとしては塩と酸の溶媒である。水に溶解するものはその形態を失う。機械的な関係は成り立たなくなる［止揚される］。残るのは化学的な過程だけである。[9] 水はさまざまの形態に対して無差別的である。蒸気としては弾性的に流動的である、液状で流動的である、氷として堅いという可能性である。これら全てがしかし一つの状態であり、形式的な移行である。[10] これらの状態は水それ自体に依存しているのではなく、これらの状態はただ外的に気温の変化によって水の身の上にもたらされるのであるから、他のものに依存している。[11] これが水の受動性の最初の帰結である。[12]

2［二］第二の帰結は、水が圧縮されないか、もしくはわずかしか圧縮されないということである。というのは絶対的な規定がその本性に欠けているからである。[1] 水が抵抗を示すのは、ただ質量としてだけ、自己内で個別化されたものとしてではなく、つまり通常の状態では液状流動体としてだけである。[2] 圧縮されるということは、受動性の結果だとも考えられるかもしれない。しかし水は反対にその受動性のおかげで圧縮性であるのではない。つまり、その空間の大きさ［体積］は変わらない。[3] 空気は単独存在の普遍的な力としてだけであるとはいえ、活動的な内包性（Intensitaet）であるから、空気はそのばらばら状態、その規定された空間に対して無差別である。だから空気は圧縮される。[4] 水の空間変化［体積変化］は、水がもたない、自己内の内包性［の変化］であろう。水の場合でも空間の量が変化するとしたら、それは状態の変化と結びついている。[5] 弾性的流動体として、氷として、まさに化学的な質が他のものに変化するので、水の占める空間が大きくなる。物理学者が、氷の占める空間が［液体よりも］大きいということを、水の中に含まれる気泡のせいにするのは間違っている。[6]

［三］ 3 水の受動性の第三の結果は、分離することのたやすさと水の付着する傾向、つまり濡らす傾向である。[1] 水はどこにでも付く。それが接触する物体と自分自身とよりも密接なつながりを保つ。[2] 水は全体から離れて、外からどんな形でもとれるばかりでなく、本質的に外的な支えとつながりを求めて、自分を分割する。それは水が自己内に確固とした連関とか支えとかをもたないからである。[3] 油性のもの、脂肪に対する水の関係は、もちろん一つの例外となる。[4]

［四］ ここに考察された三つの元素の性格をもう一度まとめておこう。こう言わなくてはならない。［1］空気はあらゆる他の元素の普遍的な観念性である。他との関係における普遍者を通じて、あらゆる特殊者は解消されてしまう。［2］火は、同じ普遍性であるが、しかし、現象するものとして存在し、そして現象するからこそ単独存在の形態で存在する。だから、火は現存する観念性、空気の現存する本性である。現存する観念性とは、すなわち、他のものを出現させること［観念性］が、現象に達している［現存する］ということである。［3］第三は受動的な中和性である。[1] これら元素の必然的な思惟規定である。[2]

γ 個体的元素

二八五

展開された区別であるような元素、言い換えれば区別の個体化された規定であるような元素は、地性（Erdigkeit)である。他の諸契機から区別されてはいるものの、さしあたりはまだ未規定の地性一般である。しかし、この地性は、これらの契機をそれぞれの差異のあるままで個体的な統一に総括する統合性である。地性は、このような統合性として、これらの契機を過程へと煽り立てながら、この過程を維持する力である。[1]

c　元素的な過程

二八六

個体的な同一性のもとで、別々の元素とそれらの違いが相互に対立するように結合され、またそれらの統一と対立するように結合される。［いくら対立しても統合してしまう］このような個体の同一性は、地球の物理学的な生命を、すなわち気象学的な過程を形づくる弁証法である。これらの元素は、非自立的な契機である。［しかし］前もってそのもともとの自体(即自)から概念の契機として展開されているので、［1］その存立をもっぱらこの気象学的な過程のなかにもち、［2］この過程のなかで産出され、［3］現存するものとして措定される。[1]

［一］一般力学の規定と非自立的な物体の規定が、絶対的な力学と自由な中心天体に適用されるのと同じように、個別化された個体的物体の有限な力学が、地球過程の自由な、自立的な物理学と同じにみなされる。[1] 個別化された物体性の過程で示される規定が、地球の全般的な過程でも再認され証明されるということは、学の勝利であると考えられている。[2] しかしこれらの個別化された物体の領域では、概念の自由な現存に内在する規定が、相互に外

面的なものとして登場し相互に独立な状況として現存する、という関係に引き下げられている。同様に活動も、外面的に制約されたもの、したがって偶然的なものとして現象する。そのためまた活動の所産もまた、自立的なものとして前提されあくまでそのようにして存続する物体性の、外面的な形成物にとどまる。[3] 有限な物理学と自由な物理学とが同じであるとか、どちらかというと類似しているとか、ということを明らかにするのに、［両者の］固有な区別や条件を捨象するということが行われる。こういう捨象によって［万有］引力という浅薄な普遍性、すなわち、特殊なものや特定の条件を欠く力や法則が作り出される。[4] 個別化された物体性の場合にあらわれる［外在的な］活動の具体的な仕方を、区別された物体性が単に契機にすぎない［内在的な］領域へ適用する際には、前者の範囲では必要な外面的な状況を、後者の領域では［差異を］見落としたり、類比によって［共通性を］偽ってつけ加えるのが普通である。[5] ――こんなふうにして一般に、関係が有限である領域のカテゴリーを、関係が無限な、つまり関係が概念に従っている領域へ適用する。[6]

［二］この領域の考え方の根本的な欠点は、元素の実体的な、不変の差別性という固定観念にもとづいている。悟性は、このような差別性を、個別化された素材の過程から引き出して、一度に確定してしまっている。[1] これらの過程にもっと高次の移行があらわれる場合には、たとえば、結晶では水が固体となる、光や熱が消滅する等々の場合には、反省は、溶解、結合、潜在化などなどというような霧のようにあいまいで無内容な表象の助けを用意している。[2] こうした観念のなかには、本質的に現象におけるすべての関係を素材と物質に変えるというのも含まれる。その一部は測ることのできない物質に変える。そうするとどんな物理学的な現存でも、すでに述べた（第二七六節注解）ような混沌たる物質にされて、互いに他の物質の想像上の穴の中へ出たり入ったりするのだという。

こうなれば、概念だけでなく表象も消えてしまう。[3] 何よりも、経験そのものが消えてしまう。それでもまだ経験的現存が想定されているが、こういうものはもう経験的には示されない。[4]

補論 [一] 気象学的な過程を捉えることの主要な困難は、物理的な元素と個体的な物体が混同されることにある。物理的な元素というのは、まだ主体性の欠けている抽象的な規定である。さて、この物理的な元素に妥当することは、当然、まだ主体的な物質には妥当しない。[1] こうした区別が欠けていることが自然科学に最大の混乱をもたらしている。[2] 人は、すべてを同じ段階に置きたがる。[3] たしかに全てを化学的に扱うことはできる。同じようにして全てを機械的に扱うこともできる。電気性のもとに置くこともできる。[4] しかし、ある段階にある物体にそういう扱いをすれば、他の物体の本性が汲み尽くせない。たとえば、植物という物体と動物という物体を化学的にあつかったら、そうなるだろう。[5] 肝心な問題は、こうした分離、すなわち個々の物体をその特殊な領域にしたがって取り扱うことなのである。[6] 空気と水はそれらの自由な元素的な連関［遊離状態］に置かれたとき、地(球)全体に対して、個体化された物体に対する個別的な連関におかれたときとは、まったく違ったふうに現れる。それらがまったく別の領域の制約に服しているからである。[7] それはまるで人間精神を観察しようとして、その目的のために税官吏や水夫を観察するに等しい。[8] 精神を有限の制約と規制のもとにおいて捉えることになり、それらは精神の本性を尽くしてはいない。レトルト(蒸留器)のなかで水はその本性を啓示し、そして自由な連関のなかでもまったく同じ示しかたをすることができるのでなくてはならない。[9] 水、空気、熱というような物理的な対象について、普遍的な現象を明らかにしようとして人は通常、「それらは何であるか」「それらは何をなすか」と問うことから出発する。[10] しかし、この「何であるか」(Was)は思惟規定であってはならない。現象、現存の感性的な在り方だとみなされる。[11] しかし、この現存に属するものは二通りある。第一には空気、水、熱であり、そして第二には、他の対象であり、この両方［水などとその他］を一つにして現象が結果となる。[12] それ［水など］と結合される他の対象はいつも特殊的である。作用はその特殊的な本性にも依存する。[13] ものが何であるかということはこのように一般的な現象のなかでは示されない。ただ特殊な対象との関係の中だけで示される。[14] 熱が何をするかと訊くなら、熱は膨張させるというのが答えである。しかし、熱は収縮させもする。[15] 例外が見出されないような普遍的な現象を見つけることはできない。この物体では結果はこのようになるが、他の物体では結果は別になる。[16] 空気、火などが他の場合にどのように現象するかということは、現在の領域では何も決まらない。[17] 有限で個体的な関係での現象が普遍的なものとして根底に置かれている。自由な気象学的な過程はこの類比にしたがって説明される。これは「他の類への転移」である。[18] たとえば雷光は雲の摩擦によって引き起こされる電気の放電の火花にすぎないとみなされる。[19] しかし、天には［摩擦電気を生み出すような］ガラスも、封蠟も、樹脂も、摩擦具も回転具などもない。[20] 電気はいたるところで差し出される犠牲の羊である。［説明のつかないことは電気のせいにされてしまう。］湿気によって電気が拡散してしまうということはよく知られている。他方、雷光はまったく湿った空気のなかで発生する。[21] このような主張は有限な制約を自由な自然生命に転化している。主として生物との関係で生じている。しかし、この説明は不適切であり、健全な人間はこのような説明を信用しない。[22]

［二］物理学的な過程にはこうした元素の相互転換という規定がある。こうした転換は、有限な物理学にはまったく知られていない。その悟性は持続の抽象的な同一性を固執するが、そうなると合成されたものとしての元素は、もっぱら分解され、分断され、現実的に変化させられない。[1] 水、空気、火、地はこの元素的な過程のなかでは相克し合っている。水はこの過程の現存する物質［流動的過程の現に存在する質量的な支え］であって、主役を演じている。というのは、水は中和的、変動的で、しかも規定される可能性をもつからである。空気は、ひそかに食い尽くすもの、観念的に措定する

もの［要素に分解するもの］、規定された在り方の止揚である。火は、単独存在の現象である。現象に到達した観念性、食い尽くされることの現象である。[2] この単純な関係は水が空気に転化して消失するということである。逆に空気は水になり、単独存在から反対のもの、死んだ中和性に急激に変化する。中和性はそれなりに単独存在に対して緊張していたのだが。[3] このようにして、たとえば古代人のヘラクレイトスやアリストテレスは元素の過程を考察した。[4] このことを認識するのに何の困難もなかった。それは経験と観察がわれわれに示していたからである。[5] 雨の形成は主要な問題である。物理学そのものは雨が充分には説明が付かないということを認めている。[6] しかし、困難はもっぱら、あらゆる観察に背いて次の二つの前提を確定している反省的な物理学に由来する。「α) 自由な連関のなかに成り立つものは、制約された、外面的な連関のなかでもなされうるのでなければならない。β) 制約された連関のなかで成り立つことは、自由な連関でも成り立つ。したがって制約された連関のなかで自己同一を維持しているものは、もともと自体的にもひたすら同一的なのである。[7]」これに対してわれわれは、水が蒸発すれば蒸気という形式も完全に消滅すると主張する。[8]

［三］機械的な規定と有限な現象の規定をこの蒸発の問題に適用するとしよう。まず第一に思い浮かぶのは、水は保存されねばならず、ただその形態の状態を変えるだけだということである［質量保存の原則］[1]。グレン（『物理学』§945）（注1）はこう述べている。「蒸発は空気がまったくなくても起こりうる。[2] 水蒸気を含んだ空気は、等しい温度と絶対的な弾性のもとでは、ソシュール（注2）が証明したように、乾いた空気よりも、比重が小さい。このことは食塩が水に溶解しているのと同じように、水が空気に溶解しているとすれば、起こるはずのないことである。[3] だから結論として、水は特別に軽くなった、弾性をもった蒸気［気化した水］として空気中に保たれていることになる。[4]」だから水の微粒子が霧状で空気に充たされ、ばらばらになるのは量的にそうなるだけで、分けることは微細なレベルでしか行われないと人は言う。[5] この水蒸気は、一定の温度と結びついている。したがって、この温度がなくなれば、蒸気はふたたび水に解消される。[6]

雨はしたがっていままで存在していたものの再接近であるにすぎないとみなされる。しかし、その粒子が小さすぎて気付かれないという。[7] このような曖昧な観念で雨と霧の説明がつくとみなされている。[8] このような見方をリヒテンベルクは根底からくつがえした。雨についてのベルリン学士院の懸賞論文から王冠を奪い、それを嘲笑した(注3)。[9] ド・リュック(注4)は想像的に世界の創造を根底に置いているとは言っても、この問題では正しい考察をしている。すなわちリヒテンベルクはドゥ・リュックに従って、湿度計によれば、空気それ自体はスイスの最高の山頂でも完全に乾いている、もしくは、やがて雨に転化する霧や雲が形成される直前にも完全に乾いている可能性があることを明らかにした。[10] 雨は、いわば乾いた空気からやってくる。このことは物理学では説明がつかない。[11] 夏でも冬でも同じである。蒸発が最も盛んで、それゆえ空気がもっとも湿っているにちがいない夏でも、空気はもっとも乾燥している。[12] どこに水が残っているのかは、このような[質量保存を前提とする物理学の]考え方ではまったく証明できない。[13] 水蒸気が、その弾性のために高く昇ると考えられるかもしれない。しかし高い地域ではいっそう寒くなるから、水蒸気がたちまちのうちに水に戻ってしまうだろう。[14] ストーブでからからに乾く場合のように、空気は湿り気から遠ざかることで乾燥するだけでなく、水の乾燥化が結晶中のいわゆる結晶水の消滅と同じようになっている。しかし水が消滅すると、すぐにまた現れる。[15]

(注1) フリートリッヒ・アルベルト・カール・グレン(Friedrich Albert Karl Gren, 1760-1798)は薬学、医学を修めて、ハレで大学教師となり、『化学ハンドブック』など定評のある総合的な啓蒙書を書いた。ヘーゲルが引用した『自然学要綱』(Grundriss der Naturlehre, 3. Aufl. Halle 1797)も版を重ねている。ペトリは一八〇一年の五版が用いられていると推定している。

(注2) ホラース＝ベネディクト・ソシュール(Horace-Bénedict de Saussure, 1740-1799)。アルプス地理学の先駆者。母方のおじで著名な博物学者の影響で植物学も研究した。さまざまの気象学的な測定器を制作した。たとえば髪の毛を用

いた湿度計。

（注3）　ゲオルク・クリストフ・リヒテンベルク(Georg Christoph Lichtenberg, 1742-1799)は著名な『箴言』(国松孝二訳、白水社)の著者。L・C・リヒテンベルクとF・クリース編『G・C・リヒテンベルクの湿度計およびリュックの雨理論の擁護』(G. C. Lichtenbergs Verteidigung des Hygrometers und der de Luc'schen Theorie vom Regen, hrsg. von L. C. Lichtenberg und F. Kries, Goettingen 1800).

（注4）　ジャン・アンドレ・ド・リュック(Jean André de Luc, 1727-1817)。『大気圏の変容の研究』(Recherches sur les modifications de l'atmosphère, Genf 1772)、『気象学の新しい考え方』(Nouvelles idées sur la météorologie, London 1786)。リュックは、ジュネーヴ生まれの商人だったが、ヨーロッパ各地を旅行する間に、鉱物や植物の標本を集めた。一七七三年に事業が失敗したので、イギリスに渡り学者として迎えられた。ジョージ三世の妻シャーロットの厚遇を得て、研究に専念することができるようになった。水銀気圧計を用いて山の高さと気圧の関係を明らかにしたことは、彼の画期的業績である。ヘーゲルも言及しているように、神の創造と科学的地質学を結合することが、彼の最大の関心事であった。彼によって「地上的な物事の学」(つまり法制学)という意味であった geology が自然科学としての地質学を意味するようになった。

〔四〕第二の検査は化学的な検査で、水がその単純な素材である水素と酸素に分解されるという。[1] 水は［水素と酸素という］気体状態ではもちろん湿度計に作用しない。その水素には熱が出て、気体が発生するからである。[2] これに対して、水はそもそも酸素と水素から成り立っているのかという以前からの疑問が投げかけられる。[3] もちろん電気火花によって酸素と水素は水になる。[4] 水はしかし酸素と水素から合成されるものではない。[5] これら［酸素と水素］は水が置かれているさまざまな形式にすぎないと言った方がいいだろう。[6] もしも水がそのような単なる合成物であるとしたら、全ての水がこうした部分に分解されるはずだということになる。[7] ミュンヘンで死んだ物理学者のリッター(注)は、ガルヴァーニ電池の実験をして、水が部分から合成されるとは考えられないことを決定的な形で証明した。[8] 彼は湾曲したガラス管に水をいっぱい入れて、曲線の頂点に当たるところ(Scheitel)に水銀を入れて、水が両側のコンパスの足に当たるところ(Schenkeln)で分かれるようにした。[9] その上で彼は［水銀の中に］金属線を通して引き［電気の］交流を維持して水をガルヴァーニ電池の堆と連結した。すると水の一部分は水素ガスとなり、他の部分は酸素ガスとなった。管の両足のところにはどちらか一方が現れた。[10] もしも水銀による遮蔽がなかったとしたら、この現象の場合、酸素の進む方向がこちらなのであり、水素の進む方向があちらなのだと言う人がいる。この反証材料は、誰にも見えないとは言え、不可能になる。[11] ——もしも水もまた気化することで分解されるのだとすると、そのガスはどこへ行くのかということが疑問の的になる。[12] 酸素ガスは空気を増大させるだろう。しかし、空気はつねに同じ量の酸素と窒素を示している。[13] フンボルトは高山の空気と舞踏場のいわゆる汚れた空気(窒素が余分に含まれていると言われる)の両方を化学的に分解して、両方の場所で酸素の量が同じだということを発見した。[14] 特に夏場では［水分の］蒸発が激しいので空気にはたくさんの酸素が含まれるはずだが、そのような事実はない。[15] 水素ガスもまた、上にも下にも、あまり高くないところで雲の発生のある領域にも、どこにも見つからない。[16] 川が一月も干上がり、地面から湿気がすっかりなくなっても、空気の中には水素はまったく見つからない。[17] だから［気化が分解であるという］右の考え方は、観察と矛盾するし、別の領域から密輸入されたものからの推量と転用に基づく。[18] アリ将軍が、太陽がたえず消費し続ける素材をどこから取るかということを説明するのに、太陽は水素ガスによって養われているとみなしたのは、空虚な想定にすぎないとは言え、その水素ガスがどこに存続しているのかという必然性を明確にしなくてはならないと信じたのだから、悟性(分別)のあることと言える。[19]

(注) ヨハン・ヴィルヘルム・リッター(Johann Wilhelm Ritter, 1776-1810)。自然科学者、紫外線を発見した(一八〇一年)。ここでヘーゲルが「ミュンヘンで死んだリッター」と言った理由は、医師で自然学者のゲオルク・ハインリヒ・

リッター(Georg Heinrich Ritter, 1765-1823)との混同を避けるためだったかもしれない。

[五]熱だとか、結晶水だとかのように潜在化するというのもまた似たような考え方である。[1] たとえば熱というものはまったく見たり、触ったりするものではない。しかし、そこに見えなくてもあると人はいう。[2] 観察に属していないものは、その領域には存在しないものなのである。というのは現存するということは、まさにこの対他存在なのであり、気付かれるということであり、その領域はまさに現存の領域なのである。[3] だから潜在化というのはもっとも空っぽな考え方である。人は変化したものを現存していないとみなすが、しかし、それでも現存するはずだという。[4] ここには最大の矛盾がさらけだされている。同一性という悟性思想によって、事象が維持されている。これは偽りの思想的捏造であり、思想的にも経験的にも間違っている。[5] 哲学はしたがってこのような考え方を否認しはしないが、そのまったくありのままの姿を認識する。[6] 精神の内においても同様である。弱い性格をもつ男は存在する。徳は、彼の内に潜在的に存在しない。徳は彼の内にまったく存在しない。[7]

二八七

地(球)の過程は、地球の普遍的な〈自己〉、光の活動、太陽にたいする地球の根源的な関係によって、絶えず煽り立てられ、そして、太陽にたいする地球の位置(気候、四季等々)によって、さらに特殊化される。[1] この過程の一方の契機は、個体的な同一性の分裂である。すなわち、自立的な対立の契機への、凝固性と〈自己〉をもたぬ中和性への緊張である。この分裂、緊張によって地球は解消に向かって進む。一方では結晶、月になろうとし、他方では、水の天体、彗星になろうとする。そして個体性のこれらの契機は、自分らと自分らの自立的な根との関連を実現しようと求める。[2]

補論 〔一〕観念性の普遍的な原理としての光は、ここではもう闇に対する対立項として対他存在の観念的措定としてだけ存在しているのではない。実在的なものの観念措定、実在的観念性の措定として存在している。〔光が存在する状況の認識を可能にするだけでなく、昼と夜のように存在する状況そのものを作り変える。〕[1] 太陽光の地への実在的で活動的な関係が昼と夜の違い等々を生み出す。[2] 太陽との連関がなかったならば地〔球〕は過程のない〔死んだ〕ものになっていただろう。[3] こうした結果が現象するもっと詳細な仕方は、二重に考察される。[4] 第一の変化はたんなる状態の変化である。第二の変化は現実的な過程のなかでの質的な変化である。[5]

〔二〕第一の側面には、寒暖と夏冬の違いが含まれる。地球が太陽に向かう仕方にしたがって暖かくなったり、寒くなったりする。[1] こうした状態の変化はしかしたんに量的な変化だけではなく、内的な規定性としても示される。[2] 地軸が軌道平面とつねに同じ角度をしているので、夏には、太陽は毎日見かけ上、高く高く上がっていき、それが最高点に到達すると、再び最低点に向かって下がるのだから、冬への進行はさしあたりはただ量的な差異にすぎない。[3] しかし最大の熱さ最大の寒さがただこのような量的な違いと照射にだけ依存しているのだとすると、それらの時期は六月の夏至と十二月の冬至の時に該当するはずである。[4] 状態の変化は、しかし〔多様な要因の〕特殊な交点になる。昼夜の長さが同じになる等々は、温度のたんに量的な下降と上昇だけが現れるのではないような質的な点となる。[5] このようにして最大の寒さは一月十五日から、二月十五日の間になる。最大の熱さは七月か八月かになる。[6] こうした状況にかんして、最大の寒さは極地から少なくとも遅れぎみに来ると言う人もあろう。しかし、パリー船長(注)が断言するように、極地でも同じことが起こっていた。[7] 秋分の後、十一月の初めに寒い嵐が来る。十二月に寒さはふたたびゆるみ、一月の中頃に寒さの度は一番の激しさに達する。[8] 同様に、二月の終わりの好天気の後で、春分のときに寒い嵐が来る。三月と四月には、十一月と同様のなりゆきになる。また夏至の後で七月に温度がしばしば下がる。[9]

(注) ウィリアム・パリー卿(Sir William Parry, 1790-1855)。『ある旅の日記』(Journals of a Voyage, London 1821)ほか、たくさんの旅行記を書き残した。

[三] 本質的なことは、質的な変化、すなわち地球の内的な緊張と地球と大気圏との緊張である。[1] 過程は月と彗星の間の交替である。[2] 雲の生成は、たんに立ち昇って蒸気になるということなのではない。そこで本質的なことは地球の一つの極端に向かう努力である。[3] 雲の形成は空気の中和性への還元の偶発的な所産である。しかし雷雨や雨を伴わなくても一週間続いて雲が発生することがある。[4] 水が本当に消滅するということは、単に欠如的な規定ではない。それは内在的な抗争、すなわち食い尽くす火に向かって駆り立てられ突進することであり、それは単独存在として、地球が自己自身をこの極端へと分解していく刺激(Schaerfe)である。[5] 寒暖は、過程の規定そのものには属さない、そのさいの付随的な条件にすぎない。そうしてたとえば雹が発生するという場合には、偶発的に作用する。[6]

[四] こうした緊張と空気の比重が大きくなることは結びついている。晴雨計の数字を高くする気圧の増大が、空気は量として増大しているわけではないので、空気の密度・濃度の高まりを示しているからである。[1] 気圧計の示度が高くなるのは[空気が]吸収した水分のせいだと考える人もいるだろう。ところが空気が蒸気または雨で充たされているときには、空気の比重が減少している。[2] ゲーテは『自然科学一般について』(第二巻「ロンドンの気候」一八二三年)で、次のように述べている。「気圧計の示度が高くなると水の発生は止む。大気は湿度を運ぶことができるか、もしくは湿度をその元素に分解することができる。晴雨計の数字が低くなると水の発生が促進され、それは時とすると限度がないようにすら見える。[3] ……地球がその力にものを言わせるなら、地球はその引力を増やす。そして地球は大気を支配する。大気の内容は完全に地球に帰属することになる。天は相対的には晴れたままであるが、いずれにせよ大気圏で発生するものは、

露として、霜として落下しなくてはならない。[4] さらに晴雨計の数字はたえず風との関係にある。水銀指標が高くなることは北風、東風を意味し、下がることは西風、南風を意味する。北風、東風の場合には湿度が山側に行き、西風、南風の場合には山側から陸側に行く。[5]」

二八八

対立の二つの側面は、［それぞれ、単独化して］単独存在に向かっていくが、過程のもう一つの契機は、その単独存在が、否定性の極点まで達すると自己を否定するということである。二つの側面は別々の存立［単独化］を目指していた。この存立が、自分に火を付けて燃えた。このように燃えることによって、二つの側面の本質的な結合が作り出される。こうして地球は、実在的で生産的な個体性として生成した。[1]

地震、火山、その噴火は、火の過程に属するとみなしてよいだろう。すなわち凝固性が遊離して単独存在となる否定性の過程である。これに類したことは月でも現象するはずである。[1] ——これにたいし雲は、彗星的な天体の発端と見ることができるだろう。[2] しかし雷雨は、こうした過程の完全な現象である。その他の気象学的な現象が、この過程の発端、あるいは契機、未熟な遂行として、この現象に結びついている。[3] 物理学はこれまで、雨の形成にかんしてもド・リュック（注1）が観察にもとづいて結論を出し、ドイツ人では才気煥発のリヒテンベルク（注2）が、溶解論に反対して有力な結論を出しているにもかかわらず、電光や雷鳴にかんしてもまだ十分な成果に達していない。他の気象学的な現象にかんしても同様に不十分な結論しか出ていない。特に隕石がそうである。隕石では、過程そのものが地球の核を形成し始めるところまで進む。[4] 物理学はこれらの極めて日常的な現象にたいしてすら、まだ少なくとも満足できるほどの説明を与えてはいない。5

(注1) ジャン・アンドレ・ド・リュック『大気圏の変容の研究』(Recherches sur les modifications de l'atmosphère, Genf 1772)『気象学の新しい考え方』(Nouvelles idées sur la météorologie, London 1786).

(注2) 特にリヒテンベルク「電気物質の本性と運動を研究するための新しい仕方について」("Von einer neuen Art, die Natur und Bewegung der elektrischen Materie zu erforschen", in G. Chr. Lichtenbergs physikalische und mathematische Schriften, hrsg. von L. C. Lichtenberg und F. Kries, 4. Bd., Goettingen 1806)を参照。

補論

[一] 緊張の止揚は、雨として、地球の中性への還元、対立のない没交渉性への沈下である。1 しかし緊張した無形態性、すなわち彗星的なものも生成に、つまりは単独存在に移行する。2 対立のこの尖端に追いやられれば、対立するものは同様に崩れて互いに混ざり合う。3 この対立から出現する一者は、しかし実体のない火である。この火は形を成すようにされた物質をその契機としてもつわけではなく、純粋の流動性である。つまり、この火には養分がない。直ちに消滅する電光であり、エーテル的な火である。4 こうして対立の両面はそのもの自体において止揚される。つまり、それらの単独存在がその現存在を食い尽くしてしまう。[単独化しようとする動きが貫徹されると、消滅してしまう。]5 電光においては、この〈自分を食い尽くして消滅すること〉自体が現存するにいたる。空気が自己自身の中で発火するのは、緊張の最高頂であるが、そこで緊張は崩れる。6

[二] 自己を食い尽くして消滅することという契機は、また緊張した地球そのものでも証明することもできる。1 地球は、有機体と同じく自己自身の中で緊張する。2 地球は火山と噴泉とにおいて火の生動性と水の中性とに自らを転ずる。それゆえ地質学が火成説と水成説という二つの原理を仮定するならば、これらはもとより本質的であり、地球の形成[形態化]の過程にふさわしい。3 結晶へ沈潜した火は、その溶解である。4 それゆえ、火山は機械

的に把握されるべきではなく、地震を伴う地下の雷雨として把握されなければならない。逆に雷雨は雲の中の火山である。[5] 爆発にはもちろん外的な事情も必要である。地震の説明手段に用いられる閉塞されたガスの放出、等々は、しかし、普通の化学的領域にもとづく作り話もしくは思いこみである。[6] むしろ、このような地震が地球の統合性の生命に属することが分かるだろう。それゆえ獣や空に住む鳥は、われわれが雷雨の前に蒸し暑さを感じるのと同じように、何日も前に地震を感じとる。[7] このような現象の中に地球の全有機組織が現れる。それは、ちょうど雲ができるときに山の並び方が規定的であるのと同じである。[8] それゆえ、一群の状態は、これら諸現象がどれも個々別々のものではなく、おのおのが全体と連関する一つの事象であることを示している。[9] たとえば気圧計の示度がそうである。この大気が変化するとき空気の比重が大幅に増減するからである。[10] ゲーテはヨーロッパ、アメリカおよびアジアにおける違った子午線上の同じ緯度に置かれた気圧計の測定値を集め、これによって、地球全体を通じて変化が同時的であるのを発見した（第二九三節補論参照）。[11] この結果は他の何よりも注目に値する。ただし、この集計をさらに掘り下げていくことは、われわれには個別的なデータだけしかないので、困難である。[12] 物理学者たちはまだ同時的な観測を企てるまでにはなっていない。またこの詩人の行ったことは、色彩論でもそうなのだが、物理学者たちには受け入れられてはいない。[13]

[三] 噴泉の形成の場合でも機械的考察方法では満足できない。それは言うまでもなく地形（Terrain）によって規定される特有の過程である。[1] 温泉は、発火するにいたった石炭層が燃え続けることによって説明されている。けれども温泉は他の噴泉と同様に生きた噴出である。[2] 高い山に噴泉の貯水槽があるといわれる。雨や雪は勿論影響し、大旱魃になれば泉が涸れることもある。[3] しかし噴泉は、雲が電光がなくても雨になるのと似ている。他方、火山は大気の電光のようである。[4] 地球という結晶は、たえず火のもつ生動性へ変化するとともに、水のもつ抽象的な中性へ還元される。[5]

[四] 同様に大気の状態の全体が大きな生きた全体なのである。貿易風もまたこれに属する。[1] ゲーテはこれに対して雷雨を

むしろ地域的、つまり場所によるものと呼ぼうとしている(注)[2]。チリでは毎日この気象過程が完全に現れる。午後三時頃にはいつも雷雨になる。それは赤道地帯では風が一定で、気圧計の示度も一定であるのと同様である[3]。貿易風は熱帯では恒常的に東風である[4]。ヨーロッパからこの貿易風地帯へ入れば、北東の風が吹く。そして赤道線に近づけば近づくほど、この風は東より吹く[5]。普通に赤道線下では凪が恐ろしい[6]。赤道線を越えると、風はだんだん南風になり、南東風にまでなる[7]。熱帯を越えれば貿易風はなくなり、われわれのヨーロッパ航路と同様に、再び変化する風の領域に入る[8]。インドでは、気圧計の示度はほとんど常に同一であるが、ヨーロッパでは不規則である[9]。極地ではパリーによれば雷雨は現れなかった。しかし、彼はほとんど毎晩、あらゆる方向で、しばしば反対の方向で同時に、極光を見た[10]。これら全ては完全な過程のもつ個別的、形式的契機である。これらの契機は、全体の内部では偶然性として現象する[11]。極光は全く、雷雨から余分の物質を除去して乾燥した発光である[12]。

(注) ゲーテ『自然科学一般について』第二巻、第一冊、七五ページ(Goethe, Zur Naturwissenschaft ueberhaupt, II. Bd., 1. Heft (1823, "The climate of London"), S. 75).

[五] 雲について最初に知性的な言葉を語ったのは、ゲーテである(注)[1]。彼は三つの主要な形式を区別する。細かく縮れた雲(巻雲)——これは解消状態にあるか、さもなければ形成され始めたばかりの雲である[2]。夏の晩方に現れる丸みを帯びた形は積雲形のものである。最後に幅広い形のもの(層雲)は、すぐさま雨となる雲である[3]。

(注) 「ハワードによる雲の形態」("Wolkengestalt nach Howard") ゲーテ『自然科学一般について』(Goethe, Zur Naturwissenschaft ueberhaupt, I. Bd., 3. Heft (1820).

[六] さて、流星、隕石もまた、全体的な過程の個別化された形式である[1]。なぜなら、雲が彗星的天体の端緒であるために、空気が水に進行するように、隕石的なもののこの独立性もまた他の物質的なものになり、月的なもの、石で出来たもの、

あるいは金属的なものにまで進行するからである。[2] 最初には雲の中にはただの水状のものがある。やがてしかし全く個別化された物質が生まれる。これらの結果は個別化された物体相互の過程のすべての制約を越える。[3] リヴィウスが「石が雨のように降る」(lapidibus pluit)と述べる時、三〇年前フランスのエーグルに落ちて来た石が頭を打って人を倒すまでは信じられなかった。ここに至って人々は初めて信じた。[4] さてこの現象はしばしば観測された。右の石は研究され、古くからまた隕石として示された物質と比較され、両者が同じ性質のものであったことが分かった。[5] この隕石にかんして、このニッケル成分や鉄分が、どこから来るかとたずねても無駄である。[6] ある人は月がものを落としたと言う。また、道路の塵、馬の蹄鉄、等々を挙げる人もいる。[7] 隕石は雲の爆発の時に現れる。火の玉がそれへの過渡である。火の玉は消えて、爆音とともに分裂し、ついで石の雨が降る。[8] 隕石はすべて同一の成分をもつ。同じ組成の混合体は地球でも見られる。純鉄が化石となって発見される例はない。しかし、エーグルのものの成分組成と同じ鉄資源はいろいろな場所にある。ブラジルにもシベリアにも、またバフィン湾にもある。それらは、ニッケルを含有する石状のものと結合している。[9] この「エーグルの」隕石の外的構造からしても人はまた大気でできたものだという起源を認めなければならなかった。[10]

［七］
濃化すると金属性となるこの水と火とが、未成熟の月、すなわち個別性の自己内還帰である。[1] 隕石が地(球)の月化を示すように、流動する形態としての流星は彗星的である。[2] しかし「隕石とか流星にかんする」主要な点は実在的諸契機が解消するということである。[3] 気象学的過程は、個別性がこうして生成するという現象である。そして個別性の生成は、ばらばらになって行こうとする遊離した諸性質を具体的な統一点へ服従させ、還帰させることによって行われる。[4] 諸性質は、最初はまだ直接的なものとして規定された。すなわち、光、凝固性、流動体、地性(Erdigkeit)として規定された。重力は初めは一つの「一つしかない」性質であったが、やがて再び他の性質が現れた。[5] 重さのある物質はこの判断

〔根源分割〕における主語であり、諸性質は述語である。これまではこの判断がわれわれの主観的判断であるままであった。[6]今やこの形式が現存するに至った。なぜなら地球そのものがこの区別の無限の否定性であるから。そしてこれによって地球は初めて個別性として措定された。[7]以前は個別性とは空虚な言葉であった。なぜなら、それは直接的で、いまだ自己を産出するものではなかったからである。[8]このような〔自己内〕還帰によって、全的な自己自身を担う主体が〔成立するが〕、この過程〔の結果〕こそ、稔りある地（球）、自分の契機のなかで完全にしっくりと一つにまとまっている普遍的な個体である。〔その個体は、契機として〕内的なものとか、外的なものとか、自分にとって疎遠なものをもはやもたない。〔その契機は、観念性ではなくて〕完全に現存する契機である。この〔地球という〕個体の抽象的な契機それ自体が、それ自身〔本当は〕過程であるような物理的元素である。[9]

二八九〔地の個体性がすべての個体性を可能にする〕

物質の概念とは、重さである。この概念は、自分の契機を、さしあたり自立的な、しかも元素的な実在性として展開（auslegen）する。このようにして、地（球）は個体性の抽象的な根拠である。[1]地球は、その過程のなかで、ばらばら状態の抽象的な元素の否定的な統一として、したがって実在的な個体性として自己を措定する。[2]

補論　地球が実在的であるということを証明するこの〈自己〉としての在り方によって、地球は重さから区別される。[1]こうしてわれわれは以前には、重さのある物質をもっぱら一般的にしか規定されたものとしてもってはいなかった。今では、われわれは重さのある物質と区別されるような性質をもっている。つまり重さのある物質が、今では、われわれが以前にはもっていなかったような規定性と関係している。[2] 光のこの〈自己〉としての在り方は、以前には重さのある物体性と対立していたのに、この〈自己〉としての在り方が、今では物質そのものの〈自己〉としての在り方である。この無限の観念性が、今では物質そのものの本性である。そこで、この観念性の重さという鈍い内部中心に対する関係が措定される。[3] それゆえ、物理学的諸元素はもはやただ一つの主語［実体］の契機にすぎないのではない。むしろ個別性の原理はそれらの元素に滲透している。そのために個別性の原理はこの物理学的なもののすべての点で同一である。[4] このようにしてわれわれは、一個の普遍的個別性ではなくて、諸々の個別性の多様なものをもっている。そのためにこの全形式がまた個々のこのものにも属する。[5] 地球は、全形式を自らのうちにもつ個別性の中で個別化される。これがわれわれの考察しなければならない第二のことである。[6]

B　特殊な個体性の物理学

二九〇

さまざまの元素的だった諸規定性が個体的統一のもとに置かれると、この個体的統一は、それだけ単独で物質をその重さに抗して規定する内在的形式である。[1] 重さは、統一点を求めるはたらき(Suchen)としては、物質のばらばら状態を少しも損なうものではない。すなわち、空間は、ただし定量(Quantum)からみた場合、重さをもつ物質つまり質量の区別を特殊化する度量(Mass)である。諸々の物理学的元素の諸規定は、それ自身においては(in ihnen selber)、まだ具体的な単独存在ではなく、したがって重さをもつ物質が求めていた単独存在とはまだ対立していない。[2] [ところが]いまや物質の個体性が措定されることによって、物質は、そのばらばら状態のうちにありながらも、このような物質のばらばら状態に抗してなされる求心化作用(Zentralisieren)である。この求心化作用は、ばらばら状態が個体性を求めるはたらきに抗してなされるのであって、重さの観念的な求心化作用に抗してなされるのではない。物質は、物質的な空間性を、重さによってそして重さの方向からみて規定するはたらきとは違って、物質的な空間性を内在的に規定するはたらきである。[3] 物理学のこの部分が個体化する力学である。というのは、物質は、内在的形式によって(ただし空間的なものからみて)規定されるからである。[4] さしあたり、この部門は、両者、すなわち空間的規定態そのものとこれに属する物質とのあいだの割合［＝比例関係］(Verhaeltnis)を扱う。[5]

補論　重さという一なるもの(das Eins)は残りの物質的な諸部分とは別のものである。これに対し、〈自己〉としての在り方(Selbstischkeit)としての個体的統一点はさまざまの区別を貫き通しており、しかもそうした区別の精髄(Seele)なのである。だから、諸区別態はもはや自分の中心の外にあるのではない。この中心は諸区別態がそれ自身の内にもつ光である。〈自己〉としての在り方は、それゆえ、物質自身の〈自己〉としての在り方である。[1] 質が自己自身のうちへ自己還帰していること、これこそわれわれがここで考察している個体性の立脚点である。[2] われわれは、さしあたり相対的な相互関係にある、［重さという］一なるものの二つの様態を考察する。けれども、両者の絶対的同一性にはまだ達していない。というのも、〈自己〉としての在り方自身がまだ制約されているからである。[3] ここでかろうじてあらわれているのは、ばらばら状態が内部中心(Insichsein)と対立し、内部中心によって規定されていることである。だから、内部中心によって他の中心点、すなわち他の統一が措定され、それによって重さからの解放が現存する。[4]

二九一

個体化するこの形式規定は、さしあたり、自体的すなわち直接的である。したがって統合性(Totalitaet)としてはまだ措定されていない。[1] 形式の特殊な諸契機は、だから互いに没交渉でばらばら状態としてあらわれ、形式関係はさまざまなものの割合［＝比例関係］として存在する。[2] 物体性は有限な諸規定の中にある。すなわち外的なものによって制約されていて、あれこれの部分的な物体へと崩壊していく。[3] だから区別は、一方ではさまざまな物体相互の比較の中に、他方では物体のより実在的ではあるがしかしまだ機械的であるような関係の中にあらわれる。[4] どのような比較も、刺激もすこしも必要としない、形式のそのような自立的な顕在化は、かろうじて形態(Gestalt)に帰せられる。[5]

有限性と被制約性の領域がつねにそうであるように、ここにある制約された個体性の領域は、具体的なものの残りの連関から切り離し、単独で確立することがきわめて難しい対象である。この点は、個体性の内容の有限性が、同時にただ規定するものでしかありえないような、概念の思弁的統一と対照的であり、矛盾する場合には、なおさらである。[1]

補論　個体性はわれわれの考察の中でようやくとりあげられたばかりである。だから、個体性自身はたんなる最初の個体性でしかなく、したがって制約された個体性である。すなわち実在化された個体性ではまだないのであって、たんなる一般的な〈自己〉としての在り方(Selbstischkeit)でしかない。[1] しかも、他のものとただ異なっているだけのものとしてある限りでは、まだ自己自身の中で充実したものではない。個体性は非個体的なものからようやく出来したばかりである。だから、抽象的な個体性である。[2] その他在はまだ個体性自身のものではなく、したがって受動的である。というのも、他のものすなわち重さは個体性によって規定されるからであり、まさにこの個体性はまだ統合性ではないからである。[3]〈自己〉としての在り方が自由であるということは、〈自己〉としての在り方が区別を自分自身の区別として措定するということを含んでいるはずである。これに対し、区別は今のところたんに前提されたものでしかない。[4]〈自己〉としての在り方はその諸規定を自己の中で開示したわけではまだない。これに対し、統合的な個体性は天体の諸規定を自己自身の中で開示した。後者、つまり統合的な個体性は形態ではあるが、しかし、われわれは形態の生成をここでようやく問題にしたばかりである。[5] 規定するものとしての個体性は、はじめは、個々の諸規定を措定するはたらきでしかない。それら諸規定が個々に、しかも諸規定の統合性が措定されるときはじめて、自分の規定態の全体を展開する個体性が措定される。[6] それゆえ、〈自己〉としての在り方が全体となること、これがめざされる。この充実された〈自己〉としての在り方をわれわれは響き（Klang）とみなすであろう。[7] もっとも、そこで響きが非物質的なものとして経過するうちは、響きはまた再び抽象的である。だが、物質的なものと統一することによって、響きは形態なのである。[8] われわれは、ここで物理学のもっとも有限でもっとも外的な側面を考察せざるをえない。〔もっとも、〕このような側面は、われわれが概念ないし実在化された概念、すなわち統合性を問題にするときには、なんらの関心も向けられない。[9]

二九二

重さが受け取る規定性は、〔まず〕a）抽象的に単純な規定性、したがって重さにおけるたんに量的な割合〔＝比例関係〕であり、——ようするに比重〔＝特有の重さ〕（spezifische Schwere）である。〔次に〕b）物質的諸部分の特有な関係の仕方——すなわち凝集（Kohaesion）である。[1]〔最後に〕c）物質的諸部分のこうした関係それ自体、つまり現存する観念性（existierende Idealitaet）であり、しかも α）凝集のたんなる観念的な止揚としては、響きであり、β）凝集の実在的な止揚としては、熱（Waerme）である。[2]

a 比重

二九三

単純で、抽象的な特有化(Spezifikation)は、物質の比重[=特有の重さ]ないし密度である。すなわち質量の重量(Gewicht)と体積との割合[=比例関係]である。それによって、物質的なものは、向芯的なものとして(als selbstisch)、芯的物体(Zentralkoerper)との抽象的な割合[=比例関係]、つまり万有引力[=一般的な重さ](die allgemeine Schwere)から解放され、空間を一様にふさいでしまうことをやめる。かくして、抽象的なばらばら状態に対して特有の内部中心を対置する。[1]

物質のさまざまな密度は、微細な孔(Poren)を想定することによって説明される。——すなわち、空虚な隙間(Zwischenraeumen)を虚構することによって密度をでっちあげること(Verdichtung)で説明される。この空虚な隙間は、現存するもの(Vorhandenen)として述べられてはいる。だが、物理学は、経験と観察に依拠していると自称するにもかかわらず、その現存を示すことができない。[1] ——現存しながら重さを特有化するはたらき(Spezifizieren)の事例は次のような現象である。すなわち、自分の支点で均衡しながら漂っている一つの鉄片が、磁化されると、自分の均衡を失って、今度は[磁化された鉄片の]一方の極の方が他方の極よりも重いものとして示されるという現象である。[2] ここでは、鉄片の一方の部分が磁化の影響を受け、その結果、自分の体積を変えずに、より重くなる。したがって、物質は、自らの質量が増大したわけではないにもかかわらず、特有な仕方で重くなった[＝比重を増した]。[3] ――物理学が自らの流儀で密度を示す際に前提とする諸命題は次の四つである。すなわち、1 同じ大きさの物質的諸部分のうち、数が同じであれば、重さも等しいこと、その際、2 諸部分の数の度量は重量の定量(Quantum)であるが、しかし、3 空間も同様であるため、同じ重量の定量をもつものが同様の空間をも占めるということ、それゆえ、4 たとえ体積がさまざまで重量が同様であるように見えるとしても、微細な孔を想定することによって、物質的にふさいでいる空間の同等性が保持されるということである。[4] 第四の命題において微細な孔を虚構することは、先の三つの命題によって必然的となる。すなわち、これら三つの命題は、経験に依拠するのではなく、悟性の同一性の命題だけに基づくがゆえに、形式的でアプリオリな虚構なのである。[5] カントは、すでに、数の量規定に対して内包性[＝強度](Intensitaet)を対置した。すなわち、体積が同じでも諸部分がより多いとみなす代わりに、数が同じでも空間をふさぐ(Raumerfuellung)度(Grade)がより強度であるとみなした。それによって、カントは、いわゆる力動的物理学に基礎を与えたのである(注)。[6] 少なくとも、内包量の規定は外延量の規定と同じ妥当性をもつはずなのであるが、密度についての先にあげた通俗的な考えは後者の外延量のカテゴリーに限定されている。[7] だが、ここでは、内包的な大きさの規定(Groessenbestimmung)のほうが次の点で優っている。すなわち、内包的な大きさの規定は度量を指示し、しかもまっさきに一つの内部中心を示唆する。この内部中心は、自分の概念規定の中では内在的な形式規定態であるが、この内在的な形式規定態は比較によってはじめて定量一般として現象する。[8] だが、外延量ないし内包量の区別は、――力動的物理学はこれ以上には進まないのだが――どの実在性をもあらわしてはいないのである(第一〇三節注解)[9]。

(注) 『自然学の形而上学的基礎』、第二部「動力学の形而上学的基礎」(Metaphysische Anfangsgruende der Naturwissenschaft, Zweites Hauptstueck : "Metaphysische Anfangsgruende der Dynamik")を参照せよ。

補論 [一] われわれが考察してきた諸規定態においては、重さと空間とはまだ不可分のもの(ein Ungetrenntes)であった。そこでは、物体の区別は質量の区別でしかなかったが、この質量の区別は物体相互の一つの区別でしかない。その際、空間をふさぐこと(Raumerfuellung)が度量である。というのは、より多くの部分が空間をより多くふさぐことに対応するからである。[1] いまではさまざまな度量が内部中心に登場している。[2] そこでは、空間が同じでもさまざまな重量が、あるいは、重量が同じでもさまざまな空間が現存している。一つの物質的なものの〈自己〉としての本性を構成する、こうした内在的な割合[＝比例関係]がまさに比重である。比重は、自己をただ自己自身にだけ関係づけ、質量に対しては全く没交渉である、そうした自体的かつ自立的存在である。[3] 密度が重量と体積との割合[＝比例関係]であることによって、一方も他方も同様に単位(Einheit)として措定できる。[4] 一立方インチ(ein Kubikzoll)の水も、一立方インチの金も、どちらも可能であるが、両者は体積という点では同一視される。だが、重量は全く別である。というのは、金は水よりも一九倍もの目方があるからである。[5] 換言すれば、一ポンドの水は一ポンドの金より一九倍もの空間を占める。[6] ここではたんに量的なものが脱落して、質的なものがあらわれる。なぜなら、物質は、いまやそれ自身において(in ihr selbst)固有の限定(Determination)をもつからである。[7] かくして、特有の重量(das spezifische Gewicht)は物体を完全に貫き通す根本規定である。[8] この物体性の物質の各部分は、それ自身の内で(in ihm selbst)こうした特有の規定態をもつ。これに対し、重さ(Schwere)の場合、この中心性(Zentralitaet)はただ唯一の点[重心]にだけ帰属する。[9]

[二] 比重は、地球一般(Erde ueberhaupt)、一般的個体に与えられていると同様に、特殊な物体にも与えられている。[1] 元素の過程では、地球は抽象的な個体でしかなかった。最初に個体性を指し示すものが比重である。[2] 地球は、過程としてある限り、特殊な現存の観念性(Idealitaet)である。[3] けれども、こうした地球の個体性は単純な規定態としてもまた示される。この単純な規定態の現れ(Erscheinung)は、気象学的過程が知らせる特有の重さ(比重)、すなわち気圧計の示度(Barometerstand)である。[4] ゲーテは気象学にかなり没頭した。とりわけ彼の注意を引いたのが気圧計の示度であった。彼は気圧計の示度の見方を提示したことを自負していた。[5] 彼は重要なことを述べたが、肝心なのは次の点である。すなわち、彼は、一八二二年一二月のまる一カ月にわたって、ワイマール、イエナ、ロンドン、ボストン、ウィーン、テプル(テプリッツ近郊でその北に位置する)における気圧計の示度の比較表を与えた。彼はこれを「図表で」描出した。[6] 彼はここから次のような結論を引き出そうとした。すなわち、あらゆる地域において気圧計の示度が同様の割合で変化するだけでなく、海洋面上のさまざまな高度においてもまた同様の経過をたどる、という。[7] というのは、気圧計は高山におけるほうが海洋面におけるよりもずっと低い目盛りを示すことはよく知られているからである。[8] この区別(同じ温度のもとで、したがって寒暖計もまた一緒に含めて考慮されねばならないが)から、山の高度が測られうる。[9] それゆえ、山の高度を考慮の外におくならば、同じところでの気圧計の経過は平地における経過と類似する。[10] 「もし」、とゲーテは言う(『自然学一般について』第二巻、第一部「一八二三年「ロンドンの気候」七四ページ)、「ボストンからロンドンへ、ロンドンからカールスルーエを経てウィーンへと……気圧計の上昇・下降がたえず類似しつづけるならば、このことは外的原因に基づくというのはありえないのであって、かならずやある内的原因に帰せられるはずである。[11]」気圧計の上昇と下降を観察するならば(すでに数比(Zahlenverhaeltnisse)においては重大な調和が認められているが)、

「最高点から最低点にいたるまで、水銀柱が完全に比例して上昇し下降することに驚嘆を禁じえないであろう……。[12] ところで、もしわれわれが太陽の影響を仮に熱をひきおこすものとしてしか想定しないとすれば、われわれに「かの内的原因と考えられるものとして」残されているのは地球だけである。それゆえ、いまや、われわれは、気圧計の変化の諸原因を地球の外部にではなく、その内部に求める。気圧計の変化の諸原因は、宇宙に(kosmisch)あるのでもなく、大気圏に(atmosphaerisch)あるのでもなく、地上に(tellurisch)ある……。[13] 地球は自分の引力を変化させる。だから、大気を多かれ少なかれ引きつける。大気は重さをもたないし、なんらかの圧力をも加えることがない。大気は、より強く引きつけられると、「その分」より強く圧したり重くのしかかったりするように見えるだけである」(六二ページ)[14]。ゲーテによれば、大気は重さがないとされる。[15] だが、引きつけられていること(Angezogenwerden)と重さがあること(Schwersein)とは実際全く同じことなのである。[16]「引力は、地球の質量の全体の中から、おそらく中心点からわれわれになじみのある地表に至るまでゆきわたっている。さらには、海洋から最高の山頂に至りこれを越えると減少しながらも同時に合目的的に制限された生気(Pulsieren)を通して自らを顕示しているのである。[17]」肝心なのは、ゲーテが正当にも特有の重さ「=比重」の変化「の原因」を地球そのものに帰していることである。[18] われわれはすでに(第二八七節補論)次の点を注意しておいた。すなわち、より高い気圧計の示度は水の形成(Wasserbildung)を阻み、これに対しより低い気圧計の示度は水の形成を妨げない、ということである。[19] 地球の比重「=特有の重さ」は、〈地球が自己を-規定しつつ-示すはたらき(ihr Sich-bestimmend-Zeigen)〉であり、したがってまさに個体性としてある。[20] 気圧計がより高い度を示す場合、より大きな緊張、地球のより高次の内部中心があらわれる。この高次の内部中心は「気圧計がより高い度を示せば示すほど」ますます物質をその抽象的な重さから引き離す。というのは、比重「=特有の重さ」は〈個体性によって万有引力「=一般的な重さ」から引き離されてあること〉として把握されざるを得ないからである。[21]

〔三〕通常は、次のように考えられている。すなわち、一ポンドの金は一ポンドの水と同じ諸部分をもっているが、両者が一九倍より緊密に圧せられるときにだけ、水は微細な孔、空虚な空間、空気等々を〔金より〕一九倍多くもつ、というわけである。[1] こうした空しい思いこみこそ反省のおはこ(cheval de bataille)である。反省は、内在的規定態を把握することができず、諸部分の数のうえでの同等性をなんとか保とうとして、今度は残余の空間をふさぐことが必要だと考えてしまう。[2] ――比重〔＝特有の重さ〕は、通常の物理学においてもまた反発と牽引の対立に還元されてきた。すなわち、物体は、物質がより強く引きつけられる場合には、より密であり〔＝すきまがなく〕、反発が優勢である場合には、より密でない〔＝すきまができる〕というわけである。[3] これらの因子は、しかし、ここではもはやいかなる意味をもたない。[4] 自立した二つの力としての牽引と反発の対立が単独化されて悟性反省に取り込まれたにすぎない。[5] 牽引と反発が端的に均衡を保てないならば、諸矛盾にまきこまれてしまうであろう。これら諸矛盾は、すでに前に(第二七〇節注解第一〇段落、補論第七段落)天体の運行のところで示されていたように、こうした反省の誤りが示されている。[6]

二九四

密度は、かろうじて、重さをもつ物質の単純な規定性であるにすぎない。だが、物質がばらばら状態を本質としつづけることによって、形式規定は、さらに、物質のさまざまな要素(Vielfache)が特有の仕方で相互にかかわる空間的関係――すなわち凝集状態(Kohaesion)となる。[1]

補論　凝集状態は、比重と同様に、重さとは違う規定性である。しかし、凝集状態は比重よりも包括的である。凝集状態は他の中心性一般と関係するだけでなく、多くの部分とも関係する。[1] 凝集状態は、ただ物体を比重に基づいて比較するだけではない。今はもう、諸物体の規定性が画定され(gesetzt)て、諸物体は実在的に相互にかかわり、相互に接触する。[2]

b 凝集状態

二九五

凝集状態では内在的な形式が、物質の諸部分の空間的な並立状態の、重さの方向によって規定されているのとは別の仕方を決定(setzen)する。〔凝集状態では物質の内的形式が重さとは違うより内在的な仕方で部分間の関係を規定する。[1]〕物質的なものが凝集するこの特殊な仕方は、最初には一般的に差異のあるものの側で決定される。この凝集の仕方は、それ自身で完結した統合性(形態)へはまだ戻ってきていない。そのためにこの凝集の仕方は、それぞれ違っていて、しかも凝集力の違う質量に対抗するものとしてだけ現象する。したがって、この凝集の仕方が他の質量にたいし機械的に働く場合、一種独特な、抵抗の仕方としてあらわれる。[2]

補論 〔一〕われわれが既に考察したように、たんに機械的なふるまいとは押すとか突くとかである。押すとか突くとかすることで、物体は今はもう、ただ機械的な関係の場合のように物質として動くだけではなくて、この〔物質としての〕量から独立に、自分を維持し、自分を一体化する仕方をあらわす。[1] 物質的な部分のこうした結合の次の仕方が、重さだった。つまり、物体が重心をもつということである。この結合の仕方は、内在的である。すなわち、その結合の仕方は、相互の間の特定の重さにしたがって表される。[2]

[二] 凝集状態という言葉は、今では多くの自然哲学者の間ではっきりしない意味で使われている。[1] 凝集状態についてのおしゃべりが盛んである。不確かな概念の[個人的な]意見とか曖昧な思いつきの域を出るものではない。[2] 統合的な凝集状態は、形態で初めて出てくる磁気である。[3] 抽象的な凝集状態は、しかしまだ磁気の推論ではない。この推論では、極が区別され、その統一点もまた画定されるのだが、しかし、その結果、両極は区別されたままである。[4] したがってここはまだ磁気を論ずべき所ではない。[5] 磁気と凝集状態はまったく違う段階だというのに、シェリングはいっしょにしている。[6] すなわち磁気はたとえ抽象的ではあっても自己内での統合性である。というのは、磁気は線状になってはいるが、極と統一とがすでに区別されたものとして展開されているからである。[7] こうしたことは凝集状態では起こっていない。凝集状態は統合性としての個体性の生成に必要であるが、これに対して磁気は統合的な個体性に必要である。[8] だから凝集状態は、まだ重さと闘っている。まだ重さに対抗する決定(Determination)の契機なのであり、重さに対する統合的な決定なのではない。[9]

二九六

§ 296

多様なばらばら状態のこのような形の統一(Formeinheit)はそれ自身が多様性を身につけている。[1] α) この統一の最初の規定性は、全く無規定な結集(Zusammenhalt)である。それはそのかぎりでは、内在的な凝集状態を欠いたものの凝集状態(Kohaesion)である。したがってそれは他者との付着(Adhaesion)である。[2] β) 物質の自己との凝集力(Kohaerenz)は、［1］まず差し当ってはたんに量的な凝集状態(Kohaesion)、普通の凝集状態である。重さに対抗して結集(Zusammenhalt)する強さである。［2］物質の自己との凝集力は、さらにまた質的な凝集状態である。すなわち、外部の暴力の圧迫と衝撃に対抗して、弛緩する［自己否定の］固有性と、弛緩することで自分の形態の自立性を見せつけること［自己主張］の固有性とである。[3] 空間形式の一定の在り方に応じて、内部の機械的な幾何学は、集まりのなかでの一定の次元を主張する固有性を産み出す。［1］点性は、脆弱性である。［2］線性は、不撓性一般、より正確には強靭性である。［3］面性は、延展性、すなわち可鍛性である。[4]

補論［一］付着は受動的な凝集状態なので、内部中心状態(Insichsein)ではない。付着とは、自分自身との親和性よりも他のものとの親和性(Verwandtschaft)の方が大きいということである。この点は、光が他のものの中で輝き出ることと同じである。[1] だから細かく言うと、水もまた、中和的なものとして、みずからの諸部分の絶対的な可動性のために付着する、すなわち、ぬらす。[2] そのほかに、ある程度自分の中に凝集状態(Kohaesion)をもっている硬い物体もまた、その物体の表面がざらざらなのではなく、完全になめらかであり、その結果、物体のあらゆる部分が互いに完璧に接触しあうことができる場合には、付着する。なぜなら、お分かりのように、まさにこれらの表面には、それ自身の側にも同じくなめらかな相手の側にも何の区別もなく、したがって両側が同一だとみなされる(sich setzen)からである。[3] たとえば、なめらかなガラス面はとても強く付着する。とくに、それらガラス面の間に注がれた水によって、表面の、ひょっとしたらあるかもしれないざらざらしたものすべてが完全に満たされる場合にそうなる。[4] その後で、くっついたガラス面を再び引き離すためには、大きな重量(Gewicht)が必要となる。だから、グレン(『物理学』第一四九—一五〇節)は「付着の強さは、一般に接触点の多さに依存する」と言う。[5] 付着にはさまざまな変容がある。たとえば、コップの中の水は、〔コップの〕壁にぴったりとついており、コップの真ん中よりもコップの壁のところの方が〔水位が〕高い。毛細管の中では、水は完全に自発的に高いところまで上っていく等々。[6]

〔二〕けれども、一定の内部中心状態としての自分自身との凝集状態(Kohaesion mit sich)についていえば、凝集力(Kohaerenz)は、機械的な凝集状態(Kohaesion)として、質量の中である物体を画定する働きに抗して同種の質量が自分自身の中でまとまることでしかない。すなわち、物体の重量に対する質量の強度の割合である。[1] だからある質量が、ある重量によって引っ張られ、おさえつけられるならば、質量は、自体としての定量によって抵抗する。[2] 重量の大きさが、質量がみずからの凝集力を保てるか、それとも凝集力を放棄するかを決定する。だからグラスや木等々は、それが砕けてしまう前に、ある一定量のポンドに耐えることができる。その際、重さの方向で引っ張られる必要はない。[3] 凝集力にかんする物体の系列は、比重にかんする物体の系列とどのような比例関係もない。たとえば、金と鉛は鉄と銅よりも比重が重いが、しかし、それほど固定的なものではない(注)。[4] ある物体が衝き押しに対して示す抵抗もまた、それが唯一の方向でだけ、すなわちそれに向かって進行していく方向でだけ抵抗せざるをえない場合とは異なる。それに対して、砕くこと、衝き押すことは角の(Winkels)方向で生ずる、だから面の力(Flaechenkraft)である。そのために衝き押しの無限な力が起こる。[5]

(注) シェリングはみずからの『思弁的自然学雑誌』の中で言う(第二巻、別冊二号〔一八〇一年、『わたしの哲学体系の叙述』第七二節〕)。「凝集状態の増加と低下は、比重の増減と一定の逆比例関係にある。[1]……観念的原理は」(形式、光)「重力と抗争している。この重力は中心点が最も優勢なのだから、中心点の近くにある重力にとって次の点は一番うまいぐあいになる。すなわち、著しく特有な重量を剛性と合一すること、だからAとB」(主観性と客観性)「というすでにとるに足りない差別の契機にあるものを差別のもっている絶対的な力(Herrschaft)のもとへ連れ戻すこと、である。[2] この契機が大きくなればなるほど、それだけますます比重が優勢となる。しかし、それだけより高次の度(Grad)の中で、今度は

凝集状態もまたあらわれ、次の点にまで到る。すなわち、増加する凝集状態とともにふたたびより大きな比重が高まり、しまいにはとうとう両者が同時にかつ共通に低下するという点である。[3] だから、われわれはシュテッフェンス〔第二四九節補論第一段落の注を参照〕にしたがって次の点を確認できる。すなわち、金属の系列の中で比重はプラチナ、金等々から鉄に到るまで下がっていく。しかし、能動的凝集状態は上昇し、最後のもの〔鉄〕の中で最大限に達する。その後、凝集状態はふたたび顕著な比重に屈して（たとえば鉛）、しまいにはとうとう、まだ低次の段階にある金属の中で同時にこれとともに減少する。[4]」これは根も葉もないことである。[5] むろん、比重は凝集状態のなかで明らかになる。[6] けれども、シェリングが、凝集状態と比重の割合における特定の進捗をとおして物体一般の区別を凝集状態の区別の上に基礎づけようとするならば、次のように言わなくてはならない。すなわち、自然は、たしかにこのような進捗の始まりを示す。しかし、その場合でも他の諸原理をも解放し、これらの諸性質を互いに没交渉のものとして画定する。だから、自然は、けっして単純でたんに量的な割合だけにみずからを制限するわけではない。[7]（原注）

〔三〕
本来の質的な凝集状態は、内在的で独自な形式ないし限定によって同種の質量がまとまることである。形式ないし限定はここでは空間の抽象的な次元として示される。[1] すなわち、独自な形態とは、物体がもともと自体的に示す、ある特定の在り方をした空間性以外のなにものでもない。[2] というのも、凝集力は、物体がみずからのばらばら状態の中で示す同一態だからである。だから質的な凝集力は、特定の在り方をしたばらばら状態、すなわち空間確定である。[3] この統一は、個別的な物質そのものの中では、物質が重さの中で求める（suchen）一般的な統一に対抗する結集である。[4] 今はもう、物質は、いろいろな面に向かう独自な方向を自分自身のうちで受け取る。これら独自の方向は、重さのたんなる垂直な方向とは違っている。[5] この凝集状態は、個体性であるとはいえ、しかし同時に、まだ条件づけられた個体性である。というのも、この凝集状態は他の物体の作用によってしか現れないからである。それは、まだ形態としての自由な個体性ではない。すなわち、まだ、凝集状態によって画定される形の統合としての個体性ではない。[6] というのは、トータルな形態は、機械的に規定すると、このような面と角をともなって現に(da)あるからである。[7] ここでは、しかし、物質の性格は、最初はただ物質の内的な形態でしかない。すなわち、まだ、みずからの規定性と展開によって現に存在しているわけではない。そうした形態である。[8] この点は、その場合ふたたび、物質がみずからの性格を示すのは他のものによってだけであるというように現れる。[9] だから凝集力は、他のものに抗する一つの抵抗の在り方でしかない。というのは、まさに、凝集力の諸規定が個体性のたんなる個別的な諸形式でしかなく、個別的な諸形式はまだ統合性として現れていないからである。[10] ——脆弱な物体は、鍛錬され、延ばされ、線の方向を与えられるということはない。脆弱な物体は点としてみずからを保持するのであって、連続的なのではない。これが内的に形態化された硬度である。[11] ガラスは非常に脆弱で、砕ける。同様に、焼き付けでできたもの(das Brennliche)は一般的に脆い。[12] 鋼は、それが脆弱ではっきりとした断口(Bruch)があることによって、鉄からもまた区別される。鋳鉄も同様である。[13] 急激に冷やされたガラスはとても脆弱であるが、ゆっくりと冷やされたガラスはそれほどでもない。急激に冷やされたガラスを砕くと、粉々になったかけらがえられる。[14] これに対して、金属は、それ自身もっと連続的である。しかし、金属もガラスも、多少の差はあるとしてもやはり脆弱なものである。[15] ——強靭な物体には繊維(Fasern)がある。それは砕けることなく、つながりをもったままである。鉄は針金状態に延ばすことができるが、いずれの鉄もそうなのではない。鍛錬された鉄は、鋳造された鉄よりもしなやかであり、線として維持される。[16] それが物体の伸張性である。[17] 展延できる物体は、打ち付けることでしまいには平らなものになる。鍛錬することで面になれる金属がある。一方、それ以外のものは砕ける。[18] 鉄、銅、金、銀は平らなものに仕上げることができる。それらは、脆弱でも強靭でもなく、たわむことができる柔軟なものである。[19] ある鉄は面の状態でだけ維持され、他の鉄は線の状態でだけ維持され、その他の鉄は(鋳鉄のように)点としてだけ維持される。[20] 面は表面となり、点は表面で全体となるのだから、可鍛性一般はふたたび全体の展延性である。すなわち、みずからのまとまり一般を質量のつながりとして確保する、非形態的で内的である。[21] すなわち、これらの諸契機は個々の次元でしかなく、実在的な物体がもつそれぞれの契機は一個の形態化されたものとしてあるが、じつは、形態というものは諸契機のうちのどんな個々の契機のもとにもないのだ、という点は注意しなければならない。[22]

二九七

γ) ある物体は他の物体の暴力にたいし、屈服すると同時に自分の固有性を主張する。物体らしさは、物体である他の個体にある。[1] しかし物体は、凝集力をもつものであるから、それ自身でもばらばら状態の物質性であり、その諸部分は、全体が暴力を受けるときは、相互に暴力を揮いあい、屈服しあうが、しかしまた自立的でもあるから、受けた否定を止揚して立ち直る。[2] したがって、外部にたいし屈服すると同時に、この屈服によって自分を維持することは、自分自身にたいするこのような内面的な屈服と自己維持に直接結びついている。——これが弾力性である。[3]

補論 弾力性は、運動のうちに現れる凝集状態であり、凝集状態の全体である。[1] われわれは弾力性をすでに第一部〔第二六五節補論第二段落〕で、物質一般のところで論じた。そこでは多くの物体が相互に抵抗することによって、圧迫しあったり、接触しあったりする。また多くの物体が、空間性を否定し、なおかつその空間性を再建する。これが抽象的な弾力性であって、外に出ようとしている。[2] ここでは弾力性は自分を個性化しつつある内的物体のことである。[3]

二九八

ここで、物質の諸部分が物質としてはたんに要請している(suchen)にすぎない観念性が、すなわち、それだけ単独で存在する統一点が現存するようになる。この統一点の中では、物質の諸部分は現実に牽引される。だからただたんに否定されている。[1] この統一点は、物質の諸部分がたんに重さをもつにすぎないものであるかぎり、「重心として」まず差し当たってはこれらの部分の外部に存在する。したがって、この統一点は、せいぜいもともとの自体(即自)にすぎない。上述したように、これらの部分がこうむる否定のなかに、今はもうこの観念性[統一点]が画定される。[2] しかしこの観念性はまだ制約されている。一つの側面がばらばら状態の部分の存立であ「り、他の一面がそれらの統一点であ」るような関係の、たんなる一側面にすぎない。そのためにこれらばらばらの部分の否定は、その部分の回復へと移行する。[3] したがって弾力性とは、回復される比重の変化にすぎない。[4]

この場合にかぎらず物質の部分が問題となるとき、原子とか分子とか、個々に単独で存立するものだと理解してはならない。そうではなくて、たんに量的に、すなわち偶然に区別されたものと解釈しなければならない。だから、これらの部分の連続性を本質的にその区別性と分離することはできない。弾力性は、これら連続と区別という契機の「不可分性という」弁証法そのものの現存である。[1] 物質的なものの場所とは、その無関係な規定された存立である。したがってこのような存立の観念性は、実在的な統一として仮定(setzen)された連続性である。すなわち、以前はばらばら状態で存立している、したがって違った場所にあると思い浮かべられなければならない二つの物質部分が、いまでは同一の場所に存在するということである。[2] これは矛盾である。矛盾がここでは物質的に現存している。[3] この矛盾は、運動に関するゼノンの弁証法の根底にある矛盾と同じである。ただ、運動の場合は、矛盾は抽象的な場所に関係する。ここでは物質的な場所、物質的な部分に関係している。それだけの違いである。[4] 運動では空間は時間的な、時間は空間的な在り方をし（setzt sich）ている（第二六〇節）。ところが、場所が空間点として、瞬間が時間点としてそれぞれ孤立させられると、運動は解決不可能なゼノンの二律背反に陥る。この二律背反の解決、すなわち運動は、つぎのようにしかとらえられない。すなわち、空間と時間は本質的に（自己内で）連続的である。運動する物体は、同一の場所に存在すると同時に存在しない。すなわち、同時に他の場所に存在する。同じくまた、同一の時間点は存在すると同時に存在しない。すなわち、同一の時間点でありながら同時に他の時間点である。[5] 弾力性でも、物質の部分、原子や分子が、肯定的にその空間を占めるもの、存立するものとして想定されて（gesetzt）いると同時に、また存立しないものとしても想定されている。すなわち、定量として、一つのものの中で同時に外延的な量であり、かつ、もっぱら内包的だけであるような量として想定されている。[6] 弾力性における物質部分が一つに合体されることに、いわゆる説明のために、これまでしばしば言及した孔（Poren 多孔性）という作り話が助けに使われる。[7] 物質は常ならぬものである。絶対的ではない。ということは、抽象的にはたしかに認められている。いざこれを実際に適用して、物質を実際に否定的なものと解釈し、否定性を物質の身についたものとして想定（gesetzt）すると、抵抗が生じて来る。[8] 孔は、なるほど否定的なものではある。というのは、すでに万策つきて、孔という規定に向かって突進するよりほかに手がないからである。しかし孔は、否定的なものではあるが、ただ物質と並んでいるだけである。物質そのもののもつ否定的なものではない。孔は物質が存在しない場所に存在する。したがって、実際には物質はもっぱら肯定的なもの・絶対的に自立的なもの・永遠なものだと仮定されている。[9] こうした誤りは、悟性の一般的な誤りから導入される。悟性は、形而上学的なものが、ひたすら現実と並んで、現実の外に存在する思想上の事物(Gedankending)にすぎないと思っている。こうして、物質の非絶対性と並んで、物質の絶対性もまた信じられている。物質の非絶対性の信仰は、発生するとしたら学問外である。物質の絶対性の信仰は、発生するとしたら本質的に学問内である。[10]

補論 ある物体［A］が他の物体［B］の中に入れ(setzen)られ、目下のところそれら［A、B］両者には一定の密度があるとしよう。そうすると、まず第一に、その中に他の物体［B］が入れられた物体［A］の比重が変わる［柔軟性］。[1] 第二の契機は、抵抗すること、否定作用、抽象的にふるまうことである［硬さ］。第三の契機は、その物体［B］が反応し、最初の物体［A］を自分から突き放すことである［弾力性］。[2] これが柔軟性、硬さ、弾力性として知られている三つの契機である。[3] 物体は、いまではもう、機械的な在り方でのみたわむのではなく、みずからの密度の変化によって内的にたわむ。この柔軟性が圧縮性である。[4] このようにして、物質は、持続的なものではないし、貫きとおせないものでもない。[5] 物体の重量が同一でありそれが占める空間が狭まれば、密度はます。けれども、密度は、たとえば熱によって小さくなることもある。[6] 鋼の硬さは、収縮性として、弾力性と反対であるが、密度の増加である。[7] 弾力性は、後で直接回復するために、自分自身のうちへ還帰することである。[8] 凝集力のある物体は、他の物体によって打ちつけられ、衝き押され、おさえつけられる。だから、その物体の物質性は、空間を占めるもの、したがってみずからの場所性としては否定される。[9] このようにして、物質のばらばら状態(相互外在)の否定が現に存在する。同様に、この否定の否定、物質性の回復も現に存在する。[10] これは、もはや、物質がただ質量としてしか回復されないような、先に述べた一般的な弾力性ではない。この弾力性は、むしろ、内的なものへの一つの反応である。——すなわち、その中で、みずからの質的本性に基づいて、みずからを表明しているものこそ、物質の内在的形式である。[11] 凝集力のある物質の部分は、それぞれ中心点としてふるまう。物質を貫いて、ばらばら状態（相互外在）に固執せず、流動的であるものこそ、全体がもっている唯一の形式である。[12] さて、物質に対するある印象を問題にしてみると、言い換えれば、物体がある外的否定を受け取り、この外的否定が物体の内的規定性に触れるとすると、ある反応は、物体の内部で、物体の特有の形式によって画定され、したがって先に示された印象は廃棄されることになる。[13] それぞれの小部分は、独自の場所を形式によって受け取り、こうした独自の割合を保持している。[14] 一般的な弾力性では、物体はただ質量としてしか妥当しない。しかし、ここでは、運動は、外への反応としてではなく、うちへの反応として、自分自身の中で持続し、形式が回復されるまで続く。[15] それは物体が振動し揺れ拡がることである。これは、今はもう、一般的な弾力性の抽象的な回復が生ずるとしても、内的に持続する。運動は、たしかに、外から始まったわけであるが、しかし、そうして出くわしたものが内的な形式だった。[16] 物体が自身では流動的であること、これが全体としての凝集状態である。[17]

二九九

ここに画定されている観念性は、二重の否定であるような変化である。[1] 物質の諸部分がばらばらになって存立していることの否定［観念的統合］が否定されると同時に、これらの部分のばらばらの在り方と凝集力の回復もまた否定される。このような観念性は、相互に止揚しあう規定の交替としての一つの観念性であり、物体のそれ自身の中での内面的な震動——これが響きである。[2]

補論　このような自己内での振動はわれわれが見てきた規定とは違って見える。このものの他者関係での在り方が、第三のものである響きである。[1]

c　響き

三〇〇

物体が密度(Dichtigkeit)と物体の凝集状態の原理との内にもっている規定性の特有の単純性は、最初のうちは内面的なものだった形式(形相)である。この単純性・形式(形相)が、物質のばらばら状態の内に沈潜した状態を通り抜けてしまうと、物体のこのばらばら状態が単独で存立することを否定することになる。すると、この単純性・形式(形相)は自由(遊離態)となる。[1] このことは、物質的空間性の物質的時間性への移行である。[2] この形式は、こうして震動(Erzittern)の内にある。この形式が震動の内にあるということは、すなわち、この形式が物質の部分が否定されるかと思えば、たちまちこの部分の否定がさらに否定されるという、相互に結びつけられながら相互に喚起される否定によって存在する。またこの形式は、比重および凝集状態の存立と否定との振動(Oszillieren)として存在する。つまり、この形式は、物質的なものの側でそれの観念性として存在する。形式(形相)がこのように存在することによって、この単純な形式が、単独で現存しながら、このような機械論的で魂のこもったもの(mechanische Seelenhaftigkeit)として、現象するようになる。[3]

〔一〕本来の響きが純粋か不純かということ、本来の響きと(剛体を打つことによって生じる)たんなる反響(Schall)、騒音(Geraeusch)等との区別は、まず浸透的に震動する物体が自らの内で同質であるかどうかということと連関している。次に、特有な凝集状態と物体のそのほかの空間的な次元規定と連関している。つまりその物体が物質的な線であるか物質的な面であるかということ、そしてこの場合には限界づけられた線および面であるか、それとも剛体であるかということと連関している。[1] 凝集を欠いた水は響きをもたないし、水の運動は、水のまったく流動可能な(verschiebbar)諸部分の外面的にすぎない摩擦として、ざわめきしか与えない。[2] ガラスは内的には脆弱だが、この内的な脆弱さのもとに現存しているガラスの連続性が響きを発する。さらに、金属の堅固な連続性は、自らの内でますます澄んだ響きを発する、等々。[3]

〔二〕響きは、いわば響くことなしに伝わる。響きは、震動が反復して戻ってくるということがなくても伝播していく。響きは、物体が脆弱さ等の点でどれほどさまざまに規定されようともそれらいっさいの物体を通って伝播していく。響きは、空気を通るよりも固体を通る方がもっとよく伝播し、地中を通る場合には何マイルにもわたって伝播し、金属を通る場合には空気を通る場合よりも計算上は一〇倍も速く広まる。響きのこうした伝達可能性は、それらの物体を自由に貫通する観念性を示している。このような観念性が成り立つには、まったくただそれらの物体の抽象的な物質性、つまりその密度、凝集状態、およびそのほかの諸組成といった特有な諸規定をもたない物質性が必要である。この観念性が、それらの物体の諸部分を否定へ、すなわち震動へともたらす。こうした観念化そのものが伝達(das Mitteilen)にほかならない。[1]

〔三〕分節化される響き、音調(Ton)のような響き一般がもつ質的なものは、響きを発する物体の密度、凝集状態、およびそのほかの特有化された凝集様式に依存している。なぜならば、震動である観念性、あるいは主観性は、あの特有な質の否定として、これらの質を内容および規定性としてもっているからである。そのために、この震動と響きそのものとはそれらに応じて特有化されており、さまざまな楽器にはそれ特有の響きと音色とがある。[1]

補論 〔一〕 響きは機械論の領域に属するが、それは響きが重さをもつ物質とかかわっているからである。[1] その形式は、重さから引き離されているが、しかしまだ重さに属してもいて、そのためにまだ制約されている。観念的なものの自由な物理的表出といっても、しかし機械論的なものに結びつけられている。重さのある物質の内での自由は、同時にこの物質の自由でもある。[2] 物体が響きを発するのはまだ、有機的なもののように自己自身の内からなのではなく、むしろそれらの物体が打ち鳴らされる場合だけにすぎない。[3] その運動、つまり外的な衝撃が持続するのは、内的な凝集状態が、たんに質量的なものである外的な衝撃に対して間違いなく持ちこらえているからである。内的な凝集状態はこの質量的なものにしたがって取り扱われるべきである。[4] 物体性のこれらの現象はわれわれにはきわめてよく知られている。これらの現象は、同時にきわめて多様である。そしてそのために、それらの現象を概念による必然的な連関の内に叙述することが困難である。[5] それらの現象はわれわれにとって陳腐なものであるから、われわれはそれらを顧慮しない。しかし陳腐ではあっても、概念の内に自らの位置を占めている不可欠の諸契機として示されなければならない。[6] 諸物体の音のもとにわれわれが感じるのは、われわれがもっと高次の領域に入るということである。音はわれわれのもっとも内側の感覚に触れる。[7] 音が内的な魂に訴えかけるのは、音そのものが内的なもの、主観的なものであるからである。[8] 響きは、それだけでは個体性の〈自己〉(Selbst)である。しかし光のように抽象的に観念的なものではない。響きは、いわば、機械論的な光である。光と言っても、ほんの運動の時間として、凝集力の側にそって、登場してきただけである。[9] 個体性には、物質と形式［質料と形相］とが必要である。響きは、時間の中に告げられる、この統合的な形式であり、――まったく個体的なものである。まったき個体性とはまさに、［形式という］この魂が今はもう物質的なものと一つに画定されており、静止的な存立として物質的なものを支配しているということにほかならない。[10] ここに示されているものの基礎にあるのは、物質ではない。というのは、ここに示されているものが自らの客観性を、物質的なものの内にはもっていないからである。[11] 悟性は、熱物質［熱素］について語るのと同様に、反響物質［音素］について語るのだから、説明のためにある客観的な存在を想定するのは、ただ悟性だけである。[12] 自然的な人間（原始人）は反響に驚く。なぜならば反響には内部に隠れていたもの（自己内存在）が開かれて出てくるからである。その際に自然的な人間（原始人）は物質的なものとは思わないで、霊魂のこもったもの（木霊）がいると思いこむ。[13] たんなる速度や（梃子の）距離がメロディーとなって示されるような運動を観察するときにも似たような出現が起こっている。一つの量的に物質的なものが姿を隠して、代わりにメロディーが出てくる。[14] 内部に隠れていたもの（自己内存在）が物理的なものとして現存するにいたるというこのような現象は、われわれを驚かせるはずがない。というのは、まさに思想諸規定が作用するものとして示されるということこそ、自然哲学の基礎だからである。[15]

［二］響きの本性のさらに詳細な点は、この思想規定が経験的に検討されることによって、ごく簡略に述べることができる。[1] われわれは、反響（Schall）、音（Ton）、騒音（Geraeusch）といった多くの表現をもっている。また同様に、ギイギイ音をたてる（knarren）、シュッと音をたてる（zischen）、ザアザア音をたてる（rauschen）、などの表現をもっている。[2] このように感性的なものを規定することは、言語の中のまったくよけいな豊富さである。音は与えられた［発せられた］ものであるから、これに対応する符号を、直接一致させて作ろうと苦労する必要はない。[3] たんに流動的なものは響かない。印象はもちろん全体に伝達されていくが、この伝達はまったくの形式欠如態から、つまり内的な限定（Determination)のまったくの欠如から出て来る。これに対して、響きは限定の同一性を前提しており、自分自身の中での形である。[4]物質の堅牢な連続性と同等性とは、純粋な響きの一部に属しているから、金属、とりわけ比較的高級な貴金属とガラスとはそれ自身の内にこの澄んだ響きをもっている。この内なる響きは融解によって産み出される。[5]これに対して、鐘にたとえばひび割れができたとすれば、われわれが耳にするものは揺れる余韻(Schwingen)だけではなく、そのほかの物質的な抵抗、脆弱なもの、非同形的なものをも耳にするのであり、われわれは騒音であるような不純な響きをもっている。[6]石盤もまた脆いものではあるが、響きを与える。これに対して、空気と水とは、響きを伝達することができるのに、それ自身単独で響きを出すことはない。[7]

〔三〕響きの誕生は把握するのが困難である。[1]特有の内に隠れているものが、重さから分断されて出現すると、響きである。響きは他者のこの威力の内における観念的なものの嘆きである。しかしまた同様に、この威力の内で観念的なものが己を保持するということによって、響きはこの威力に対する観念的なものの勝利でもある。[2]響きは響きの産出の二様の仕方をもっている。α) 摩擦による産出、β) 本来の振動、内に隠れているものの弾力性による産出がそれである。[3]摩擦の場合には、摩擦が持続する間は、ばらばら状態のさまざまな諸部分が一時的に接触させられることによって、多様性が一つに画定されるということもある。[4]それぞれの位置の部分が廃棄される。それゆえそれぞれの〔部分の〕物質性が廃棄される。しかしそれは同様に自分を再び回復する。[5]このような弾力性こそまさに、響きをつうじて現れているものである。[6]しかし物体が摩擦されると、この打撃そのものが聞こえる。この音に対応するものはむしろ、われわれが反響(Schall)と呼ぶものである。[7]ある外的な物体によって物体の震動が画定される場合には、両方の物体の震動がわれわれのところにまで到達する。両者は相互の内に進入しあい音をけっして純粋にしない。[8]その場合に震え(Bebung)は自立的というのではなく、むしろ相互に強制されている。その場合にはわれわれは騒音と呼ぶ。[9]だから、悪い楽器の場合に聞こえるのは、カタカタと鳴ることであり、機械的な［力学的な］打音、たとえばヴァイオリンを弓で引っかくことである。同様に、悪い声のもとで聞こえるのは筋肉の震動である。[10] 他のもっと高音の音色（Toenen）は物体の己自身の内における震動であり、内面的な否定であり、自己再興である。[11] 本来的な響きは残響であり、物体のこの妨げられない内的な震動であるが、これは物体の凝集力の本性によって自由に規定されている。[12] 外的な刺激と物体の反響することとが同質的である仕方にはもう一つ、第三の仕方がある。それは人間の歌唱である。[13] 声の内に初めて、形式のこの主観性、あるいは自立性が存在する。この震動するにすぎない運動は、このように精神にふさわしいものをもっている。[14] ヴァイオリンはあとに響きさえもしない。ヴァイオリンが響くのは、弦が摩擦されるかぎりでのことにすぎない。[15]

［四］さらに響き一般にかんして、響きはなぜ聴覚と関連するのか、と問うならば、われわれは次のように答えなければならない。すなわち、この感官は機械論の感官であるからであり、しかも物質性からの逃走に、つまり非物質的なもの、魂のこもったもの、観念的なものへの移行に関係している感官だからである。[1] これに対して、比重［特有な重さ］と凝集状態とであるところのいっさいは、触感（Gefuehl）の感官に関係している。触覚は機械論的領域の、すなわち、物質性そのものの諸規定を包含しているかぎりにおけるこの領域の他方の器官である。[2]

［五］物質が産み出す特殊な音は、物質の凝集力の本性に依存している。そしてこれらの特有な諸差別はまた、その音の高低とも連関している。[1] しかし、音の本来の規定性は本来、ある物体の発する響きとそれ自身との比較によってだけ出現することができる。[2] 第一の点にかんしていえば、金属はたとえば銀の響きや青銅の響きのように、一定のそれ特有の響きをもっている。[3] 異なる素材からなる等しい厚さと等しい長さをもった棒は異なる音を与える。クラドニ（注）の観察したところによれば、鯨ひげはイ音aを出し、すずはロ音hを出す。銀は一オクターヴ上のニ音dを、ケルン笛はホ音eを、銅はト音gを、ガラスはもう一オクターヴ上のハ音cを、樅材は嬰ハ音を出す、等々。[4] 私が想起するところでは、

リッター(J. W. Ritter)は、響きが比較的うつろに響く頭のさまざまな部分の響きを多く研究した。そして頭のさまざまな骨をたたく際には、それによって一定の音階(Skala)にもたらされる音の差異というもの[があること]を見出した。[5] こうしてうつろな響きを発する頭全体というものも存在する。しかし、このうつろに響くということは音の差異の中に数え入れられなかった。[6] けれども問題なのは、うつろな頭[間抜け]と呼ばれる人々のさまざまな頭が現実にもっとうつろに響かないものかどうかということであろう。[7]

(注) エルンスト・フロレンス・フリートリッヒ・クラドニ(Ernst Florens Friedrich Chladni, 1756-1827)。『音響理論の諸発見』(Entdeckungen ueber die Theorie des Klangs, Leipzig 1787)、『反響学』(Die Akustik, Leipzig 1802)を著し、「音響学の父」と言われる。

[六] ビオー(Biot)の実験によれば、鳴り響くのは空気だけではなくて、他のどの物体も音を伝達する。たとえば、水を通す場合の陶製の管、あるいは金属性の管を叩くならば、その音は、そこから数マイルのところ、管の口の他方の端では聞くことができる。そしてその場合に、管の材質を通して伝えられる音は、空気柱を通して伝えられた音よりもはるかに先まで聞かれるというふうに、二つの音が区別される。[1] 音は山々によっても水によっても森林によっても妨げられない。[2] 奇妙なのは、大地を通しての響きの伝達可能性であって、それはたとえば、耳を大地につけると、連続砲撃が一〇ないし二〇マイル先で聞こえるからである。音は空気を通してよりも大地を通してのほうが一〇倍速く伝播する。[3] この伝達は一般にまた次の点でも奇妙である。すなわち、物理学者たちは音素(Schallstoff 反響素材)について、それが物体の穴を通ってすばやく運動すると語ったが、その場合に、このことはその音素がまったく阻止できないということの内に示されているという点でも奇妙である。[4]

三〇一

〔一〕震える震動(Erzittern)のもとでも、揺れる振動(Schwingen)は外的な場所変化として、すなわち他の諸物体に対する空間的な関係の変化として、区別されなければならない。揺れる振動は通常の本来的な運動である。[1] しかし、なるほど区別されるとはいえ、揺れる振動は同時に前に規定された内的な運動、つまり遊離する主観性、響きそのものの現象であるような内的な運動と同一的である。[2]

〔二〕この観念性の現存は、その抽象的な普遍性のために、たんに量的な区別しかもたない。[1] だから響きと音の領域の内ではそれら相互のさらに進んだ区別、それらの調和と不調和とは、数的関係に、またこの数的関係の合致がより単純であるか、それともより複雑でより離れたものであるか、という点にもとづく。[2]

〔一〕弦、空気柱、棒などの振動とは直線から弧へ交互に移行することであり、しかも向かい合わせの二つの弧に交互に移行する。他の諸物体との関係ではただ外見上でだけこのように外的である場所変化と直接的に結びついているのが、内的な変化、つまり比重および凝集状態の交替的な変化である。物質的線の内で、振動の弧の中点に対して存しているはずの側は縮められたが、しかしその外側のほうは延長されたのであり、したがって、比重と凝集状態とは外側では減少し、内側では増大する。そしてこのことそのものが同時的におこる。[1]

〔二〕こうした観念的な土台で量的な規定がどれほどの力をもつか。この点にかんしては、つぎのような現象に着目しなければならない。このような量的な規定が振動する線、面の内へ機械的な中断によって画定されると、その規定は機械的な中断点を越えて自己自身を線全体、面全体の振動、伝達へと伝達し、その内に振動の結び目を形成するという現象である。このことはクラドニ(Chladni)の叙述によって明瞭にされる。[1] ——同様に、隣接した弦の内に調和音を呼び覚ますこともこの現象に属している。つまり、隣接した弦に対して、音色を発する弦との一定の大きさ関係が与えられる［と、調和音が呼び覚まされる］。もっとも多く見られるのは、タルティーニ(注)が最初に注目させた諸経験であるが、振動にかんして一定の数的な関係の内にあるような諸々の響きが同時に鳴り響くことによって、これら他の響きから、これらの響きとは異なった諸音が生じるという諸音についての経験である。これらの音は、ただこの数的な関係によってだけ産出される。[2]

(注) ジュゼッペ・タルティーニ(Guiseppe Tartini, 1692-1770)。「悪魔のトリル」で有名な作曲家。ヴァイオリンの名手でもあった。『調和についての科学的真理に基づく音楽論』(Trattato di musica secondo la vera scienza dell' Armonia, Padova 1754)は、無理な理論構成のためにルソーなどから批判を受け、そのためにタルティーニは、晩年に非常に強い精神的苦痛を味わった。

補論 ［一］揺れる振動は物質の内部での震える震動である。これらは響きを発するものとして、この否定態の内で自分を維持しており、なくなることはない。[1] 響きを発する物体は、物質的な物理学的面、あるいは線であらねばならないのであって、振動が線全体を通ってゆき、妨げられてしまい、また還ってくるためには、そのもとに限界づけられていなければならない。[2] 石を叩くことは反響を与えるにすぎず、響きを発するような震動を与えはしない。なぜなら衝撃はたしかに伝播するが、けっして還帰してこないからである。[3]

［二］ところで、振動の再帰する規則性によって産み出された、響きの諸様態が、音である。[1] このことは、音楽の内で示されるような響きのもつさらに重要な差異である。同音(Einklang)は、二つの弦が同じ時間内に等しいだけ振動する場

合に存在する。[2] これに対して音の差異は、楽器が弦楽器であるか、管楽器であるかに応じて、響かせられる弦あるいは空気柱の密度、長さ、緊張度の差異に依存する。[3] つまり、密度、長さ、緊張度という三つの規定のうちでそれぞれ二つが互いに等しいとすれば、音は第三の規定性に依存する。そしてこの場合に、弦の場合には緊張度の差異がもっとも容易に観察されうるのであり、そういうわけで、振動の差異を算定するために緊張度の差異がもっとも好んで基礎とされる。[4] 弦を駒の上へ引きその上に重りをかけると、緊張度の違いが生ずる。[5] 長さだけが違っている場合には、同じ時間内では、弦が短ければ短いほど、その弦はそれだけ多く振動する。[6] 管楽器の場合には、空気柱に動揺を加えられる管が短いほうが、それだけ鋭い音を発する。しかし空気柱を短くするためには、ただピストン(Stempel)を挿しこむだけでよい。[7] 弦が区分される一弦琴(Monokord＝Monochord)の場合には、同じ時間内の振動の数は、この規定された長さの諸部分と逆比例関係にある。つまり、弦の三分の一は弦全体の場合よりも三倍多く振動する。[8] 高音の場合の小さな振動は、その速さが大きいためにもはや数え上げることができない。しかし類比にしたがうならば、数はまったく正確に弦の区分によって規定することができる。[9]

[三] 音はわれわれの情感(Empfindung)の様式だから、快か、不快かのどちらかである。快い響きがもつこの客観的な様式は、[響きという]機械的なものの領野の中に現れる一定の性質(規定性)である。[1] もっとも興味深いのは、耳が数的関係にしたがって調和を見つける際の手がかりとなる合致である。[2] この一致を最初に見つけたのはピタゴラスである。彼はそのことによって、数の様式の内に思想関係をも表現しようとする気になってしまった。[3] 調和的なものは協和音の軽やかさにもとづいており、建築術におけるシンメトリーのように、区別の内に感受された統一である。[4] 魅惑的な調和と旋律、感覚と熱情に訴えかけるこのものは抽象的な数に依存するというのであろうか。[5] このことは奇妙に、それどころか驚嘆すべきであるように思われる。しかし、現にあるのはこの規定だけであって、われわれはその内に、数的諸関

係の聖化(Verklaerung)を見てとることができる。[6] ところで、音における調和的なものの観念的根拠であるような数的諸関係のうちでもっと軽やかなものは、もっと容易に把握されうる諸関係である。そしてそのようなものはとりわけ数二による諸関係である。[7] 弦の半分は、基音である弦全体の音の上オクターヴの振動をする。[8] 二つの弦の長さが二対三の関係にあるとすれば、あるいは短いほうの弦が他方の弦の長さの三分の二であり、したがって同じ時間内に他方の弦が二回振動するのに対して、短い弦が三回振動するとすれば、この短いほうの弦は長いほうの弦に対して、五度音を示す。[9] もし一方の弦の$\frac{3}{4}$が振動するならば、これは、基音が三回振動する間に四回振動するような四度音を与える。$\frac{4}{5}$ならば、四回に対して五回振動する長三度音を与える。$\frac{5}{6}$ならば、五回に対して六回振動する短三度音を与える、等々。[10] 全体の$\frac{1}{3}$を振動させるならば、高いほうのオクターヴの五度音が得られる。[11] $\frac{1}{4}$を振動させるならば、さらに高いオクターヴ[の音]が得られる。[12] 弦の五分の一は三オクターヴ高い三度音を、いいかえれば長三度音の二オクターヴを与える。$\frac{2}{5}$は一オクターヴすぐ上の三度音であり、$\frac{3}{5}$は六度音である。[13] 六分の一は三オクターヴ上の五度音である、等々。[14] したがって基音は、そのオクターヴが二回振動する間に、一回振動する。三度音は、$1\frac{1}{4}$回振動し、五度音は、一回半振動する。そしてこの五度音が属音(Dominante)である。[15] 四度音となると、比例関係がもっと面倒になる。弦は$1\frac{1}{3}$回振動するが、このことはすでに$1\frac{1}{2}$回および$1\frac{1}{4}$回よりももっと複雑である。そのために四度音は、もっと新鮮な音でもある。[16] それゆえ、あるオクターヴにおける振動数の関係は以下のようである。すなわち、ハ音が一回振動する場合に、ニ音は$\frac{9}{8}$回、ホ音は$\frac{5}{4}$、ヘ音は$\frac{4}{3}$、ト音は$\frac{3}{2}$、イ音は$\frac{5}{3}$、ロ音は$\frac{15}{8}$、[一オクターヴ上の]ハ音は二回振動する。あるいは、その比例関係は、$\frac{24}{24}$、$\frac{27}{24}$、$\frac{30}{24}$、$\frac{32}{24}$、$\frac{36}{24}$、$\frac{40}{24}$、$\frac{45}{24}$、$\frac{48}{24}$である。[17] 一つの弦を思想の内で五つの部分に分け、そしてただ現実的にだけ区分されるその五分の一を振動させるとすれば、この弦はその場合に自ずから残りの諸部分に分けられるために、弦の残りの内には結節が形成される。というのは、もし紙片を区分の点におくならば、他のところでは放たれ落ちてしまうのに、紙片はそこにとどまっている。区分の点のもとでは弦が休らっている。そして、これこそまさに振動結節なのであり、これらはさらに進んだ帰結を伴う。[18] 空気柱もまたこのような結節をつくる。たとえば、管をとおる振動が中断を獲得する場合の笛がそうである。[19] ところで、耳は二、三、四、五という単純な数による区分の内の心地よい感覚に気付いて、受け入れる。そうした区分だと、概念諸規定と類比できるような規定された比例諸関係を表現できる。それ自身の内部で多様な合成をなしている他の数が、無規定になるわけではない。[20] 二は自ずから一の産物であり、三は一と二との統一である。だからピタゴラスはそうした数を概念諸規定の象徴として用いた。[21] 弦が二によって分けられると、単調になりすぎて、差別も調和も存在しない。[22] しかし、二と三とによって分けられると、弦は、五度音として調和を与える。四と五とによって分けられた三度音の場合と、三と四とによって分けられた四度音の場合にも、同様である。[23]

調和的な三和音は[四]三度音と五度音とを伴った基音である。このことは諸音の一定の体系を与えはするが、しかしそれはまだ音階(Tonleiter)ではない。[1] 古代人は三度音の形式の方に多く頼っていた。しかし、いまではもっと進んだ要求が入ってきている。[2] すなわち、われわれが経験的な(empirisch)音ハ音を基礎におくならば、ト音が五度音である。[3] しかし、ハ音が基礎に存するということは偶然的であるから、どの音もある体系の基礎として現示されうることになる。[4] したがって、おのおのの音の体系の内には、他の音の体系の内にも現れてくるようなさまざまの音が現れてくる。しかしある体系の内で三度音であるものは、他の体系の内では四度音、あるいは五度音である。[5] それによって引き起こされる関係は、一にして同じ音が異なる音諸体系の内で異なる諸機能を担っており、こうしていっさいの体系を遍歴するが、まさにこの音が単独で際立たせられ、ト音等々といった中立的な名で呼ばれ、それに普遍的な位置が与えられるというものである。[6] 音の抽象的な考察から出てくるこの要求は、その場合にまた次のようなもう一つの形式的な要求としても現象する。すなわち、等しい音程（Intervall）によって上昇しまた下降する一系列の諸音の内を耳が前進しようとするという要求としても現象する。このことは、調和的な三和音と合一されて初めて、音階を与える。[7] どのようにして歴史的に、ハ音、ニ音、ホ音、ヘ音等々という継起（Sukzession）となる諸音を基礎とみなすという今日の慣習的なやり方に移行してきたのか、私には分からない。おそらく、パイプオルガンがそういう仕方を引き起こしたのだ。[8] 三度音と四度音の関係はここでは意味がない。ここで働いているのは、むしろ同形性の算術的な規定だけである。算術的な比は単独では限界がない。[9] この上昇がもつ調和的な限界は比関係一対二によって、つまり基音とそのオクターヴとによって与えられている。したがって、これらの間には絶対的に規定された諸音をも取り上げなければならない。[10] このような諸音を産みだそうとするための弦の諸部分は弦の半分よりも大きくなければならない。というのは、もしそれらが［弦の半分よりも］小さいとすれば、諸音はオクターヴよりも高いことになるであろうからである。[11] ところで、あの同形性を生み出すためには、調和的な三和音の内に、おおよそ四度音と五度音の間の関係と同じ相互関係をもつような諸音が挿入されなければならない。そうすれば、まさに四度音から五度音への進展と同じだけの全音程を形成する全音が成立する。[12] 基音と三度音との間隔は、弦の$\frac{8}{9}$が振動する場合には、二度音によって充実される。基音から二度音へいたる（ハ音からニ音へいたる）この音程は、四度音から五度音へいたる（ヘ音からト音へいたる）音程、および六度音から七度音へいたる（イ音からロ音へいたる）音程と同じものである。[13] 次に、二度音（ニ音）は三度音（ホ音）との関係をもっている。それ［この関係］はおおよそ全音でもあるが、それにもかかわらずハ音からニ音へいたる関係とほぼ同じ関係であるにすぎない。それらはまったく正確に適合するわけではない。[14] 五度音と六度音との関係（ト音対イ音）は、ニ音とホ音との関係と同様である。[15] しかし、（弦の$\frac{8}{15}$による）七度音と高いほうのオクターヴとの関係（ロ音対ハ音）は、三度音と四度音との関係（ホ音対ヘ音）と同様である。[16] ところで、ホ音からヘ音への、およびロ音からハ音へのこの進展のうちには、そのほかの諸間隔に対するもう一つのより大きな不等性が存している。この不等性を満たすためには、その次になおそれらの諸間隔の間にいわゆる半音が挿入される。すなわち、ピアノ鍵盤にしたがえば上のほうの音が挿入される。――この進行は、ホ音の場合にはヘ音へ向かっての進行が中断され、ロ音の場合にはハ音へ向かっての進行が中断されるというものである。[17] こうして同形的な継起が存在する。だからと言って、しかし、つねにまったく同形的というわけではない。[18] 全音と呼ばれるそのほかの音程も、上述のように完全に同形的であるわけではなく、長音(tons majeurs)と短音(tons mineurs)とが異なるように、互いに異なっている。[19] 長音にはハ音から二音へ、ホ音からヘ音へ、およびイ音からロ音へ、という音程が属しており、これらの音程は互いに等しい。これに対して短音には二音からホ音へ、およびト音からイ音へいたる音程が属しており、これらもまたなるほど互いに等しいが、しかしそれらが必ずしも全音ではないという点で、第一のものとは異なっている。[20] 音程のこの小さな区別は、音楽家の間ではコンマ(Komma)と呼ばれる。[21] しかし五度音、四度音、三度音等々のあの根本諸規定は根底に存し続けざるをえない。進展の形式的同形性は引き下がっていなければならない。[22] 比例関係を欠いた算術(一、二、三、四)にしたがってたんに機械的に[力学的に]進展する耳は一対二に固定されるが、いわばこのような耳が絶対的区分というあの比例関係に依拠する耳に屈する。[23] そのうえ差異はきわめてわずかであり、耳は内的で優勢な調和的比例関係に屈する。[24]

[五] 進展の調和的な基礎と同形性とは、このようにして、ここに生じる第一の対立を形成する。[1] そして両原理は必ずしも互いに一致するわけではないから、諸音の体系がさらに遂行される場合にはこの区別がさらに明確に前面に現れるという恐れがありうる。すなわち、ある一定の基音のもとにそれの音階の諸音を成すような諸音のうちの一つが基音とされる。というのは、自体的にみればどの音も等しい権利をもっている以上、どの音が基音であろうとどうでもよいことだからである。その基音の音階のために同じ音が――しかもいくつかのオクターヴのために用いられるべき場合に、そ

うである。[2] したがってト音が基音である場合には、ニ音は五度音である。しかし、ロ音の場合には、ニ音は三度音であり、イ音に対しては四度音である等々。[3] 同じ音が、ある場合には三度音であり、他の場合には四度音であり、また他の場合には五度音であるとされる以上、このことは、音が固定されている楽器の場合には完全には達成されえない。[4] ところでこの場合に、あの差異はさらに追求されるならば、さらに離ればなれになっていく。[5] ある調性(Tonart)では正当な音は、他の調性では不適合な音になるが、このことは、もし音程が等しいならば、あてはまらないだろう。[6] そのことによって、調性は内的な差異を獲得する。すなわち、それの音階の音の比例関係の本性に基づくような差異を獲得する。[7] たとえば、ハ音の五度音(ト音)が基音とされて、その五度音、ニ音が取り上げられ、また再びこれの五度音「が取り上げられる」等々というように続いていく場合に、ピアノでは一一番目と一二番目の五度音が不純であり、これらの音がハ音に合わせて調律されていたもとの体系にもはや適合しないということはよく知られている。したがって、それらはハ音にかんしていえば誤った五度である。[8] そしてその場合に、それ以上の音や半音等の変化もまたそのことに依存している。これらの音のもとには不純、差別、不調和がすでにずっと前に現れ出ていた。[9] これらの混乱は除去されるが、それはたとえば、不等性を、釣合のとれた公正な(billig)仕方で配分すれば、それだけよく除去できる。[10] こうしてまた完全に調和的なハープも考案されたが、そこではハ音、ニ音等々、どの体系もそれに固有の半音をもっている。[11] そのほかの場合には、α) どの五度音からも、区別を同形的に配分するものがはじめから取り除かれた。[12] しかし、このことは繊細な耳にとっては再び悪い音として響いたために、β) 楽器が六オクターヴの範囲に制限されなければならなかった(この場合にも、音が固定的で中立的な楽器の場合には、なおズレが十分現れているにもかかわらず)。あるいは、同じ不協和音が入り込んでくるこのような調性の内では、およそ演奏がなされてはならなかった。またあるいは、音が顕著に不純であるこのような個別的な組合わせは避けられなければならなかった。[13]

［六］ただし、調和的なものが客観的な仕方で現象するありさまは、指摘しておかなくてはならない。調和的なものが実際に働いているということは指摘しておかなければならない。[1]その際に現れてくる現象は、音を聞き取りうるだけのものではその根拠がけっして挙げられることのできないために、一見すると逆説的であるような現象であり、もっぱら数的比例関係からだけ把握されうるような現象である。[2]第一に弦を振動させるならば、弦はその振動の中で、自分自身をこの比例関係の内へ区分する。このことは、内在的で特有な自然関係であり、形式のもつ内的な能動性である。[3]たんに基音が聞こえる(一)だけではなく、また高いほうのオクターヴの五度音(三)とさらに高いオクターヴの三度音(五)も聞こえる。熟練した耳はまたさらに基音のオクターヴ(二)と基音の二重のオクターヴ(四)にも気づく。[4]したがって、一、二、三、四、五という数全体によって呈示された音が聞かれる。[5]すなわち、このような弦のもとには二つの固定点があるということによって、中間に一つの振動結節が形成される。ところでこの振動結節は再び終端点との比例関係に入ってゆき、こうしてこの関係が、調和的であるような差異的なもの［差異的なものが調和的である］という現象を与える。[6]

［七］第二の点は以下のことである。すなわち、現れ出てくることができる音は、直接弾かれるのではなくて、他のものの弾奏によって目覚めさせられるような音だということである。[1]弾かれたある弦がこの音をもっているから、この音を与えるのだということは、理解しやすいといわれている。[2]ところで、さらに把握しにくいことは、いくつかの音が弾奏されるときに、それにもかかわらずなぜしばしばただ一つの音しか聞こえないのかということであり、いいかえれば、二つの音が弾奏されるときに、なぜ第三の音が聞こえるようになるのか、ということである。[3]このこともまた、この数的諸規定相互の関係の本性に基づく。[4] α) 一方の現象は、ある一定の関係のうちにある諸音を受け取り、それらすべての弦を一緒に弾くときに、基音しか聞こえないという現象である。[5]たとえば、パイプオルガンにおける音栓がそれであって、そこでは一つの鍵はそれが弾かれると、五つのパイプ音を産み出す。[6]ところでどのパイプもなるほど一つの特殊な

音をもっているが、それにもかかわらずこれら五つの音の成果はただ一つの音である。[7] このことが生じるのは、これら五つのパイプ、あるいは音が次のようなものである場合である。すなわち、1 基音ハ音、2 ハ音のオクターヴ、3 もっとも近いオクターヴの五度音(ト音)、4 第三のハ音、5 さらに高いオクターヴの三度音(ホ音)。[8] この場合に聞こえるのは基音ハ音だけであり、このことは諸振動が合致するということに基づいている。[9] あのさまざまな音はもちろんある一定の高さでは受け取られなければならず、低すぎても高すぎてもならない。[10] ところがこの合致の根拠は次のことである。低いほうのハ音が一回振動する場合には、そのオクターヴは二回振動する。[11] このオクターヴのト音は、基音が一回振動する間に、三回振動する。というのはもっとも近い五度音は一回半振動するからであり、したがってこのト音は三回振動するからである。[12] 第三のハ音は四回振動する。[13] このハ音の三度音は、基音が一回振動する間に、五回振動する。[14] というのは、三度音は基音に対して$\frac{5}{4}$回振動するが、第三のオクターヴの三度音はその四倍振動するからである。そしてこれが五回の振動である。[15] したがって諸振動はここでは、他の音の諸振動が基音の諸振動と同時的に起きているという状態にある。[16] これらの音の弦は一、二、三、四、五という比例関係をもっており、それらすべての振動が同時に過ぎ去っている。なぜならば、最高の音の五回の振動の後には低いほうの音がまさしく四回、三回、二回、あるいは一回の振動をしてしまっているからである。[17] この同時的生起のために、ただ一つのハ音しか聞こえない。[18]

〔八〕β) このことは他の場合にも同様にあてはまる。すなわち、タルティーニによれば、ギターの異なる二本の弦を弾くと、それらの弦の音のほかに、さらに第三の音も聞こえるが、しかしこの第三の音は最初の二つの音の混合であるだけでなく、抽象的に中性的なものであるだけでもないという驚くべきことが起こる。[1] たとえば、ハ音とト音をある一定の高さで一緒に弾くならば、一オクターヴ低いほうのハ音がともに聞こえる。[2] この現象の根拠は次のことである。すなわち、基音が一回振動するならば、五度音は一回半振動し、あるいは基音が二回振動する間に、五度音は三回振動するということが根拠である。[3] 基音が一回振動するならば、この一回の振動がまだ続いている間に、すでに五度音の第二の振動がすでに始まってしまう。[4] しかし、ハ音の第二の振動は、ト音の第二の振動が持続する間に始まるが、ト音の第三の振動と同時にやみ、その結果、振動の新たな始まりも合致する。[5] それゆえビオー(Biot)はいう(『物理学概論』II、四七ページ)。「諸振動が同時に[耳に達する]時期があり、また諸振動が分離して耳に達する時期がある」――それはちょうど、ある人が三歩進むその同じ時間内に、他の人が二歩進むという場合のようである。[6] その場合に、第一の人の三歩と第二の人の二歩とにしたがって、彼ら二人は同時に歩を進ませる。このような仕方で、ハ音の二回の振動にしたがって交互的に同時的生起が起こる。[7] この合致は、ハ音の振動に応じて、二倍に遅くなったり、半分に速くなったりする。[8] しかし、ある音規定が他の音規定の半分に速くなるならば、上のオクターヴが二回振動する間に、一回振動する低いオクターヴが生じる。[9] パイプオルガンは、それがまったく純粋に調律されている場合に、もっともよくこの経験を与えてくれる。[10] したがって、一弦琴では低いオクターヴを生み出すことさえできないにもかかわらず、一弦琴でさえも低いオクターヴが聞こえる。[11] 修道院長フォグラー(注)はこれに基づいて、オルガン製作の独特な体系を基礎づけた。それゆえ、それぞれが自分だけで自立的に固有の音をもつようないくつかのパイプが、一緒になってもう一つの純粋な音を与えている。その場合にこの別の音は己のために、特殊なパイプを必要としないし、特殊な鍵を必要としない。[12]

（注）　フォグラー(Georg Joseph Vogler, 1749-1814)、音楽家。

[九] もし調和にかんしては聴覚に満足して、数の関係にかかわり合うまいとするならば、同時に聞こえる音が、それだけで自立的には互いに異なっているにもかかわらず、やはり一つの音として聞こえるということは、けっして説明されることができない。[1] したがって調和にかんしてはたんなる聞くことにとどまっていてはならず、むしろ客観的な規定性を認識し知っていなければならない。[2] そうする間に、物理学的なものが、次には音楽理論がさらに進んだことに取り組ん

だ。[3] しかし、すでに言われたことであるが、音が機械的なものの中の観念性であるかぎりでこのことが当てはまる。したがって音の規定性が機械的な規定性として把握されなければならず、まさに機械的なものの中で発揮される規定性として認識されなければならない。[4]

三〇二

響きとは、物質的な諸部分の特有なばらばら状態と、このばらばら状態が否定されていることとの交替である。——響きは、この特有なものの、たんに抽象的にすぎない観念性、あるいはいわばたんに観念的(ideell)にすぎない観念性(Idealitaet)〔物理的振動の主観的側面〕である。[1] しかしこの交替はそのことによってそれ自身直接的に、物質的で特有な生起することの否定である。だからこの否定は、比重と凝集状態との実在的な観念性であり、——熱である。[2]

打ちつけられた物体、また互いに擦り合わされた物体のように響きを発する物体が熱を帯びるのは、概念の面からみれば響きとともに生じる熱の現象である。[1]

補論 響きの内で自分を知らせる内部中心はそれ自身物質化されていて、物質を支配しており、物質が暴力を加えられることによって感性的な定在を獲得する。[1] 音としての内部中心は制約された個体性にすぎず、まだ実在的な統合ではないから、内部中心そのものの維持はたんに一面にすぎない。しかし他面は、内部中心によって浸透されたこの物質性がまた破壊されうるものでもあるということである。[2] したがって物体の自分自身の内におけるこの内的な動揺とともに、物質の観念的な仕方での廃棄が存在するばかりでなく、また熱による実在的な廃棄も存在する。[3] 物体が自分を、自己保存するものとして特有な仕方で示す働きはむしろ自分自身の否定態へと移行する。[4] 物体の凝集状態の自分自身の内における交互作用は同時に、物体の凝集状態の変質であり、物体の硬さ(Rigiditaet)の廃棄の始まりである。そしてこのことがまさに熱である。[5] 響きと熱とはこうして直接的に類縁的である。熱は響きの完成であり、物質的なもののもとで傑出する、この物質的なものの否定性である。実際、響きが噴出したり、あるいは溶解したりするに至るまで進行するように、それどころか一枚のガラスを二つに割って音をたてることもできるように。[6] 表象にとっては響きと熱とはなるほどばらばらに存在するし、両者を互いに接近させることは眼を見張ることのように思われることもありうる。[7] しかし、たとえば鐘は打たれるときに熱くなる。そしてこの熱さは鐘にとって外面的に措定されたのではなくて、むしろ、鐘そのものの内的な震動によって措定された。[8] 音楽家だけではなくて、楽器も暖かくなる。[9]

d 熱

三〇三

熱は、物質がその無形式性、その流動性へと復活することである。熱は、さまざまの特殊な規定性にたいする、物質の抽象的な同質性の勝利である。物質の抽象的な連続性、たんにもともと自体的に存在するにすぎない連続性は、否定の否定としてここで能動性として措定されている。[1] したがって熱は、形式的には、すなわち、空間規定一般との関係では拡張（膨張）させるものとして現象する。すなわち、熱は空間の無関係な占有の特殊化である制限を止揚するもの［熱伝導］として現象する。[2]

補論　〔一〕実在的なつながり(Zusammenhang)がむき出しの力に屈し、解消されるのだから、たとえ、そのつながりがここですでに独自の在り方で規定されて示されたとしても、こうしたつながりを引き裂き破裂させることそのものは、受動的な量的凝集状態の解消でしかない（第二九六節）。[1] 解消の他の形式――それは熱である――は、しかし、次にはただ特有な、質的凝集とつながるだけである。[2] 響きでは、外的なむき出しの力に反発することが、形式の存立および形式をそれ自身担っている諸部分の存立としてある限り、主要事であるのに対し、熱では、牽引が現れる。その結果、自分の中で特有に凝集する物体がむき出しの力を衝き返すことによって、その物体は同時にまた自分の中でその力に屈することになる。[3] 凝集状態と不撓性が打ち負かされると、諸部分の存立は観念的に画定される。これらの部分はだから変えられる。[4] このように物体が自分の中で流動的になることは、熱の生誕地を示す。その中で音は途絶える。というのも、流動的なものそのものはもはや響かないし、たんにごわごわしたもの、脆いもの、粉末状のものも同様に響かない。[5] 熱は、物体を質量の中で破裂させることではない。そうではなく、ただ持続的な連関であるにすぎない。熱は、諸部分が反発し、みずからばらばら状態を保ち続けること(Sich-aussereinander-Halten)をこのように内的に、かつ内部で解消することである。[6] それゆえ、熱は形式よりももっと内的に諸物体を一つにする。けれども、この統一は規定を欠いている。[7] この解消は形そのものの勝利である。反発の中で自分を保持する惰性的な物質の強さを形づくる外的な力は、自己消滅する。[8] この解消は凝集状態によって媒介される。そうでなければ、外からの力は、石がたんに破裂可能であるがままに、ただ破裂させるだけにすぎない。[9] 純粋な堅さは熱伝達にある障害を対置させる。熱伝達のためには、内的流動性および延び拡がる性質としての連関が必要である。まさに、小部分が互いに入り込んで措定しあうことを可能とする、内的な弾力性が必要である。すなわち、堅くないもの、ごわごわしていないものである。それは同時に諸部分の存立をそれらの連関の中で破壊する。[10] 形は、内的な本質(Seele)として、溶解過程の中でも維持されている。もっとも、この形の破壊もまた火によって画定される。[11]

〔二〕外的な力に反発することとこの力に対して内的なものとしてたわむこと——響きと熱——はこのように対立しあっている。けれども、同様に、一方は他方にもまた転換する。[1] より高次の自然でもまた、このような対立が依然として指摘される。すなわち、有機的なものでは、自分がみずからの中でみずからを観念的なものとして保持し、所持している。そこでは、自分は熱によって、外に向かって実在的な現存の中へ引きよせられる。[2] 植物や花には、とくに、個々の色や色の輝きの多様性および純粋で抽象的な生成が深く結びついている。それらの自分は、外部の光によって外に向かって引きよせられて、現存在の中に光のようにそそがれる。[3] これに対して、動物は一般にくもった色をしている。[4] とくに色の華麗さが深く結びついている鳥類の中に、熱帯の鳥がある。その鳥の自己性(Selbstischkeit)は、植物流儀にならって、鳥の植物的な覆い、つまり羽毛の中に、その気候の光と暑さによって、引き出されている。一方、北方の鳥は色の華麗さの点で熱帯の鳥に及ばないが、しかし、ナイチンゲールやヒバリのように、鳴き声の点で熱帯の鳥に勝っている。ナイチンゲールやヒバリは熱帯地方にはいないのである(注)。[5] 熱帯の鳥のもとでは、それゆえ、こうした内部中心、鳥の内的同一性の声としての境遇をそれ自身守るのではなく、溶かしこんで、色の金属的な輝きにまで駆り立てるものこそ暑さである。すなわち、響きは、熱の中で終息する。[6] 声は、たしかに本当に響きよりも高次のものであるが、しかしまた、声は気候の暑さとのこうした対立の中で示される。[7]

(注) シュピックスとマルティウスの『旅行記』(第一巻、一九一ページ)。「この森の中で」(サンタクルスの後方に位置する

ブラジルの)「最初にわれわれの目についたのは、灰色がかった茶色の鳥、たぶんツグミの音調であった。そのツグミは、灌木の藪の中や湿った森の地面にとまり、h^1からa^2までの音階をきわめて規則正しく頻繁に繰り返しながらうたいとおす。その規則正しさは、そこにはどんな単独の音もないほどである。[1] その鳥はふだんはどの音調をも四―五回うたい、次にはほとんど気づかないくらいに以後の四分の一音を続ける。[2] ふつう、アメリカの森の歌い手たち〔＝鳥〕にはハーモニーのある表現はみんな認められていないのが常である。そして、その歌い手たちに長所として帰するのは色の華麗さだけである。[3] けれども、たとえ、一般的に熱帯地方のかよわき住人たちが音調の豊富さや能力によるよりも色の華麗さによって特徴づけられるとしても、そして、清澄で快い響きの歌という点でわれらのナイチンゲールに劣っているとしても、この小さな鳥は、ほかはともかくとして、少なくともメロディーの基礎は同じように熱帯の鳥にも固有であることを証している。[4] ――ところで、次の点は十分ありうることである。すなわち、いつか、人間がほとんど文節化されない音調にまで退化してしまいもはやブラジルの森を響きわたらすことがなくなるとしても、多くの羽毛をもった歌い手たちは純化されたメロディーを生み出すであろう、ということである。[5]」(原注)

引用されたのは、ヨハン・バプティスト・フォン・シュピックス(Johann Baptist von Spix, 1781-1826)とカール・フリートリッヒ・フィリップ・フォン・マルティウス(Karl Friedrich Philipp von Martius, 1794-1868)の『ブラジル旅行記』(Reise in Brasilien, 3 Bde., Muenchen 1823-31)である。シュピックスは神学者であったが、シェリングの影響を受けて医学に転じ、動物学者でもあった。バヴァリア政府から一八一七年に出発したブラジル旅行の指揮者に選ばれた。マルティウスは植物学者で、バヴァリア王立アカデミー会員(一八一四―一七年)。著作としては、『ブラジル植物誌』(Flora Brasiliensis, 15 vols., 1840-1906)や『馬鈴薯の伝染病』(Die Kartoffel-epidemie, 1840)が有名。

三〇四

物体の固有性のこのような実在的な否定［熱伝導］は、その現存在が肯定的に自己自身のものではないような物体の状態である。だから、物体のこのような現存は、むしろ他の物体との共通性である。他の物体への［熱の］伝導である。――これが外面的な熱である。[1] 熱にたいする物体的なものの受動性は、物質的なものの比重と凝集力の中にもともと自体的に現に存在（vorhanden）している［むしろ潜在的な存在］連続性にもとづく。このような根源的な観念性のお蔭で、比重と凝集状態の変化も、伝導にたいして、すなわち、共通性の画定にたいして、現実の限界とはならない。[2]

羊毛のように凝集力のないものや、もともと自体的に凝集力のないもの（すなわち、ガラスのように脆いもの）は、金属よりも悪い熱の導体である。金属の固有性は、均質な、断絶のない連続性を自己のうちにもつことにある。[1] そもそも空気や水は、まだ非物体的な物質である。その凝集状態の欠如のために、悪い熱の導体である。[2]［1］熱が伝達できるものだという視点から見れば、熱は、［a］まず差し当たって現存している物体から分離できる、［b］したがって物体にたいして自立的である、［c］また、外部から来てこの物体に付いたものということになる。［2］さらにまた、広がるもの（たとえば、凹面鏡による熱の反射）の中に設定されて（gesetzt）いてもおかしくないような、その他の、関連性のある機械的な限定条件（Determination）がいくつもある。［3］おまけに、熱には量的な規定が現れている。特にこうした［1］伝達可能性、［2］機械的な限定条件、［3］量的な規定を拠り所にして、熱を自立して現存するもの・熱‐物質であるとみなす思いこみが導き出される。[3] しかし人は、熱を物体だとか、たんに物体的なものだとかと呼ぶことには少なくとも留保するだろう。特殊的な現存在の現象には別のカテゴリーが適用できるのは当たり前だと考えてよい。[4] たしかに、熱には制限された特殊性も現象している。熱と熱のついた物体を区別する可能性も現象している。しかし、それでも物質というカテゴリーを熱に適用するには不十分である。物質というカテゴリーは本質的に、少なくとも重さをもつという内在的な統合性である。[5] そうした特殊性の現象は、主として、ただ熱が存在する物体に伝導されるときに現象する外面的な仕方の中にあるにすぎない。[6] たとえば、砲口を穿つ場合のように、摩擦によって物体が熱を発する現象にかんするランフォードの実験（注）に注目すれば、熱が特殊な、自立的な現存であるという思いこみは、とっくに退けることができただろう。この論文では、あらゆる逃げ口上に対して熱の発生、熱の本性が一つの状態の仕方（Zustandsweise）であることが明らかにされている。[7] 物質という抽象的な観念だけでも、連続性という規定は含んでいる。この連続性が、伝導の可能性である。連続性は能動性としては、伝導の現実性である。こうしたもともと自体的に存在するこの連続性が、形の否定として、——比重と凝集状態の否定として、さらには形態の否定として、「現れたときに、」能動性となる。[8]

（注） ランフォード卿（Sir Benjamin Thompson, Count of Rumford, 1753-1814）の「摩擦によって励起される熱の源についての研究」（"An Inquiry concerning the source of the heat which is excited by friction", Philosophical Transactions of the Royal Society of London, 1798）を参照。トンプソンは、アメリカ生まれでイギリスに亡命したアマチュア科学者だが、一七九九年イギリスの王立科学研究所の創立者の一人である。

補論 [一] 響きと熱とは、現象の世界そのものの中では、ふたたび現象である。[1] 伝達しうることと伝達されることは状態の本性における主要事である。というのも、状態は、本質的には共通の規定であり、周囲への依存だからである。[2] だから、熱は伝達しうる。というのは、熱は現象の規定を、たんにそういうものとしてではなく、物質の実在性が前提されているような領野の中で、担っているからである。[3] 同時に仮象(照映)であるような存在がある。あるいは、依然として存在であるような仮象がある。その存在は凝集する物体である。その物体の解消、つまり結束の否定は、仮象である。[4] だから、熱は物質ではなく、こうした実在性の否定である。ただし、もはや音のような抽象的な否定ではないし、なおさら火のような完全な否定でもない。[5] 熱は、物質化した否定つまり否定的な物質化として、現前する。しかも、普遍性、共通性の形態で、実在的な存立であると同様に否定でもある。――すなわち、現存在している受動性一般である。[6] このように現象するほかない否定として、熱は、独立しているのではなく、他のものに依存している。[7]

[二] 熱は、こんなふうにして、本質的には自分を伝播するものであり、それによって他のものとの同等性を画定する。だから、この伝播は、面によって外的に規定可能である。熱は、集光レンズや凹面鏡によって集中させられる。それどころか寒ささえそうである。思うに、それが、ジュネーヴのピクト教授の試みである。[1] さてしかし、物体は、自身が現象するものとして措定される、ということは可能であるが、そのことを自分から切り離す、ということは不可能である。というのは、物質は、みずからの結束が否定されうるという本性を自体的にもっているからである。[2] だから、物質は、自体的に、熱の中で現存在に到るもの、である。このように自体としてあることがまさに物体の受動性である。[3] というのも、たんに自体的でしかない、ということこそまさに受動的だからである。同様に、たんにもともと自体的にしか理性的ではない、そうした人間は受動的な人間である。[4] それゆえ、伝達された状態は、一つの規定性であり、自体的にあるこの側面から他のものによって措定されると、一つの現象である。つまり、そもそもたんに自体的にある

だけのもの［の現象］としての現象である。けれども、伝達された状態はまた、活動として、現実的でもあらねばならない。[5] だから、現れ方は二重である。一方の現象は活動的で、起動する現象である。他方の現象は受動的な現象である。[6] だから、ある物体は、熱の内的な源泉をもちうる。他の物体は、熱を、外から、みずからのうちで生み出されたものでないものとして、受け取る。[7] 凝集状態の変化の中から生ずる、熱の根源的な成立から、現前するものが他のものに付け加えられるといった外的な関わりへの移行（これは熱の伝達では生ずることなのだが）は、そうした諸規定の自己喪失を打ち明ける。これに対して、重さ、重量は、伝達されえない。[8]

［三］熱一般の本性が特有の実在的ばらばら状態の観念化であるのだから――熱はこの否定に基づく、とわれわれも言った――、こうした側面からみても、どんな熱物質（Waermematerie）も考えることはできない。[1] 熱物質を想定することは、音響物素の想定と同様に、ある感性的な印象を与えるものは同時にまた感性的に存立するはずだという大枠の考え方に基づく。[2] ここでは、この熱物質のようなものが測定可能か、不可能かという問いに答えを出さないでおくことによって、物質の根本規定となる重さを放棄することになるという意味で、物質の概念が拡張されている。そこで、ある不滅の在り方で自立的に単独に、現れては消え、この場所で増えたり減ったりするとみなされる物質素材の客観的な存立がいつでも前提されていることになる。[3] こうした外面的つけたしこそ悟性形而上学が留まるところであり、そのつけたしを悟性的形而上学は根本的関わり、とくに熱としてしまう。[4] 熱物素は付け加えられ、積み重なる、とされる。潜在的だとされていて、そこに熱物素が現れていなくても、後で現象するとされる。[5] さて、しかし実験で熱の物質性に決着がつくはずだとみなされるが、その際しばしば事情に応じてこざかしい理屈が引き出されるものである。これに対してランフォード伯爵の実験はことのほか効果的であるように見える。その実験は大砲の穴を穿つ際に生ずる熱を厳密に算出しようとするものであった。[6] すなわち、前者の試みでは、穿つ際に削りくずに生ずる高い熱は強い摩擦によって隣接

する物体から持ち込まれたものであると主張されたのに対し、ランフォードは、熱は金属そのものの中で生ずる、と主張した。というのも、彼は、熱をとおさない劣悪な伝導体としての木で全体の周りを囲んでも、金属の削りくずはこの囲みがないときと同じように灼熱状態で発生して落ちてきたからである。[7] 悟性は基体なるものを創作するのであるが、そんなものは概念によって承認されるはずがない。[8] 響きと熱は、比重のように独立して現存するものではない。いわゆる音響物素や熱物素は、物理学における悟性形而上学のフィクションでしかない。[9] 響きと熱は物質の現存によって制約されており、物質の現存の否定性を形づくる。響きと熱はあくまでも契機でしかない。けれども、物質的なものの諸規定として、響きと熱は量的であり、したがって度に基づいて規定できる。すなわち内包的である。[10]

三〇五

異なった物体への熱の伝導は、それだけ単独では、不特定の物質性を貫く、こうした〔機械的な〕限定条件の抽象的な連続を含むにすぎない。そのかぎりで、熱の内部には質的な次元〔の違い〕は成り立たない。熱に成り立っているのは、〔1〕積極〔プラス〕と消極〔マイナス〕との抽象的な対立、および〔2〕定量と度〔温度〕にすぎない。温度が成り立つということは、度が分かたれているさまざまの物体を比較して、等しい温度となるような抽象的な尺度が成り立つということである。[1] しかし熱は、比重と凝集状態の変化である。だから同時にこれらの規定と結びついている。外部から伝導される温度は、その現存の規定性としては、温度が伝導される物体の特殊な比重と凝集状態によって制約される。――これが比熱という熱容量である。[2]

〔一〕この比熱という容量からは、物質と素材というカテゴリーと結びつけられ、潜在的で、識別できない、分離されない熱素という思いこみが導き出された。[1] 知覚できないものとして、この熱素という規定には、観察と経験による保証はない。推論されたものとして、この熱素という規定は熱の物質的な自立性（第二八六節注解参照）という前提にもとづいている。[2] こういう仮定にも、熱が物質として自立的であるということを経験的には反駁できなくする点でそれなりに役立つ。まさに、この仮定そのものがなんら経験的なものではないということによって、経験的な反駁が不可能になる。[3] 熱が消え失せたり、前には存在しなかった熱が出現したりすることがあるのは明らかである。消失は、熱がたんに姿を隠しただけであるか、もしくは識別できないように束縛されるかするだけであると説明される。出現は、たんに識別できない状態から姿をあらわしただけだと説明される。つまり、［熱は自立的な実体だという］自立性の形而上学が消失や出現の経験に対抗して仮定されている。アプリオリに経験に先だって前提されている。[4]

〔二〕 ここで熱にかんして与えられる規定にとって肝心なことは、概念による単独で必然的な規定、すなわち比重と凝集状態の変化が、現象の中に熱としてあらわれることが経験的に実証されるということである。[1] さしあたり熱とこの両者（比重と凝集状態）との密接な結びつきは、さまざまな熱の産出（同じく消失のさまざまな仕方）の中に容易に認めることができる。すなわち、発酵とか、その他の化学的な過程とか、結晶の形成と融解とか、また、すでに述べたが、外面と結びついた、内部での機械的な振動、すなわち、鐘を打ち鳴らすとか、金属を打つとか、摩擦等々の場合である。[2] 二つの木片の摩擦や、日常の点火で打撃する場合の摩擦は、一方の物体の物質的なばらばら状態を、他方の物体の急速な圧迫運動で瞬間的に一点へ凝縮させる。これは、物質の諸部分の空間的存立の否定である。この否定で、物体から物体の熱と炎が出て、物体から離脱して火花が出る。[3] ――それ以外にも困難なのは、熱と、比重および凝集状態との結合を、物質的なものの観念性の現存として把握することである。――さらにまた否定的なものの現存を捉えるということも困難である。その現存そのもの［熱］が、否定されるもの［可燃物］の定量規定までもつような規定性を含む。そして、この現存が、ある存立するものの観念性［統一点］として、この存立するものの［他者に中心をもつ］自己外存在、他者に自分を置くことである。これが、すなわち［熱の］伝導である。[4] 自然哲学でも重要なのは、他の領域でもそうだが、ただ、悟性的なカテゴリーの代わりに思弁的な概念の観念相関(Gedankenverhaeltnisse)を用い、この相関に従って現象を把握し規定することである。[5]

補論［一］物体は、それぞれ、みずからの特有な凝集状態に基づいて特殊な仕方の響きをもっているように、熱もまた特有である。[1] もし、さまざまな質の諸物体を同一の温度の中にもたらすならば、言い換えれば、同じ熱をそれらの諸物体にもたらすならば、それらの諸物体にはさまざまに熱が加えられる。[2] 各物体は、空気の温度をさまざまに受け取る。たとえば、鉄は、［同じ］寒さの中では、石よりもずっと冷たくなる。水は、暖かい空気の中では、鉄や石よりもずっと冷たい。[3] 水に水銀と同じ温度を与えるためには、水には水銀よりもおよそ一三倍高い熱を加えなくてはならない、と見込まれている。言い換えれば、同じ温度のもとにおかれるならば、水の熱さは、水銀よりも一三倍低い。[4] 同様に、伝達された熱が解消してしまう点もまたさまざまである。たとえば、水銀は、その他のすべての金属よりもずっと低い熱で溶解する。[5] ここで物体は伝達された熱の中で特有の仕方で示されるのだから、内部中心(自己内存在)のどのような形式がこのとき現れるのかが問われる。[6] 内部中心には、凝集状態の諸形式(点性、線性、面性)と、単純な規定態としては比重がある。[7] 比熱のもとで示される内部中心は、内部中心の単純な在り方でしかない。[8] というのは、熱は、凝集状態の特定のばらばら状態(相互外在)を廃棄することだからである。けれども、同時に、存立するものとして、物体はまた依然としてみずからの特定の内部中心の中で保たれている。自己を廃棄する凝集状態をともなった内部中心は、まだ普遍的で抽象的な内部中心でしかない。——すなわち比重である。[9] 比重は、ここでは自己を妥当させる内部中心として示される。[10]

〔二〕熱容量は、こんなふうにして、比重と関わっている。比重は、たんなる重さに抗する、物体の内部中心である。[1] この関わりは逆の関わりである。高い比重の物体は、低い比重の他の物体よりもずっと容易に加熱される。言い換えれば、温度が同じであれば、前者は後者よりもより熱くなる。[2] そのさい、低い比重の物体の中では物素が潜在的となり、高い比重の物体の中では物素が自由である、といわれる。[3] 同様に、熱が外から来るのではなく内的に生み出された（第三〇四節補論を見よ）ということがはっきりと示される場合には、物素は潜在的になったのだ、と主張される。[4] 気化するナフサによってもたらされる寒さの場合でもまた、熱は潜在的となる、と称される。[5] 摂氏零度を指している凍結した水は、凍結した水を流動的にするために付け加わる熱を失っているのだ、といわれる。すなわち、凍結した水の温度は熱を失うことによって高くならないのだから、熱物素は凍結した水の中で潜在的になったのだというわけである。[6] 水が転化する弾む蒸気でも同じことが見出される、とされる。というのも、それは八〇度以上には熱くならず、高い温度のもとでのみ蒸気化するからである。[7] 逆に、蒸気、つまり特定の温度をもった弾む流動性は、沈殿すると、膨張状態の中に留まるよりも高い熱を生み出す。すなわち、膨張は、内包性としての温度の位相を代表するのである（第一〇三節補論を参照のこと）。[8] 潜在性というのは、現れがあまりにも明白である場合には、逃げ口上である。すなわち、凝集状態の中の内的変化——たとえば、摂氏零度以下でなにがしかの度をもち、零度の凍結で現れる水の凍結があるのはまさに熱が出ていくときだ、という場合である。[9] 熱素は絶えず立ち去ったり近寄ったりする、とのことである。熱物素が自立的であることから、物素としての熱を消さないようにするわけだから、熱物素は潜在的でしかなく依然としてある、というわけである。[10] だが、まだ現実存在していないものがいかにして現前することができるであろうか。[11] そんなものは空虚な思想物でしかないのだ。じっさい、また、伝達されるという熱の能力は、むしろ、まさにこうした規定［熱物素の自立性］の非自立性を証している。[12]

［三］高次の比重はより高い熱を生みだすに違いない、と考えることはできよう。[1] けれども、高い比重の物体は、その規定態がまだ単純であるような物体である。すなわち、開かれておらず、個体化していない内部中心をもつ物体である。物体はまださらなる諸規定にまでそれ自身行きついていない。[2] これに対して、個体性は、熱に抗するより高次な抵抗である。[3] 有機的なものもまた、それゆえ、外的な加熱がそれほどできるわけではない。[4] より高次な有機的自然で、つまり、植物や動物のもとでは、比重および熱容量一般はみずからの重要性と関心を失う。いろいろな木の区別は、それゆえ、こうした観点では、全体的に意義がない。[5] これに対して、金属では、比重と熱容量が主要規定となる。[6] 比重はまだ凝集状態［ほど］ではない。ましてや個体性ではない。逆に、抽象的で、一般的な内部特性（自己内存在）でしかない。比重は、［比較された量であるから］自己においては特有化していない。そのために、まったく例外なしに熱に開かれている。――すなわち、特定のつながりの否定の影響をもっとも容易に受けやすい、そうした内部中心である。[7] これに対して、もっと個体化されている凝集力は、みずからの諸規定に、その諸規定が自身で熱を容易に受容することよりもずっと強力な安定性を与える。[8]

［四］物質の内部中心が特有に規定されていることから出発することで、われわれは、熱の発生が凝集状態の側面から生ずることを見てきた。[1] すなわち、α) 熱の本来的な発生。これは、振動によって、あるいはまた自己点火として現れることができる。たとえば自身によって発生する発酵の場合のように。[2] 女帝カタリーナのものである、あるフリゲート艦はこのようにして自然発火した。よく煎られたコーヒー豆は自身の中でたぎり、その熱が高じて炎にまでなる。その船の場合にもたぶん同じことが起こっただろう。[3] 亜麻や麻や綱は、タールで塗られると、しまいにはおのずから自己発火す

る。[4] ワインの発酵あるいは酢の発酵もまた熱を生みだす。[5] 化学的過程でも同じことが見出される。というのも、結晶の解消はつねに凝集状態のある変化だからである。[6] もっとも、熱が、力学のこの分野で、重さと二重に関わっている点は、よく知られていることである。[7] β) 別の在り方は摩擦そのものによるものである。[8] 摩擦は、表面のところで起こり、表面の部分を揺り動かすのであって、完全にすべてを振動するのではない。[9] この摩擦は、熱の共通で、ふつうの発生である。[10] けれどもまた、摩擦は、『ゲッチンゲン学術報告』(一八一七年、一六一号)がそうしたように、単に機械的にだけ把握されるべきではない。すなわち、「次の点はよく知られていることである。つまり、各物体は、一方では、強い圧力によってみずからの特有の熱を奪われる、あるいは、とるに足りない圧力によるよりもむしろ強い圧力による方がかえって同じ量の特有な熱を保つことができない。そこから、空気等々で急激に圧縮する際に、物体を打ち摩擦することで熱が発生する。[11]」このように形式が自由になることは、だから、まだ、自己の真に自立的な統合性ではなく、依然として制約されていて、まだみずからをみずからの中で保つ統一の活動ではない。[12] だから、熱が力学的に摩擦によって生みだされることができる、ということは外面的な在り方である。[13] 熱は、高じて炎となると、物質のこうしたばらばら状態(相互外在)に対する純粋な観念性の自由な勝利である。[14] 鋼や火打ち石の場合は火花が外へ飛び出るだけである。すなわち、内的強度をもつものをつきあわせればつきあわせるほど、それだけますます外に面している部分での振動が強くなる。これに対して、木は燃え尽きてしまう。というのは、木は熱を継続させることができる材料だからである。[15]

§ 306

三〇六

熱は、特殊化された物質性の解消であるが、温度一般としての熱はさしあたりまだ抽象的な解消であり、その実存と規定性の点で制約された解消である。[1] しかし物体の固有性の焼尽は、それが完遂され、実際に実現されると、純粋な物理的な観念性の実存を獲得する。純粋に物理的な観念性とは、すなわち、物質的なものの否定が自由(遊離)状態である。これが光として、しかし、物質の否定でありながら物質に縛りつけられたもの、すなわち炎として、登場する。[2] 火はまず(第二八三節)もともとの自体(即自)から展開された。ここ[炎]では、火が措定される。そこで外面的に制約せられたものとして、制約せられた実存の圏域のうちに実存する概念契機から、産み出される。[3] 火はさらに、有限なものとして、さまざまの制約とともに同時に自己を焼きつくす。この制約を消尽することが火である。[4]

補論 光それ自体は冷たい。夏の光は、暖める働きをしている。それは大気のなかで初めて、大地の側でそうなる。[1] 夏の盛りに高い山に登るとまったく寒い。太陽には近いが、山の上には万年雪がある。他の物体と接触して初めて、熱が存在する。[2] というのは光が自己的なものだからである。光について触れられるものもまた自己的であって、解消すなわち熱の始まりを示している。[3]

三〇七

実在的な物質、すなわち形を身につけて保持している物質の展開は、こうして統合されて、その物質のさまざまな規定の純粋な観念性[統一点]へ移行する。すなわち、抽象的な自己同一的な自己性(Selbstischkeit)へ移行する。この自己性は、こうした外的個体性そのもの(炎として)の圏では、外面的となり、こうして消失する。[1] この外的個体性の領域の制約性は、形が、重さをもつ物質の特殊化であり、統合性としての個体性は、せいぜい自体(即自)的でしかなかったということである。[2] 熱の中に確立され(gesetzt)ているのは、直接性の実在的な解消という契機である。特殊化された物質的なものはさしあたり相互に無関係の現存をするが、この無関係さが解消される。[3] したがって形は、いまでは統合性として、形にたいして無抵抗な物質的なものに内在している。[4] 自己へと関係する無限な形としての自己性が、まさにこういうものとして、実在へ登場している。この自己性は、自分に隷属する外面性のなかにあって自己を維持する。それはこの物質的なものを自由に規定する統合性、すなわち自由な個体性として存在する。[5]

補論 ここから、実在的な個体性への移行、すなわち形態への移行が始まる。形態の諸契機を、われわれはこれまでに見てきた。[1] 自己のうちへの形式の集中、つまり、響きのように過ぎ去る魂と、物質の流動性とは、個体性の実在的な概念を形づくる二つの契機である。[2] 重さは、無限な形式にしたがっているものとして、トータルで自由な個体性である。そこでは、物質的なものは、完全に形式によって貫かれ、規定されている。[3] 多くの物質的なものを規定し、自己自身の中で発生した形態は、絶対的な中心性(Zentralitaet)である。中心性は、もう重さのように、多くのものをたんにみずからの外部にもつのではない。[4] 衝動としての個体性は、みずからの諸契機を個別化された造形として措定する、という性質をもっている。[5] けれども、空間のもとでは、点、線、面といった造形はたんなる否定でしかなかったように、いまや、形は、それらの造形を、それらの造形によって規定された物質の中へ、もはや空間上の線としてではなく、物質的なものつながりの識別として、物質の中で実在的な空間造形として記述する。実在的な空間造形は、表面の統合として完成される。[6] 響きが、魂のように、物質から逃げ去るのではなく、力として物質の中で生じるということ、こういうことが生ずるには、物質の確かな存立の否定が措定されることが必要である。すなわち、熱によって解消される中で現存として措定されるものが必要である。[7] 始元の中で最初に概念によって措定された、物質の一貫性は、ここでは、結果的に、現存在として措定される。[8] 最初に比重という内部中心(自己内存在)で[この展開は]始まった。[9] その中では、物質には直接、形が自分を物質の内へ造形することができるという性質があると想定された。しかし、一貫したままで解消されているという、こうした物質の自体(Ansich)は、現存するものとしてもまた示されえた。ただし、こうしたことは凝集状態によって可能になった。[10] 凝集状態におけるばらばら状態(相互外在)の解消は、こうした凝集状態そのものの止揚である。残るものは比重である。[11] 比重は、最初の主体性として、抽象的で、単純に規定されたものである。この単純に規定されたものは、自己自身の中で統合性として規定されると、音であり、流動的なものとしては熱である。[12] 最初の直接態は、止揚されたものとして、すなわち措定されたものとして自己を示さなくてはならない。だから、つねに、始元に立ち戻らねばならない。[13] 凝集は、物質によって形の制約されたものを作り出す。[14] この制約されたものに対して、凝集[作用]そのものは、媒介するものである。媒介するものは、内的に否定、熱を生みだす。その結果、凝集は自己自身を否定する。すなわち、凝集は、形そのままの存在、形式の現存のたんに制約された在り方でしかない。[15] これらの諸契機を個々に考察すれば、それらを示すことは容易である。だが、現存状態で思想諸規定に対応するものを展開しようとすれば、困難である。というのはそれぞれの諸契機が自分に対応する現存をもっているからである。[16] 全体がただ性向(Trieb)としてあるだけで、したがって、諸規定がただ個々の性質としてだけ現れる場面ではとくにこの困難さが大きい。[17] 個体性の抽象的な諸契機、つまり、比重、凝集状態等々は、概念に照らしていえば、自由な個体性に先行する。個体性の抽象的な諸契機の中から自由な個体性が成果として現れることがめざされる。[18] 形が主宰者となって現れるような統合された個別性の中では、いまではあらゆる契機が実在化される。その中で、形は規定する統一としてありつづける。[19] 形態(Gestalt)には魂がある。魂とは、形の自己自身との統一である。つぎに、他者関係での在り方としては、概念の諸規定である。[20] こうした措定作用の中で、形は、区別されたものの無制約な統一として、同時に自由である（遊離している）。[21] 比重はただ抽象的に自由であるにすぎない。というのは、他のものとの関係は、どんなものでもよく(gleichgueltig)、したがって外的な比較に属するからである。[22] だが、真の形式は、自己自身にとっての他者との関係なのであって、第三のものにおける他者との関係ではない。[23] 物質が熱の中で溶けることによって、物質は形を受け容れやすくなる。無限な形式としての響きが制約されていることは、だから、止揚される。この形は、みずからがまだある他のものと関わっていること以外のいかなる対立ももはや見出すことはない。[24] 熱は、形態によって自己自身を解き放つ形態として、自己を実体化する光である。この形態は、受動的な形態の契機を止揚されたものとして自分の身につけてもつ。[25]

C　統合された個体性の物理学

三〇八

まず物質は、もともと自体的に、重い(もの)という形での概念の統合性である。だから物質はそれ自身の身についた形では形式化されていない。概念の特殊な規定が物質の身につけて措定される場合には、その規定での概念がまず差し当たって示すのは、特殊性へばらばらに分裂する有限な個体性である。[1] いま概念の統合性が措定された以上は、重さの中心は、もはや物質によって求められている(gesucht)主体性としてではなく、まず最初は直接的で制約されていた形式規定(形相)の観念性として物質に内在している。いまやこれらの形式規定は、規定のうちから[内発的に]展開された契機である。[2] だから、物質的個体性は、展開しながらもあくまで自己と同一であるから、無限に単独的であるが、しかし同時に制約されてもいる。このような個体性は、ようやく直接的なものとなったにすぎない主体的な統合性である。したがって、この個体性は、それ単独で無限ではあるが、他者にたいする関係を含んでいる。過程においてはじめてこの個体性は、この外面性と被制約性が、自己を止揚するものとして措定される。こうしてこの個体性は、物質の単独の在り方の実存する統合性となる。さて、この統合性はもともと自体的には生命であり、概念上は生命へ移行する。[3]

補論　抽象的な全体としての形式（形相）［生物の形相］とそれに対立する規定可能な物質（質料）とは、実在的な物理的物体の二つの契機であって、もともと自体（即自）的には同じものであり、概念上はその点にそれら［形相と素材の］相互の移行がひそんでいる。[1] 形式（形相）というのは、現存在をもたない、純粋に物理的な、自己自身に関係する自己との同一であるので、物質（質料）の方も流動的なものとして、抵抗なく現存するこの普遍的同一者である。[2] 物質（質料）も、形式（形相）と同じように、内的に区別のないものであり、ゆえにそれ自身が形式（形相）である。[3] 普遍者として物質（質料）は、自己内で規定されたものとなるように定められている。これがまさに形式（形相）の「……すべし」である。形式（形相）のもともとの自体的な在り方が物質（質料）である。[4] われわれは最初に個体性一般を［議論の対象として］もった。第二のものは、この個体性が重さへの差異の中へ、有限の制約された規定性のなかに措定されるということである。第三のものは、個体性が差異から自己内に還帰するということである。[5] 今やこの第三のものが自ら再び三つの形態もしくは規定［使命］をもつ。[6]

三〇九

統合された個体性は、

a)　直接的には形態そのものとして現象し、その抽象的な原理が自由な現存に現象する。——これが磁気である。

b)　この統合された個体性は、規定されて区別となる。すなわち、物体的な統合性の特殊的な形式となる。この個体的な特殊化が最極端にまで達すると電気である。[1]

c)　このような特殊化の実在性は、化学的な差異をもった物体、およびこのような物体の関係である。すなわち、物体を自分の契機としてもつ個体性が、自己を統合性として実現しつつあるとき、それが化学的過程である。[2]

補論　形態においては無限の形式は、今やたんに空間へのどうでもいい関係をもつだけではなくなった質料的な部分への規定的な原理である。[1] しかし形態はこの概念にとどまるわけではない。というのは概念そのものが静的な存立ではないからである。自己を差異化しつつ、自己を本質的に展開して実在的な性質にまで達する。その性質というのが、観念的なものとして統一に保たれているだけではなく、特殊な実存をも保持する。[2] この質的な個体性で規定された差異が元素であるが、しかし個体性の領域に帰属するものとして、つまり、特殊化されたものとして、個体的な物体性と合一し、というよりはむしろそれに転化している。[3] もともと自体(即自)的に、つまり概念において、このような仕方で、形式のまだ欠陥のあるものが補完される。[4] しかし、必然性の関心は今や再び、この即自が措定されることであり、形態のようにして産み出されることである。すなわち移行は実存においてもなされなくてはならない。[5] 結果は形態が産出されるということである。これは最初のものへの退行である。しかし、この最初のものが今や産出されたものとして現れている。[6] この退行はしかし同時にさらに先のものへの移行でもある。このようにして化学的な過程には、その概念の内に、有機的な領域への移行が含まれている。[7] われわれは最初この過程を力学の中の運動として考察した。次には元素的な過程として考察し、今では個体化された質料の過程を論じている。[8]

a 形態

三一〇

物体は、統合された個体性としては、直接的な、静止的な統合性である。だから、物質的なものの空間的共存の形式である。したがってこの形式は最初は、またもや機械的な関係である。[1] だから形態は、制約を受けることなく自由に規定する個体性の物質的な機械的関係である。——内面的な凝集の中のその特殊な仕方だけではない。それは空間の中のその外面的な制限までも、内在的な、展開された形によって規定されている物体である。[2] こうして形が、自発的に顕在化されている。形が、外的な暴力にたいする一種の独自な抵抗としてはじめてあらわれるのではない。[3]

補論 [一] 内部中心（自己内存在）は、先にはただ外的な衝撃によって示されただけであり、また外的な衝撃に抗する作用として示された。これに対して、ここで形が顕在化するのは、外的な力によるのでもないし、物質性の没落としてでもない。物体は、刺激がなくとも、内密で無言の幾何学者を自身のうちにもっている。物体がもつ幾何学者は、まったく一貫した形として、物体を外に向けても内に向けても組織（有機化）する。[1] 内と外に向いたこうした限界づけは、必然的に個体性となる。[2] だから、物体の表面もまた形で限界づけられている。物体は、他のものに対して閉じられている。だから、みずからの特有な規定態を、外からの作用がなくても、みずからの静止した存立の中で示す。[3] 結晶はたしかに機械的に組み立てられたものではない。それでも、ここでは、機械的な関係が自分を個体的なものとして集約する。というのも、たとえ中心に対する諸部分の関係が内在的な形式によって規定されるとしても、この領域はまさにばらばら状態(相互外在)の静止した存立だからである。[4] そのように形態化したものは重さから遠ざかる。たとえば高い所に向かって伸びる。[5] 自然の結晶を観察すれば、自然の結晶は完璧に構成されているように見える。[6] それにもかかわらず、われわれは、ここではまだ魂のことを考えてはならない。魂は、生命の中で、考察されることになろう。[7] 個体性は、ここではまだ対象になっていないからである。以上は、非有機的なものと有機的なものとの区別である。個体性がまだ主体性ではない。みずからの中で差別ししかもみずからの差別をまとめる、そうした無限の形式は、単独的(fuer sich)でもあるだろう。[8] それは、感覚するものの中でようやく現れる。しかし、ここでは、個体性はまだ物質の中に埋没している。——すなわち、個体性はまだ自由ではない。個体性はただ存在するだけである。[9]

〔二〕 つぎに、有機的なものから区別されるような非有機的なものとしての形態に固有の規定性に立ち入って考察しよう。[1] われわれがここで問題にしているのは、直線、平面、特定の角という、形の空間的諸規定がせいぜい悟性的な規定であるにすぎないような形態である。[2] それについて、ここで根本が示されなくてはならない。[3] 結晶の内に開示されている形式は、沈黙した生命である。その生命は、不思議なことに、たんに機械的な、外から規定できるように見える石ないし金属の中で呼び覚まされ、独自の形態で有機的でありまた有機化する衝動として表される。[4] それらの形態は自由にかつ自立的に育つ。こうした規則正しい優雅な諸形態を見ることになれていない人は、それらの諸形態を自然の産物とは見ないで、むしろ人間の人工と労働に帰してしまう。[5] けれども、人工の規則正しさは、外的合目的的活動によって導かれる。[6] わたしがある外的物質をわたしの目的に基づいて形づくる場合のような、そうした外的合目的的活動をここで考えてはならない。[7] 結晶のもとでは、むしろ、物質の形は外的ではない。そうではなく、形はそれ自身目的であり、自己充足(即かつ対自)的に有効である。[8] 水の中には、目に見えない芽、構成する力がある。[9] この形態は、厳密な意味で、規則正しい。けれども、形態はまた自己自身における過程ではないから、形態は全体的に規則正しいだけである。その結果、諸部分がまとまってこうした一つの形となる。[10] もはや悟性的ではないような有機的形態はまだない。この最初の形は、主体的な形ではないから、まだ悟性的である。[11] これに対して、有機的なものでは、形態は、それぞれの部分に形態の全体が現れていて、あらゆる部分がたんに全体によってのみ理解可能であるとはかぎらないという性質をもっている。[12] だから、生命体では、わたしがわたしの身体のどんな部分においてもものを感じるように、表面のそれぞれの点が全体である。[13] ここからまさに、有機的なものの形態は、直線や面に基づくのではないという帰結が出てくる。直線や面は全体の抽象的な方向に必要なのであって、内的な統合性ではない。[14] われわれが生きた形態において考えているのは曲線(カーブ)である。というのは、曲線のそれぞれの部分はただ曲線全体の法則によってのみ把握されうるからである。こういうことは、悟性的な形態ではけっして起こらない。[15] 有機的なものの丸みは、しかし、けっして円ないし球ではない。というのは、これらは、それ自身ふたたび悟性的なカーブだからである。なぜなら、中心に対する周辺のあらゆる点の関係はそれ自身ふたたび抽象的な同一性だからである。[16] われわれが有機的なもののもとで考える曲がった線は、自己自身において差異があるのでなくてはならない。ただし、この差異がふたたび同等性にしたがっている。[17] 生きたものの線は、したがって、楕円であろう。そこでは、二つの部分の同等性がふたたび現れ、しかも、大きな座標軸の方向においても小さな座標軸の方向においても、どちらの意味でも同等である。[18] もっと立ち入っていえば、そこで主力となるのは卵の線である。卵の線は、この同等性をただ一つの方向にしかもたない。[19] メラー(注)は、それゆえ、きわめて的確に、すなわち、あらゆる有機的な形式は、たとえば、羽毛、翼、頭、顔のあらゆる線、植物や昆虫や鳥や魚等々のあらゆる形態は、卵の線ないしはまた波の線の造形であると述べている。だから、メラーは、その造形を美しさの線とも名づける。[20]けれども、非有機的なものでは、曲がった線はまだ現れない。あるのは、バランスのとれた等しい角をもった、幾何学的に規則正しい外形である。そこでは、いっさいが同一性に基づいた進行によって必然的である。[21]だから、内密の線引き、面規定、そしてパラレルな角による限定、これがいまや形態化である。[22]

(注) シェリング編『思弁的自然学新雑誌』(第一巻、第三冊(一八〇三年)、四二ページ以下)所収、N・J・メラー(Jacob Nicolai Moeller, 1777-1862)「摩擦による熱の発生」("Neue Zeitschrift fuer spekulative Physik", herausgegeben von Schelling, N. J. Moeller, "Ueber die Entstehung der Waerme durch Reibung")。メラーは、ノルウェー人で一七九七年にベルリンに鉱物学を学びに行き、同じノルウェー人の先輩ヘンリック・シュテッフェンス(シュティッフェンス)と会う。二人で一八〇〇年にイエナでシェリングに会い、影響を受けた。

〔三〕この形態を、われわれは、今度はさらにそれらの個々の諸規定の中で考察しなくてはならない。それらを三つに区別することができる。すなわち、第一は形態の抽象で、それゆえ、もともと形態がない。第二に、形態の厳格さ、過程のなかでの形態、生成する形態、形態化の活動、まだ実際に行われていないものとしての形態——すなわち、磁気。第三に、実在的な形態、すなわち結晶。[1]

三一

α) 直接的な形態、すなわち、内的には無形式なものとして措定されている形態は、一方の極では、脆弱性という点性であり、他の極では、自分から丸まっていく流動性である。これが内面的な無形態性としての形態である。[1]

補論　形という規定は、この［特定の］内的な幾何学的な範型として、第一に点であり、第二に線であり、第三に面であり、最後に全容積である。[1] 脆弱なものはわれわれがすでに凝集のたんなる仕方として、問題にした点であるが、粉体や単体である。粒状のものもある。特に白金粒にみられるような粒状のものもある。[2] これに対立するのは球状のものだが、普遍的な、自ら丸くなる、あらゆる次元に溶け込む流動性である。この流動性はしたがって、たしかに三次元のすべてにわたって、完全に仕上がっている。しかし、統合性ではあっても規定性の展開を欠いている。[3] 球形のものは、形式的な規則性を伴う普遍的な形態である。それは自由な漂う形態である。だから自由な天体は普遍的な個体としてこれをもっている。[4] 流動体は自分から丸くなる。内在的な無規定性がそうする。大気の圧力があらゆる側面について等しいということ、そこで形態の決定はあらゆる側面で等しく、どのような差異も措定できない。[5] 形態は、しかしさほど抽象的なものではない。それは実在的な原理であり、実在する形の統合性である。[6]

三一二

β)　脆弱なものは、形成する個体性の、もともと自体的に存在する統合性である。だから概念の区別となって現出する。[1] 点は、さしあたり線へ移行する。形は、この線上の両端［項］で、対立しながら自分を確立する。これらの両端は、契機である。そのために自分自身の存立をもたない。それは両者自身の関係によって保持されている。この関係は現象としては両者の中間（媒概念）・対立が無差別になる点である。[2] このような推論が、展開された規定性の中での形態化の原理を形づくる。まだこのような抽象的な強さの中では、磁気である。[3]

磁気は、概念が一定の自然のなかに自分が存在することを予期し、自然哲学の理念を捉えたときに、まさに不の発展した形式に単純かつ素朴な仕方であらわすからである。[2] 両極は、一本の実在的な線の（一本の棒の、あるいはまたすべての次元へさらに延長された物体の中の）感性的に現存する両端である。しかしこれら両端は、極としては、感性的な、機械的な実在性をもたない。それは観念的な実在性をもつ。両極は端的に不可分である。[3] これらの極の実体となる無差別点は、これらの極が概念の規定としてそのなかに存在している統一である。したがって、これらの極の意義と現存は、もっぱらこの統一のなかにある。極性とは、たんにこのような契機の関係である。[4] 磁気は、こうして確定される規定の他にはさらに、なにも特殊な性質をもたない。[5] 個々の磁針が北に向き、同様に南に向くのは、普遍的な地球磁気の現象である。[6] しかし、あらゆる物体は磁気を帯びると言えば、これは怪しい二義性である。すなわち、あらゆる実在的な形態は、脆弱な形態にかぎらず、このような限定の原理を含んでいるというのは正しい。しかし、あらゆる物体はまたこの原理を身につけて現象させるというのは正しくない。[7] まるでこの原理が、厳密な抽象のままで現存し、磁気（Magnetismus）として存在しているというなら正しくない。一つの概念形式が、一個の抽象としてあるという規定性のままで普遍的に現存すべきであると考えて、この概念形式が自然のなかに現存していることを示そうというのは、非哲学的な考えだろう。[8] 自然はむしろ、ばらばら状態（相互外在）という境位の中の理念である。したがって自然は、悟性と同様、概念のさまざまな契機を分散して固定させ、実在性にあらわす。しかし高度の事物では、異なった概念形式を一つに合一して、一個の最高の具体物にする（次節の注解参照）。[9]

補論 ［一］ 1 球状のものと脆弱なものとを一つにすることでようやく実在的な形態一般が与えられる。無限な形式は、中心性として脆弱なものの中で措定されると、みずからの諸区別を措定し、みずからの諸区別にある存立を与えるが、しかし同時にそれらの区別を統一のなかで保持する。[1] たしかに、空間は、まだ、無限な形式の区別が現存在する境位ではある。しかし、概念は性格上こうした単純性、こうした調子である。概念の性格は、みずからの分裂の中にあってこれを貫く普遍者でありつづけるところにある。この普遍者は、重さという普遍的な内部中心(自己内存在)から離れて、自己自身によってみずからの区別の実体である。すなわち、みずからの区別の現存在である。[2] たんに内的でしかないような形態は、まだ自分の現存在を身につけていない。この形態は、質量を瓦解させることによって現存在をもつ。しかし、こうして措定される規定は、形態を自己自身によってもつ。[3] こうした個体化する原理が目的である。この目的は実在性の中に移行するが、まだ差異的であり、まだ完全な目的ではない。[4] そこで目的は、脆弱なものと流動的なものという二つの原理の過程としてのみ自己を外化する。規定可能ではあるがまだ無規定的な流動性は、その過程の中で形によって受精される。[5] それが磁気の原理であり、依然として静止に達していない形態化の衝動である。すなわち、依然として衝動としてあるような形態化する形にほかならない。[6] 磁気は、それゆえ、かろうじて物質のこうした主体的な在り方、すなわち、主体の統一における区別の形式的な現存在でしかない。——磁気は、区別された物質的な点を統一の形式のもとへもたらす活動としての凝集状態である。[7] それゆえ、磁気の諸側面は、一なる主体のもとで依然として端的に結合されている。それらの対立は自立性としてはまだ現れていない。[8] 脆弱なものの点そのものでは、区別はまだまったく措定されていない。[9] けれども、いまわれわれが問題にしているのは、空間的に現にあるべきであり、具体的なものとして区別されなくてはならない、そうした統合的な個体性なのだから、点は、今度はある点に関係しかつその点から区別される。すなわち、それは線である。線はまだ面ではない。すなわち三つの次元の統合性ではない。というのは、その衝動は、まだ統合性としては現存しておらず、また、二つの次元はそのまま実在性の中で三つの次元つまり表面になっていないからである。[10] だから、まったく抽象的な空間性は線性として理解される。それが最初の一般的な規定である。[11] けれども、直線は自然な線である。いわば線そのものである。「線そのもの」という訳は、曲線といえばもう第二の限定が考えられ、それによってただちに面が想定されるであろうからである。[12]

［二］2　磁気はどのように現れるのであろうか。[1] ここで現れている運動は、観念的な方法でのみ把握されうる。というのも、感性的な把握方法は磁気の中では消えてしまうからである。[2] 感性的な把握では、多様なものをただ外的にしか結合できない。こうしたことは、もちろん二つの磁極とその両磁極を結びつける無差別点のもとでも起こる。[3] けれども、それは磁石でしかないのであって、まだ磁気ではない。[4] こうした概念の中に含まれるものを確認するためには、磁石ないしは磁石によって磁化された鉄についての感性的な考えをまずはすっかり忘れ去らなくてはならない。[5] すると磁気の現象が磁気の概念に対応しているかどうかを確認するために、現象と概念とを比較しなくてはならない。[6] ここでは、差別は外的なあり方で同一だと措定されるのではない。差別は自己自身を同一だと措定する。[7] けれども、磁気の運動は、つぎの限りにおいては、もちろんまだ外的な運動である。すなわち、［1］まさに否定的なものがまだ実在的で自立的な諸側面をもってはいない限りで、［2］統合性の諸契機がまだ自由になってはいない限りで、［3］差異をもった自立的なものが相互に関係しあっていない限りで、［4］重さという中心点がまだ破砕されていない限りで、外的な運動である。だから契機の展開は、まだ外的である。つまり、もともと自体的な在り方のままで、概念がなければ画定できない。[8] 脆弱なものの点がみずからを開いて概念の区別となることによって、磁極が得られる。[9] 形式の区別を自身においてもっている物理的な線においては、磁極は生き生きとした二つの終端である。二つの終端のそれぞれは、ただみずからの他のものとの関係においてのみあり、もしその他のものがないならばいかなる意味をももたない。[10] ただし、両磁極は相互的に

外在的である。両者は互いに対して否定的である。さらには、空間の中の両磁極の間には両者の統一(そこでは両者の対立は廃棄されている)もまた現存している。[11] この両極性はしばしば応用されて、右と左というケースで考えられたりする。そんなところに両極性を置くのは場違いである。なにしろ、今日では、あらゆるものに両極性が満ちているから、そんなことになる。[12] この物理的対立はいまや感性的に規定されたものではない。たとえば、北極を切り落とすことは不可能である。[13] もし磁石を二つに切るならば、切られたそれぞれの部分がふたたび磁石の全体となる。北極は分割された部分にじかにまた発生する。[14] それぞれが他のものを存立させる(setzen)と同時に他のものを自分から閉め出す。推理の各項目も単独であるのではなく、ただ結合状態で現存する。[15] だから、われわれがいるのはまったく超感性的なものの領野にほかならない。[16] もし、自然の中には思想がないと思っている人がいるならば、そういう人に思想をここで示すことができる。[17] 磁気の現れは、だから、それだけで非常に驚くべきものである。けれども、もし、この現れを今度は統一された思想で把握しようとするならば、この現れはもっと驚くべきものとなる。[18] だから、磁気は自然哲学の中で主要な始元として頂点におかれた。[19] 反省もたしかに磁気的物質について語るが、磁気的物質そのものは現象のなかに現に存在するわけではない。すなわち、現に作用する物質的なものではなく、純粋な非物質的な形である。[20]

[三] 磁気化されたある鉄片、つまり北極と南極とが区別される鉄片の近くに、磁気をもたない別の鉄片、つまり自由に動くことができ、機械的な力で引き留められていない鉄片、たとえば針の上でバランスを保っている鉄片をもってくると、ある動きが示される。[1] この場合、第二の鉄片の一方の終端は磁石の北極に引き寄せられ、これに対し、第二の鉄片のもう一方の終端は磁石の北極からははじかれる。第二の鉄片は、そうすることで、みずから磁石になっている。というのは、第二の鉄片は磁気をもった規定態を受け取ったからである。[2] けれども、こうした規定性は終端点に限られるわけではない。[3] 磁石には鉄の屑が中間にまでくっついている。この中間のところは、しかし、牽引も反発も生じないような中

立的な点になっている。[4] こんなふうにして、受動的な磁気と能動的な磁気とが区別できる。けれども、この能動的な磁気も、磁気をもたない鉄にたいして作用しない場合は、受動的な磁気と呼んでいい。[5] こうした無差別点によって、前に地球の中間点を問題にしたように、今度は自由な中間点が措定される。[6] さらに、第二の鉄片をふたたび取り除き、磁石のもう一方の磁極にもっていくと、最初の磁極によって引きつけられた終端は今度ははじかれて、逆になってしまう。[7] 磁石ここに現れている規定は、磁石の終端は自己自身において対立しあっていること以外のなにものでもない。自己自身における区別でないようなものは、空間の空虚な区別でしかない。同様に、一本の線の一方の終端はそもそももう一方の終端から分離できない。[8] けれども、つぎに、このような二つの磁石を地球と比較してみると、二つの磁石は、一方の終端でおよそ北極の方向をとり、これに対し、もう一方の終端は南極に向きを変えられる。ここで明らかなのはつぎのことである。すなわち、二つの磁石の北極同士は互いにはじきあい、また南極同士も同様であるが、一方の磁石の北極ともう一方の磁石の南極とは互いに引きつけあう、ということである。[9] 北極への方向は太陽の軌跡から得られるのだから、磁石に独自のものではない。[10] 個々の磁石はみずからの一方の終端を北極に向け、みずからのもう一方の終端を南極に向けるのだから、中国人が磁石は南を指すと言うのは、われわれが磁石は北を指すと主張するのと同じように正しい。二つの限定の仕方は同一である。[11] このことはまた、二つの磁石の相互の関わりでしかない。地球の磁気がそのような鉄片を確定しているからである。ただつぎのことだけはよく弁えておかなくてはならない。すなわち、われわれが磁石で北極と名づけているもの（いまたびたび紹介した専門用語の逆転は多くの誤解をなすものだが）は、本来、その事柄の本性からいえば、南極である。というのも、磁石の南極は地球の北極に近づくからである。[12] こうした現象が磁気の理論のすべてである。[13] 磁気とは何か、磁気は流れであるかどうか等々はまだ知られていない、と物理学者はいう。[14] こうしたことはみな、概念によって承認されない例の形而上学にふさわしい。[15] 磁気は秘密に満ちたものではない。[16]

[四]ある磁石の諸部分を取り上げて吟味してみると、たとえそれが線でなくとも、つねにその衝動の現実作用（Wirksamkeit）は座標軸である観念的な線になる。[1] そのような諸部分には、いまかりにそれらが立方体や球等々の形式をもっているとすると、こんどはいろいろな座標軸がありうる。こんなふうにして、地球には磁気をもったいろいろな座標軸があるのだが、それらのどの座標軸も運動の座標軸と直接重なり合うわけではない。[2] 磁気は地球においては自由である。なぜなら、地球は、真の結晶に達することはなく、個体性を生みだすものとして形態化の抽象的で憧憬的な衝動に留まるからである。[3] さて、地球はこのように生き生きとした磁石であり、磁石の座標軸は特定の点に固定されないのだから、磁石の針の方向はたしかにおおよそのところ真の子午線の方向である。だが、磁気をもった鉄片が厳密にこの子午線と重なり合うわけではない。これが、磁石の針が東と西に向けた方位角である。だから、方位角は、別の場所と時間では異なる。——すなわち、普遍的自然の揺れである。[4] そもそもこうした座標軸に対する磁石の針の関係についていえば、物理学者はつぎの点に立ち返った。すなわち、このような鉄片を、あるいは同じことであるが、座標軸の方向において規定されたものを放棄することである。[5] 彼らが見出したものは、地球の中間点にある磁石を想定することは経験だけからいっても十分ありうる、ということである。地球の中間点の磁石は無限の内包をもってはいるが、しかし外延はない、ということになる。ようするに、地球の中間点の磁石は、ある点においては別の点におけるよりもより強力であるような、そうした線ではまったくない。言い換えれば、磁極の近くにある磁気をもった鉄の場合、中間点にある場合よりも鉄屑をよりつよく引きつけ、磁極から中間点に到る過程でこの引きつけの働きを絶えず減じていくことになるが、そうした線ではない。[6] そうではなく、磁気は地球のまったく普遍的なものである。地球はいたるところで磁気そのものである。[7] ——ここから二つの付帯項目が続くことになる。[7]

[五]
3 磁気がどの種の物体に現象するかということは、哲学にとってはまったくどうでもよいことである。[1] とりわけ、

磁気は鉄において見られるが、しかしニッケルにもコバルトにもある。[2] リヒター（注1）は、純粋なコバルトとニッケルを示そうとして、それらもまたやはり磁気的なのだといった。[3] 別の人々は、それでもたえず磁気の中にあるのは鉄である、だからこの金属のみが磁気的なのだ、と主張した。[4] 鉄がその凝集状態力および内的結晶化からみて磁気的であること、形態化の衝動がそういうものとして鉄において示されること、このことは概念にまったく関係ないことである。[5] けれども、他の金属もまた、もしそれらが特殊な温度をもつならば、磁気的になる。磁気が、ある物体において現れるということは、それゆえ、その物体の凝集状態と連関している。[6] けれども、概して金属のみが磁気化しうる。というのも、金属は、絶対に脆弱なものでないものとして、単純な比重の均質の連続性を自身のうちにもっているからである。比重は、われわれがここでさらに考察するように、抽象的な形態である。金属は、だから、熱伝導体であり、磁気の伝導体である。[7] 塩土(Salz und Erde)においては磁気そのものは現れない。なぜなら、塩土は中性的であり、そこでは差別が無力となるからである。[8] だから、より立ち入った問いは、鉄のどの性質がほかならぬ鉄に主として磁気を現象させるのかである。[9] 鉄の凝集状態は、この金属における脆さと連続性がいわば均衡しているために、形態化の衝動をある緊張状態として、成果が生ずることなしに、もともと自体的にもつことができる。[10] この金属は、最高に脆弱なものから最高にしなやかなものにいたるまでささげられ、両極端を、貴金属の均質な連続性に抗して、結びつける。[11] 磁気は、ところで、それにしてもまさに開かれた脆さである。開かれた脆さは、いまだに純粋性に移行したことがない、という独自性を含む。[12] 鉄は、だから、たとえば金のようなもっとも高い比重の金属よりも、はるかにずっと酸の現実作用に開かれている。もっとも高い比重の金属は、緊密な統一の中にあって、その統一からでて区別へ到ることがない。[13] 逆にいえば、鉄という金属は、比重の低い金属のように鈹《かわ》質の形態でみずからを維持する困難さがない。比重の低い金属は、酸に弱く、崩れやすくて、さらには半金属のようにほとんど金属的な形態でみずからを維持できない。[14] 鉄において北極と南極が無差別点のほかに明白な現存在をもつということは、それにしてもいつも出くわす自然の無邪気さである。自然は、みずからの抽象的な諸契機を同様に抽象的に個々の事物において示す。[15] こんなふうにして、磁気は鉄鉱石に現れる。けれども、磁‐鉄鉱は、磁気の現れを特有な仕方で示すように思われる。[16] ——すなわち、多くの磁石はたしかに針への作用を示すが、他の鉄を磁気化することがない。このことをフンボルトがバイロイトの蛇紋石の山で発見した。[17] その鉱坑の中では、磁気が可能であるどの物体も、それ自身磁石であるのに、まだ磁気を帯びてはおらず、それが坑外に運ばれて初めて磁気を帯びる。差別のある緊張状態が措定されるためには、大気の中の光の刺激が不可欠なのである[18]（注2）。

（注1） イェーレミアス・ベンヤミン・リヒター（Jeremias Benjamin Richter, 1762-1807）はベルリンの鉱山行政の公務員。ヘーゲルが言及したのは、リヒターの論文「コバルトとニッケルを蒼鉛、砒石、鉄、銅から純化する今までにもっとも確実な方法」（Ueber die bis jetzt sicherste Reinigungsmethode des Kobalts und Nickels vom Wismuth, Arsenik, Eisen und Kupfer）で、これは、A・F・ゲーレン（Gehlen）の『化学新一般誌』（Neues allgemeines Journal der Chemie, 1804 Berlin）に掲載された。

（注2） シュピックスとマルティウスの『旅行記』〔第三〇三節補論第二段落の注参照〕第一巻、六五ページ。「磁気的な両極性の現れは、この」（マデイラの）「硬砂岩においての方が、深いところに位置している玄武岩におけるよりずっと明確である。」——これも、高いところにある岩石が大地からとても分離しているのと同じ理由から生ずるのである（『エディンバラ学術雑誌』一八二一年、二二一ページ参照）。[1]（原注）

〔六〕

4 それゆえ、さらに、つぎのように問われる。すなわち、どういう事情と条件の下で磁気が現れるのか。[1] 鉄は灼熱となって溶けると、みずからの磁気を失ってしまう。同様に、煆焼された鉄は、そこで鉄は完全に酸化させられたのだが、磁気を帯びていない。なぜなら、そこでは、鈹質の金属の凝集状態がまったく破壊されたからである。[2] 鍛造すること、ハンマーでたたくこと等々は同様に差異性をもたらす。[3] 鍛造された鉄は、磁気を非常に容易に受け取るが、同じように急速にふたたび喪失する。これにたいして、鋼は、その中で鉄はしっかりとした土状断口を獲得するのだが、磁気を受け取るのがずっと困難である。けれども、獲得した磁気はずっとがっちりと保ち続ける。このことは、鋼の最高に脆弱な性質に基づく。[4] 磁気の発生において示されるのは、このような可動性の性質である。つまり、磁気は決して固定的ではなく、消えたり生じたりする。[5] たんに撫でるだけでも鉄は磁気的になる。しかも両磁極においてである。けれども、それは子午線の方向に撫でなくてはならない。[6] 素手で打ちつけたり、軽くたたいたりすること、空中で振動させると、それぞれ同じように磁気的になる。[7] 凝集状態が揺らいでくると緊張状態がもたらされる。これは、自己を形態化しようとする衝動である。[8] 鉄の棒もまた、しばらくの間ただ空気にさらしたままおかれると、磁気的になる。鉄のオーブン、教会の上にある鉄の十字架、風向旗、概して鉄の物体はいずれも容易に磁気的確定をみずからに受け取りやすい。こうした物体の磁気が示されるためには、弱い磁石がありさえすればよい。[9] しかもそのうえ、磁気から自由な鉄をつくり、それを維持しようと試みようものなら、ただそれだけですら最大の苦労が必要となる。それはただ灼熱にして溶かすことによるしかありえない。[10] ——ところで、もしある棒を撫でると、一方の磁極が磁気的でない、そうしたある点が生ずる。同様に、他面では、もう一方の磁極が、ある一定の点で磁気効力がない。[11] それがブルークマンス(注1)の二つの無差別点である。二つの無差別点は、一般的無差別点からは区別される。これはまた決して中間に移行しない。[12] では、上の二つの点においてもまたある潜在的な磁気を想定しようとでもするであろうか。[13] それぞれの磁極の作用がもっとも強力であるような点を、ヴァン・スウィンデン(注2)は絶頂点と名づけた。[14]

(注1) アントン・ブルークマンス(Anton Brugmans, 1732-1789)、オランダの哲学者にして自然科学者。ヘーゲルが言及したのは、彼のラテン語論文(一七六五年)の独訳「磁気的な物質とその鉄と磁石における作用についての哲学的探求」

(Philosophische Versuche ueber die magnetische Materie, und deren Wirkung in Eisen und Magnet, Leibzig 1784)である。

(注2) ヤン・ヘンドリク・ヴァン・スヴィンデン(Jan Hendrik van Swinden, 1740-1823)、オランダの物理学者にして哲学者。磁力の研究でパリ学士院(一七七七年)、バヴァリア学士院(一七八〇年)から賞を得ている。

[七] 磁気化されていないある鉄片は、ある針の先で支えられた場合は、みずからの両終端の均衡によって水平であるが、磁気が発生した後では、ただちに一方の側面が下の方へ下がる(第二九三節注解)。地球の北極では北の端が、地球の南極では南の端が、緯度が高くなればなるほど、すなわち、地理学的な場所が磁極に近くなればなるほど、それだけますます下の方へ下がる。[1] 結局磁石の針が磁気をもった極のところで磁気をもった子午線のラインと直角をつくると、その磁石の針は垂直に立つ。すなわち、直線となる。直線は地球からの純粋な特有化、隔たりとなる。[2] これが傾角である。傾角は場所と時間に応じて異なる。パリー(注)は、みずからの北極探検で、このことを非常に強く感じた。すなわち、彼は磁針をもはやまったく使えなかった。[3] 傾角は、磁気を重さとして、しかも特異な方法で、鉄の引きつけによるものとして示す。[4] 磁気は、質量のある梃子でイメージされるが、一つの重心をもっている。両側へ傾こうとする、重心の質量は、たとえ自由な均衡にあるとしても、それにもかかわらず、重心の質量が特有化しているために、その一方の側がもう一方の側よりもより重い。[5] 比重は、もっとも素朴な在り方で、ここで確定(措定)されている。比重が変化するのではなく、ただ別様に確定されるだけである。[6] 地球の座標軸は、同様に、黄道にたいする傾角をもっている。けれども、これは、本来は、天の領域の規定と深く結びついている。[7]

(注) 第二八七節補論第二段落の注を参照。

[八] だが、じっさいは、地球全体において、特有なものと普遍なものとがつぎのように相互にべつべつに現れている。す

なわち、振り子の別の場所を占める特定の質量は、別の力をもつ、つまり、磁極のところではその質量の比重が赤道のもとでよりもより大きい。というのは、その質量は、同じ質量が別の態度をとるものだということを示しているからである。[1] 物体がこれにかんして相互に比較できるのはただつぎの限りにおいてのみである。すなわち、物体がみずからの質量の力を運動の力として示し、その運動の力が自由なものとして自身と同等であり、存続するものであるという限りにおいてのみである。[2] 振り子の中では質量の大きさが運動する力として現れるのだから、振り子における同一の質量は、磁極に近ければ近いほど、より強力な運動の力をもたざるを得ない。[3] 求心力と遠心力とは、地球の自転のために、離れ離れに現れるはずである。けれども、物体がより強い遠心力をもち、より以上の力で落下の方向からそれるのか、それとも、その物体が急激に落下するのかということはどうでもよい。というのは、いずれを落下と呼び、放出と呼ぶべきかは同じことだからである。[4] さて、たしかに重力は同じ高さと質量のもとでは同一であるとしても、振り子においてはこの力そのものが規定される。すなわち、まるで物体がより高いところから落ちたりあるいはより低いところから落ちたりするかのように、規定されるわけである。[5] だから、別の緯度のもとで現れる別の大きさの振り子運動が示している区別もまた、重さそのものの一つの特有化である（第二七〇節注解第一〇段落、および補論第九段落以下を参照のこと）。[6]

三一三

こうした自己自身へ関係する［概念］形式が、［a］さしあたり、存立する差異の同一性というこの抽象的な規定のなかに現存するかぎり、［b］したがって統合された形態のなかで、すでに所産となって無力化されているのではないかぎり、この［概念］形式は、［a］活動として、ただし、［b］形態という領域の中で、自由な機械的関係の内在的な活動、すなわち、場所的関係を規定する内在的な活動である。[1]

磁気と電気と化学的関係が同一だということは、現在では一般に承認されている。物理学では根本的な基本とされている。これにかんしてここで一言したい。[1] 個体的な物質的なものの中の形式の対立は、さらに進んで、実在的な電気的な対立として、またもっと進んで、もっと実在的な化学的な対立として規定される。[2] これらすべての特殊な形式の根底には、その実体として形式の同一の普遍的な統合性がある。[3] さらに、過程としての電気と化学的関係は、さらに実在的な、物理的にさらに立ち入って規定された対立の活動である。しかしこれらの過程は、それ以外にまず何よりも、物質的な空間性の関係の中の変化を含んでいる。[4] このような具体的な活動が同時に機械化するような規定であるという面から見れば、この具体的な活動は、もともと自体的には、磁気的な活動である。[5] この磁気的な活動そのものが、このもっと具体的な過程の内部でもどれほどまで現象することができるかという点にかんして、経験的な条件が最近発見された。[6] したがって、これらの現象の同一性が、「電気-化学的」関係、あるいはまた「磁気-電気-化学的」関係などなどの名をもつ観念表象の中で承認されるようになったことは、経験科学の重要な進歩とみなされなければならない。[7] しかしそのなかに普遍的な形式が現存する特殊な形式や、これらの形式の特殊的な現象は、本質的にそれぞれ互いに区別されなければならない。[8] 磁気という名は、形態そのものの領域の中のものとしての、すなわち、たんに空間規定にのみ関係するものとしての明確な形式とその現象のために保存しなければならない。それは電気という名称も同様に、この名称によって明確にあらわされる現象規定のために保存しなければならない。[9] 以前には、磁気と電気と化学的関係は、互いに関係のない、完全に分離される、それぞれ一つの自立的な力とみなされていた。[10] 哲学がこれらの現象の同一性という理念をとらえるようになった。しかしこれらの区別は明確に保留していた。物理学の中の最近の考え方では、これらの現象の同一性という一方の極へ飛び移っているように見える。その結果、これらはどのように区別すべきであるか、という難関に直面しているようである。[11] 区別と同一性の両者を合一しようとする欲求に困難がある。この解決は、概念の本性のなかにしかない。「磁気‐電気‐化学的関係」(Magneto-Elektro-Chemismus)などという、さまざまな名称をごったまぜにした同一性のなかにはない。[12]

補論　［一］ 磁気の線の性質(前節の補論の1)にたいして二番目に発せられるものは、この活動の諸規定態への問いである。[1] われわれが取り扱ったのは、物質が特有に規定されていることではなく、ただ物質の空間性の関わりだけであった。それゆえ、変化はただ運動でしかありえなかった。というのも、運動はまさに時間における空間的なもののこうした変化だからである。[2] しかし、さらに立ち入っていえば、この活動は、活動を担う物質的な基体をもたねばならない。なぜなら、活動はまさに物質の中に埋没してしまって、もう現実化しないからである。というのも、形式は基体の中ではただ直線の方向としてしかないからである。[3] これに対して、生命体の中では、物質は、生動性自身によって規定される。[4] ここでもまた、たしかにその規定性は内在的規定性であるが、しかし、その内在的規定性は重さをただ直接的に規定するだけで、まだそれ以上の物理的規定をもってはいない。[5] けれども、その活動は、物質の中に押し入る、しかも外的になされる機械的な動因によって伝達されることなくして、そうする。活動は、物質に内在的な形式として、物質化した活動であり、物質化する活動である。[6] そして、この運動は無規定なのではなく、反対に規定されているのだから、その運動は、近づくことであるのかそれとも遠ざかることであるのかのいずれかである。[7] だが、磁気は、重さとは別である。磁気は、重さの垂直的な方向とはまったく別の方向に物体的なものをしたがわせるからである。磁気の現実作用は、まさにつぎのような限定である。すなわち、鉄のやすり屑が、たんなる重さにしたがえば落ちていくはずのその場所に落ちないように、あるいはそこに留まらないようにする。[8] ところで、この運動は、回転ではない、つまり、天体の運動のように曲線的ではない。天体の運動は、引きつけたり跳ね返したりしない。[9] そのような曲線は、だから、一つの近づくことであり遠ざかることである。それゆえ、そこでは、牽引と反発もまた分離されえなかった。[10] だが、ここでは、これらの二つの運動は、分離されて、近づくことおよび遠ざかることとして現存する。なぜなら、有限で個体化した物質の中では、概念の中に含まれている諸契機が自由(遊離態)になるはずだからである。そして、それらの諸契機の運動の区別に対しては、それらの統一もまた現れてくる。けれども、それらの諸契機はただもともと自体(即自)的に同一であるだけである。[11] それらの諸契機の普遍的なものは静止である。そしてこの静止は諸契機の無差別である。というのは、諸契機を分離し、特定の運動が現前するようにするためには、静止点が必要だからである。[12] けれども、運動そのものの中の対立は、直線的なものの中の現実作用のある対立である。というのは、現に存在しているのは、同一の線の中で遠ざかることおよび近づくことという単純な規定性だけだからである。[13] 二つの諸規定は、交代できないし二つの側面に分けられることなく、常に同時である。というのは、われわれが問題にしているものは時間の中にではなく、空間的なものの中にあるからである。[14] それゆえ、引きつけられるものとして規定されること、まさにそのことによって同時に跳ね返されるものとして規定されるのは同一の物体であるよりほかにない。[15] 物体がある点に近づく、そしてその物体がそうすることによって、その物体にあるものが伝達される。物体それ自身が規定される。そして、物体はそのように規定されることによって、同時に他面では自己を動かす。[16]

〔二〕 磁気に対する電気性の関係は、とくに、ガルヴァーニ式のヴォルタ電堆の中で示されていると考えられた。[1] その思想が両者の関係をもうとっくに把握してしまった後では、この関係は現象の中でもまた示された。そもそも、概念の同一性を現象の同一性として探究し叙述することこそ、物理学者の仕事である。[2] けれども、哲学は、この同一性を表面的な仕方で捉えるわけではない、つまり、磁気と電気性と化学作用はまったく同一のものであるといったような抽象的同一性としてこの同一性を捉えるのではない。[3] 哲学がとっくに主張していたことは、磁気は形の原理であり、電気性と化学的過程はこの原理の別の諸形式でしかないということであった。[4] かつては、磁気は孤立化されて、あまり重視されてはいなかった。磁気がなくなれば何が自然の体系に欠けてしまうことになるかということはまったく理解されなかった。——せいぜい船乗りにかかわるくらいのものであった。[5] 磁気の、化学作用と電気性とのつながりは、これまでの考察の中にある。[6] 化学作用は統合性であり、物体はみずからの特有な特殊性に基づいて化学的関係の中に入り込む。けれども、磁気はたんに空間的でしかない。[7] もっとも、ある事情のもとでは、磁気を帯びた極は電気的にも化学的にも違ったふうになる。あるいは逆にもなる。ガルヴァーニの過程によって、容易に磁気は示される。閉鎖された連鎖が磁気にとってきわめて敏感に作用するからである。[8] 電気的なガルヴァーニ活動と化学的な過程との中には差別が認められる。それは、物理的な諸対立の過程である。[9] さて、この具体的な諸対立が磁気の低い段階でもまた現れるということはまったく当然のことである。[10] 電気的過程はまさに運動でもある。けれども、電気的過程はなおさらに物理的諸対立の闘争である。[11] さらに、電気においては、両電極は自由であるが、磁気においてはそうではない。電気においては、それゆえ、両電極は相互に特殊な物体である。その結果、電気の中で、両極性は磁石のたんに線的でしかない現存とはまったく別の現存を得る。[12] けれども、金属の物体が電気的過程によって運動させられ、その金属の物体にはあらかじめ物理的な諸規定が現前していないとすれば、金属の物体はみずからの流儀にしたがってその過程を自身において示す。その流儀は運動のたんなる活動であり、その場合は、それが磁気である。[13] それゆえ、それぞれの現象の中で、どれが磁気的契機であり、どれが電気的契機であるのか等々がよく見極められねばならない。[14] あらゆる電気的活動が磁気であるとよくいわれた。すなわち、差別があり、しかも離れればなれにあり、それでいて相互にかかわりあるのは根本力による、というわけである。[15] もちろん、それは、電気的過程においても、化学的過程においても現れるのであるが、磁気におけるよりももっと具体的な在り方でのみ現れる。[16] 化学的過程は現実的に個体化する物質の形態化過程である。[17] それゆえ、形態化の衝動はそれ自身化学作用の契機である。この契機がとりわけガルヴァーニの連鎖の中で自由となる。そこには全体的に緊張状態が現前している。けれども、その緊張状態は、化学的なものの場合のように、産物に移行することはない。[18] この緊張状態が極端に集中されると、ここに磁石への影響が現れる。[19]

［三］その場合いっそう興味深いのはつぎの点である。すなわち、ガルヴァーニ過程のこうした活動が、磁気的に規定されたある物体を運動させるとき、この物体を偏角させることである。[1] そこでつぎのような対立が生みだされる。すなわち、南極と北極が偏角するように、その磁石が東に偏角するのかそれとも西に偏角するのか、という対立である。[2] この点にかんして意義深いのは、わたしの同僚であるP・エルマン教授(注)のガルヴァーニの連鎖を自由に漂わせる装置である。[3] すなわち、細長い厚紙ないしは鯨骨を切って、それの終端の一方に(あるいは中間にも?)銅ないしは銀の杯状のものを取り付ける。[4] その杯状のものを酸で満たし、一本の細長いあるいは針金状の亜鉛をその酸の中に差し込む。そして、針金状の亜鉛を細長い鯨骨の周りに回して、鯨骨の終端のもう一方にまでとおし、そこから杯状のものの外側にまでつなげる。[5] そうするとガルヴァーニ反応が発生する。[6] この全体を、一本の糸の下に吊り下げると、磁石の両磁極に向けることができる。その場合は、今度は、その可動的装置は別に措定される。[7] このように吊り下げられた、可動的なガルヴァーニ電池を、エルマンは、回転連鎖と呼ぶ。[8] プラスEの電線は南から北へと向いている。[9] エルマンは語る。「その装置の北側の終端に磁石の北極を東側から近づけると、この終端は跳ね返される。けれども、同じ北極を西側から近づけると、引きつけが生ずる。[10] トータルな結果は、両方の事例で同じである。というのも、引きつけられようが跳ね返されよ

うが、その回転連鎖は、もしそれがあらかじめ南−北の位置に置かれているならば、そのカーブの外部に取り付けられた磁石の北極の前では、つねに西よりから、すなわち左から右へ流れるからである。[11] 磁石の南極は逆の作用をもたらす。[12]」化学的両極性は、ここでは磁気的な両極性と対立する。磁気的両極性は北-南-両極性であり、化学的両極性は東-西-両極性である。化学的両極性は、地球において、きわめて包括的な意義を受け取る。[13] ここでもまた、磁気的規定性の一過性が目の前に現れる。[14] ガルヴァーニ連鎖の場合、磁石が上に置かれると、その「プラスマイナスの」限定は、磁石が中間におかれるときとまったく別になる。すなわち、プラスマイナスの限定はすっかり逆転する。[15]

（注）パウル・エルマン(Paul Erman, 1764-1851)、一八一〇年の創立時からベルリン大学の物理学教授で、シェリングの自然哲学の批判者として知られている。ここでヘーゲルが引用したのは、『エルステッド［デンマーク読みではエールステズ］によって発見された電気化学的磁気の物理学的諸関係の概略』(ベルリン、一八二一年、一四ページ)で、自由に動けるように糸で吊り下げた電池と磁石の関係を扱っている。

三一四

形式の活動は、概念一般の活動にほかならない。すなわち、同一的なものを差別的に、差別的なものを同一的に措定する活動である。したがって物質的な空間性というこの領域では、形式の活動は、［a］空間の中で同一的なものを差別的に措定する活動、すなわち、［b］この同一的なものを自分から遠ざける(斥ける)活動、［c］空間の中に差別的なものを同一的なものとして措定する活動、すなわち、［d］この差別的なものを近づけ、接触させる(引きつける)活動である。[1] しかしこの活動は、物質的なもののなかで、まだ抽象的な活動として現存している。この活動は、それだからこそ磁気なのである。そのためにただ線的なものだけを活性化する(第二五六節)。[2] 同一性と差別性という、形式のこの両規定は、この線的なものの場合には、たんにこの線的なものの区別、すなわち、両端に分離してあらわれうるだけである。そしてこの両規定の活動的な、磁気的な区別は、たんにつぎの点にあるだけである。すなわち、一方の端(一方の極)は、他方の端(他方の極)が自分から遠ざけるまさにその当のもの——第三者——を自分と同一なものとする(setzen)という点である。[3]

磁気の法則は次のように言える。同名の極は互いに斥け合う。異名の極は互いに引きつけあう。同名の極は敵対的である。異名の極は友好的である。[1] しかし同名に対しては、第三者によって同じように引きつけられ、あるいは斥けられるものは同名であるということ以外には何の規定もない。[2] この第三者には、同名のものを、あるいは、一般に他者を、斥けるか、それとも引きつけるか、という定義づけがあるだけである。[3] すべての規定は、全くたんに相対的である。それは、異なった、感性的で無関心な現存をもたない。前にも(第三一二節注解)注意したが、北と南のようなものは、根源的な、最初の、すなわち、直接的な規定を含んではいない。[4] したがって、異名のものの友好性と同名のものの敵対性は、すでに前提されている磁気・固有のものとしてすでに規定されている磁気に派生する、もっと特殊的な現象なのでは決してない。それが表現しているのは、磁気の本性そのものであり、したがって、概念がこの領域で活動として措定されているときは、概念の純粋な本性以外の何ものでもない。[5]

補論 [一] だからここでさらに発せられる第三の問いは、近づけられ、遠ざけられるものとは何か、である。[1] 磁気作用はこうした分離(Diremtion)である。けれども、いまだに、この点を磁気作用から見て取る人はいない。[2] あるものが、まだ没交渉であるような他のものと関係すると、その第二のものは第一のものの一方の端項から一方の端項を、第一のもののもう一方の端項からもう一方の端項を受け取る。[3] その感染の本質は、最初のものの反対にさせられる、ということであり、その結果ようやく第一のものの他のものとして（しかも他のものとしての第一のものによって措定されることで）同一的に措定される。[4] だから、形式の実作用は、他のものをかろうじて対立したものとして規定する。形式は、他のものに対して現実存在する過程としてある。[5] その活動は他のものにかかわり、他のものを自分に反対のものとする。[6] 他のものは、最初はただ、われわれにとっては、比較の中でだけある他のものであった。いまでは他のものは、形式からみて、他のものとして規定され、そのうえ同一的に措定されている。[7] 逆に、別の側には規定の対立した側がある。[8] 線的な作用が第二のものに伝達されるとみなされなくてはならない。そうした第二のものは、一方の側からみて対立したものとして感染されている。それによって、第二のもののもう一方の端項は、そのまま第一のものの最初の端項と同一なのである。[9] 第二の物質的な線のこうした第二の端項が第一の物質的な線の第一の端項と接触すると、第二の端項は第一の端項と同一であり、したがって、この第二の端項は遠ざけられる。[10] 感性的な把握と同様に、悟性的な把握もまた、磁気作用のもとでは消え失せる。[11] というのも、悟性にとっては、同一のものが同一的であり、差別的のあるものが差別的だからである。もっといえば、いずれの側からみても二つの事物は同一的であることによって二つの事物は差別的でない。だが、磁気作用では、まさにつぎのようなことが現れている。すなわち、まさに同一のものが同一であるその限りで、同一のものは自分を差別的に措定し、まさに差別のあるものが差別的であるその限りで、差別のあるものが自分を同一的に措定する。[12] その区別は、区別そのものでありしかも同時にその区別の反対であるということである。[13] 両磁極の中の同一のものは自分を差別的に措定し、両磁極の中の差別のあるものは自分を同一的として措定する。これが明白で活動的な概念である。けれども、その概念はまだ現実化していない。[14]

〔二〕これが、対立したものを同一的に措定するものとしての、統合された形式の実作用である。――すなわち重さの抽象的な実作用（そこでは同一のものと差別のあるものとはすでに可能的には同一であるが）に対する具体的な実作用である。[1] これに対して、磁気作用の活動の本質は、最初に他のものに感染し、重さをもつものにすること、である。[2] 重さは、それが牽引をもっているにもかかわらず、磁気作用ほど活動的ではない。なぜなら、牽引するものはすでにそれ自体として同一的であるからである。ここでは、しかし、他のものがようやく、牽引しかつ牽引されるものとしてつくられる。――そうしてはじめて形式が活動的なのである。[3] 牽引することはまさにつくることである。つまり、他のものがつくるものとまったく同様に自分で歩み出すように、つくることなのである。[4]

〔三〕一つの点で自分を支える主観性と、たんに連続的なものとして、ただし自身で完全に非確定的にあるにすぎない流動的なものという両端項に対して、その中間となるのがいまでは磁気作用である。すなわち、磁気作用は、すでに針状氷晶で示されたように、結晶で物質的産物に到る、そうした形式が抽象的に自由になること、である。[1] こうした自由で弁証法的な活動（この活動はそういうものとしてねばり強い）として、磁気作用は、自体的にあることと自己‐実在‐化との間の中間でもある。[2] 磁気作用の中で運動する活動を個別化することは、自然の無力である。だがそのとき、そのようなものを全体に導くことは思想の威力である。[3]

三一五

γ)［形式の］活動は、その所産に移行すると、形態である。それは結晶として規定される。[1] このような統合性のなかでは、差異のある磁極は中和性へ還元される。場所を規定する活動の抽象的な線性が実現されて、全物体の面と表面になる。もっと詳しく言えば、一方では、脆弱な点性は、発展した形へ拡張されている。しかし他方では、球の形式的な拡張は、限界づけに還元されている。[2] ここで働いているのは、一つの［結晶化という］形式である。それは、物体を外へ向かって（球を制限するようにして）結晶させる。同時に、それは（点性を形態形成することによって）物体の内面的な連続性を徹頭徹尾（薄片の透過、核形成）結晶させる。[3]

補論［二］ 第三のものがようやく形態、すなわち磁気作用と球体の統一としての形態である。まだ非物質的な規定作用が物質的となる。このようにして、磁気作用の非静止的活動が完全な静止に到達した。[1] ここには、遠ざかることも近づくこともない。いっさいが自分の場所で位置づけられる。[2] 磁気作用は、さしあたり、一般的な自立性、地球の結晶に移行する。[3] ——すなわち、線は丸い空間の全体に移行する。けれども、個体的結晶は、実在的な磁気作用として、統合された在り方をしている。すなわち、その統合された在り方の中では衝動は消え去り、諸対立は等妥当性（Gleichgueltigkeit）の形式として中和化される。そのとき、磁気作用は自分の差別を表面の規定として表す。[4] だから、われわれがここで問題とする内的形態は、もはや、そこに（da）あるために、ある他のものを必要とするのではなく、自己自身によってそこにある、そうした内的形態（innere Gestalt）にほかならない。[5] すべての形態化は、磁気作用を自身のうちにもつ。というのも、形態化は空間における完全な限定化であり、この限定化は内在的な衝動つまり形式という技巧の名手（Werkmeister）によって措定されるからである。[6] これが、時間を超えて自分の次元を顕わにする、自然の無言の活性である。——すなわち、自然に固有の生命原理である。この生命原理は自分は動くことなく自分を顕現させる。生命原理によって形成されたものについては、それがそこにあるとしか言えない。[7] その原理は、流動的に膨張しながら、いたるところにある。その中には、原理にとって何の抵抗もない。あるのは、いっさいを全体の等妥当的な諸部分に関係づける、静かな形式化作用である。[8] けれども、磁気作用は結晶の中では充足しているので、磁気作用はその中ではそういうものとして現れているわけではない。ここで等妥当的な流動性のうちに注がれながらも同時に存立する現存在をもつ、磁気作用の不可分な諸側面は、形成作用であるが、この形成作用はこの流動性で消えてしまう。[9] だから、自然哲学で、磁気作用はまったく一般的な規定である、といえば正しい。けれども、磁気作用を形態の中でなおも磁気作用として示そうとすれば間違いである。[10] 抽象的な衝動としての磁気作用の確定は、まだ線的である。完遂されたものとしての磁気作用は、あらゆる次元にわたって空間的な限定を規定するものである。形態は、あらゆる次元にわたって延べ拡げられた、静止的物質である。――すなわち、無限な形式と物質性との中和性である。[11] だから、ここで示されているのが、機械的質量全体に対する形式の支配である。[12] もちろん、物体は依然として地球に対して重さをもちつづける。この最初の実質的関わりはまだ保たれている。[13] けれども、精神である人間――絶対的に軽いもの――ですら、依然として重さをもつ。[14] それにもかかわらず、諸部分のつながりは、重さに依存しない、形式の原理によって内側から規定される。[15] だから、ここでまず現れているのは、自然そのものの合目的性である。すなわち、いくつかの等妥当的なものの、必然性としての関係（関係の諸契機は静止的な現存在をもつ）ないしはそこにある内部中心。――ようするに、自己自身による自然の悟性的な行い。[16] 合目的性は、だから、たんに外から物質に形式を与えるような悟性ではない。[17] 先に述べられた諸形式は、まだ合目的的ではなく、現存在として他のものとの関係を自己自身でもたない現存在である。[18] 磁石はまだ合目的的ではない。というのも、磁石の二分されたものはまだ等妥当的ではなく、ただ相互に純粋に必然的なものでしかないからである。[19] けれども、ここには、等妥当的なものの統一、あるいはその現存在が自分の統一の中でお互いに自由にあるようなものの統一がある。[20] 結晶の線は、こうした等妥当性である。一方を他方から引き離して、そのままにすることは可能である。けれども、両者は、相互の関係の中でのみ端的な意味をもつ。――目的はこうした両者の統一でありその指示内容（Bedeutung）である。[21]

〔二〕

けれども、結晶がこのような静止した目的であることによって、その運動は結晶の目的とは別のものである。つまり、目的はまだ時間としてあるわけではない。[1] 引き離された断片は等妥当的のままである。つまり、結晶の諸先端は解体できるが、その場合、諸先端の各部分は単独にある。[2] こういうことは磁気作用では起こらない。だから、これらの先端を、そこでの諸対立が主観的な形式によって規定されていることで、結晶における極と名づけるならば、その名づけ方はいつまでたっても非本来的である。[3] というのは、ここで区別されたものは静止的存立となったからである。[4] 形態は差別のあるものの均衡であるのだから、形態は、これらの差別をもまた自身で示さなくてはならない。その限り、結晶は、よそのものに向けて自分の質量を破壊することによって自分の性格を示すという、そうした契機を自身でもつ。[5] けれども、それによって、形態はさらにまた、自分も差別のもとへ踏み込み、差別あるものの統一でなくてはならない。結晶は、内的な形態とともに外的な形態をもつ。つまり、二つの、形式の全体をもつ。[6] この二重化された幾何学、この二重の形態化は、さながら概念と実在性、魂と身体である。[7] 結晶の成長は層を成して起こるが、破壊はあらゆる層を貫いて進行する。[8] 形式の内的確定は、もはや凝集状態のたんなる確定ではなく、あらゆる部分がこの形式と固く結びついている。物質はどんどん結晶化されていく。[9] 結晶は、外に向かって閉ざされており、同様にまた、自分の中で分離する統一の中で規則的に閉ざされている。[10] 面は鏡のように完全になめらかである。面には、等辺的なプリズム等から、外的な不規則性(その中にもまだある法則が認識されうるのだが)にいたるまでの規則的で単純な形態の縁や角がある。[11] むろん粒が細かい土状の結晶はあるが、その場合はどちらかというと形態は表面の側にある。土状性は、点の性質として、まさに形態のないものの形態である。[12] けれども、純粋な結晶は、たとえば方解石のように、自分の最も微小な諸部分の中でさえも、自分の内的形態を示す。しかも、純粋な結晶は、それが自由に内的な形式に基づいて粉々になるように砕かれる場合には、以前にはまったく不可視だった内的形態を示す。[13] ゴットハルトやマダガスカル島で発見された、長さ三フィート太さ一フィートもある大きな水晶は、つねに六角形の形態をもつ。[14] こうした核形態の例外のなさはとくに不思議である。[15] 偏菱形の形態をした方解石を砕くと、その断片は完全に規則的である。その断口が方解石の内的な性質に即してなされると、すべての面は鏡のようである。[16] さらにもっと砕いていくと、いつもおなじものが示される。魂にふさわしいものである観念的形式は、遍在的に全体を貫く。[17] この内的形態がいまでは統合性である。というのは、凝集状態では一方の確定である点、線ないしは面が支配的なものであったのに対し、いまでは形態は三つの次元のすべてにわたって形成されているからである。[18] 一般にヴェルナー（注1）にしたがって薄片の透過と名づけられているものこそ、いまでは、断口形態ないし核形態である。[19] 結晶は自分の核そのものを一つの結晶とし、内的形態を諸次元の一つの全体とする。[20] 核形態はさまざまでありうる。平らで、凸面の薄片形態から、すっかり規定された核形態までのさまざまな段階がある。[21] ダイヤモンドは、二重の四角錐［八面体］の形で外的に結晶化されると同様に、どんなに極度に透明であっても、やはりまた内的にも結晶化される。[22] ダイヤモンドを薄片状にはがしていくことは可能である。ダイヤモンドを研ごうとする場合、先端を取り出すことは難しい。けれども、ダイヤモンドをたたくと、ダイヤモンドが薄片の透過という本性に基づいて砕けるということはよく知られている。そのときダイヤモンドの面は徹底的に鏡のようになめらかである。[23] アユイ（注2）は、とくに、諸結晶をその諸形式に基づいて記述したが、彼によると、他の結晶も多くのものを付け加えなくてはならないとされる。[24]

（注1）アブラハム・ゴットロープ・ヴェルナー（Abraham Gottlob Werner, 1749-1817）。詩人ノヴァーリスの師、ゲーテとも親しかった。当時、もっとも影響力のある鉱物学者だった。

（注2）ルネ・ジュスト・アユイ神父（Abbé René Just Hauey, 1743-1822）。科学的結晶学の創始者、フランスの国立鉱山学校の教授。結晶面の有理指数の法則、結晶形の対称関係、格子構造の理論などを作り上げた。『鉱物学概論』（Traité de Minéralogie, 4 Bde., Paris 1801)。

〔三〕内的形式（第一形式）と外的形式（第二形式）とのつながりを見出すこと、前者から後者を導き出すことは、結晶学で興味深くてデリケートな要点である。[1] あらゆる観察が変化の一般的原理によって遂行されなくてはならない。[2] 外的結晶化は、つねに内的結晶化と一致しているとは限らない。すべての偏菱形の方解石が外的にも内的にも同一の確定をしているわけではないが、しかし、両形態化の間には一つの統一が現れている。[3] アユイは、周知のように、内的形態と外的形態との関係のこうした幾何学を化石で説明した。けれども、内的必然性を示すことも、その必然性と比重との関係を示すこともなかった。[4] 彼は、核を想定し、「構成分子」が一種の摩擦に基づいて核の面にあてがわれると考えた。その中で、外的形態は基礎系列の漸減によって成立するが、この系列の法則はまさにいま見出された法則によって規定される。[5] 同様に、諸形態と化学的物質とのつながりを、一方の形態が他方の形態よりもある化学的物質により独自である点を踏まえることによって、規定することは、結晶学と固く結びついている。[6] とりわけ、塩は、外に向かってもうちに向かっても、結晶している。[7] これに対して、諸金属は、それらが中和性的なものではなく、抽象的に差別的であるために、形式的な形態にもっと制限される。諸金属における核形態はもっと仮定的であるが、ビスマスでだけはそのような核形態が看取されている。[8] 金属はまだ実質的に等形式的なものである。[9] たしかに、軽い酸が金属の表面に作用する場合、たとえば錫や鉄といったモアレ（波形光沢）加工された金属では、結晶化の始まりが示される。けれども、その造形は規則的ではない。核形態との関連で、あるきざしが見えるだけである。[10]

b　個体的な物体の特殊化

三一六

§316

形態化、すなわち機械的な関係の空間を指定するような個体化は、物理学的な特殊化に移行する。[1] 個体的な物体は、もともと自体的には、物理的な統合である。この統合は、個体的な物体の側で、個体性のなかで規定され保持されている区別の中で、措定されなければならない。[2] これらの規定の主語として物体は、これらの規定を性質、あるいは述語として含んでいる。ただし、これらの規定は同時に、その束縛されない普遍的な元素への関わりであり、これらの元素をともなう過程である。[3] これらの規定はまだ個体性に還帰していない。また、その元素にたいするたんなる関わりであって、過程の実在的な統合ではない。その理由は、これらの規定の特殊化が直接的であってまだ措定されて(このような措定は化学的な過程である)いないからである。[4] これらの規定相互の区別は、その元素の区別であって、元素の論理的な規定性はそれぞれの元素の圏域で開示されている(第二八二節以下)。[5]

古代では一般に、物体はいずれも四つの元素から成ると考えられていた。近世ではパラケルススが、物体は水銀すなわち流動体と、硫黄すなわち油と、塩とから成ると考えた。そのほかにもこれに類した考えはいろいろあるが、これらの場合にまず第一に言えることは、反駁が容易であったということである。というのは、人々はこれらの名前で理解できることは、当面これらの名前であらわされている個々の経験的な素材だと思いこもうとしたからである。[1] しかし、これらの名前で理解できることが、はるかに本質的な意味で概念規定を含み、表現していたにちがいないということこそ、見落としてはならない点である。むしろ、思想が、このような感性的な特殊な実存のなかにもっぱら思想独自の規定と普遍的な意味だけを認め、これを確立した力業を賞賛しなければならない。[2] その上、このような探求と規定［四元素の再評価］は、現象の感覚的戯れやその混乱によって間違いを犯すこともない理性の、ましてや自分を忘れさることもない理性のエネルギーをその疾駆する源泉としているのだから、物体の性質の単なる探求や混沌とした物語よりもはるかにすぐれている。[3] こうした探求の場合には、功績と栄誉として通用するのは、いつの世にも何か特殊なものを探し回ったということであって、これほど多くの特殊的なものを普遍と概念へ還元し、この概念をこれらの特殊なもののなかに認めることではない。[4]

補論〔一〕 無限な形式は重さをもつ物質の中へと据えられるのであるが、結晶の場合にはそれがただ空間的な仕方でのみなされたに過ぎない。ここに欠けているのは区別の明細である。[1] 形式諸規定は今ではそれ自体で物質として現象せざるをえないのであるから、このことは個体性を通しての物理的な諸元素の再構成ないしは改造である。[2] 個体的な物体すなわち地上の物は空気・光・火・水の統一であり、これら元素が物体の側でどういう在り方をするか、これが個体性の特殊化(Besonderung)である。[3] 光は空気に対応する。そして、物体という暗闇に当ることで何らかの固有の陰翳との関係で個体化された光が色である。[4] 可燃性のもの、灼熱のものは、これを個体的な物質の一契機とみた場合は、その物体のにおいである。——物体が恒常的にまた疑いもなく消耗していくのは、しかし、酸化という化学的な意味での燃焼ではない。むしろこれは、特殊な過程の単純性へと向かって個体化された空気である。[5] 水は個体化された中(立)性としては塩や酸等であり、――すなわち物体の味である。中(立)性であることはすでに可溶性を、つまり他の物への実在的関係を、すなわち化学の過程を指し示している。[6] 個体的な物体の、色、におい、味といった諸々の性質は、それだけで自立して現実存在するのではない。むしろなんらかの基体に帰されるものである。[7] これらの諸性質は直接的な個体性というかたちでかろうじて保たれているのであるから、諸性質はまた相互に無関心である。したがって、性質の何たるかが、また物質の何たるかを、たとえば色素であるということを決める。[8] 個体性がいまだなお力弱いのは、諸々の性質がなお自由になることに由来する。凝集して保たれているような生命の力はここではまだ有機体の内に存在しているようには存在していない。[9] 特殊なものとしては、諸々の性質はまた、自分が生じてきたところのものとの連関を保持しているという普遍的な意味をも持っている。[10] 色はしたがって光と関係し、光によって漂白される。においは空気と関わる過程である。味も同様にそれ自体の抽象的な元素である水との連関を保っている。[11]

〔二〕今ここではにおいと味とを一緒にして問題にしているのだが、においとか味とか名前を見ただけでもう感性的な感覚のことが思い浮かぶ。においと味とは、たんに物体に属するような物理的な性質を表わすだけでなく、こうした主観的なものも表わすからである。すなわち主観的な感覚にとっての、こうした性質の存在を表わしている。要素となる諸規定が、こうして登場してくるとき、個体性という領域の内部で感覚に対するこうした性質の関係もまた言及されなくてはならない。[1] さて、まずなぜここでまさに主観的な感性に対する物体の関係が成立するのかが問題になる。そしてさらに、客観的な諸性質の側では何がわれわれの五感に対応するのかが問題になる。[2] たった今述べた色とにおいと味はわずか三つのものに過ぎない。これに対して、われわれは視覚と嗅覚と味覚という三つの感覚をもつ。[3] 聴覚と触覚はここでは登場してきていないが、同様にこの二つの感覚に対応する客観はどこにその場を占めるのかと問うことができる。[4]

α)〔三〕前者の関係にかんしては、以下のことが注意されなければならない。[1] われわれが考察していたのは個体的で自分自身の中に閉じ込められた形態である。この形態は、統合されたものとして、単独で完結しているという意義をもっている。だからこの形態は、もう他のものとの何らかの差異で捉えられることはない。したがって他のものに対しては何らの実際的な関わりも持たない。[2] 凝集力の諸規定は他に対して無関心ではない。それどころか、他に対する連関の中にしかない。形態はこれに反してこうした関係の与り知らぬものである。[3] 関係はなるほどまた機械的に扱われうるものではある。しかし、形態は自分自身への関係であるがゆえに、他のものがこの形態へと関係する場合何の必然的連関も見出しえないのであって、むしろたんなる偶然的な関係しか生じえない。[4] このような他のものの形態への関係を、われわれは理論的関係と呼ぶ。しかし、こうした関係をもつのはただ何物かを感受する自然だけ、より厳密には思惟する自然だけである。[5] こうした理論的関係は、より詳細には次の点に存する。すなわち、感受するものは、それが他のものとの連関の中にあるがゆえに、自ら自由に対象に関わるということの内には同時に自分自身との関係もあるのだということ、したがって対象もまた同時に自由に放たれているということである。[6] 二つの個体的な物体、たとえば結晶は、なるほどまた相互に自由にしあっている。しかし、両者はけっして相互の関係をもってはいないというだけの理由で、両者は化学的に、すなわち水の媒介によって規定されざるをえない。さもなければ第三者のみが、すなわち自我のみが、両者を比較することで規定するのである。[7] こうした理論的関係はしたがって、両者が相互に何らの連関をも持っていない、という点にのみ基づいている。[8] 真の理論的関係は、相互の関係［結合］と相互に関わり合うものの自由［非結合］とが、現実に登場するとき初めて、現に存在するようになる。そのような理論的な関係は、まさに感覚作用の対象への関係である。[9] そうであるから、完結した統合体はここでは他のものから自由に放たれている。ただそのようにしてのみ他との連関の中にある。すなわち、物理的な統合体は感覚に対して存在し、——この統合が自らその諸規定態の中へと自己展開するのであるから（以下ではこれについて論ずるが）——様々な感覚の仕方（Empfindungsweise）に対して存在し、諸々の感官（Sinne）に対して存在する。[10] 諸感官との関係というのは物理的なものの領域には含まれていないのであるから、ここではまだ言及する必要はないのであるが（後出の第三五八節を見よ）、それにもかかわらず、ここで形態化に関連して諸感官との関係がわれわれの前に浮上してきたのは、こういったわけである。[11]

β）[四] さて、われわれはここに形態の規定として、視覚・嗅覚・味覚の三感によって知覚される色・におい・味を見出したわけであるが、触覚・聴覚という他の二感における感性的なものについてはとうの昔に言及していたのであった（既述の第三〇〇節の補論を参照のこと）。[1] 形態そのもの、すなわち機械的な個体性は、触覚一般に対してあり、とりわけ熱はここにもまた属している。[2] 熱にかんしてはわれわれは形態一般にかんするより以上に理論的にふるまう。[3] それというのも、われわれが熱を感ずるのは熱がわれわれに対して抵抗として働く場合だけだからである。一方が他方をそのあるがままにしてはおかせないのであるから、このことはすでに実践的である。熱があるのに何らの抵抗も生じていないのなら、その場合には押さえるか触れるかしなくてはならない。[4] 聴覚は、われわれが音を聞いた際に覚える。音は機械的なものによって引き起こされた個体性である。[5] 聴覚という感官はしたがって、無限な形式が物質的なものに関わる場であるこうした特殊化へと陥る。[6] こうした精神を秘めたありようは、しかし物質的なものに関わるにしてもたんに外面的に関わっているに過ぎない。それは形式であるにはしても、機械的な物質性から逃れているというだけのそれであり、だから、形式はたちどころに消え去ってしまっているのであって、けっして存立し続けはしない。[7] 聴覚は、機械的な関係の統合されたものが、理念的に現象した感覚である。聴覚には、触覚が対立する。触覚は地上的なもの、つまり重さを、すなわち、未だ自己内で特殊化されてはいない形態を対象としている。[8] 理念的な感官である聴覚と実在的な感官である触覚という両極を、われわれはこのようにして統合された形態の内にもっている。形態の区別された両項は、他の三感との関係で限定される。[9]

〔五〕個体的な形態の規定された物理的な諸性質はそれ自体で形態であるのではなく、むしろ形態の発現であり、発現は対他存在の中で維持されていることをその本質とする。しかし、理論的な関係の純粋な無関心はここをもって終息を始める。[1]こうした諸々の質は他のものと関係する。この他のものは、質の普遍的な本性ないしは元素ではあっても、まだ個体的な物体ではない。まさにこの点に、過程を含む、差異のある反応の可能性がある。この反応は、それにもかかわらず抽象的なものでしかありえない。[2]物理的な物体はしかし、そのような特殊な区別項であるのみならず、またこうした諸規定態の中へと分解されてしまっているだけなのでもなく、こうした諸々の差異の統合であるのであるから、かかる分解は物体それ自体における一種の区別化に過ぎない。しかも物体それ自体が自分自身の諸性質なのであって、物体が一つの全体としてあるのもこの諸性質でのことである。[3]われわれがいまではこういった仕方で差異のある物体一般をもっているために、物体の方でも、同じように差異のある統合としての他なる物体に関係することになる。[4]諸形態はそれがそうであるものであり続けるし、諸形態の自己保存も未だ解消されてはいないのであるから、統合された諸形態の差異は、一種の外的に機械的な関係である。すなわち、差異をもちつづける物体のこうした外化は、かくして同時にこの物体の諸元素に対する表面的な過程でもあるところの電気である。[5]われわれは、こうして一方では諸々の特殊な差異をもち、他方では統合としての差異一般をもつ。[6]

〔六〕以下の論述の区分について詳細を示せば、次のようになる。第一に、個体的な物体の光に対する関係であり、第二に、差異を有する関係そのもの、つまり臭いと味であり、第三に、二つの統合としての物体の差異一般、すなわち電気である。[1]個体的な物体の物理的な諸規定を、われわれはここではそのつどの普遍的な元素に対する諸規定の反応の中でのみ考察している。個別的なものである諸規定は物体の統合であって、普遍的な元素個に対立する。[2]したがって反応は個体性であるにはしても、この反応の過程で解体されるような個体性ではない。個体性はむしろ自己保存されるはずである。[3]

したがって反応はここで考察されたような諸性質に他ならない。[4] 形態は化学的な過程ではじめて解体される。すなわち、ここでは諸性質であるものは化学的な過程では特殊な物質として表現されることになる。[5] たとえば物質の色は、色素としては、形態の統合としての個体的な物体にはもはや属してはおらず、化学的な解体を経て個別の物体からは排出されてしまっており、それだけで独立して措定されている。[6] 形態は個体性の〈自己〉と結びついていたのであるが、この結び付きの外に現実存在するこういった性質を個体的な統合と呼ぶことは、たとえば金属がそうであるように、たしかにもはや不可能ではある。しかし金属はたんなる無差別の物体であって、中和性の物体ではない。[7] 化学的な過程では、われわれはさらにまた、こうした物体が形式的で抽象的な統合に過ぎない、ということを考察するであろう。[8] こういった特殊化は、さしあたってはわれわれの側から概念を通して生じてくる。すなわち、ちょうど形態がそうであったのと同様に、特殊化はもともと自体(即自)的で、直接的な仕方で生じている。[9] しかし、特殊化はさらにまた現実的な過程によっても、すなわち化学的な過程によっても生じてくる。そしてそこには、特殊化の現存もまたやっと横たわっている。これもまた形態がそうであったのと同様に。[10]

α　光との関係

三一七

§317

形態化された物体性の場合、最初の規定は、物体性の自己同一的な〈自己〉性であり、すなわち無規定の、単純な個体性としての抽象的な自己顕在化であって、これが光である。[1] しかし形態は、それ自体としては光らない。形態の性質(前節)は、光との関係である。1　物体は、純粋な結晶としては、その中和性的に現存する内的な個体化の完全な同質性のなかにあって、透明であり、光にたいする媒体である。[2]

透明さとの関係で、空気の内的な無凝集性に該当するものは、凝固物（具体的な物体）では、それ自身凝集力をもち結晶化された形態の同質性である。[1] 個体的な物体は、不特定の物体を考えれば、もちろん透明でもあれば不透明でもあり、また半透明等々でもある。[2] しかし透明性は、結晶としての物体のさしあたり最初の規定である。この物体の物理的な同質性は、まだそれ以上特殊化され深められていない。[3]

補論 ［一］ 形態はここではなお静止した個体性である。この個体性は、機械的な中立性および化学的な中立性の中に存しているが、しかし未だ、完全な形態がそうであるようにすべての点でこの後者の中立性を所有しているわけではない。[1] そこで形態は、物質を完全に規定し貫通する純粋な形式として、物質の中にあって自分自身とのみ同一であり、物質を徹頭徹尾支配する。[2] これが、思想における形態の第一の規定性である。[3] いまでは物質的なものの中にこの自分自身との同一性が物理的に存し、一方、光がこの抽象的で物理的な自己同一性を表現しているのであるから、形態の第一の特殊化は形態の光との関係である。もっとも、形態が光を自分自身の中にもっているというのも、この自己同一性のゆえであるのだが。[4] 形態はこの関係を通して自分自身を他なるものに対して措定するのであるから、他なるものは関係に対してそもそも理論的にふるまうのであって、――けっして実践的にふるまったりはしないし、むしろ全く理念的にふるまう。[5] 重さの場合には同一性は努力として措定されていただけであったが、もはやこのようなことはなく、むしろ光の場合には同一性は自由になっている。同一性はいまでは地上的な個体性に即して措定されている。こうした同一性は、形態そのものの内での光の側面の上昇である。[6] しかし、形態は未だ絶対的に自由ではなく、むしろ規定された個体性であるがゆえに、形態の普遍性のこうした地上的な個別化は、未だ個体性が自らに固有の普遍性へと内的に連関することではない。[7] ただ感受する者のみが、普遍的な者として自分の規定性が普遍的なものであることを自らの身に引き受けてもつのであって、すなわち、自覚的に普遍的な者としてある。[8] したがって、他なるものから見て普遍性がそれ自体の内で崩壊しているというような仮象を現すのは、有機的なものが最初である。[9] ここではこれに反して未だに、こうした個体性の普遍的なものは、元素としては、個体的な物体に対立する外的なものであるような、一つの他なるものである。[10] 地球は普遍的な個体としてのみ太陽に対する関係を全うする。しかも、個体的な物体が光に対して少なくとも何らかの実在的な関係に立っているにもかかわらず、太陽に対する地球の関係は全く抽象的なものである。[11] というのも、個体的な物体はなるほどさしあたっては暗いものであるが、そしてその理由は、そもそも抽象的で独立存在する物質の規定がそうじてそうだからであるけれども、しかし物質の個体化は形式の浸透によってかの抽象的な暗化を廃棄するからである。[12] そこで光に対するこのふるまいの特殊な修正が色である。そこでまた、ここで色についても述べなくてはならない。色は一面では、実在的で個体的な物体に属するのであるが、同様に他面では、色はまた物体の個体性の外にしか漂っていない。影をもつものは一般に、それがまだ何らの客観的で物質的な現実存在を与えられえはしないようなものであっても、そうである。――光るものは、光との、ないしはまだ物体的ではないような闇との関係でのみ光るのであって、単純に言えばスペクトルである。[13] 色はそのように部分的には全く主観的に、目によって見事にこしらえ上げられている。――すなわち、明るさや暗さが効果を及ぼすとともに、目の中で明るさや暗さといった関係が修正される。しかし、そうはいってもこうした事柄には、外的な明るさもまた属していはする。[14] シュルツ氏(注)は、われわれに備わった明るさの根拠をわれわれの目の中の燐に求めたが、その結果、明るさと暗さおよびそれらの関係がわれわれの内にあるのか、それともそうではないのかを語ることがしばしば困難になった。[15]

(注) クリストフ・ルートヴィヒ・フリートリッヒ・シュルツ(Christoph Ludwig Friedrich Schultz, 1781-1834)。枢

密顧問官・ベルリン大学政府全権代表。のち在野の研究者。「観相学の観点から見た顔及び色の現象について」という三編の論文を著す。このうちの最後の論文（一八二二年）をゲーテが、『自然哲学一般について』第二巻、第一分冊（一八二三年）に掲載した。ヘーゲルは弟子のヘニング等とともにシュルツを訪問し、ゲーテの色彩論について論じ合ったという。

〔二〕個体化された物質の光に対するこの関係を、われわれは今ではまず第一に、未だ他のもう一つの規定に対しては区別されていないような、対立を欠いた同一性、すなわち、形式的で普遍的な透明性とみなさなければならない。第二は、この同一性が他のものに対して特殊化されているということ、すなわち、二つの透明な媒体の比較であり――媒体が端的に透明であるのではなくて、独特に規定されているという場合には、屈折である。第三は、性質としての色、すなわち、機械的ではあるが化学的ではない中和性であるところの金属である。[1]

〔三〕まず透明性にかんして言えば、不透明性すなわち闇は、抽象的な個体性すなわち地上的なものに属している。[1]空気・水・火はその元素的な普遍性と中和性のゆえに透明であり、暗くはない。[2]同様に、純粋な形態は闇に打ち勝ったのであり、すなわち個体的な物質のこうした抽象的で脆く、また暴かれることのない単独の在り方に、自らを顕示することのない対自存在に打ち勝ったのであり、したがって、光への関連の一つである中和性と同形性へとまさに再び自分自身を戻したがゆえに、純粋な形態はむしろ透明になった。[3]物質的な個体性とは、他に対する理念的な発現を認めようとはしないものであるがゆえに、それ自体の中での暗化である。[4]しかし、統合として物質に浸透してしまっている個体の形式は、まさにそれゆえに発現へ向かって動き始めてしまっているのであって、現存在のこうした観念性へと移行して行く。[5]己を発現させるということは形式の展開であって、対他存在の措定であって、したがって同時にまた他者が個体的な統一の内に保たれているということでもある。[6]脆いものすなわち月はだから透明ではなく、他方彗星は透明である。[7]こうした透明性は形式的なものであるから、したがって透明性は結晶にとっても、形態を欠いたものすなわち空気や水と共通している。[8] 結晶の透明性はしかしその起源からして同時に、空気や水といった元素の透明性とは異なる透明性である。この両元素が透明であるのは、これらが未だそれ自身の内での個体性には、地上的なものには、暗化には至っていないからである。[9] しかし、形態化された諸々の物体はたしかにそれ自体が光なのではない。というのもこれらは個体的な物質だからである。しかし、個体性の点的な〈自己〉は、この内的な製作者として何の妨げもないというかぎりで、この暗い物質的なものとはけっして無縁なものではない。むしろ、形式の展開された統合へと純粋に移行してしまっているものとして、こうした自己内存在はここでは物質の均一な同等性へと至りついている。[10] 全体をも個々の部分をも自由にかつ妨げられることなく包括する形式が、透明性である。[11] あらゆる個々の部分は完全にこの全体と等しくされ、またまさにそのゆえに部分相互の間でも完全に等しく、機械的な浸透を被っても相互に分離されることはない。[12] 結晶の抽象的な同一性、つまりその完全な機械的統一は無反応であり、化学的統一は中和性であるのだが、これはしたがって、結晶の透明性が生み出すものである。[13] さて、この同一性はまたそれ自体が光であるわけではないけれども、光とたいへんに近い関係にあり、ほとんど輝きにまで到りさえする。[14] 光が自分から生み出したものが、結晶である。質量は光線を受けて完全に解体されてしまっているのであるから、光とはこうした自己内存在の魂である。[15] 原結晶は、何人の目をも楽しませる大地のダイヤモンドであり、光と重さとの間に生まれた長男であることを誰もが承認する。[16] 光は抽象的で完全に自由な同一性である。——空気は元素的な同一性であるが、この従属した同一性は光に対しての受動態であり、これが結晶の透明性である。[17] 金属の中では個体的な〈自己〉が高度で固有の重さによって単独の在り方にまで集約されているために、金属は結晶とは反対に不透明である（第三二〇節の補論の末尾部分を参照せよ）。[18] 透明であるためには、結晶が土状断口をもたないことが必須である。というのも、それをもっているようでは結晶はすでに脆いものに属するからである。[19] 透明なものはさらにまた、化学反応を受けなくとも、何らかの機械的な変形を受けただけでさえ、われわれが日常の現象で目にするように、たちどころに不透明になりうる。個々の部分に分割しさえすればよいのだ。[20] 粉々に砕かれたガラスや泡状に変化させられた水は不透明になる。それは、ガラスや水から機械的な無反応と均質性とが取り除かれ、あるいはこれらが遮断されて、以前には機械的関係だったのにガラスや水が個別化された単独の在り方という形式にまでたどり着いてしまっているからである。[21] 凍っているというだけですでに、氷は水よりも透明度に欠けるが、これが砕かれたなら、全くの不透明となる。[22] 部分の連続性が廃棄されてこれらが数多の諸部分となることで、ちょうど雪の場合に見られるように、透明性から白さが生じてくる。白さという形をとって初めて、光はわれわれに対する現存在をもつようになり、われわれの目を刺激するようになる。[23] ゲーテは『色彩論』第一巻一八九ページ〔教説編 XXXV、白さの導出、Nr. 495〕で次のように述べている。「純粋に透明なものが偶然的に」（ということは機械的にということだが）「不透明であるような状態を白と名付けることもできるだろう……」。[24] ありふれた分解不能の土も、その純粋な状態にあっては全て白である。[25] 土は自然の結晶化を経れば透明性へと移行する」と。[26] この説をとれば、石灰質土や珪土〔土状の二酸化珪素〕は不透明であるが、それはこれらが何らかの金属を基礎としてもっているからであるのだが、しかし、この基礎は対立と差異へと移行してしまっているので、だから中和性のものである。[27] したがって、化学的には中和性ではあるが不透明なものというのが存在する。しかし、まさにそれゆえに、こうしたものも完全に中和性なのではない。すなわち、こうしたものの中にも、他者との関係に入り込んではいないという原理が戻っている。[28] しかし、珪土（二酸化珪素）が、酸のない状態で結晶して水晶となり、あるいは礬土（アルミナ、アルミニウム珪酸塩）が結晶して雲母となり、苦土（マグネシア、酸化マグネシウム）が結晶して滑石（タルク）となり、もちろん石灰質土も炭酸と反応して結晶すると、透明性が生ずる。[29] 透明性から不透明性へと容易に移行する現象も頻繁におこる。[30] ある種の不透明な石は、この現象を水化物（Hydrotion）と言うのだが、水をしみ込ませると透明になる。[31] 水が石を中和性にし、こうして石の遮断された在り方が廃棄される。[32] 硼砂（四硼酸ナトリウム）もオリーブ油に浸すと完全に透明になる。諸部分が連続的に措定されただけでそうなる（注）。[33] 化学的に中和性のものが透明なものへ向かって進んで行くのであるから、金属の結晶もまた、それが純粋な金属ではなくて金属の塩――たとえば礬（金属の含水硫酸塩）――であるならば、それが中和性であることに媒介されて光を透過させるようになる。[34] また有色で透明なものも存在する。たとえば宝石がそれである。宝石は、色を生じさせる金属的な原理が中和性にされてはいても完全に優勢になってはいないために、完全に透明ではない。[35]

（注）　ビオー『物理学概論』III、一九九ページ、「硼砂の不定形の小片」（すなわち硼酸ナトリウム。透明な結晶で、時間の経過に伴って幾らか曇り、表面からは結晶水の一部が失われる）「は、その不同性のゆえに、またその表面から滑らかさが欠如しているので、もはや透明なものとしては現象しない。[1] しかし、オリーブ油に浸されると、オリーブ油がこれら小片のもつ不同性のすべてを均してしまうので、これらは完全に透明になる。そして、二つの物質が共有している接触面での反射は、両者の境目を区別することがほとんどできないくらいに少ない。[2]」［第二八二節補論第三段落の注を参照］[3]（原注）

三一八

2　物理的な媒体がもつ、最初のもっとも単純な規定性は比重である。比重という特性は、［1］比較のなかで単独に、さらには［2］透明性への関係では、他の媒体の密度の違いを比較してのみ、検出される。[1] 二つの媒体の透明性にかんして、一方の目から遠い方の媒体［水］から、他の媒体［空気］のなかで、生ずること［差異］は、場所を質的に規定するものとしての密度だけである。（叙述と表象を楽にするために前者を水と、後者を空気と考えてよい。）水の体積が、その中に置かれている像もろとも、透明な空気のなかで見ると、まるで、水が空気の中で占めるのと同じ体積の空気の分だけ水のそれがもつであろうところの密度が大きくなったかのように見える。すなわち、その分だけ小さな空間に凝縮されたように見える。――これがいわゆる屈折である。[2]
たとえば、水の中に差し込まれた棒が、よく知られているように、折れてみえる時に、この光の屈折という表現は、さしあたり分かりのいい［印象的な sinnlich］、その限りでは正しい表現である。この表現は、またこの現象の幾何学的なひずみにも、当然つかわれる。[1] しかし、光や、いわゆる光線が物理的な意味で曲がる（屈折する）こととなると全く別になる。――最初の瞬間に思われるよりもずっと理解の難しい現象である。[2] 他の面での通常の考え方の不適切さについては、あえて触れないが、そうした考え方が陥らざるをえない混乱は、一つの点から半球のようにして広がる光線という通常想定されているひずみのなかでは、とてもはっきりとする。[3] ふつう現象が説明される理論にかんして、忘れてならないのは次のような本質的な経験である。水で満たした容器の水平の底が、水平でまったく一様に高くなって見えるということである。――理論とはまったく矛盾する状態であるが、他の似たような場合と同様に、だからこそ教科書では無視されたり、沈黙が守られたりする。[4] 問題は、一方の媒体は端的に透明なものであり、比重の異なる二つの媒体の相関がはじめて視覚の特殊化に作用するということである。この決定は、同時に、場所規定的なもので、すなわちまったく抽象的な密度を通じて措定［規定］されている。[5] 没交渉的な並存ではなくて、媒体の相関が活動的なものとして生じているのは、一方が他方の中にここでは可視的なものとして、視覚空間として設定されて（gesetzt）いることによる。[6] この他の媒体はそのなかに置かれた媒体の非物質的な密度によっていわば感染（infiziert）される。そこで〈その媒体それ自身が蒙っている制限、その媒体を制限している制限〉に従って、像の視空間をその媒体の内に指し示す。[7] ただ空間規定的であるという、密度の純粋に機械的な性質、物理的実在的な性質ではなくて、観念的性質がここにはっきりと出て来る。

この性質の作用は、それが属する物質的なものの外部に現れるように見える。なぜなら、この性質は可視的なものの場所にしか作用しないからである。この観念性を除外すると、この相関は理解できなくなる。[8]

補論 [一] 透明なものそのものとしては不可視である結晶の透明性についてはさしあたり考察してしまったので、次に考察するのは、この透明なもののなかにある可視性である。しかし、同時に可視的な不透明なものである。[1] 無規定の透明体のなかでの可視的なものについてはすでに第二七八節で、他者のなかで自分を観念的に画定(setzen)する物体の直線的なものとして[考察を]もった。[2] これが光の屈折である。しかし結晶の形式的同一性については、さらに特殊的なことがらが出て来る。[3] 透明な結晶は、――その暗い単独の在り方の観念性がそこにむけて成長していくのであるが――他の暗いものを自分を通じて映現させる。そして媒体、他者の他者における映現の媒介者である。[4] 二つの現象がここに属する。すなわち光の屈折(Refraktion)と、たくさんの結晶[透明体]が現わす二重像である。[5]

[二] ここで問題になっている可視性とは、あるものがより多くの透明性を通じて見られる限りでの可視性である。そこでこの諸媒体は異なっている。というのは、われわれは同じく特殊的に規定されている個別的な物体の透明性をもっているので、そこで他の透明な媒体との関係でのみこの透明性が出現するからである。[1] 特殊的に規定されたものとして媒体は特殊的な比重と他の物理的な性質をもつ。[2] しかし、この規定性は他の透明な媒体との結合が成り立って初めて外に現れる。映現(Scheinen)はこの二つの媒体によって媒介されている。[3] ひとつの媒体では媒介が単型的な、ただ光の拡散によってのみ規定された映現である。たとえば水の中では濁って見える。[4] 媒体がこのようにして一つであるならば、ひとつの密度がある。だからひとつの場所規定がある。もしも二つの媒体があるならば、二様の場所規定がある。[5] ここに屈折というもっとも特徴的な現象が現れる。[6] これはまったくありふれたことで、毎日見ている。[7]「屈《かが》み折れる」(屈折

Brechung）というのは、ただ言葉にすぎない。[8] 単独の媒体によれば、対象が目からの直線で見える。別の対象に対する同じ関係でも続く。二つの媒体のたんなる関係は区別を基礎づける。[9] 目が他の媒体を通じてひとつの対象を見ると、二つの媒体による視覚が発生する。対象は、その対象が媒体の特別な性質がなければ見えたであろう場所とは別の場所に見える。つまり、物質との結合で成り立つ触覚にしたがって成り立つのとは違う場所でということである。換言すると、光との連関のなかでひとつの場所をもっている。[10] たとえば太陽の像は、太陽が水平線にないときにも、見える。[11] 容器のなかの対象は、そこに水が入ると、空だったときとはずれて、高くなって見える。[12] 魚を射る人は、魚が高く［見えるように］なっているので、魚が見えるところよりも低い（深い）場所に射なければならない。[13]

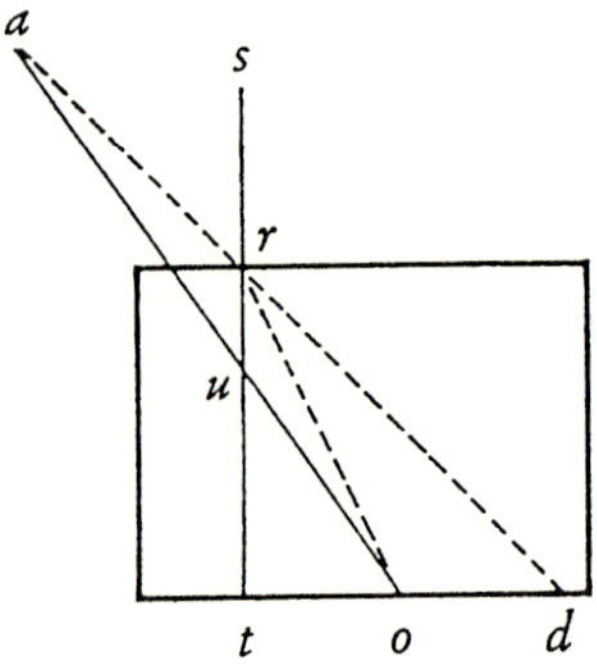

〔三〕角(*a r s*)は、この図では目(*a*)の位置から、見られたものとしての対象(*d*)にいたる線(*a d*)が入射光線の垂直線(*s t*)と作る角である。この角は、角(*a u s*)よりも大きい。[1] 角(*a u s*)は、目(*a*)と対象が現実に存在する点(*o*)の間の線(*a o*)が入射光線の垂直線(*s t*)と作る角である。通常、人は、光が一つの媒体から他の媒体に進んだときに、光がその進路(*o r*)から反らされて、対象が反れた方向(*a r d*)に見えるとき、光が曲げられたと言う。[2] この言い方は、詳細に考察すると、何の意味もない。なぜなら媒体それだけ単独では曲がっていない。このような視覚にとって現実的であることは、二つの媒体の関係のなかでのみ追求されるべきだからである。[3] 光は一つの媒体から出ても、光を他のものに対して変容させ、その結果光に別の経路を指示するような何らかの特別な性質に到達するわけではない。[4] 次の図を見ると、もっとはっきりする。[5]

[四]［底に引いた境界線］ABから、目の位置aまでに、一つの媒体、たとえば水がある。すると［対象］oは、oの位置で、aqoの方向に見える。だから$CDAB$という媒体は、方向を変えていないわけで、その結果として方向はqからpに向かうのであって、qからoに向かうのではない。[1] もしも［最上の横線］abと［中央の横線］CDの間の媒体が除去されたとする。次のように仮定するのは滑稽である。α) oはもはやqに向かわず、rに向かって進む。まるでoqという光線が今になってやっと注目されたかのように。その結果、その［光線の］上には今は空気が存在するので光線は今rに入って来る。oがrのなかで見られるように。β) oがもはや、光線がそこからaにも向かって出るところの、qに向かったり、qを通過したりするということには何の意味もない。[2] 滑稽だという理由は、oはqに向かうだけでなくrにも向かう等々、あらゆる方向に向かっているからである。[3]

[五]というふうにして、これは厄介な現象である。[1] しかし、厄介である理由は、感性的なものがここでは精神に相応しい在り方になっているからでもある。私は何度も熟考をこの現象に向けてきた。そしてどのようにして私が問題点を克服したかを述べたいと思う。[2]

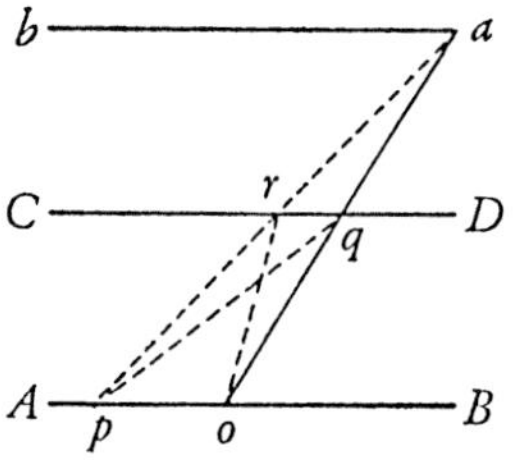

[六]何が起こっているかと言えば、$CDAB$はたんに透明であるだけではなくて、その固有の本性が見られてもいるということである。つまり、観念的関係が視覚をABとaの間で媒介している。[1] われわれは観念性の領域にいる。なぜなら、われわれは可視性を問題にしているからであり、可視性一般とは他者で自分を観念的に措定することだからである。[2] ここではまだ観念的なものが物体的な現象と統一されていないので、もともと自体的な観念的な規定は、物体を欠いており、すなわち比重なのである。視覚で規定する作用をするものが、色彩などの場合とは違って、ただ空間的な関係に対してだけとなっている。すな

わち、私は媒体 $CDAB$ の非物質的な規定性を見ているのであって、この媒体が物体的な現存在そのものと活動的になるということはない。[3] 物質的なものそのものの区別は目には何の関係もない。光の空間すなわち目の媒体はしかし同時に物質的である。しかしこの物質性はただ空間的なものの規定にすぎない。[4]

［七］もっと詳しく言うと事態は次のように捉えられる。[1] ［1］水と空気がただ元素的な透明性にすぎず、つまり重さを克服している形式によって措定されているものではないにもかかわらず、われわれはあくまで水と空気との関係だけに着目することにしよう。［2］というのは、これらの媒体は抽象的な規定性のうちにあって、比重よりも先に登場するからである。しかし、そのためにわれわれは、それらが物理的に具体的なものとして規定されるべきであるなら、質は、それらの固有の本性の展開の際にはまだ注目を集めていないかもしれないが、あらゆる質を考慮しなくてはならない。そして、われわれはこれらの媒体を二つの相互に限界をなす媒体だと想定しよう。すなわち対象と目の間に二つの媒体があるときには、われわれは物体をそれが存在するのとは別の場所に見る。[2] 問題はここで何が起こっているかである。[3] 媒体の $CDAB$ の全体は、対象となる o とともに、媒体 CDa のなかで観念的なものとして措定される。しかも、その質的な本性とともに措定される。[4] この質的な本性について私は何を見るだろう。換言すれば、何がこの本性のなかで別の媒体の中に進入するだろう。[5] 他の媒体、例えば空気に進入するのは、（たとえば水の）質的な非物質的な本性である。しかし、ただその非物質的な、質的な本性のみであって、その化学的な本性ではない。［いわば］水なしであり、［自分を］可視性として規定しつつである。[6] このような質的な本性は可視性にかんしては今では空気のなかで活動的に措定されている。すなわち、水がその内容とともに、まるで空気のように見られている。水の質的本性が空気のなかで可視的なものとして存在する。これが重要な点である。[7] 水が形成する視空間は、他の視空間へと、眼がそこにおかれている空気の中の視空間へと移される。[8] この新しい視空間でそこに存続する特殊的な規定——それによってこの空間が自らにと

って可視的なものとして明らかになり、したがって効果的であるような規定——は、どれだろう。[9] それは形態ではない。というのは水とか空気は透明なものとしては相互に没形態だからである。また凝集でもない。そうではなくて比重である。[10] たしかに別の観点では、油性や可燃性もまた一つの区別ではある。しかし、われわれは比重に固執している。われわれはあらゆるものをあらゆるものに適用しようとは思わない。[11] ある媒体の特殊的な規定だけが他の媒体の中で発現する。[12] 厄介な点は、場所を規定するものである比重の質がここでは質料から自由になってただ可視性の場所しか規定しないという点である。[13] 空間を規定する形式ではないとしたら比重とは何の意味だろう。[14] 水の比重はここでは第二の視空間、すなわち空気を水の比重で措定する［空気に水の特性を伝える］以外の作用をもってはいない。[15] 目は、空気としての視空間から出発する。目が置かれたこの最初の視空間が、目の原理であり、目の統一である。[16] 目は、第二の視空間、水の視空間に直面する。目はこの水の視空間の位置に空気の空間を措定し、水の空間を視空間に還元する。そこで（ただ差異性だけが考察されることになるので）その空気の空間がもしも水の密度をもつとすれば、空気の空間が占めるはずの体積に還元する。なぜならば、水の空間が可視的になるのは、それが他の空間、すなわち空気空間におかれた場だからである。[17] 一定範囲の水は空気にされている。その際、水の比重は保たれている。水と同じ範囲をもつ可視的な空気空間が、今では水の比重によって特殊化されて、同じ内容ではあるが、しかし、もっと少ない体積をもつようになった。[18] 水の空間は今では空気の空間に移されている。すなわち、私は、水空間に代わって空気の空間を見ている。空気の定量はたしかに以前のと同じ外延的な定量ではある。しかし、水の体積はまるで同じ数の、同じ体積の空気が水の比重をもつかのような、大きさで現象する。[19] だから反対に次のように言うこともできる。一定範囲の空気のこの部分はそれだけで質的に変化して、一緒にしてこの空気が水に転換されたとすれば占めたはずの空間に引き入れられている。[20] 空気の比重は軽くて、同じ空気の空間は水空間よりも少ない体積をもつので、空間が持ち上げられ、あらゆる側面から少しだけ還元

［縮小］される。[21] これが把握しなければならない仕方なのである。それは技巧的［な説明］に見えるかもしれない。しかし、それ以外ではない。[22] 光線が広がるとか、光が貫くとか人は言う。しかし、ここでは媒体全体が――まさに透明な、輝く、水空間だが――その特殊的な質にしたがって他の媒体に措定されるのであって、たんに放射するのではない。[23] 光の場合に、決して物質的な拡散を思い描いてはいけない。［可視的なのは空気のなかに観念的に現前する水なのである。[24] この現前は、固有の重さである。こうした特殊的な規定性によって、水は自分だけを保持する。そして水が転化して成るものの内で本領を発揮する。［固有性が転換を通じて保持される。[25]］人間の心が動物の身体に移されたとしよう。それでも心が保持され、その身体を人間的なものに拡張するに違いない。[26] あるいは象の体に移されたネズミの心は、同時に象的でもあるだろう。そして象の体を縮小したり、こびと化したりするだろう。[27] 最善の実例は、われわれが表象の世界を考察するとき、例の関係は観念であるので、また表象もまたこの縮小を行うのと同様である。[28] すなわち偉大な人間の英雄的な行為も小人物の心に移される(gesetzt)と、この小人物は自分の特殊的な規定性にしたがって、この偉大さを取り上げ、対象を自分に向けてこびと化してしまう。その小ささが、対象を、小人物がこの対象を伝える［共有］だけの大きさで見ることになる。[29] 直観された英雄が私の内で活動的に存在するがしかし観念的な仕方でそうあるように、空気は水‐視空間を取り上げて、それを自分に合わせてこびと化する。[30] この［対象を］受け入れるということは、まさにそれが観念であるがしかし活動的で現実的な現存在であるという理由で、もっとも把握するのに困難なことである。[31] 透明なものとして媒体はこのような非物質性、この光である。光は非物質的に他の在り方で現前的でありうる。しかし、それのあるがままにである。［光は、自分を他者にゆだねても、自分を失わない。[32]］このようにして、物質的な物体が透明性で光に純化される。[33]

［八］この現象は経験的には、水の容器の中では例えば対象が持ち上げられているということである。[1] オランダ人のスネル

(注)は、屈折角を発見した。そしてデカルトはこの発見を受け入れた。[2] 目から対象に一つの線が引かれている。光はまっすぐであるように現れている。しかし、対象は直線の光の末端に見えるのではなく、高いところに見える。[3] 対象が見える場所は、特定の場所である。この場所から再び目に向けて線が引かれる。[4] 二つの場所の違いの大きさは、幾何学的に正確に規定することができる。最初の線が出てくる水の表面の点を通じて、垂直線を引くと、視線とこの垂直線との間の角度が規定できる。[5] われわれがいる場所の媒体が、対象のある媒体よりも特に軽いときには、対象はわれわれに、ただ空気だけを通して見たときよりも、入射垂直線から余計に離れて見える。角がこの第二の媒体を通じると大きくなる。[6] 変化は、数理物理学者の手で角のサインにしたがって、屈折の度として規定される。[7] このような角が存在しないで、目が完全に垂直に媒体の表面に存在するとしたら、たしかに直接的にサインの規定から対象がずれるのではなくて、その本当の位置に見えるという帰結が生まれる。このように述べたことは、光線が屈折の平面に垂直に落ちかかるので、屈折しないといってもいい。[8] 対象がいつも高くなっているということは、しかし、われわれが、たとえ同じ方向から見るにせよ、対象にもっと近寄って見ると、こうした規定どおりにはならない。[9] 数理物理学者とか物理学の教科書は一般にサイン比での屈折の大きさの法則だけを掲げている。入射角がゼロになるときにも起こるような高揚には触れていない。[10] ここから対象への接近に関係のない角のサインの規定では不十分だということが帰結する。[11] この法則以外に何も知らないとしたら、次のような結果になる。私が目からそこに向けて垂直線を引くことのできる点だけが、実在的な距離の中で見えるということである。他の点は段階的にいつも近よって見る。その際、現象はますますこのようになっていく。床面が真ん中に向かって湾曲する。まるで球の一部みたいに。縁の方では底が沈んで(窪地)いって高くなる。[12] しかし、こういう事は起こらない。床面はまったく平らに見える。ただ近づくだけである。[13] 物理学での扱いはこうである。[14] こうした事情なので、物理学者のするように、入射角と屈折角とそれぞれのサインから始めるわけには行かない。つま

り、こうした規定を変化がそこにしか行かないところとみなすわけにはいかない。[15] こうした規定の内には、角とサインがゼロになる垂直線では、何の変化も起こらない。しかし、そこでも高揚は至るところにあるという事態がある。だから高揚から始めるべきである。さまざまの入射角という条件下での屈折角の規定がここから明らかになる。[16]

（注） スネル（Willebrord van Roijen Snell, 1580-1626）。通称はラテン語化してスネリウス（Snellius）と呼ばれる。水中の物体が浮き上がって見える現象を精密に研究して、いわゆる「スネルの法則」を発見した（一六一五年）。この発見はデカルト（『屈折光学』一六三七年）によって、入射角の正弦と屈折角の正弦の比が媒質によって一定である（正弦法則）とされた。

［九］屈折の強さは異なる媒体の比重に依存する。全体としては、媒体の比重が大きければ大きいほど、屈折もまた大きくなる。[1] しかしこの［屈折という］現象は比重だけに依存しているのではない。他の諸規定も影響力のあるものとして登場してくる。問題はひとつの規定が油性の燃焼性の原理をもっているかどうかである。[2] グレンが引用（注）している実例では、屈折の力は密度に依存していない。たとえば明礬（Alaun）と緑礬（Vitriol 硫酸塩）では光が際だって屈折するが、比重には際だった違いはない。同様にして、硼砂（Borax）にオリーブ油（Baumoel）を浸ませたものでは、どちらも可燃性であるが、屈折は比重と一致しない。水と松やに油等々の場合も同様である。[3] 同じようにビオー（『物理学概論』III、二九六ページ）もまた、地上の実体はたしかにかなりそれらの密度にしたがってふるまうが、可燃物やガス状のものは違っていると述べている。[4] そして続くページに、「実体には密度がまったく違っているのに屈折力が同じであることがある。他方よりも密度の低い実体なのに屈折力が大きいものもあるということが、分かっている。[5] こうした力は特に各小部分の化学的な本性に依存している。[6] 屈折力のもっとも強いのは、油と樹脂にあるが、蒸留水の場合でも屈折力は小さくならない」と述べている。[7] 燃えるものは、特有の仕方で現れる特殊なものである。油、ダイヤモンド、水素ガスに

は強い屈折がある。[8] しかし、われわれはここで一般的な観点を確保し、述べることで満足しなくてはならない。[9] 現象には、現に極度に混乱したものがある。[10] この混乱の固有の本性は、しかし、次の点にある。精神的なものがここでは物質的な規定のもとに措定され、神的なものが地上的なものに引き込まれている。しかし、純粋な、処女的な、無垢の光が物体性と混ざる（結婚）では、おのおのの側面が自分の正当性を保持する。[11]

（注）　第二八六節補論第三段落の注に記載のグレン『自然学要綱』第七〇〇節を参照。

三一九

可視性を規定する密度の違いを比較（同等化）・統合するとき、異なる媒体（空気、水、つぎにガラス等々）のなかに密度が現存する場合には、さしあたり外的な比較（同等化）になるが、結晶の本性には、内的な比較（同等化）がある。[1] これらの結晶は、一方では、一般に透明である。しかし、他方では、この一般に透明なものが属している形式的な相等性（注）から逸脱した形式を、その内的な個体化（核形態）の内にもっている。[2] 核形態として、この形式もまた形態である。しかし観念的な、主観的な形式である。これは、比重の作用が場所を規定する働きをし、したがってまた空間的な顕在化として、可視性を最初の抽象的な透明性とは違った特殊な仕方で規定するのと同様である。これが光線の複屈折である。[3]

（注）　ここで形式的な相等性というのは、立方体一般のことである。[1] いわゆる光線の複屈折を示す結晶の内面的な形態化にかんする結晶の規定を、ビオーから引用しよう。「この現象は、その原始的な形が立方体でも正八面体でもないような、あらゆる透明な結晶体に現れる。[2]」（『物理学概論』III、第四章、三二五ページ［第二八二節補論第三段落注を参照。］）（原

注)

〔一〕力というカテゴリーをここで使うのが適切だろう。というのは、偏菱形の形(形態のあの形式的な相等性から内的に逸脱する形式のなかでもっとも普通のもの)は、〔第一に〕どこまでも貫くように結晶を内的に個体化するが、〔第二に〕たまたま結晶が薄片に砕かれるようなことのない場合なら、形態として現存せず、〔第三に〕結晶の完全な同質性と透明性を少しも断絶したり妨げたりせずに、たんに非物質的な規定性としてしか作用しないからである。[1]

〔二〕さしあたりは外面的に措定された関係が、内面的に作用する規定性としてのその形式、すなわち力に移行する。この移行にかんして述べられた言葉を引用するとしたら、ゲーテが表現したもの以上に適切なものはない。ゲーテは、互いに向かい合わせに置かれた二つの鏡という外面的装置と、この二つの鏡の間に置かれたガラスの立方体の内部に作り出される超光学的色彩という現象との関係について、述べている。[1]『自然科学論』第一巻、第三分冊、第二二章、一四八ページでは、「天然の、透明な、結晶した物体」について次のように言われている。「それゆえわれわれがこれらの物体について言うことは、自然はこれらの物体のもっとも深い内部に、われわれが外面的な、物理的力学的な手段で作ったのと同じような反射装置を作り上げていることである。」——同書、同ページ参照(注)[2]。上述したように、外面的なものと内面的なもののこのような合一の場合、問題は、本節で述べているような屈折ではなくて、外面的な二重反射と内部でのその対応現象である。[3] 同書一四七ページで、「これは菱形の方解石の場合にまったく明瞭に認めうるのであるが、箔片の貫通が違っており、そのために互いに反射しあうということが、この現象の第一の原因である」と述べられている場合に、本節で述べているのは、いわゆる偏菱形の力、あるいは作用であって、現存する薄片の作用(『自然科学論』第一巻、第一分冊、二五ページ参照)ではないということも、区別して［わきまえ］なければならない。[4]

(注) ゲーテは、私がこの着想について述べた感想を好意をもって、『自然科学論』第四部、二九四ページに載録してくれた。(原注) ヘーゲルがゲーテに着想を伝えたのは一八二一年二月で、翌二二年に「最新の目ざましい寄与」として採録された。

補論 アイスランド産の方解石が見せた二つの画像のうち、一つはふつうの場所にある。つまり、屈折が通常である場所である。[1] 第二の画像は、異常なと呼ばれている方だが、ずれのある立体、すなわち長菱形の形態によって、浮き上がって見える。それはしかも内部の構成分子(molécules intégrantes)が立体でも、二重ピラミッドでもない場合にそうなる。[2] 違う二つの場所があり、そこで違う二つの画像がある。しかし、形態はひとつである。というのは、もしもこの形態が光に対して受動的であるとすれば、形態は画像を単純に透過させたに違いない。個体的な物体の内部の全体がひとつの表面を形成することによって、形態はその物質性にものを言わせた。[3] ゲーテはこの現象とずいぶん多く関わりをもっている。彼は結晶の中の微細なひびの上とか、現存する薄片の上とかにこの現象を押しつけようとした。しかし、ひびは存在せず、ただずれを引き起こす内的な形態が存在するだけである。[4] というのは現実的な中断が存在し、また同時に色彩が登場するからである(次節参照)。[5] 他の物体を透過させると一本の線が二本に見えるのではなくて、二つの平行線が見える。[6] 最近では二重の屈折をもったくさんの物体が発見された。[7] ここには「ファータ・モルガーナ」(Fata Morgana イタリアの妖精→蜃気楼)とか、フランス人が「ミラージュ」(mirage)と呼ぶ「蜃気楼」現象も含まれる(ビオー『物理学概論』III、三二一ページ)。海の岸で対象が二重になって見えるという現象である。[8] これは反射ではなく屈折である。方解石と同様に違った仕方で暖められ、違った密度をもった光の層を透過させて対象を見るということによって起こる。[9]

三二〇

3〔二〕 形が非物質でも単独の在り方をすること(力)は、内面的な現存在へと進んで行って、結晶作用の中和的な性質を止揚する。そして、内在的な点性、および脆弱性(やがては凝集力)という規定が登場する。これがもっと完全な、もっと形相的(純粋)な透明さとなると、たとえば、脆弱なガラスである。[1] この脆弱性という契機は、すなわち光と照明という自己同一的顕在化とは違う差異性である。したがってこの脆弱性という契機は、暗化の内面的な始まり、すなわち原理である。まだ現存するに至らない闇ではあるが、暗化するものとして作用する(脆弱なガラスは、完全に透明ではあるものの、超光学的色彩の周知の条件である)[2]。

〔三〕暗化は、ただ原理のままにとどまらない。暗化は、形態の単純で未規定な中和性に対抗して、曇りを外面的に量的に生ぜさせ透明さを減らすだけでなく、さらに、均質性(Gediegenheit)、すなわち受動的な凝集力という抽象的で一面的な極(金属性)へと進む。[1] つぎに、単独でも現存する暗いものと単独に現存する明るいものとが、透明さを媒介することによって同時に具体的で個体的な統一の中に置かれる(gesetzt)と、色彩という現象になる。[2]

〔二〕抽象的な闇は、光そのものとは直接に対立している(第二七七節)[1]。しかし闇は、物理的な、個体化された物体性としてはじめて実在的となる。ここに示される暗化の進展とは、明るいもの(すなわち、ここでは透明なもの)が、つまり形態の範囲内での受動的な顕在化が、このように個体化されて、個体的な物質の核心(自己内存在)へと至ることである。[2] 透明なものは、その現存が同質の中和的なものである。闇は、それ自身単独の在り方へと個体化されている。しかしこの個体化されたものは、点性としては現存しない。それはたんに力という形でだけ明るいものに対抗する。だから、明るいものと同じように完全な同質性として現存することができる。[3] 金属性は、周知のように、あらゆる彩色の物質的な原理である。あるいは敢えて形容するなら、普遍的な色素である。[4] この場合金属で問題になる点は、たんにその比重が高いということだけである。高度な比重というこの圧倒的な局部化をとげることで、特殊な物質が、透明な形態の、開示された内面的な中和性に対抗して自己を取り戻し、その最端の極にまで達する。つぎに化学的なものの場合も、金属性は同様に一面的で無差別の塩基である。[5]

〔二〕暗化の進展はすでに述べた。そこで問題なのは、さまざまの契機をたんに抽象的に述べることだけではなかった。問題は、これらの契機が現象する経験的な仕方を挙げることであった。[1] 抽象的にせよ経験的にせよ、どちらにもそれなりに困難があることは明らかである。物理学にとってさらに大きな困難の原因となるのは、全く違った圏域に属する規定や性質が混ざり合っていることである。[2] 熱や色彩等々のような普遍的な現象にたいし、違った条件や状況下でも、単純で特殊な規定態を見つけ出すということは、本質的に重要である。他面、このような現象があらわれる条件の区別を確定することもそれに劣らず本質的に重要である。[3] 色彩や熱等々が何であるかは、経験的物理学では概念にもとづいて決めることができない。発生の仕方にもとづいて決めなければならない。[4] しかしこの発生の仕方がきわめて多種多様である。[5] ただ普遍法則だけを見出そうとする願望(Sucht)がある。この目的のために、本質的な区別が除外され、抽象的な見地から、きわめて異質なものが混沌としたままで一つの線に並べられている(化学で、たとえば一概にガスとか、硫黄とか、金属とかと言われているように)。[6] 作用の仕方を、それが生ずる違った媒体や範囲に応じて特殊化されたものとして観察しないということは、普遍的な法則や規定を見出そうとする要求そのものにとっても、不利益なことに違いない。[7] 色彩現象があらわれる際のこうした状況は、非常に無秩序に並べたてられている。もっとも特殊な範囲の状況に属する実験が、とらわれない感覚にたいして色彩の本性を明らかにしてくれる単純で普遍的な条件にたいし、すなわち［ゲーテの］根源現象にたいし、対抗的に持ち出されるのが普通一般の例である。[8] このような混乱は、一見いかにも精妙で徹底した経験のように見えるが、実際は粗野な表面的な仕方でことを進めているにすぎない。こういう混乱に対処するには、発生の仕方での区別に注目する以外に手はない。そのためにも人は、発生の仕方の区別を知り、それぞれの規定性のなかで仕分けして考えなければならない。[9]

〔三〕さしあたり、明るさの抑圧は比重と凝集力に関連があるという事実を根本規定として確信しなければならない。[1] 比重と凝集力という規定は、純粋な顕在化の抽象的な同一性（光そのもの）に対抗して出される、物体性のさまざまの固有性と特殊化である。物体性は、これらの規定から、さらに進んで自己自身のなかへ、闇のなかへと帰る。これらの規定は、制約された個体性が自由な個体性へ至る進行（第三〇七節）をそのまま直接に形づくっている。ここではさまざまの規定が制約された個体性の自由な個体性にたいする関係の中で現象する。[2] 内視的（entoptisch）現象で興味のある点は、暗化の原理が、ここでは非物質的な（力としてだけ作用する）点性としての脆弱性であるということである。この脆弱性は、透明な結晶を粉砕する場合に外面的な仕方で現存し、不透明さを生ぜさせる。たとえば、透明な液体が泡立つ場合などもこれと同じである。[3] レンズを圧迫すると、薄膜干渉による（epoptisch）色彩が生ずる。圧迫は、たんなる比重の外面的機械的な変化であって、この場合には薄片の中での分割その他これに類した現存する抑圧は差し迫って存在するわけではない。[4] 金属を熱すると（比重が変化し）「その表面にまばゆくつぎからつぎへと色彩が生じては消えてゆく。この色彩そのものは任意に固定することができる」（ゲーテの『色彩論』第一巻、一九一ページ）。[5] しかし化学的な規定では、酸によって、暗いものを輝かすという、すなわち、ずっと内在的な自己顕在化である白熱という全く別の原理があらわれる。[6] 色彩そのものを観察する場合には、化学的に規定された抑圧、暗化や照明は、さしあたり除外しなければならない。というのは、化学的な物体は、目（主観的な、生理学的な色彩現象の場合）と同様、多種多様な立ち入った規定を自己のうちに具えている一つの具体的なものであるからである。そのため、色彩に関係する規定は、はっきりと単独にそれだけが取り出され区別されたものとしては示されない。この具体的なもののなかに色彩に関係するものを見つけだすためには、むしろ抽象的な色彩の認識が前提される。[7]

〔四〕暗化は物体の本性に属するものであるから、上に述べたことは、内的な暗化に関係する。色彩にかんして、こういう内的な暗化を指摘するのは興味深い。ただしそれは、この暗化によって生じる曇りが、外面的に単独で現存するという仕方では措定できないからである。この曇りは、その仕方では示すこともできない。[1] しかし外的な現存の場で、曇らす作用をする媒体は、あまり透明でない、すなわち、たんに半透明な（durchscheinend）媒体一般である。水、あるいは純粋なガラスのような全く透明なもの（元素としての空気は、個体化されない中和性の水がすでに含んでいるような具体的なものを含んでいない）は曇りの始まりを示す。媒体が濃厚になることによって、特に層（遮断する限界）が増加して曇りが生ずる。[2] 曇りをもたらす外面的な手段でもっともよく知られているのは、プリズムである。その曇化作用は二つの事情による。すなわち、第一は、プリズムの外面的な限界そのものによる。すなわち、プリズムの縁である。第二は、プリズムとしての形態による。すなわち、反対側の稜線までの側面全体の幅と横断面の差し渡しが等しくないということである。[3] 色彩理論でとりわけ不可解な点は、これらの理論では、曇らせる作用というプリズムの特性が見逃されていることであり、特に、光が通過する違った部分の差し渡しの厚さが不等であるのに応じて、曇らせる作用も不等であるという特性が見逃されていることである。[4]

〔五〕しかし暗化一般は、二つの状況のうちの一つの事情にすぎない。もう一つの事情は照明である。色彩には暗化と照明との関係でさらに立ち入った限定が必要である。[1] 光は輝き、白昼は闇を駆逐する。明るいものが差し迫って存在する闇とただ混合するだけの暗鬱化は一般に灰色を生み出す。[2] しかし色彩は光と闇という二つの規定の結合である。光と闇が区別されていながら、同時に一つにされて(gesetzt)いるという結合である。光と闇は、分離されている。同様にまた一方が他方に照らし映っている。だからこの結合は、個体化と呼んでもいい。すなわち、いわゆる屈折に示される関係である。一方の規定は他方の規定のなかで作用しながら、しかもそれだけで単独の一つの現存在をもっている。[3] その関係は、概念一般のやり方である。概念は、具体的なものとして、諸契機を、区別すると同時に、それら契機をそれらの観念性、それらの統一のなかに保持する。[4] このような規定は、ゲーテの叙述では、彼の叙述に特有な感覚的な表現で述べられている。プリズムでは、明るいものが暗いものを越えて、あるいはその逆に、引き寄せられる。すると明るいものは、曇らされるとともに、やはり明るいもののままで独立に作用する。そしてこの明るいものは(プリズムの場合)、両方に共通のずれは度外視して、現にある位置にとどまっていながら、同時に位置をずらされている。[5] 明るいものや暗いもの、というよりむしろ明るくするものや暗くするものが(両者は相関的である)曇った媒体の中で単独に現存する場合、この曇った媒体は、暗い背景の前に置かれて明るくするものとして作用しながらも自分に固有の現象を保つ。反対に[明るい背景の前に]置かれても、同じである。この明るいものや暗いものは、同時に他のもののなかで否定的に一つに措定され、両者は同一のものとして措定される。[6] したがって色彩とたんなる灰色(たとえば、色のない純粋に灰色の影などは、おそらく、人がまず最初に思うほど簡単には見つからないだろう)との区別をまず理解しなければならない。この区別は、色彩の四角形の内部での緑と赤の区別と同じである。すなわち、緑は、青と黄という対立物の混合である。赤は、このような対立物の個体性である。[7]

[六]有名なニュートンの理論によれば、白色光は、すなわち無色の光は、五色、あるいは、七色から成り立っている。五色、あるいは、七色と言ったのは、この理論自身も、その点ははっきり分からないからである。[1] まず第一につぎのような思いこみの野蛮さについていくらきびしく言っても言い過ぎにならない。光の場合にも、合成というもっとも粗悪な反省形式でとらえられている。明るいものが、ここでは七つの暗いものからできているとさえ主張されている。澄んだ水は七種類の土からできているというのと同じである。

第二には、ニュートンの観察と実験がいかにも拙劣で不正確であるということである。さらにはそれが平板であるということ、いやそれどころか、ゲーテが示してくれたように(注)、それが不誠実でさえあるということである。——その不正確さのなかでもっとも目立つ、もっとも単純なものは、第一のプリズムで生じたスペクトルの単色の部分は、第二のプリズムを通過してももとどおりの単色としてしかあらわれないという間違った断定である(ニュートン『光学』、第一巻、第一部、定理五の結び)。

第三には、このような不純な経験的な資料からの推論、帰結の導出、証明という性質の悪さがある。ニュートンはたんにプリズムを使っただけではない。すなわち、プリズムによって色彩を生ぜさせるには、明暗の境界が必要であるという事情も見のがしてはいなかった(『光学』第二巻、第二部、二三〇ページ、ラテン文、ロンドン、一七一九年)。それなのに彼は、暗いものが曇らす作用をもっていることを見落とした。[2] 一般に色彩のこの条件を、ニュートンは、全く特殊な現象(この場合にも全く拙劣に)の場合にだけ、しかも理論がとっくに出来上がってしまったあとで、ついでに言及する。[3] だから、ニュートン理論の擁護者は、この言及を使って、こういう「暗さという」条件をニュートンは知らなかったわけではないという弁明の道を開く。彼らは、この言及を参考にして、暗さを「色彩の」条件として、光とともにあらゆる色彩論の要の位置に置こうとはしない。[4] それどころかむしろ、すべての色彩現象に現に暗いものが存在しているというこの事情は、つぎの全く簡単な経験と同様、教科書では黙殺されている。簡単な経験というのは、プリズムを通して純白の(あるいは一般に単色の)壁を見ると、色彩は全く(単色の場合には、壁の色そのもののほかは全く)見えないのに、釘を壁に打ちつけ、壁の上になんらかの不等性が作られると、ただちに、かつそのときにだけ、そしてその場所にだけ、色彩があらわれる、ということである。[5] それゆえ、このように自分の理論を反駁するような経験が黙殺されているということもまた、この理論の叙述の中での不適切さとして挙げておかなくてはならない。この点にかんして最後に特に挙げねばならない無思慮さは、この理論から直接生ずる多くの帰結(たとえば、色収差のない望遠鏡の不可能性)は放棄されたにもかかわらず、理論そのものは主張されているという点にある。最後に、この理論が数学的なものに基礎を置いているという視野を欠いた先入見がある。まるで、部分的には間違いで一面的でさえある測定が、もっぱら数学の名に価すると言わんばかりである。それはまた、結論を導くのに持ち込まれた量的な規定が、理論と事柄の本性そのものにたいしなんらかの根拠を与えると言わんばかりだ。[6]

（注）『色彩論』論争篇、六四五。

[七] 光のなかの闇にかんするゲーテの解明は、明快で、根本的で、学識に富む。それなのに、どうしてゲーテの解明が、世に迎えられ刺激的な効果を発揮しなかったかと言えば、その主な理由は疑いもない。彼らは、自分たちが余りにも思慮を欠いて軽率であったことが、あまりにもひどすぎて分かってしまうからである。[1] そこでこういう不合理な思いこみは、減少するどころではない。最近では、マリュの発見（注1）を基にして、光の偏極作用を経て、太陽光線の四角形的性格を経て、赤い光球の左転運動と青い光球の右転逆励を経て、ニュートンの衝動説の復活を経て、移転しやすい衝動と反射しやすい衝動（注2）を経て、増え続けて、さらに形而上学的な大言壮語にまで達している。[2] そうした思いこみの一部は、ここでもまた微分の公式を色彩現象に適用したために生じている。というのは、これらの公式の項が力学にもつ正当な意味が、不法にも、全く別の分野の規定へ転用されたからである。[3]

（注1） 第二七八節注解第二段落の注を参照。
（注2） ビオー『物理学概論』IV、八八ページ以下参照。

補論 第一に、[1][一] プリズムの中では、同様に、いわゆる二重の光線屈折がおこっている。ここには、透明性を色彩の発生をもたらす暗化へと移行させるさらに進んだ規定性が登場している。[2] ガラスの脆弱性は、たとえガラスが完全に透明であったにしても、この脆弱性が明るさを曇らせるものであることを示している。[3] 曇りガラスやオパールも同様である。しかし、この場合には、外部に実在するとは言えない曇りが生じている。[4] 光はそれ自体で曇るものではない。むしろ光とは曇りのないものである。色という表象はしたがって、まだやっと個体的なもの・主観的なものと関係しているだけ、すなわち、自分自身を自分の諸区別項へと区別して、こうして区別した諸区別項を自分自身の中で結合する、そうした個体的なもの・主観的なものと関係しているだけである。[5] これについての詳細は経験物理学に属している。しかし、経験物理学は観察するだけでない。それは諸々の観察を普遍的な全体に還元しなくてはならない。だから哲学的な考察と合致するところがある。[6] 色については、二つの考え方が支配的である。その一方は、われわれが持っているような、光は単純なものであるという考え方である。[7] 光は合成されたものだというもう一方の考え方は、あらゆる概念に直ちに矛盾するもので、きわめて粗野な形而上学である。だから、考察の仕方の全体が問題であるのだから、こうした考え方は劣悪である。[8] 光にかんしては、われわれは個別化や数多性の考察を放棄しているし、さらに、自己同一なものを現存するものとして抽象するという境地にまで高まらねばなるまい。[9] だから光にかんしてわれわれに求められているのは、理念へ、すなわち思想へと高まることであろう。しかし、こちらの立場が全く貶められてしまっている。だからあのような考え方では思想は不可能にされている。[10] 哲学はしたがって合成されたものなどには関わりあってはならない。哲学が関わるのは概念である。区別されたものの統一、それも内的な統一であって、けっして外的で表面的な統一ではない。[11] ニュートンの理論の後押しをしようとする人々は、合成というこの考え方を取り除こうとしてこんなことを言った。すなわち、光は自分自身の内で自分自身を規定して色となる。ちょうど、電気や磁気が自ら両極へと区別するように、と。[12] しかし、色は明と暗との境目にだけ成り立つものであって、このことはニュートン自らが認めているところである。[13] 光が自らを色へと限定するということ、これに対しては常に、フィヒテ流の観念論に言う無限の障害のような、一つの外的な規定ないしは条件、それどころか固有の規定ないし条件がある。[14] 仮に光が自らを自らの内から曇らせるとすれば、光は自分自身の内で差異であるような理念であることになろう。しかし事実は、光とは、抽象的な自由に到達した自己性であり重さの中心性であるような、ひとつの抽象的な契機であるにすぎない。[15] 哲学的に決着を付けるというのはこういうことを言う。——すなわち、光がどの位置に置かれるべきかということである。[16] 光はしたがっていまだ自分の外に物理的なものをもっている。[17] 明るい物体は、固定されれば白である。これはまだ色ではない。暗は物質化され特殊化されると黒である。[18] この両極の間に色がある。光と闇の結合、しかもこの結合の特殊化がやっと色を生じさせる。[19] この関係の外では闇は無である。しかし光もまた何物でもない。[20] 夜は、自然に醒めていく興奮とあらゆる力の錯乱する戦いとを、あらゆるものの絶対的な可能性とカオスとを含んでいる。カオスとは、存在する物質ではない。それは全てのものの無化の中に含まれている。[21] 夜は全てのものを養う母である。光は、夜との一体性の中で初めて自分の存在をもつようになる、純粋な形式である。[22] 夜の驟雨はすべての力の静かな身震いであり雨である。昼の明るさは力の自己外存在である。それは、いかなる内面性をも保持しえないばかりか、精神も力をも欠いた現実態として打ち捨てられ見捨てられている。[23] しかし、すでに示されたように、真理は両者の統一である。闇の中に差し込むことなく、むしろその本質である闇に浸透された光は、まさにこの点で実体化され物質化している。[24] 光は闇の中へは差し込まないし、闇を照らしもしない。それは闇の中で屈折することもない。そうではなくて、自分自身の内で屈折した概念が、［光と闇という］両者の統一である概念が、実体の中で自己を、すなわち自分の契機の区別項を現す。[25] これが、色の澄みわたった国である。色彩変容(Farbenspiel)での色の生き生きとした運動である。[26] 周知のことながら、色は光よりは暗い。しかし、ニュートン流の考え方によれば、光は光ではない。それはむしろ内的に暗いということになる。しかも、光はさまざまの色を集めて初めて成立するもので、根元的であるのはむしろ色の方だというわけである。[27] ニュートンに反対する人には、これは尊大な言い種に見える。ニュートンが反省によって、あるいは考えを硬直させることによって事柄を曇らせてしまったのとは反対に、ゲーテはこれを経験的に描き出したのであった。そのように、事柄は経験的に処理されなくてはならない[28]。そして、物理学者たちが実験の際に直観していながら、こうした硬直化のせいでものが見えなくなってしまっているというただそれだけの理由で、ニュートンの体系は今に到るまで維持されることができた[29]。これにかんしては、私は簡単に済ませておきたい。その理由は、この大学ですぐにも、色というこのきわめて興味深い素材が特別な講義の中で取り上げられ、実験を通して、ニュートンのとてつもない誤りと物理学者どもの無思想な受け売りとが諸君の眼前に詳細に示されるだろう、との希望をもつからである[30]。

［二］色の考察は、透明性がそれを曇らせる媒体によって制約される場面から、したがって光の闇に対する連関が登場する場面から、始められ、着手されねばならない。プリズムもそうした媒体の一つであることが主張されなければならないのは当然である[1]。色はこうした単純なもの、自由なものである。これが現実態をもつためには一つの他のもの、――すなわち形象が必要である。形象は特定のもの、不等なものである。さまざまの角度からなる諸側面を含んでいる[2]。これによって、強さに応じてさまざまな明るさと曇りとが生ずる。これらは重なり合い、そうすることで曇らされたり明るくされたりして、自由な色を生む[3]。曇りのこうした差異性を作り出すために用いられるのは、とりわけ透明なガラスである。しかし、ガラスも、色の発生のために絶対に必要であるというわけでは必ずしもない。むしろ、色の発生というのがそもそも合成されたさらに進んだ作用である[4]。媒介を欠いて違ったさまざまな曇りや明るさは相互に重ね合わせることができる。日光と蠟燭の光とを重ね合わせるように。そうして、いかなる光の陰であれ暗い陰に同時に他の光を当てることによって、たちどころに色のある陰ができる。すなわち、二つの陰でもってこれらの陰の明るさが生まれる[5]。多様で無秩序な曇りが相互に重なり合うと、無彩色の灰色ができる。これはわれわれが通常の陰一般について見知って

§320

いる通りである。灰色は無規定の照明である。[6]しかし、明るさのただ二つの特定の区別だけが重ね合わされるだけならば、たちどころに色が生じてくる。陰はただ量的な区別だけをあらわにするのだ。色は質的な区別をあらわにする。[7]日光はあまりに明確なので、他の明るさがこれに対抗して現れてくることができない。それはそれどころか、あらゆる場所が唯一の普遍的な主たる明るさによって照らし出されてしまう。[8]しかし、さまざまな明るさが部屋の中に差し込んでくるのならば、たとえ日照下であったとしても、例えば青空の場合などそうであるが、ただちに色のある陰が生ずることになる。したがって、陰のさまざまな色調に注目し始めるならば、すぐにももはや灰色の陰は見えなくなる。至るところが彩色をもって見える。もっともそれは弱い色調であることがしばしばであるので、個々の色が個別化されることはない。[9]蠟燭の光と月光はもっとも美しい陰を作る。[10]この二種の明るさの中に一本の棒を翳すと、両方の陰が両方の光によって照らされることになる。——月光の陰は蠟燭の陰で貫かれ、蠟燭の陰も月光の陰で貫かれる。二本の蠟燭の光だけであったなら明らかにもっぱら黄色にだけ色付くのにひきかえ、この場合は、陰は青と赤みがかった黄色に照らされる。[11]この対立は、朝夕の黄昏時の蠟燭の光でも起こる。この時間帯では、日光はそれほどまばゆくはないので、色のある陰は何度も反射して押し退けられるのであろう。[12]

〔三〕ニュートンは、全ての色を塗った弾み車の実験で決定的な証拠を摑んだと思い込んだ。というのも、この弾み車を速くまわすと白っぽい光の他はいかなる色も判別できなくなるので、白色光は七色の光から成り立っているはずだ、というわけなのである。[1]しかし、目はそんなに速く回されてはもはや色など区別できないし、ちょうど眩暈か失神の時のように、対象を特定のものとして表象の中にしっかりと把握したりはできない。だからここに見えるのは灰色ばかり、それも「陳腐な」灰色である。[2]汚物の色である。紐の先に付けた石を振り回した時に見える輪を現実だとみなす人はいないだろう。[3]ニュートン主義者のこの主要実験は、この実験が証明しようとしている事柄を真向から否定する。というのも、仮に色が根元的で確固たるものであるとするならば、色が自分の中にもっている曇りはけっして明るさに還元することができないからである。[4] したがってむしろ、うすのろどもが何を喚こうが、光一般は闇を放逐するのであるから、曇りはけっしてもとのものではない。[5] しかし、曇りが優勢な場合には、僅かな明るさは逆に消え去る。[6] したがって、特定の色のガラスが相互に重ねられる場合、ガラスが明るい色なら白く見えるし、逆に暗い色なら黒く見える。[7] さて、そうすると今度はニュートン主義者らはこう言うに違いあるまい。すなわち、闇は色から生ずるのだ、と。現に、もう一人のイギリス人は、黒はあらゆる色からできている、と主張している。[8] 色の部分性はここでは消滅してしまっている。[9]

ニュートン流の反省の筋道は[四]、彼の物理学の全体のやり方がそうであるように、ざっと次のようなものである。

α) ニュートンは閉め切った真っ暗な部屋の中に置いた(こんな杓子定規、ましてや楕円形の穴というに至っては、全くもって不必要なのだが)ガラスのプリズムを通して現れる現象から始め、ここではプリズムにニュートン言うところの「さまざまの光線」が当てられる。[1] すると、プリズムを通してさまざまの色が見える。総じて光の像はそれぞれ違った場所に現れ、その色も同様にその現れる場所の特定の秩序に従っている。例えば紫はずっと上の方に見え、赤は下の方に見える。[2] これが単純な現象である。[3] そこでニュートンは言う。「像の一部は他の部分より以上に位置がずれている。もっとずれた場所では別の色が見える。だからある色は他の色よりもっとずれた色である」と。[4] このことはさらにこんなふうにも表現される。すなわち、「色の内的な差異性は、その本性に従って、色の種々の屈折性の中に存している」と。[5] そうなると、色はそれぞれが、光の中にすでに以前からさまざまなかたちでそこにあってすっかりでき上がっている根源的なものであることになる。そして、たとえばプリズムは、肉眼では見えないたとえば蝶の羽の上の鱗粉を顕微鏡を通して見るように、すでに生まれながらにそこにあった多様性を現象させるという以上のことはなにもしていない。それは多様性はこの操作によって初めて生じたのではない、ということになる。[6] これがコジツケ(Raesonnement)というものである。[7] 光の中でのこうした柔らかいもの、華奢なもの、無限に規定可能なもの、あらゆる外からの印象に対して従順で、外的な変容だけを全く無関係に受容するような、絶対的に自分自身と同一なもの、こうしたものは、それ自身の内では固いものからなりたっている。[8] 全く別の領域でもこれと類比的なことがらは経験されうる。たとえば、ピアノで別の鍵盤を押すと、実際は別の弦が叩かれる。だから別の音が出るといったように。[9] オルガンの場合なら、同様にあらゆる音が、空気を送り込まれることによって特定の音を発するような管をもっている。[10] しかしホルンやフルートでは、これらの楽器には特定の鍵や管は見えないにもかかわらず、それはさまざまな音が発する。[11] もちろん、すべての音が固有の管をもっていて、それぞれの奏者が自分のホルンではたった一つの音しか出さないといった、ロシアのホルン音楽もある。[12] こうしたロシアのホルンを聴いた経験から、一本の通常のヴァルトホルン[バルブをもたない本来のホルン]から同一の旋律が吹奏されるのを聴けば、ニュートンのようにこんな結論を引き出す者もいなくはあるまい。すなわち、「この一本のホルンの中には見えもしなければ感じ取ることもできない数本の管が押し込まれているのだ。先の例ではプリズムに相当する演奏者がこの見えないホルンを現象せしめているのだ。演奏者はさまざまな音を出す。だからそれぞれの音が自分に固有の存立と固有の管をもつ固いもの、すでにでき上がったものである以上、だから彼はその都度違った管を吹いているのだ」、というわけである。[13] そういう経験がなくても、一本の管からさまざまな音が吹かれるのは、唇をさまざまに曲げることや、ベルに手を差し込むこと等々によってだ、ということがわかりはする。[14] しかし、すでに目の前に提示されたさまざまの音だけを現象させる形式的な活動にすぎない。それはこれで音そのものの差異性が現れてきているのではない。[15] そこでわれわれはまた、プリズムはさまざまな色を現象させる諸制約の一つであること、そして、そうであるのはプリズムの形状がもたらすさまざまな密度によって、光のさまざまな曇りが相互に重なり合って引き出されるからだということを知る。[16] しかし、ニュートンの追従者たちは、色もこの諸制約のもとでだけ発生すると指摘されると、次のように主張するにとどまる。すなわち、光にかんしては、さまざまな差異ある活動が諸々の差異を産物として生み出すのではない。それは産物はすでに産出に先だってできあがっているのであって、それはちょうど、ヴァルトホルンの音がすでに、私が唇をしかじかに閉じたり開けたり、あるいは手をベルの中にしかじかに差し込んだかによって発されるさまざまな響きのうちの一つであるようなものである、と。そして、こうした行為は音を変形させることなのではなくて、内部にある別の管を繰り返し吹き鳴らしているだけなのだ、と言う。[17] プリズムの地位を引きずり下ろしたのはゲーテの功績である。[18] ニュートンの結論は、「プリズムが引き起こすのは根源的な事柄なのだ」ということである。これは野蛮な結論である。[19] 大気が曇っているのは、それもたとえば日の出に太陽が赤く見えたりする場合のようにさまざまに曇っているのは、そういう場合には空気中に塵が余計にあるからである。[20] 水やガラスならその曇りはさらに大きい。[21] ニュートンは、光を曇らせてしまうという実験器具の作用を勘定に入れないものだから、プリズムを透過することで生ずる曇化を根源的な構成要素とみなし、プリズムによって光はこの構成要素へと分解されているはずだ、とする。[22] しかし、プリズムは拡散させる力をもっていると言うならば、これはお笑いぐさである。なぜなら、この説には、経験によって裏付けられなければならない理論がすでに前提されているからである。[23] これはちょうど、竿に泥だらけの襤褸布を付けてこれで掻き回して水を汚してから、水が本来的に透明なのではないことを証明しようとするのと同じことである。[24]

[五]
β) ニュートンはさらに、紫・紺・青・緑・黄・橙・赤の七色は単純でこれ以上分解できないとまで主張する。[1] たとえば紫は青に一定量の赤を混ぜたものである以上、紫を単純なものとみなすなどということには誰も納得しない。黄と青を混ぜれば緑になる。[2] 紫を作るよりも少量の赤を青に混ぜれば藤色になる。橙は黄と赤からできることは、子供でさえ知っている。にもかかわらずニュートン主義者には緑と紫と橙が根源的であるように、彼らには、インディゴブルー

と空色（すなわち、緑がかったセラドン）もまた、両者がたとえ質的には区別できなくても、絶対的に異なっている。[3] ニュートン主義者になるほど愚かな画家などいはしない。画家は赤と黄と青を使って、そこから他の色を作り出す。[4] そもそも黄と青の二色の水性の絵の具の機械的な混合から、緑は生ずる。[5] こうして多くの色は混合によって生ずる。これはニュートン主義者も認めざるを得ない。だから、それでもなお自分たちのお目出たさ加減を救おうとして、彼らはプリズムのスペクトル（またの名を幽霊）によって生じた色は、物質に固定された色素である他の自然の色とはさらにまた根源的に違った色なのだ、と言い出す。[6] しかしこれは虚しい区別である。色は均質であろうとなかろうと色である。――たとえそれがどのようにして生じたものであろうとも、物理的に生じた色であろうと化学的に生じた色であろうとも。[7] もちろん、混合色はプリズムの中にも他の場所と同様に生じはする。だが、ここにあるのはそもそもの成立からして仮象であるところのある特定の仮象であって、したがって仮象の仮象とのたんなる混合である。色をもつ物とのそれ以上の結合は欠落している。[8] すなわち、プリズムを壁の近くに置くなら、青と赤に染まった色の像の輪郭だけが現れ、輪郭の間は白いままである。[9] これをして彼らは、多くの色が重なり合った中間には白色光が生じる、と言う。[10] 何たる愚かさ！[11] 連中がこんな所にまで話を発展させることができるとは信じ難いことだ。しかも、こうして馬鹿話を言い募ることがありきたりの日常とさえなっているとは。[12] ［プリズムの壁からの］距離を増してやれば、［光の］縁は広がっていき、最後には白い部分は消えてしまう。そして、緑が触れることで緑色が生じてくる。[13] 色はもっぱら単純なものである（第三二〇節注解第六段落の注を参照）ということを証明しようという、例のニュートン主義者たちの実験では、壁に穿たれた一つの穴によって切り取られて反対側の壁に達する色は、プリズムを通るとさまざまな色になることが示されはする。もちろんそれほど完全にではない。輪郭が形作られても、その大元が別の色であるのだから、それはまた当然それほど生き生きとしてはいない。ちょうど、その辺を色眼鏡を通して見ているようなものだ。[14] だから、ニュートンという名前の権威のせいで感嘆させられてはならないし、あるいはまた、とりわけ近年になって彼の学説にかんして構築された数学的証明の骨組みによって感嘆させられてもならない。[15] ニュートンは偉大な数学者であったと言われる。まるで、だからして彼の色彩理論まで正しいのだと言わんばかりだ。[16] しかし、物理的なものはたんなる量によって数学的に証明することはできない。[17] 色にかんしては数学は何の役にも立たない。光学の場合にはいくらか事情が異なる。そして、ニュートンが色を測定したとはいっても、それはまだまるで数学にはなっていないか、せいぜいほんのわずかだけ数学になっていたにすぎない。[18] 彼は、さまざまな広がりをもつ縁の関係を測定したのだ。それを自分で測定するに足るほど彼の目は鋭敏ではなかったと見える。「鋭敏な目を持ち、また信頼するに足る良き友が、彼[ニュートン]のためにこの実験を行ってくれた」(注)と書いている。[19] さて、ニュートンはこの関係を楽音の中での数量関係と比較してみせるのであるが(上述の第二八〇節の注解を参照せよ)、これがまたまだ数学的ではない。[20] 像が大きい場合でも、きわめて鋭敏な目をもつ者たちの中でも誰一人として、違った色がどこから始まるのか指摘できる者はいない。スペクトルを一度でも見た者なら、線を引くように確定できる確固とした境界(confinia)は存在しないということを知っている。[21] 隔たりを大きく取るか小さく取るかで輪郭の広がりは大きく異なる。たとえば隔たりが大きい場合には、黄と青はその広がりが増大するにつれてますます重なり合ってくるものだから、黄そのものと青そのものの範囲はどんどん狭くなるために、緑がもっと大きい広がりを占めることになる、ということを考えるなら、事態はまったく不条理である。[22]

(注)「色の識別に私よりも鋭い目をもつ助手(amicus 原義では「友人」)[1]が、横切って引かれた見かけ上の直線で色彩の境界を記入した。」(ニュートン『光学』一二〇—一二一ページ[引用はラテン語]) すべての物理学者にとってニュートンは良き友となった。誰も自分では見なかった。物理学者が見るときには、ニュートンが語り思った通りにするのだった。[2]

(原注) ヘーゲルは、サミュエル・クラーク(Samuel Clarke, 1675-1729)のラテン語訳(Opticks, London 1719)から引

用しているために、英語の原文とは字句が一致しない（ニュートン『光学』田中一郎訳、朝日出版社、七七ページを参照）。

γ)[六] ニュートンの三番目の考えは、後にビオーがさらに尾鰭を付けたものだ。レンズをガラス板に押しつけると、重なり合った幾重かの虹をなす輪が見え、色ごとに違った性向(Triebe)をもつ、というものである。[1] この点にたとえば黄の輪が見え、他の全ての色は見えないとする。すると彼の連中は、ここには黄色が現象の突発を起こしている、他の色は透過して見えなくなるという発作を起こしていると言うだろう。[2] 透明な物体とは、特定の光線を透過しはするが他の光線を透過しはしないもののことだという。[3] したがって、突発(accès)するや否や現象し透過するのが色の本性である、ということになる。この定義は全くの空虚であって、——単純な現象が堅苦しい反省形式の中へ取り込まれてしまっている。[4]

概念にかなった色の叙述は、[七] 若いころから色と光とに関心を抱いて、とりわけ絵画の方面からこれを観察したゲーテの功績である。そして、詩人としての第一の条件でもある彼の自然で単純な生まれもっての感性は、ニュートンに見られるようなこうした野蛮な反省に抗わないわけにはいかなかった。[1] 光と色とにかんしてプラトンが制定し実験した事柄を、ゲーテは吟味した。[2] 彼は現象を単純に把握した。そして理性の真なる勘は、現象が最も単純に叙述される側面から現象を把握する、ということに存している。[3] それ以上のことをするのは、根本現象を一連の諸制約と縺れさせるだけのことである。こうした縺れの最後の端から始めるなら、本質を知ることは難しい。[4]

α)[八] さて、ゲーテの理論の主要な契機は、光それ自体は光の外にある別のものである、闇もまた同様だという点にある。白は見える光である。黒は見える闇である。灰色は両者の最初のたんに量的な関係である。したがってこれは明るさないしは暗さの減少または増大である。——明るいものと暗いものとがこの固定された特定の質を相互に維持しているという、第二のもっと詳細に規定された関係の場合はしかし、地にあるのが何であって、これを曇らせる媒体が何であるのかが問題となる。[1] 明るい地の上に暗いものがあったり、あるいはその逆であったりすると、そこから色が生じてくる。[2] ゲーテはその偉大な感性に促されて、区別されたものが概念に従って統合されているこの在り方について語っている。すなわち、事柄はまさにこうなのであって、ただ思惟する意識だけが説明を加えることができるのではある。[3] 理性的なありようとは、区別が現に存続している中での一つの同一性である。したがって、たとえば自己的なものが対象を自分から遠ざけておけずにこれと合流してしまう場合には、そこには動物的な感情しかない。[4] しかし、私はなにか温かいもの等々を感じると私が言う場合には、意識は一つの対象を定立(setzen)している。そしてこうした分離で、私は両者を一つの統一の内に一緒に保持している。[5] これは[相関的]関係である。3：4は、これを一緒にして7(3+4)と見たり12(3×4)と見たり、あるいは4−3=1と見たりするのとは全く違ったものであって、ここでは三は三として四は四として扱われている。[6] 色の場合も同じように明暗は相互に関係しあっているはずである。媒体と地色とはここでは分離されていても、実際には媒体はたんに媒体なのであってそれ自体では光らない。[7] αα) さらにまた、黒い地とその上を照らす日光とを考えてみることもできる。しかし、この場合日光はけっして媒体ではない。[8] しかしまた、曇った媒体の中では色が見えないでただの灰色が生ずることもある。たとえば、透明なモスリンを透して黒い対象物を観察したり、黒いモスリンを透して白い対象物を観察するなら、必ずや、特殊な諸規定を含んだ特定の色が知覚されることになる。[9] こうした色の現象を考察するには、さらに、これを見る目に由来する差異や環境が問題になる。[10] 一定程度の他の暗いものや明るいものの近くでは、あるいはそれ以外にもまわりの色に比して強調された色があるなら、弱い色の輝きはほとんど灰色のようにしか見えないということもある。[11] また、目は色を感受する能力の点でことのほか個体差が大きい。にもかかわらずそれは帽子の鍔がモスリンを透して青みを帯びて見えるほどにまで、自分の注意力を鋭くすることはできる。[12] したがって、たんなる曇りはββ) 明るさと暗さが相互に透けて見えるということからは区別されなければならない。[13]

空は夜には黒いが、われわれのまわりは空気としては透明である。もしも仮に空気が全く純粋であるとするなら、われわれには黒い空だけが見えるはずである。[14] しかし、空気は塵で満ちている。だから曇ったものになる。[15] 空は色付きで——すなわち青く——見える。空気がもっと純粋な山の上では、空が黒いのがわかる。[16] 反対に、太陽のような明るい地があって、これを曇りガラスのような暗いガラスを透して見るなら、太陽は黄や赤を帯びて見える。[17] ある種の木では、その煎じ汁が明るいものに対しては黄に見え、暗いものに対しては青く見える。こういったもっとも単純な関係は常に基本となる。いかなる透明な媒体も、それがまだ決定的な色をもっていないのであれば、全てこうしたように機能する。[18] だから、空に翳せば黄または赤であるのに暗いものに対しては青であるといった、オパールのようなものも存在する。[19] 煙突からの煙が私の部屋の窓の所を立ち昇っていくのを見たのであるが(一八二四年の一月五日)、空は曇っていたので、背景は白だった。[20] 白を背景にして立ち昇ると、煙は黄色みがかる。煙が降りてきて、暗い屋根と葉を落とした木々の黒を背景にすると、煙は青っぽく見えた。もっと降りてきて、家々の白い壁を背にすると、けむりは再び黄色みがかって見えた。[21] ビール瓶もこれと同じ現象を引き起こす。[22] ゲーテは、ボヘミアン・グラスの縁の内側の半分を黒い紙で、半分を白い紙で覆った。するとこのボヘミアン・グラスは青と黄になった。[23] ゲーテはこれを根本現象と名付けた。[24]

〔九〕β) 曇りを生じさせるには、さらにプリズムを使うというやり方もある。すなわち、白い紙に黒で(あるいはその逆で)図を描いてこれをプリズムを通して見た場合、そこに見えるのは色のついた輪郭である。そのわけは、プリズムは透明でもあれば同時に不透明でもあるので、対象をそれが存在している位置に描き出すとともに、これと同時に存在しているのとは別の場所にも描き出すからである。輪郭はプリズムを通すことで境界となる。そして、曇りなど実際には存在しないのに、あるものは他のものへと導かれる。[1] ニュートンは先に(第三二〇節注解第六段落)引用した箇所で(『光学』二二〇ページ)、ある種の薄い円盤——ないしはガラスの小球(『光学』二一七ページ)——は、プリズム越しに見ても完全に透明でいかなる影もないのに、それ自体には色が付いてみえるということに驚いている。「しかし、対象が影によって区切られ、あるいは不均等に照らし出されているただその場所でだけ、プリズムによる屈折は対象に色を付けて見せるのに対して……」[2] しかし、こうしたガラスの球をその近傍から切り離してプリズムの中に見ることなど、どうしたらニュートンにできるのだろうか。[3] というのも、プリズムは像とその近傍との厳密な分離を常に狂わせ、あるいは両者の境を境として画定(setzen)するからである。[4] なるほど、プリズムについては未だ充分に解明されてはいないけれども、こういうことがある。ちょうどアイスランドの方解石を通して物を見ると、一方では方解石は透明であって自然の像を映すけれども、それが長斜方形をしているがゆえにこの像がゆがめられるものだから、二重映像が見えるように、ちょうどそのようにプリズムも他のガラスと関係しているに違いない。[5] したがって、私はプリズムにかんしては、一つの像の中に直接にまとめられている二重映像という説を採る。プリズムの中で本来の場所に留まっている通常の像は、この場所からたんなる仮象としてだけずらされて、透明な媒体の中に移る。ずらされた通常でない像は通常の像に対する曇った媒体である。[6] プリズムは光をあてるとこのように、闇[の存在]によって実在的であった[はずの光という]概念の分離を引き起こす。[7] プリズムの作用の仕方はしかし、総じて $\alpha\alpha$) あらゆる像の歪曲である。これは媒体の本性によって規定される。[8] しかし、$\beta\beta$) プリズムの形態もまた一つの規定作用をもつものである。だからプリズムの形態の規定作用の内にたしかに像の大きさが見てとれる。そして、像が屈折によって固定され、さらにはそれ自身のうちで歪曲されるということは、まさにプリズムの形態によることである。そして、この自分自身の内で(Insich)ということがこの場合そもそも問題である。[9] すなわち(角がたとえば下の方に曲がっていれば)プリズムは上が厚く下が薄いので、光はそれぞれの地点でちがった方向を向く。[10] したがって、プリズムの形態はさらに一定の歪曲をもたらすことになる。[11] このことが未だはっきり確定したわけではないというのならば、事柄は、プリズムを通して像は同時にいまひとつの場所に内的に置かれているということになる。[12] それどころか、この内面性はガラスの化学的な性質によって変化する。鉛ガラスなどはそれ自体が結晶体である。すなわち内的な方向性をもっている。[13]

γ)［一〇］私は自分の目では、何歩も離れないうちに対象の角や輪郭ははっきりとは見えなくなってしまう。全体が灰色で縁取られた、ちょうど半影の中にあるような窓枠の広い輪郭は、目を細めて瞬きしなければ、私には極めて容易に色付きで見えてしまう。ここにも二重映像があらわれている。[1] こうした二重映像は、いわゆる回折の場合には客観的にも見出される。光が細い隙間を通って暗い部屋の中へ差し込む場合、一本の髪の毛が二本にも三本にも見える。[2] ニュートンの実験でも、二本のナイフの刃の実験ばかりは興味深い。彼が引き合いに出している前述のいくつかの実験、その中にはたった今言及したばかりのものもある。それらは全くつまらないものである。[3] 二本のナイフの刃の実験でとりわけ注目すべきは、ナイフを窓の開口部から離すに従って縁取りが広がっていく、という事実である（ニュートン『光学』第三部、三二八ページ）。ここから判るのは、この現象がプリズムの場合と酷似しているということである。[4] 光はここでも、他のものに対する境界であるように現象している。[5] しかし、光が回折させられるのは、プリズムの外的な力によってだけのことではない。光はそれ自体が闇と関係している。闇の方へと曲がる。闇との間に具体的な境界を作る。むしろこれが光の実在性である。すなわち、光の実在性とは分光されるようなものではない。それは一つのものとして他のものの中へと歩み入って行くことである。[6] 光の回折は、光と闇とが出会うところでなら至る所に現れている。回折が半影を形作る。[7] 光の進む方向はずれて、それぞれの光が明確な境界を越えて他の光の中へと入ってしまう。[8] このことは大気の形成物と比べることができる。悪臭というのがそうした大気の形成物であるように、あるいは金属の酸性の大気、あるいは電気的な大気等々について語ることもできる。[9] すなわち、物という形態の中に結びつけられて現象する理念的なるものの現れである。[10] 境界はさらに具体的になるとたんなる混合一般ではない。それは光の面に向かっては光から境界を引かれ、闇の面に向かっては同時に光によって闇から分離されているような半影となる。したがって、半影は前者からすると最も暗いものとなる。［後者の］闇から半影を分離した光に向かっては暗さを減じている。そして、この過程を幾度も繰り返す。こうして影の線が相並んで生じる。[11] 自由で固有の縞模様を呈するこういった光の回折は、さらに、この統合、この中和性を質的にもまた規定して表現している特殊な形象をも生み出す。[12]

δ)［一二］ さらに挙げられなくてはならないのは、色が統合された在り方でいかなるふるまいをするか、ということである。[1] 色とはすなわち規定された色である。[2] さて、この規定性はもはやたんなる規定性一般ではない。それは現実的な規定性として、概念の区別をそれ自体にもっている。すなわち、この規定性はもはや規定されざる規定性ではない。[3] 他在の中での普遍的で直接的な自己内存在である重さは、直接にそれ自体に即して、非本質的なものとしての区別を、すなわちしかじかの大きさの量という区別をもっている。大きさと小ささとは、全く質を欠いている。[4] これに反して温かさは、それ自体の内で否定的なものである。温度の差異の内に区別を、温かさ・冷たさという形でもっている。両者はさしあたってはそれ自体たんに量に属しているに過ぎない。しかしある種の質的意味を獲得する。[5]［さてそこで］色は真に現実的であって、直接的な区別を概念によって措定され規定されたものとしてもっている。[6] われわれの感性的知覚から、われわれは、黄・青・赤が基本の色であって、緑それ自体は混合色に属することを知っている。[7] 経験が示しているように、この関係は、第一の色は黄色であって、これが明るい地である。もっと曇った媒体はこれによって明るくされたり照らし出されたりする。これはシュルツ氏（注）が書いている通りである。[8] だから、われわれには太陽は黄色に見える（黄色く現象する）。ある種の表面的な曇りが現象する。[9] この正反対は、これもまたシュルツ氏が述べているところである。明るい媒体が暗い生地によって全体に陰りを被る場合に生ずる青である。[10] だから、大気がもやっているところでは空は青く、また、たとえばスイスアルプスのような高山や、大気という濁った媒体の上空に越え出ていく気球の中では、空はほとんど濃紺といってもいいくらいに深い紺色である。[11] 目をしばたけば、水晶体はその半分が覆われるので一種のプリズムになる。こうやって炎を見れば、その一方の側には黄色が見え、他方の側には青が見える。[12] 望遠鏡はレンズの働きはする。プリズムを用いてもいるので、そのため色がついて見える。[13] 完全な無色透明を作ろうと思ったら、二つのプリズムを重ね合わせるしかない。[14] 単純な色である青と黄という両極端の間に赤や緑が位置する。これらはもはや青や黄のようなまったく単純で普遍的な対立関係を成しはしない。[15] 赤は一種の媒介された色であって、青も黄も赤へと変化させることが可能である。たとえば、黄は曇りの程度を高めることで容易に赤へと移っていく。[16] スペクトルでは、赤はすでに紫の中に現れている。同様にその反対側の黄色の近傍では橙の中に現れている。[17] 赤は、黄に再び陰影がつけられるか、あるいは青が再び明るくされるかする際に生ずる。したがって、黄色がより闇の方へ引かれるか、あるいは青がずっと明るみの方へ引かれるかすると、赤になる。[18] 赤は［磁石の南北と同様に］緑が受動的な媒体であるのと対比して、能動的だと語られねばならないような媒体である。赤は、両者［黄と青と］の主体的で個体的な規定である。[19] 赤は王者の色である。闇に打ち勝ち完全に闇に浸透した光である。目を疲れさせるものである。能動的なもの、力あるもの、［黄と青という］両極の強さの源である。[20] 緑は単純な混合色である。プリズムを用いた実験で黄と青を一緒にしたときに極めて明瞭に見て取ることができる、青と黄のよくある中和性である。[21] 中立の色という意味で、緑は植物の色である。植物の緑から植物のさらなる質的なものが生まれてくるからである。[22] 第一のものである黄は単純な曇りをもった光——直接に現存在する色である。それは暖色である。[23] 第二のものは対立そのものが二重に表現されるような媒介されたもの、たとえば赤と緑である。両者は火と水に対応する。これらについてはすでにもう扱った（第二八三節および二八四節）。[24] 第三のものは青、すなわち寒色である。これは明るさを通して見られた暗い地——具体的な統合にまでは達していない地である。[25] 空の青はいわば大地から生じ来った地である。[26] これらの色が象徴するものは、黄は清澄で高貴で、その力と純粋さの点で喜ばしい色である、赤は慈しみと優雅さとを表現するとともに、真面目さと尊厳とを表現し、青は優しく深い感情を表現する、というところにある。[27] 赤と緑とは対立する。だから両者は容易に入り交じる。というのも両者は互いに近親関係にあるからである。[28] 緑は一所に集めると赤に見える。[29] 緑色の植物（たとえばサルビアのような）の抽出液はまったく緑に見える。[30] 濃い緑色をしているはずのこの液体をシャンパングラスの形をしたガラスの器に注ぎ、これを光にかざすと、底のほうは緑に見える。上のほうは美しい深紅に見える。[31] すなわち、グラスが狭くなっているところでは緑に見える。だんだんと黄から赤へと移っていく。[32] この液体を大きな広口瓶に入れると赤くなる。流れ出すと緑に見えるようになる。[33] すなわち、集約はこの液体を赤くする、ないしは緑は集約させることで赤く見えるようになる。[34] 光っている炎は下のほうでは青く見える。これはこの部分では炎が最も希薄だからである。上のほうでは炎はもっとも集約されている。だからそしてまたその部分では炎はもっとも高温だからでもある。炎は赤く見える。そういうわけで下のほうは暗いし、中間部では炎は黄である。[35]

（注）第三一七節補論第一段落の注を参照。

ε) ［一二］ 客観的に必然的なものは、主観的な視覚の中でもまた結び付いている。[1] ある色が見えるということは、他の色が目から求められているということでもある。黄は紫を求め、橙は青を、深紅は緑を求め、またこの逆も成り立つ。[2] だからゲーテはこれを要求色と名付けた。[3] 明け方や夕暮れの薄明の中で月明りや蠟燭の明りに照らされて黄や青の色を帯びる影は、このようにして生み出されるのだと考えられる。[4] ゲーテがおこなったある実験によれば、明りの後ろに赤いグラスを置くと赤い輝きが見える。さらにもう一本の蠟燭を近付けると、赤い光が落ちている方のその影は赤く見えるのに対して、もう片方の影は緑に見える。[5] それは、赤に対する要求色が緑だからである。[6] これは生理学的な現象である。ところで、ニュートンにはこの緑がどこから生じてくるのか一つ語ってもらいたいものである。[7] 光をみつめてから目を閉じると、見ていた色とは逆の色の輪が見える。[8] こうした主観的な像については、次のような実験をしてみるといい。[9] 私は一枚のレンズの焦点のところにしばらくの間太陽の像を結ばせてみたことがある。[10] 私が目に留めていたこの像は、目を閉じると、その中心部は青く見え、他の同心円状の平面は美しい海のような緑色に見えた。――中心である前者はちょうど瞳孔と同じ大きさがある。周辺にあたる後者は虹彩よりも大きく、いくらか細長かった。[11] 目を開いてもこの像は残っていた。暗い地を背景にこの中心を見ると、同じく美しい空色に見え、周辺は緑色に見えた。明るい地を背景に見ると、中心は黄色に、周辺は赤く見えた。[12] 一枚の紙の上に赤い棒状の封蠟を置き、しばらくこれを見つめた後、眼をそらすと、緑色の仮象が見える。[13] 波立つ海で見ることのできる緋色は要求色である。波の光に照らされた部分はその本来の色である緑色に見え、影になった部分はそれとは対立する深紅に見える。[14] 緑色の他には何も見えない草原の上でも、空が中程度の明るさの時にはしばしば、樹の幹や道は赤く光って見える。[15] こうした生理学的な色については、「ベルリン大学の」政府全権代表シュルツ氏（注）は最も重要にして興味深い経験をされている。これを彼はゲーテ氏と幾人かの当地の友人の方々に示し、それがすぐにも公衆に伝えられたのであった。[16]

（注）第三一七節補論第一段落の注を参照。

〔一三〕ゲーテの言う根本現象は傾聴に値する。[1] 諸々の厄介事によって引き起こされるけちくさい諸現象でも、論駁のために用いるべきである。[2] そもそもニュートンの実験というのが、厄介で不適切で、けちくさくもいかがわしく、薄汚れたしろものである。[3] 何百もの概説書で、このニュートンの色彩論は鸚鵡返しに繰り返され続けている。[4] しかしながら、ゲーテによって唱えられた観点は、彼がそれを文学作品を通して示したように、けっして廃れてしまったわけではない。[5] ゲーテが攻撃されるのは、彼が詩人であって教授ではないからである。[6] 他人の言ったことをあたかもそんなことは言われたことなどないかのごとくに無視する連中の仲間になるのは、馬鹿げた言動やら何らかの理論やらに甘んじる者だけである。[7] そのため、こういった人びとはしばしば一種のカーストを作って、学を排他的に独占し、他の者たちにはいかなる判断も許さないようにしようとする。——たとえば法律家がそれである。[8] しかし、権利がすべての人にあるように、色もすべての人にあらわれるものだ。[9] こういった階級の中では一定の根本観念が形成され、これに対する固執が生まれる。[10] その根本観念にしたがって話さない者は、物事を理解してはいないとみなされる。それはあたかも、事柄をいくらかでも理解できるのはギルドだけだ、と言わんばかりだ。[11] 法律のような事柄を理解している人がいないように、このカテゴリーを——すなわち事柄を考察する試金石たるべき形而上学を有している人もいるものではない、というのは正しい。[12] そういうわけで哲学者は殊の外嫌われる。哲学者が攻撃しているのがまさにこうしたカテゴリーであるにもかかわらず。[13]

第二に、[一四] 曇りがもっと進むと、次のような現象でそれが見られる。[1] 曇りは点性や脆弱性や粉末のような無形態のものであるから（もちろんたんに原理としてのことであって、粉砕することで凝集力を現実に廃棄するということではないが）、急激に加熱されたり急激に冷却されたりしたガラスにはさらなる曇りが生じる。なぜなら、ガラスは極度に脆いものであって、だから容易にひびの入るものだからである。[2]

[一五] α）さて、内視的（entoptisch）色彩というのがある。[1] ゲーテは彼の形態学の著作でこの段階を非常に機知にあふれる仕方で叙述している（注）。[2] すなわち、そういった脆いガラスでできた立方体あるいは四角形の板を手にしたときに起こる現象で、それ以外の場合には起こらないものである。[3] 通常の脆くはないガラスの立方体を黒い敷物の上に置き、空の明るい方に向けると（朝なら西の方角に、というのも、太陽のすぐ隣りの方向は最も暗い部分であるからだが）、この明るさの影が見える。小板の上に落ちるこの影は目には反射のように映る（第二七八節の補論参照）。夏、太陽がまだ南中しているならば、水平線の全体が明るく、そこではこうした現象が至る所で見られる。[4] 脆いガラスの場合、どんなガラ

スの場合にも見える明るさだけでなく、さらに小板の四つの角に暗い斑点が見え、その結果明るい部分が白い十字を形作る。[5]しかし、先の直線に対して直角に、したがって小板から南にではなく西に向くなら、四つの暗い点の代わりに明るい点が見え、白い十字の代わりに黒い十字が見える。[6]これが根本現象である。[7]反射させることで曇りを与え続けるなら、四つの点に色の輪が現れてくる。[8]そもそもここに起こっているのは、この透明なものの中に、すなわちこの明るさの中に何らかの闇が生ずるということである。この闇は、一面では板の縁によって、また他面では媒体の断続性という性質によって生じる。[9]闇と明るさとは、さらにそれ自身の内で規定され区別されると重層的に生じてくるようになる。両者は一連のさまざまな色を順番に呈するというような関係に至る。しかし逆にまたこの順番はその位置によって決まる。[10]すなわち、四つの点が白いなら、十字は黒く、したがって曇りによって真っ先に黄色が湧き出し、これが緑から青に変わる。[11]その逆であるなら、明るさが暗い地の中に追いやられている。だから十字は白く、角は暗く、大きな闇から真っ先に湧き出してくるのは青である。[12]こうして、透明な媒体の中にさらに、いずれは色となる陰り、脆弱な物体であるという質的な本性に由来する陰りが見られる。[13]

(注)『自然科学一般について』第一巻第一分冊(一八一七年)「内視的色彩の要素」、同じく第一巻第三分冊(一八二〇年)「内視的色彩」。これは方解石や水晶の中にみられる濃淡が帯状になる色彩のことで、現代の科学では偏光の干渉によるものとみなされている。

[一六] β) これと関連しているのは、機械的に生じてくる薄膜干渉による色彩である。それは、ガラス板の上にレンズを押しつけてできる点に見ることができる。この点は最初は黒い。圧力を加え続けると、緑・赤・黄といった何色もの色の輪が広がって、[色を]区別できるようになる。[1]同様のことは氷の上に石を押しつけたときにも起こる。[2]ここで色を生じさせているのは機械的な圧力だけである。そしてまた、熱が凝集力の変化であるのと同様に、圧力も隣接部分の凝集力

の変化に他ならない。[3] 響きの場合、振動は機械的な圧力を拡大したもので、相殺を繰り返す震えである。それと同様に、このガラスの中には常時存在する波状のものがある。――それは圧力を受けたことに対するさまざまな対抗である。さまざまな場所にさまざまな曇りを引き起こす凝集状態の恒常的な不等性である。[4] したがって、眼球内の色の場合には色を生じさせているのが脆弱性だとすれば、ここでは凝集力の遮断が色を生じさせている。[5]

［一七］γ) 凝集力の遮断がさらに進めば光線回折による (paroptisch) 色が見えるようになる。[1] こうしたガラスや特に方解石の細片、あるいはこれらに細かい裂け目が入っている場合、色はちょうど鳩の首のところのような玉虫色の輝きとなる。[2] ここには、透明なものがそのまとまりを分解させられることによって生み出される一種の曇りが生じている。[3]

［一八］この諸規定は明るさから暗さへの移行に含まれている。[1] 光と闇とのこうした統合された在り方では、光はその概念に従って、闇とは全くの正反対のものとなっている。光はその本質をなす自分の純粋な質を放棄している。[2] あるいは、物理的なものが光に透過された統一として、実体として、また重さと過程との可能性として現れてくる。[3] 持続する物理的な色は、色素として示されることも可能なものである。これらは第三に、物体の固定的な暗さであって、もはや外的な規定とも見られなければ光と物体とのたんなる戯れとも見られない。むしろ、光が内在的に物体に入り込んでしまっている。物体のなかで特殊に規定されている。だから物質の闇こそが、それ自体本質的に物質それ自体の中での一種の暗さにすぎない。[4] 物体的な色をたんに明るかったり暗かったりする色から区別するものは何か。[5] 物理的な物体は、たとえば金が黄色であるようにそれ自体で色をもっている。だからいかにして光がこうした物体性の中に入っていくのか、いかにして外から射し込む光が物質へと凝固し、そうして、暗い物体性と結びつけられた色素へと変化するのかが問題となる。[6] さて、これまでのわれわれの議論は明るさから出発したのであった。色素にかんしても明るさから出発しなくてはならない。[7] 水晶の場合、第一のものは水晶の抽象的で観念的 (ideal) な同等性であった。水晶の他者である射し込ん

でくる光を透過する水晶の透明性であった。[8] あらゆる物体は、光が当てられている限り、差し当たっては表面だけが明るい。物体が目に見えるということは、外から光がこの物体に当てられているということである。[9] しかし、水晶は明るさをその内に貯めこむ。それは、水晶が、徹頭徹尾見られるという実在的な可能性だからである。つまり、見られるということは、理念的(ideell)ないし理論的に他者の内にあること、自己を他者の内に措定することである。[10] この可視性(Sichtlichkeit)は実在的な明るさ(Helligkeit)としては現象していない。この明瞭さは理論的な本性一般として現象している。形態は、比重の内的無差別性、したがって内部中心(自己内存在)［に固有］の内的無差別へ点状化される。すなわち形態が、実在の脆弱性へ、単独に存在する一者へと進展する。こうしたことによって可視性から闇へのこの進行は自由な内的結晶化の廃棄、すなわち色である。[11] したがって、色は、表面に現れ出てきた物理的なものであって、ちょうど形にかんして熱がそうであったように、それ自体で独立した内的なものなどもはや持たない。それはまったくの現象にすぎない物理的なものである。言い換えれば、現象のもともとの自体的な存在が、現に存在する。[12] 一定の物理的な物体は、したがって一つの色をもつ。[13] こうした形態の曇りは、形式が形態の契機を貫く統一であり続け、この統一の規定された区別は形式を否定する。だから形態と同形の中和性の廃棄、すなわち、それ自体がまさに中和性の形で自分を支えているような形式の廃棄である。[14] 色はこうした無関係さの廃棄、ないしは、形式が同一性へと自らを形作った、この同一性の廃棄である。形式の曇りはしたがって、区別項の統合の廃棄としての個別の形式規定の措定である。[15] 機械的な統合性としての物体は、徹頭徹尾自己内へと展開された形式である。[16] この統合性が抽象的な無差別へと解体することが、個体化された物体の中での色としての曇りである。[17] こうして措定された規定性は個別態が自由になることであって、いまやここでは、形態は機械的な仕方ではその部分が点性として規定されている。――しかし他方、自由になること(遊離化)は、形態の連続性一般の中でのその形態自体の内での無差別でもある。[18] 光の観念性と絶対的な同一性とは物質的な個体性という形式となる。この形式はまさにこの同一性へと要約される。しかし、この同一性は実在する形式の無差別への還元としては曇りである。規定された曇りである。すなわち、自ら曇っていく内的な結晶化であって、言い換えれば形式の区別は廃棄されてしまっている。だから純粋で中味のある無差別へと、高次の比重へと戻っている。[19] この自己内存在とは曇った物質の堅実性であって、これはそれ自身のうちには形をもたない同一性として、ただ自分自身の内に集約しているものである。こうした自己内存在は金属性である。色は、物体の、物質(Stoff)として表現される光の側面であるが、そのあらゆる色の原理である。[20] 高次の比重はまさにこの破砕することのできない自己内存在である。未だ分解されていない単純性である。金属ではこの比重が重要であって、これは他の物体では重さがほとんど重要でなくなっているのとは対照的である。[21]

〔一九〕 ここで区別された規定性とされている諸契機の一つは、したがって、いまや抽象的で純粋な同一性である。しかし同時にまた物体の実在的同一性としては、物体そのものの内でその固有の色として措定された光である。物質となった自己同一性である。[1] この普遍的なものは、こうして全体から切り離された一方の特殊な契機となる。もう一方の契機と対立することになる。[2] 透明なものもまた無差別ではある。それは形式のせいである。だから、この無差別はいまやわれわれが手にしている死した暗い無差別と対立する。[3] 透明な無差別の方は、精神と同じくそれ自体の内では形式に支配されていることによって明るい。他方暗いものの無差別の方は、物体のそれ自身とのたんなる堅実性であるにすぎない。それはむしろ物質的なものに支配されている。[4] 薄膜干渉による(epoptisch)色彩や光線回折による(paroptisch)色彩の場合、われわれはまた、暗くなり始めると色が生じてくるというふうにして、物質が形式から分離しているのをも見る。[5] これはまた、個別化および点化による形式の喪失でもある。それ以上に、暗化という外から持ち込まれた様態のものでもある。[6] もともと自体的に形式を欠いているということは、しかし、数多性のゆえではなくて無差別のゆえである。未形成なものであるからである。したがって金属質のものの場合は多くのものに区別されるということはない。[7] 金属は内的に多様なものではない。それは燃えもしなければ中和性でもない。[8]

〔二〇〕鈹質の金属がそれぞれに固有の色をもっているのは経験から知られる。[1] シェリングも金にかんして、それは凝固した光である、と言っている(注)。[2] 鉄は磁性をもつ。だからこれに反して暗黒への傾向性をもつ。[3] 色が色素として抽出できるのだから、色を有するものはすべて金属だと言っても良いだろうし、このことは経験的にも証明されなくてはならない。[4] もちろん色は、たとえば植物から抽出されるインディゴも金属的な輝きをもっているし、総じて金属的な外観を呈する。[5] 血の赤は鉄に帰されもする、等々。[6] しかし、金属を化学的な関係の中に持ち込んだり、それどころか熱の影響を与えるだけでも、その色を変えることができる。[7] 熱の影響にかんして言えば、ここでは色のもつ無限の揮発成分が前面に出てきている。[8] 銀を溶かしていくと、最も明るく輝く一点に達する。この時、溶解は最高温度に達している。冶金学者たちはこれを「銀閃光体」(Silberblick)と呼んでいる。銀閃光体は瞬間的に現れるに過ぎない。持続することはない。[9] 銀閃光体が現れる以前の段階では、銀は虹の全ての色に変わる。色は波のように表面に現れてくる。その順番は、赤、黄、緑、青である。[10] ゲーテは先に(注解第三段落)引用した箇所に続けてこう言っている。「磨いた鋼を熱してある温度に達すると表面が黄色味を帯びてくる。[11] これをすばやく炭火の中から取り出すと、鋼はしばらくの間この色を保持し続ける。[12] 鋼を熱すると、ただちに現れる黄色はもっと暗かったり明るかったりする。そしてすぐに深紅にかわる。[13] この深紅も長続きはしない。それは鋼が急速に明るい青に変わっていくからである。[14] 鋼を急いで熱気の中から取り出して灰の中に突っこんでも、鋼の鮮やかな青は持続している。[15] 焼きなました鋼鉄製品の青い色はこうして作り出される。[16] しかし、鋼を火の上にかざし続けるなら、鋼はたちまちのうちに鮮やかな青に変わる。青が持続する……。[17] ペンナイフ［鵞ペンの先を削るナイフ］を光に翳して見ると、刃先を横切って色のついた帯が見える。[18] この帯の中でも［焼き入れの時］炎の最も深いところに当たっていた部分は鮮やかな青で、青味がかった赤とさえ言える。[19] 真ん中あたりは深紅で、さらに黄色味がかった赤から黄色へと変化する。[20] こうした現象は前述の原因から生じてくる。というのも、柄の近くの刃は、炎の中に差し入れることができる先端の刃ほどには熱することができないからである。まただから、ふつうなら相前後して現れてくるあらゆる色が一度に現れざるを得ない。それはこれらの色を最良の状態で保っておくこともできるのである。[21]」だから、ここにもまた、色の区別を規定するものとしては、密度の単純な変化だけがある。というのも、多くの規定を受けている物体の暗さが色をもたらすからである。[22] ——金属性とはしたがって、安定状態にまでいたったこうした物理的な自己同一性のことである。[23] 金属はそれ自体で、光にも直接的に備わっていたのと同じ色をもっている。したがって、金属は今なお自らの純粋な質を未だ解体されずにもっている。すなわちこれが輝きである。[24] 金属は透明ではない。それは、透明性というのがそれ自体では光をもっていないことであって、この光を欠いているということにとっては、現実の光はひとつの他者であるからである。[25]

(注)『思弁的自然学新雑誌』第一巻、第三冊(一八〇二年)、「四つの貴金属」(§ XVII)。

〔二〕

さて、化学的な意味では、金属は酸化可能なものである。形式の点では中和性と対立する極である。中和性のものを形式的で区別を欠いた自己同一へと還元している。[1] だから、金属は弱い酸で容易に酸化されて、ちょうど鉛が酢酸によって鉛白になるように、白くなってしまう。亜鉛華もこれと同様である。[2] 黄色と朱色はこれに反して酸に関係し、青と青味がかった赤はアルカリに関係する。[3] しかし、金属だけが化学的な操作で色を変えるわけではない。[4] ゲーテは(『色彩論』第二巻、四五一ページ)(注)でこう言っている。「すべての青と紫の花の搾り汁は緑色になる。」(したがってその明るさに反して)「緑色はアルカリのせいである。美しい赤は酸のせいである。[5] 赤い木の煎じ汁は酸を加えると黄色になる。アルカリを加えると紫になる。黄色い植物の抽出液はアルカリを加えると暗い色になる。酸を加えるとほとんど全面的に色が失われる」と。[6] さらに同書二〇一ページには(第一章学説史、第四〇節、平衡、第五三二)次のように書かれている。「リトマスは、アルカリによって赤味がかった青に色を変える染料である。[7] こうして生じた赤味がかった青は、酸を加えるときわめて容易に赤味がかった黄色に変わる。アルカリを加えると再び元に戻る」と。[8]

(注) もっと正確には、ゲーテからの引用は、学説史の章中の、エドム・マリオット(Edme Mariotte, 1620-1684)にかんする節の中にある、マリオットの著作『色の本性について』(Traité de la nature des couleurs, Paris 1688)からの引用。マリオットは、フランスの物理学者、植物学者。「バロメーター」という言葉は、その「気体性質論」(一六七六年)から用いられはじめた。ボイルより一七年遅れて、気体の圧力と体積の法則を発見したが、フランスでは「マリオットの法則」と呼ばれる。

〔二二〕 しかし、ここでは個々の物体の特殊化を考察している。だからわれわれは、色が物質となる可能性を認めつつも、色をただ契機として、すなわち特性としてだけ表現しなくてはならない。[1] したがって、こうして色が金属として分離され特殊化されている限りでは、ここでの問題とはなっていない。[2] 色を諸々の特性として見るなら、色は、なるほど物質として表現されうるものではあるけれども、未だ個体性の中に保持されている。物質化の可能性は、ここでは未だ無限の形式を具えるには至っていない個体性の無力に由来する。色は客体性の内に、すなわち完全に現在するという諸特性の内にある。[3] しかし有機物の内ではなおもこうした諸特性は物質として表現されてもいるので、こうした諸特性は死の世界に属している。[4] 生命をもつものの内では無限な形式がその特殊性という形をとって対象となる。だから形式はその諸特性という形を取った場合と同一である。そういうわけであるから、この特殊化は有機物というこの場では、たとえその全体が死んで解体されてしまっていたとしても、分割不可能である。[5]

〔二三〕 特性としては、色はいまや一つの主体を前提としている。色がこの主体性の内で維持されているということを前提としている。しかしまた、色は——あらゆる特性がそもそもなんらかの生きているものの感官にとってあるように——一つの特殊なもの、他に対してあるものでもある。[1] この他なるものがわれわれ感受性を有する者である。われわれの視覚は色によって規定されている。[2] 視覚にとって存在しているのは色だけである。形は触覚に属している。視覚にとっては形は暗さと明るさの交代から類推されるものであるにすぎない。[3] 物理的なものは触覚から、つまり普遍的で質を欠いた現存在から自分自身の内へと戻ってきている。すなわち、その他在の内にありながら自己内反省している。[4] 重さも温かさも触覚に属している。しかし、いまや一つの普遍的な現在が、すなわち他に対してある存在が、延長がある。確かに、温かさも重さもこうした現在をもってはいる。ここでは、それと同時に特性もまた直接的に現在する形でこのうちに保持されている。[5] まず触覚という感覚を展開した自然は、今度は視覚という感覚を展開する。そして視覚から嗅覚、味覚へと移行する。[6] 色が他者に対してあるために、他者の方は色を物体化せざるをえないし、だから色に対しては理論的にふるまうしかない。それはけっして実践的にはふるまえない。[7] 感覚は特性をそれがあるがままにさせる。特性はなるほど感覚に対してありはする。感覚は特性を奪取しはしない。[8] しかし特性は自然に属しているから、この連関はまた物理的であらざるを得ない。それは一個の生命体の感覚に対してあるような純粋に理論的なものではありえない。したがって、特性は物に属しているのと同様に、非有機的な物そのものの領域の内部にある一つの他者にもまた関連せざるを得ない。[9] 色が関係するこの他者は、普遍的な元素としての光である。光は色の他者である。すなわち(両者は)同一の原理である。ただし、光が個体的であるからではない。それは同様に自由であるからである。[10] かくして、普遍的なものとはこの特殊なもののもつ威力である。特殊なものを食い潰し続ける。あらゆる色は、すなわち非有機的な物の色は、光の前には色褪せる。[11] 有機体の色の場合はこれとは異なる。有機体は色を常に再生産する。[12] 特殊なものがこうした自分の普遍的な本質に対立しているわけではないので、このような退色は未だ化学的な過程ではない。それは静止した理論的な過程である。[13]

[二四] 総じてあらゆる個体化されたものを憎み、これを解体するように、

諸元素は

人手にかかる造りものを憎むが故に(注)[1]。

しかし、そのようにまた、元素の抽象的で普遍的な観念性は常に、色で個体化されている。[2]

(注) シラー『鐘の歌』(Schiller, "Das Lied von der Glocke", V. 167 f.)。元素的なものがあらゆる人為的な構築物を破壊して、砂のような元素に還元しようとしているという発想は、ヘーゲルの青年期の論述にも描かれている。

β 特殊的な物体性の側にある区別

三二一

区別の一方の項の原理(単独存在)は火(第二八三節)である。しかしこの原理はまだ、実在的な化学的な過程(第三一六節)として存在せず、また、もはや力学的な脆弱性(Sproedigkeit)でもなく、物理的な特殊性を具えたものとして、可燃性自体である。この可燃性は、同時に外に向かって差異的であり、〈元素的な普遍性のなかの否定的なもの〉への関係、すなわち、目に見えぬように、〈消尽する[解消させる]もの〉である空気への関係(第二八二節)である。可燃性は、物体的なものでの空気の過程である。すなわち、単純な理論的な過程としての特殊な個体性であり、空気との接触による物体の目に見えぬ発散である。——これがにおいである。[1]

物体のにおいの性質は、単独で現存する物質(第一二六節参照)としては、臭素である。これは、油、すなわち、炎となって物を燃焼させるものである。[1] しかしにおいは、単なる性質としては、たとえば金属のいやなにおいのなかにも現存している。[2]

補論　〔一〕第二に、対立が個体的な物体にあらわれたものが、においおよび味である。それらは差異の感覚であり、自己展開する過程に属する。[1] このふたつはとても似かよっており——シュヴァーベンでは［においと味が］区別されておらず、そこではひとは［五感ではなく］四つの感覚しかもたない。[2] というのも、ひとは「花はよいにおいがする」と言うかわりに「花はよい味がする」と言うからであり、それゆえわれわれは舌でも［鼻と］同じように、においをかぐのであり、その限りで鼻は不要であるからである。[3]

〔二〕われわれがこの移行ということを厳密に解しようとするならば、つぎのようなことになる。無差別な闇つまり金属性にわれわれは到達しているわけだが、それは、化学的に見れば、可燃的なもの、つまり端的に酸化するものである。だから、それは、外的なものをとおしてしか活動的な対立のうちにもたらされることが可能でなく、それゆえ他の差異的な物体(酸素など)が属するような、塩基、極となる。[1] このような可燃的なものという抽象的な可能性は、酸化させられてから、石灰として可燃的となる。酸は、金属を酸化したそのあとでその金属と(それゆえ、金属としてのその金属と中和するのではなく、酸化物としてのその金属と)中和する。つまり金属は、自分を中和するためには、まず対立のひとつの側面として規定されなければならない。[2] だから金属そのものは、化学的な過程のひとつの側面をかたちづくることができる。金属のもつ無差別は、一面的なもの、抽象的な規定性でしかなく、まさにそのためにこの無差別は本質的に対立への関係である。[3] われわれは無差別から出て対立に入りこんでいるわけだが、しかしそうした対立は、初めは、全体的な対立である。というのは、その二つの側面がすでに実在的な物体性でさえあるような、そうした化学的な過程がもつ一面的な対立のもとにわれわれはまだ達していないからである。[4] われわれはひとつの全体としての対立のもとにいるのだから、この対立は、燃焼しているひとつの部分だけを再現する可能性なのではない。われわれは全体的な過程に対応する物質をもっている。[5] それは、ふつうの意味での可燃的なもの、つまり、過程のたがいに区別された側面のうちのひとつでしかない金属というのとは別の意味での可燃的なものである。[6] しかし、対立の全体的な可能性としての物質的なものは、においにとっての根本原理である。[7] においとは、そうした、空気のうちで音もなくすすむ、物体に内在する消失を、感じることである。空気はそれ自身ではにおいがしないが、それは、全てのものは空気のうちでにおい化し、空気はすべてのにおいを、色が光のうちで消えるように、たんに解消するからである。[8] しかし、色が物体の抽象的な同一性でしかないとすれば、においは、差異のうちにある、物体の特有の個体性が濃縮化したものであり、その物体の全ての固有性は、外にむけられ、そうすることで自分を消尽するものとしてある。というのは、においを失ったとき、物体は気のぬけたものになっているからである。[9] 物体のそうした消尽は、過程を欠いた過程であり、炎としての火への関係ではない。というのは、炎は、個体性そのものを個体的な形態のうちで消尽するものだからである。[10] だが、非有機的なもののうちでは、そうした濃縮化は、たいていは、火として存在する。よいにおいは、有機的なもの、例えば花のうちで初めてあらわれる。[11] それだから、統合的な物体ではない金属も、そのものとしては、においはもたないのであり、においをもつのは、もっぱら金属が他のものにむかって融合させられ、いわば、自分のまわりに大気を形成し、そのような仕方で自分を消尽した、その限りである。そのようにして金属は有毒なものとなり、したがってまた同じく、吐き気をもよおさせるような味をもつ。[12] だが、高貴な金属はにおいや味をあまりもたない。それは、高貴な金属が鈹《かわ》質の(regulinisch)形態をより失い難いからである。そのため、そうした金属はスパイスを享受するさいに用いられる。[13] それゆえ、金属の光のように、火もまた、においのうちで、部分的な現存をもつのだが、その現存は、自立した物質がもつ実在的な現存、つまり硫黄ではないのであり、ここでは抽象的な特性としてだけ存在する。[14]

三二一

対立のもう一つの契機である中和性（第二八四節）は、個体化されて、塩性という特定の物理的中和性とこの塩性の規定、すなわち酸等々となる。これが味である。味という性質は同時に、水という抽象的な中和性である元素にたいする関係にとどまる。水の中では、物体は、たんに中和的にすぎないものとして、可溶性である。[1] 逆に言えば、物体のなかに含まれている抽象的な中和性は、物体の具体的な中和性の物理的な構成要素から分離することができる。［物体の中の中和性だけを抽出することができる。］この中和性は結晶水となって表わされることがある。この結晶水は、まだ溶解されていない中和的なもののなかでは、もちろん水として現存しているわけではない（第二八六節注解）。[2]

補論 ［一］結晶水は、分離されて初めて、水として現存するようになる。[1] 結晶のうちに水が再び潜在しているとみなされる。だが、水は水のまま結晶のうちに存在するのではない。というのは、結晶のうちには湿気がまったく見出せないからである。[2]

［二］物体の三番目の特殊性である味は、中和性的なものとして、元素へのそうした関係を再び止揚し、そうした関係から自分を引き戻してもいる。すなわち、においのときと同じように、過程の直接的な現存がつねに生じるわけではなく、

過程は偶然的な同時発生に依存している。[1] したがって、水と塩は互いに無関係に現存して存在するのであり、味は、物体的個体が物体的個体にたいしてとる実在的な過程なのであり、［物体的個体が］元素にたいしてとる過程なのではない。[2] それゆえ、可燃的なもの、過程的なものが、ひとつのものへと合一しており、区別されることがないのである。他方、中和性的なものは、酸と塩基へと分解されうる。[3] 抽象的な中和性として水はまたしても無味のものである。個体化された中和性が初めて味となる。つまり、受動的な中和性へとひとまとめに沈静していたもろもろの対立の統一となる。[4] それゆえ、規定された味をもつのは、塩のような、そのもろもろの対立をばらばらのままもつ中和的な物体だけである。[5] われわれはそうした物体を、われわれの感覚との関係で味と呼ぶ。他のものは、ここではまだ元素である。というのは、水に解けることができるということは、まさに、物体が味をもつことができるということだからである。[6] 金属は塩とは異なり、水に解けることができない。なぜなら、金属は、塩のような対立の統一ではないからであり、一般的に言えば、例えば、原鉱において初めて再び完全となるような不完全な物体である。この点についてはのちほど化学的な過程で論じる。[7]

［三］ 色、におい、味は、個体的な物体の特殊性がもつ三つの規定性である。[1] 味とともに物体は、化学的で実在的な過程へ移行する。しかし、この移行はまだずっとさきのことである。[2] ここでは、そうした諸規定性が、初めは物体の特性として、普遍的な諸元素に関係するのであり、それがそれらの規定性の気化の始まりとなる。[3] 普遍的なものの力は対立を欠いた浸入であり伝染である。なぜなら、普遍的なものは特殊なものの本質そのものであり、普遍的なものは自体的には特殊なもののうちに含まれているからである。[4] 有機的なものにおいては、個別的なものを破滅させるのは、類、内的な普遍性である。[5] 化学的な過程において、同じ物体がわれわれの前にあらわれる。それは、自立的なものとして（第三二〇節の補論第二一段落を見よ）相互的な過程のうちにあり、もはや諸元素との過程のうちにはない。[6] そうしたことはすで

に電気で始まっている。われわれは電気への移行をしなければならない。[7] すなわち、諸特性は個別的なものとして互いに関係もしている。[8] われわれがそれらの特性を相互の比較によって関係づけるとき、それは［比較する反省主体である］われわれにとってしかありえないことのように思われる。だが、さらにすすむと、個体的な物体性は、まさにそれが特殊なものであるからこそ、自分自身を他のものと関係づけている。[9] それゆえ、個体化された物体は、たんに最初に、結晶の直接的な統合としての無関係な存立だけを、そして、元素にたいする差異としての物理的な区別だけをもつだけでなくて、それらの物体は互いへの関係ももつのであり、この関係は二重である。[10] そうした特殊なものは、最初は、互いに表面的にしかかかわらず、自分を自立的なものとして維持する。そのために統合された物体の側で前面に現象してくるのは、電気である。[11] しかし、実在的なかかわりは、これらの物体の互いの内への移行である。この関係のより深いところにあるものを表現するのが、化学的な過程である。[12]

γ 特殊的な個体性の統合——電気

三二三

物体は、物体がもっている一定の特殊性という点から見れば、元素と関係している。しかし形態化された全体としては、物体は物理学的な個体として、相互に関係し合う。[1] 物体における、まだ化学的な過程に入らない特殊性という点から見れば、物体は自立的なものであって、相互に無関心なまま、全く力学的な関係のなかで自己を保持している。[2] 物体は、この関係のなかでは、物体の自己を、自己のうちにおける振動としての観念的な運動によって、音として告示する。これと同様に、物体はいまや、特殊性相互の物理学的な緊張によって物体の実在的な自己性を、しかしまだ抽象的な実在性である自己性を、物体の光として示す。しかしこの光は、それ自身差別的な光である。――これが電気的な関係である。[3]

補論 [一] 電気は有名な現象である。以前は磁気と同じように孤立させられて、付随的なものとみなされていた（さきの第三一三節の補論を見よ）。[1] われわれはさきに（前節の補論で）電気と電気に最も近い現象との関連をおおまかに示した。いまから電気を、以前の段階である響きと比較しようと思う。[2] 響きとともにわれわれは形態へと入りこんだ。化学的な過程のなかで自己分解する直前、形態は、純粋で自己同一的な形式となる。それが電気的な光という形態である。[3] 響きにおいて物体はその抽象的な魂を出現させる。だが、物体の自己性のそうしたあらわれは、あくまでも、機械的な凝集力に属する。それは、物体はそのつねに自分をとりもどす運動においては機械的な統合としてあらわれるからである。[4] それにたいして、われわれがここで与えられているのは、そうした機械的な自己保存ではなくて、物理的な実在性にもとづく自己保存である。[5] 電気的な緊張の現存在は物理的である。[6] 響きは他の物体を打ち鳴らすことを条件にしている。電気的なものもやはり、ふたつの物体が電気がおきるのに欠かせないということを条件とする。しかし、違うところは、電気的なものにおいてはふたつが互いに異なるものであり、それゆえ、刺激する側もともに差異へと入る。それにたいして響きにおいては、一方だけが響きをだす、あるいは、ふたつの響きが互いに無関係であるという点である。[7] そのように進展する理由は、物理的に個体化された物体は、その諸特性の統合として、たがいに異なるものとして関係する、ということにある。[8] われわれの感覚においては、これらの特性は分離して互いにばらばらにあらわれる。もろもろの物にかんするわれわれの表象がそれらの物を再びひとつに結合したように、個体的な物体は、それらの特性をひとつにする紐帯である。[9] こうした個体的な統合が関係をもつのであり、そうした関係を、われわれは、以上の観点から考察しなければならない。[10] しかし物体は、展開した統合としては、差異をもつ統合であり、そうした差異が統合のままであるとき、その差異はたんなる差異一般でしかないのであり、それはそれゆえ、互いにかかわる第二の項を必然的に必要とする。[11]

〔一〕われわれが物理的な統合としての物理的な物体をもつとき、ただちに、より多くのそうした物体がすでに前提とされている。というのは、一なるものの多数化は論理学から見て(第九七節補論)あきらかだからである。[1] そうした多なるものが最初は互いに無関係であるとしても、そうした無関係性は、多なるものが互いに異なるものであるために、自分を止揚する。なぜなら、多なるものとは、それらの統合を立てることでなければならないからである。[2] 多なるものが立てられるというそうした関係によって、多なるものは自分が物理的な個体性であることを互いにたいして証明するのだが、そうした関係において、同時に、多なるものは多なるもののままであり続けざるをえない。なぜならば、多なるものはそうした全体だからである。[3] したがって、多なるものがなすかかわりは、最初は機械的である。なぜならば、多なるものは多なるものであり続けているからである。諸物体は互いに接触し、互いに摩擦する。[4] こうしたことは外的な暴力によって生じる。だが、多なるものは統合であり続けざるをえないから、この外的な関係は、われわれが以前に与えられたような接触ではない。[5] それは、凝集力への抵抗しだいで生じる瓦解ではなく、響きでもなく、熱あるいは炎のうちで暴れ、物体を消尽させる暴力でもない。[6] それゆえそれは、表面の弱い摩擦ないしは圧迫でしかないのであり――ひとつの無関係なものを他の無関係なものが存在するところに措定するような、表面への衝撃でしかない。つまり、形態への打撃であり、音をたてることであり、音の内的な純粋な否定性の、つまり音の震動の現存在を措定することである。[7] このようにして、分裂した統一が、そして自立した無関係なものの分裂が措定される。――それはひとつの磁石である。

その二つの極は自由な形態なのであり、磁石のもつ対立はそうした形態へと分かれており、そのため、中間は現存在するものとして自由な否定性なのだが、その否定性それ自体は現存在をもたず、その項においてのみ現存在する。[8] 電気は、形態から解き放たれた、形態の純粋な目的であり、つまり、自分の無関係性を止揚し始めている形態である。というのは、電気とは直接的な出現であり、なお形態に由来し、なお形態によって条件づけられている現存在だからである。——つまりそれはまだ形態そのものの解消ではないのであり、表面的な過程である。この過程においては、形態を離れてはいる。形態を自分の条件としており、それらの形態においてまだ自立的となっていない。[9] こうした関係は偶然的なものに見える。なぜなら、それはもともと自体的にしか必然的でないからである。[10] 関係を把握することは難しいことではない。しかし、最初に際だって出てくるのが電気であるということを証明するためには、われわれは、そうした概念規定を現象と比較してみなければならない。[11]

三二四

機械的な接触は、一方の物体の物理的な差別を他方の物体のなかへ措定する。しかしこの差別は、これらの物体が同時に、機械的に相互に自立的なものにとどまっているために、対立的な緊張である。[1] したがって、物体の物理学的な本性がその具体的な規定性のまま、この緊張関係のなかへ入るのではなく、個体性が顕在化され、過程のなかへ送りこまれるのは、たんに抽象的な自己の実在性として、光として、ただし対立的な光としてそうであるにすぎない。[2] この表面的な過程のいま一つの契機である分裂の止揚は、無差別な光を産み出すのである。この光は、非物体的であるために、ただちに消滅し、この抽象的な、物理学的な現象以外には、震撼という機械的な作用をもっているにすぎない。[3]

〔一〕電気の概念が難解なのは、一方では、この過程における物体個体がもっている物理的であるとともに機械的でもある慣性という根本規定のためである。[1] 電気的な緊張は、物質という他者のせいにせられ、そこで、光は物質に属する、などと言われることにもなる。そのように言われるのも、光が抽象的に独立して、すなわち、物体の具体的な実在性、あくまで自立的なままにとどまるこの具体的な実在性とは違ってあらわれるからである。[2] 他方ではしかしこの難しさは、概念一般がつねに難しさであるということである。すなわち、光とその連関を統合の契機として、しかもここでは自由に日光としてではなく、特殊な物体の契機として把握することが難しいということにほかならない。ところでこのように光を契機として把握するとは、光がこの特殊な物体のなかに、この物体の純粋な自我としてもともと自体的に存在し、この内在する純粋な自我から産みだされたものとして現存するとすることである。[3] 最初の光、すなわち、太陽の光（第二七五節）が概念そのものからのみ生じたように、ここでも（第三〇六節のように）光の、ただし差別的な光の発生は、特殊な物体として現存する概念である一つの現存から起こる。[4]

〔二〕周知のように、以前は、ガラスの電気と樹脂の電気というように、電気の区別はある一定の感性的な現存に結びつけられていた。この区別は、経験をつみ重ねることによって、観念化せられ陽電気に陰電気という思想的な区別となった。これは、経験が、普遍的なものをまず差し当っては感性的な形式でつかまえ、これを確保しようと欲するものであるにもかかわらず、自己の感性的な性格そのものを止揚するに至る注目すべき例である。[1] 最近では光の偏極作用などということを、人々は大いに口にするようになった。こういう表現は、マリュの発見した現象（注1）にたいして使うよりも、電気のために取っておいた方がよかったであろう。というのは、マリュの現象では、透明な媒体とか、反射する表面およびこれら相互の位置の相違、その他、多くの外部からの事情が、光の反照における外面的な区別を惹き起こすのであって、光それ自身における区別を惹き起こすのではないからである。[2]陰陽の電気を生ぜさせる条件、たとえば、表面につやがあるとかないとかいうこと、その他息のくもり等々の条件は、電気的な過程が表面的なものであって、物体の具体的な、物理学的な本性がこの過程のなかへ入り込むことのいかに少ないか、ということを証明している。[3]同様に、陰陽のこの二つの電気の光が具えている弱い色彩や、そのにおいとか味とかは、光という抽象的な自己における物体性の単に始まりを示すものであって、この光において過程の緊張は維持されはする。この過程は、物理的であるにもかかわらず、具体的な過程ではない。[4]対立的な緊張の止揚である否定性は、主として衝撃である。すなわち、自己分裂から脱して自己同一なものとして自己を措定する自己は、このような統合された在り方としても、あくまで機械的関係という外面的な領域にとどまる。[5]放電火花としての光は、熱へと自己を実現する萌しをほとんど示さず、発火はいわゆる放電によって起こることもある。それは（ベルトレ『化学的静力学』、第一篇、第三節注XI）（注2）光が火へと実現された結果というよりは、震撼の直接の作用である。[6]陰陽の電気が異なった物体に互いに分離したままに保たれるかぎり、磁力の場合と同様に、活動は、対立するものを同一なものとして、同一なものを対立するものとして措定することをもって、己れの本質とする、という概念の規定（第三一四節）があらわれる。[7]この場合、活動は、一方では、機械的な活動、すなわち、空間的に引きつけたり、斥けたりする作用であって、活動のこの側面は、これを現象として分離しうるかぎり、磁力そのものの現象との関連を基礎づける。他方ではしかし、この活動は、電気の伝達そのもの——すなわち伝導——と配分、という興味ある現象においては物理的である。[8]

(注1) 第二七八節注解第二段落の注を参照。

(注2) ベルトレ『化学的静力学試論』(Claude Louis Berthollet, Essai de statique chimique, 2 Bde., Paris 1803)。

補論 [一] この電気的な関係は活動であるが、抽象的な活動である。なぜならば、この活動はまだ所産ではないからである。この活動は、緊張や矛盾がまだ止揚されていなくて、その結果、どの矛盾のうちにも他が存在し、他がやはり自立したものである、そういうところに存在しているのでしかない。[1]

[二] この緊張はもろもろの部分のあいだのたんに内的に機械的であるにすぎない緊張ではない。それは本質的に自分を外化しなければならない。[1] その外化は、個体の物体性とは異なるものでなければならない。というのは、個体は、異なるものとなるときも、あいかわらずのままであり続けるからである。[2] それゆえ、個体が出現するのは、ただかろうじて個体の普遍的な個体性にもとづいてでしかなく、そのさい、個体の実在的な個体性が過程へ入りこむことはない。そのために、この外化は抽象的に物理的なものなのであり、つまり、個体を普遍的に照らし映すこと(Scheinen)だけを、異なるものとしての物体が示すにすぎない。[3] そのようにして物体はその物理的な魂を光として示す。しかし光は、太陽が直接的であり自由であるのに対して、ここではむしろ、ある他者のふるう暴力によって呼びおこされる。[4] したがって光は、もろもろの物体が互いにたいして現存在する仕方である。そうした緊張した光は、自分を他者の側で異なるもの[反射光]にしたいという衝動をもつ。[5] だが、光という互いに異なるものは、消失の過程でしかあらわれない。なぜならば、差異がまだ自立していないで、抽象的でしかないからである。[6] それゆえここでは、摩擦によるのとは異なり、炎は出現しない。摩擦による炎の場合、光は、物体が消尽されるさいの勝敗の決まる頂点である。火打ち石の場合でも、石

から誘発された火花は、もろもろの部分が点へと凝集され統合されたものの止揚である。[7] しかし、ここでは観念性は持続的なものとしてあらわれる。――それは弱い火である。火花は冷たいものであり、養分［可燃物］のないたんなる光である。[8] というのは、緊張した物体の特殊な材質はまだ過程へは入らず、過程のなかでは、たんに元素的で魂をもったものとして規定されているにすぎないからである。[9] だが、区別されているものとしての光はもはや純粋ではなく、すでに色をもっている。否定的な火花は赤っぽい色をもち、肯定的な火花は青みをおびた光をもつ。[10] 光は、物理的なものから噴出してくる観念性である。統合された個体性のもつその他の物理的な規定も、つまりにおいや味も、あらわれ始める。しかし全く観念的で非物質的な仕方で現れる。[11] 電気は、においがするし、例えば、鼻を近づければ、蜘蛛の巣のような感じがする。味も、はっきりとしている。しかし、それは物体をもたない。[12] 味は光のうちに存在する。あるものは、より、酸にもとづく味がするし、あるものは、より、カリ的なものにもとづく味がする。[13] 味の他に、最後に、同じように、形状があらわれる。陽電気は長めの輝く火花をもつ。陰の火花は、より、点に集中している。これは二種類の火花を松やに粉末(Kolophoniumstaub)のなかでぶつけるとき、見られることである。[14]

［三］ふつう反省は、外的な機械的な接触にしか至っていない、あるいは、化学的な関係にしか入っていない物体的個体を、何か死んだものとして理解する。[1] したがって、ここで論じているような、緊張の外化は、物体そのものに属するものではなくて、ある他の物体に属するのであって、この、他の物体を乗せているのが、前者の物体であるということでしかない。そうした他は、かつて電気的な物質と呼ばれていた。[2] この場合、物体は海綿でしかないのであり、この海綿は、そうした物質を自分のうちで循環させる。そのとき、自分はもとのもののままであり、たんに、そうした物質を、より希薄に、あるいはより濃厚に受け入れているだけである。こうしたことは物体の内在的な有効性ではなくて、媒介にすぎない。[3] さらに電気は、自然のうちにある全てのものを、とりわけ気象学的な現象を生じさせる。[4] しかし電気がそこで

〔前もって〕やっておかなくてはならないことは、示すことができない。[5] 電気は、物質でなく、物の伝播でないから、磁気と同じように、全体として、何かある余計なもの（過剰流動的なもの）である。[6] ふたつがもつ有効性は、最高度に制限された範囲のものとしてあらわれる。というのは、磁気が、北を指すという鉄の特殊性であるように、電気は火花をちらすという特殊性だからである。[7] しかし、それはあらゆるところで見られる。その成果としては、何も生じないか、でなくとも、多くが生じることはない。[8] スコラ学者が「隠れた性質」を仮定したように、電気は「隠れた」動因として現象する。[9] 電気が雷雨のさい存在するとすると、なぜ電気がそんなところにまで存在するのかは、理解することはできない。[10] 雷雨のような大規模な自然現象は、われわれの化学の台所とのアナロジーをもとに解されるべきではない。[11] というのは、雲は海綿よりも少なくともずっと柔らかいのだから、どのようにして雲は自分を摩擦することができるのか。[12] たとえ雨が降っていて、空全体が湿ったベールで被われているとしても、稲光がするとき、全ての電気的な緊張は、雲と地球との連関が雨が降ることによって、完全な導体となることで、直ちに中和されているはずなのである（先の第二八六節の補論第一段落を見よ）。[13] しかし、電気がそのとき存在するとしても、目的を、つまり、必然的な結合を、物体的な自然との電気の連関を示すことはできない。[14] ともかく、電気は、いつでもどこでももちだせる犠牲の羊である。「全ては電気のせいだ」。しかしそれは曖昧な言葉であり、それは、電気とはどんな機能なのかを語ってはくれない。[15] ——しかしわれわれは、電気的な緊張を、物理的な統合であり、他のものと接触するように自分を保つ、物体に固有の自己性として把握する。[16] それは、物体に固有の怒りであり、物体に固有の沸騰である。それをわれわれは見ている。そのさいそれは決して、物体そのものとして存在するのではなく、少なくとも、見知らぬ物質である。[17] 物体の若々しい勇気が暴れまわり、拒否の態度をとる。物体の物理的な本性は、他にたいするかかわりに逆らって、自分を奮い立たせる。しかも、光のもつ抽象的な同一性として、である。[18] たんにわれわれがもろもろの物体を比較するのではなく、もろもろの物体が互いに自分たちを比較するのであり、そうすることにおいて自分を物理的なものとして保つ。それは、食物に対して自分を維持しようとする有機的なものの端初である。[19] 内在的な物理的な反抗が物体の活動であることは、必然的なことである。[20]

[四] そうしたことを考えるとき、見過ごされてはならないのは、それによって、最初には直接的な規定としてもっていたものが、いま、確定されたもの(Gesetztes)となっている、ということである。[1] つまり、形態は、結晶としては、直接的に、透明である。天体が、自立したものとして、直接的に光であったように。[2] 個体的な物体は直接的には輝かず、光でさえない。なぜならば、その物体は、形態として、抽象的な観念性ではなく、繰り広げられ展開された統一として、天体的な規定性を、その物体の個体性における特性として含むからである。そのため、直接的には、その物体は、その物体における他なるものの仮象として、その仮象によってのみ存在する。[3] 確かに、結晶は、形式をとおして、物質的な単独の在り方(対自存在)の区別を統一へと戻しもたらした。しかし、さまざま規定性の中にある形式の統一は、まだ物理的な観念性ではなく、自分自身のうちで規定された機械的な統合でしかない。[4] それにたいして、光は、物理的な観念性である。だから結晶が、自己を照らさないものとして、物理的な観念性であるのは、ただもともと自体的に(即自的に)そうなっているということである。[5] というのは、結晶は物理的な観念性を、他のものにたいする反応の中でしか示さないからである。しかし、結晶のもともとの自体的な在り方[物理的な観念性]が措定されなければならない。そうした物理的な観念性は、展開された統合のうちで措定される以上は、もはやたんに見られるという出現、外から射し込む光ではない。物理的な観念性は、他者に対する自己の出現の単純な統合である。[6] つまり、形式の自分との統一がいま立てられたのだから、結晶は自分をみずから太陽として構成する。太陽において差異をもつ自己として出現した光は、光の統合だけを、その固有性において、単純な物理的な現存として示す。[7]

［五］電気的な差異はなにによって出現するのか。そして、そうした対立は、物体のもつ物理的な特性にどのように関係するのか。[1] 電気はいたるところに現象する。つまり、ふたつの物体が互いに接触するところならば、とりわけ、物体が擦られるときに現象する。[2] それゆえ、電気は静電発電機でだけおきるのではない。あらゆる圧迫、あらゆる打撃が電気的な緊張をひきおこす。そして接触は、電気的な緊張がおきるための条件である。[3] 電気は、琥珀や封蠟などにしかあらわれないような特有で特殊な現象ではない。電気は、他のものと接触している、どんな物体にも存在する。そのことを自分で確かめるためには、非常に精巧な電位計をもってさえすればよい。[4] 物体の怒りにみちた自己は、物体が刺激されるならば、あらゆる物体においてあらわれる。すべてのものは、そうした相互的な生動性を示している。[5] 陽電気が最初にガラスにあらわれ、陰電気が樹脂にあらわれる（ビオーおよび一般にフランス人たちは樹脂電気とガラス電気という言い方をする）としても、そうした区別は非常に制約されたものである。あらゆる物体は電気をおびるのだから、金属もそうである。それらが絶縁されなければならないだけである。[6] さらに言えば、ガラスにも陰電気はあらわれる。というのは、磨かれたガラス板なのか、すりガラスなのかで、事は逆転するからである。こうした区別は、さまざまの電気が存在することを示している。[7] アユイ（『鉱物学概論』第一部、二三七ページ）（注）はこう言う。「電気は、鉱物界を、普遍的な秩序に対応する三つの大きな部分へと区分する。[8] ほとんど全ての石と塩は、擦られると、陽電気をおびる。つまりそれらが、ある程度の純度をもっているならば。[9] それにたいして、樹脂や硫黄のような可燃的な物質は、またダイヤモンドも、陰電気をおびる。[10] 金属は伝導体である。[11]」それゆえ、中性的なものは、陽電気をもつ。火に、否定的なものに、対自存在しているものに属するもの、つまり差異をもつものは、陰電気を示す。自分のうちで無差別なもの、自分のうちで本性的に完全に一様なものは、流動的であり、伝導性のものである。[12] したがって、ほとんど全ての流動的なものは伝導性である。油だけが、その可燃性のために、劣った伝導体である。[13] ――一般に電気は、規定された自然的質と普遍

的な連関をもつ。しかし電気は同時に、表面的であり、その結果、物体のもつきわめてわずかの区別で、電気の変化をひきおこすには、すでに十分である。[14] 例えば蠟や絹は劣った伝導体である。しかし、前者が溶解するとき、そして後者が温められるとき、それらは優れた伝導体となる。熱はそれらを流動的にするからである。[15] 氷は優れた伝導体である。それにたいして、乾燥した空気、乾燥したガス類は非常に劣った伝導体である。[16] 磨かれたガラスは、ウールの素材で擦られると、陽電気をもつ。猫の毛皮で擦られると、陰電気をもつ。[17] 絹が樹脂で擦られると、陰電気がおきる。磨かれたガラスで擦られると、陽電気がおきる。[18] ふたつの全く同じガラス管を擦りあわせると、陽電気と陰電気とに分裂する。ふたつの棒状封蠟を擦りあわせても、同じように、一方は陽電気となり、他方は陰電気となる。[19] 同じ種類のふたつの絹のテープをもち、一方を横方向に擦ると、それは陰になる。他方が縦方向に擦られると、陽になる。[20] 二人の人間が絶縁されたところに立ち(というのは、もし絶縁されていないならば、二人のおびる電気は全地球に伝わり、二人は個体として存在するのではなくなるからだ)、一方が猫の毛皮を手にもち、他方が着ている服を擦ると、前者は陽電気を得る。他方のものは陰電気を得る。[21] 区別は一人の人間の行為によっておきる。[22] 溶解した硫黄が絶縁された金属製の容器に注がれるとき、硫黄は陽電気を、金属は陰電気をおびる。だがそれはしばしば逆にもなる。[23] 主要な手順については、ビオー(『物理学概論』II、三五六―三五九ページ)がこう詳論している。「物体の表面を擦りあわせるとき、陽になるのは、つぎのような表面、つまり、その諸部分が、それが互いにたいしてもつ自然的な状況や位置から、もっともわずかしか分離しておらず、よりわずかしか逸脱していないような表面である。[24] 反対に、ふたつの表面のうち、その諸部分が、他の表面がもつ凹凸によって、互いに離れている表面のほうは、陰電気への傾向をより多くもつ。[25] こうした傾向は、表面が現実に広がるとき、増す。[26] 固まっており乾燥している動物的なあるいは植物的な物質が、凹凸のある金属的な表面に擦りつけられるとき、そうした物質は陰電気を得る。その物質の諸部分がより多くずらされたからである。[27] そうした物質が非常に滑らかな金属にこすりつけられると、つまり、その物質の表面をわずかしか傷つけず、その物質を圧迫しその部分をわずかに取り去るにすぎないような、そういう滑らかな金属にこすりつけられるとき、その物質は、電気のいかなる兆候もしめさないか、あるいは、陽電気をしめすかの、どちらかである。[28] 猫の毛皮をその毛とともに、金属的な、滑らかな、あるいは滑らかでない表面にこすりつけると、その毛は圧力に負けるだけであって、その釣合のとれた状況および位置が乱されることはない。それゆえ、毛は陽電気をおびる。[29] しかし、その同じ毛は、織物状の組織としては、ある金属の金属的な、滑らかでない(つや消しの)表面にこすりつけられると(それは、毛がずらされ、たわめられ、自分を圧迫することを要求する)、圧迫されるだけでなくて、金属の表面の凹凸によって、互いに分離させられ、ばらばらにされるのであり、それによって毛は陰電気を帯びる。ただし、金属の表面がある程度の滑らかさをもつ場合を除く。[30]」色も区別をつくりだす。「黒い絹の素材は、それが新しいものならば、白い絹のリボンに擦りつけられると、陰電気を得る。なぜならば、素材の表面の黒い色はより多くの凹凸を与えるからだ。[31] それとは逆に、黒い素材が用いられ、その色が擦られるとき、それは白いリボンにたいして陽電気を得る。[32] 白い」(絹の?)「リボンは、ウールの白い布地に擦りつけられると、陰電気の兆候を示し、黒い色のウールの布地に擦りつけられると、陽電気を示す。[33]」それゆえ、区別をつくりだすもろもろの質は、本質的なものであるか、表面的なものであるかの、どちらかである。[34]

（注）　第三一五節補論第二段落の注2を参照。

[六] ポール(注1)は、ムンケによって三巻本に編集された、ゲーラーの『物理学辞典』(注2)への書評でこう言っている(『学的批判年報』一八二九年九月、五四／五五号)。

「われわれが認識しなければならないのは、電気的な対立は、色の対立とほとんど同じように、最高度に活発な、度量とそのより堅固な内的な質関係とがもつ状態からしばしばほとんど完全に自立した、酸化と脱酸との化学的な対立を、かすかな兆候において、示しているということであり、その表現衝動の活動的な、戯れの遊戯のうちにある自然にとっては、見かけは同じ状態のうちで、第二の物質の相互作用において、最も繊細な、綿密な観察によってはもはやチェックしようがない変容にさいして、電気的な対立のプラスとマイナスを、あるときはこの側面に、あるときはそれとは反対の側面に投げるということは、植物個体の同じ種子から、あるときは赤色の、あるときは青色の花冠をもった同じ種を出現させるのと同様に、何の苦もないことである、ということである……[1]」

(注1) ゲオルク・フリートリッヒ・ポール(Georg Friedrich Pohl, 1788-1849)。数学者、物理学者。

(注2) ヨハン・ザムエル・トラウゴット・ゲーラー(Johann Samuel Traugott Gehler)『物理学事典』(Physikalisches Woerterbuch, 4 Bde., Leipzig 1787-91)。

[七]

最初に現象学に導入された誤った前提によって同じく孤立させられて存在している因果関係の、最もありふれた、しかし最も有害な帰結が、電気的な現象の場合には、運動し流れる電気という蔓延している表象によって、最高度にまで形成されている。[1] その本当の意味によれば、出現しようとしている化学的な過程の最初の運動でしかないものが、分離された、現象のあらゆる変転のもとに存在し続ける、流動的なXとして、それだけで立てられたことのために、過程そのものをそのさらなる展開においておいかけ、その過程に属する諸規定をその自然な結合において認識するということはもはや考えられなくなり、過程そのものの真の内的な運動と形成をかたちづくるものは、ひとたび根づいてしまった表象にしたがって、またその限りで、もっぱら、でっちあげの電気的な流体のなすたんに外的な運動という空虚な図式のもとで、ひとつの流れとみなされ、それは、緊張の本来的な形式において自分をあらわしたふるまいにとって、そうした電気的な基体のもつ有効性の第二の在り方として、独占的に主張されている。[2]

[八]

この点において、現象の自然な洞察からの全面的な逸脱が明白となり、浅薄で虚偽の帰結の源泉が明かされる。そうした逸脱によって、今日まで、電気とガルヴァーニ電気の全理論が、全体的な観察および個別的な観察において、最新のガルヴァーニ電気の研究者と電気化学の探求者は、あらゆる種類の錯誤と転倒で充満するに至るまでに、すっかり病んでしまった……。[1]

［九］エルステッド（注）による発見の前には、最も感度のよい電位計が電気の存在の微かな兆候を指し示していないときでさえ、電気の活動の存在を前提するということは、不当にも、経験にそうこととみなされることはできなかった。だとすれば、そうした前提そのものになおしがみつくということは、全く正当化されえないことである。たとえわれわれが、電位計がそのあいだすでに沈黙しているときに、磁針によって、そのあいだ仮定されていた電気のかわりに、いまや、じかに、磁気の存在が告げられているのを見るとしても。[1]」

（注）ハンス・クリスチャン・エルステッド(Hans Christian Oersted, 1777-1851)。デンマークの物理学者。一八二〇年に電磁気を発見した。磁場の強さの単位「エルステッド」は彼の名前にちなむ。

［一〇］電気は、自分自身との差異をもつ無限の形式であり、そうした差異をもつものの統一である。そのようにして、ふたつの物体は、磁石の南極と北極のように、互いのもとへと結びつけられている。[1] しかし、磁気には、機械的な活動しか存在せず、それゆえ、運動の有効性における対立しか存在しない。見ることができるもの、においをかげるもの、味のすることができるもの、感じられることができるものは、なにもない。——つまり、光や色やにおいや味は存在しない。[2] しかし、電気では、そうした浮遊する差異は、物理的なものになっている。というのは、電気は光のうちに存在するからである。もし電気が物体のさらなる物質的な特殊化であるならば、化学的な過程が見られるだろう。[3] 確かに、電気において、差異をもつものが活動的であり、差異をもつものとして活動的であり続けている限りで、そうした活動はまた、機械的なもののうちにしか、つまり運動のうちにしか存在することができない。[4] 磁気の場合と同じように接近と離脱が

存在する。そのことから、グロッケンシュピールなどの電動の機械仕掛が解明される。[5] 陰電気は、陽電気によってひきよせられ、陰電気によってつきはなされる。[6] 差異をもつものが自分たちを一のうちへ立てる(sich in eins setzen)とき、それらは伝わる。しかし、それらが一のうちへ立てられたとたんに、それらは再び自分からのがれ去るのであり、その逆のこともおきる。[7] 磁気の場合、ひとはただひとつの物体だけを用いる。その物体というのはまだ物理的な規定性をもたず、そうした活動の基体でしかない。[8] 電気的な過程の場合、二つの異なる物体のどちらも、ただ他の物体によってのみ立てられる、ひとつの異なる規定をもつ。だが、そうした規定にたいして、物体のもつそのほかの個別性は、自由なもの、それから区別されたものであり続ける。[9] それゆえ、両方の電気が現存するためには、それぞれ自分だけの物体的個体性を必要とする。つまり、ひとつの電気的な物体は一方の電気だけをもつ。しかし、一方の電気は、自分の外にある物体を、対立する電気へと規定する。一方の電気だけが存在するとき、ただちに他方の電気も存在する。[10] しかし、同じ物体が、磁気の場合のように、自分を、それ自身のうちに両極をそなえたものとして規定する、ということはない。[11] そのことによって電気は、磁気と同じように、推論の根本規定をもつ。しかし、電気の場合、対立が固有の現存に至っている。[12] それだから、シェリングは電気を、二つに割れた磁気と呼んだのだった。[13] この過程は磁気よりも具体的であるが、化学ほどは具体的ではない。[14] 緊張をおびた両極は、現実的で統合された過程をまだ形づくってはいないが、両極はそれでもやはり自立的であるため、両極の過程はただそれらの抽象的な自己[のためのもの]でしかない。[15] というのは、物理的な差異は、物体性の全体をかたちづくることはなく、それゆえ、電気は、物理的な領域の抽象的な統合でしかないからである。[16] それゆえ、電気が、磁気が暴力の領域でそれであるところのものであるのは、物理的な統合の領域においてである。[17]

〔一二〕物体が電気的に規定されることで、物体の電気は伝えられる。とくに、例えば金属のような導体にたいして。とはいえ他方で、金属は、絶縁されると、自分を差異化するものとしての固有の電気を得ることができる。ガラスも同様である。それは〔電気を〕伝えないだけである。[1] しかし、〔電気を〕伝えられるとき、どんな物体も、同名の電気をもつ。そののち、それらの物体は互いに遠ざかる。[2] ところで物理学者たちは、さらに電気が伝わることと、配分によってあらわれる電気とを区別しもする。[3] 後者は、次のようなことである。陽電気をもった物体Aに、ただしすでに電気的に規定されているこの物体に接触しないように、伝導性のシリンダーBを絶縁して近づけると、そのときこの伝導体も電気をおびたものとしてあらわれ、物体Aにたいして反対の端はマイナスEを、それとは対立する端はプラスEを示すのだが、まん中はゼロである。[4] 二つのケースが認められる。α) Bが物体Aの電気的領域から取り去られると、それが帯びていた電気は消失する。[5] β) しかし、Bがなお〔物体Aの〕近くに存在していて、陽電気を帯びているそのBに、第三の物体Cを接触させ、Cが〔電気の〕伝達によりプラスEを〔Bから〕奪うとき、第二のもの〔B〕は、Aの領域から遠ざけられると、電気を帯びる、しかも、陰電気だけを帯びる。[6] こうしたことがおきるのは、電気が付着するためには、二つの物体的個体が必要であり、それゆえ、陽電気と陰電気はそれぞれがひとつの物体を必要とするからである。[7] さて物体Bは、接触されていない限りで、磁気と同じように、緊張と差異をそなえるのだが、それは物体Bの個体的な規定性ではない。物体Bは、すでに〔他から独立に〕それだけで規定されている他の物体に近づけられるとき、その規定性を、他の物体をとおしてのみ、もつ。[8] そのさいその物体Bは、伝導体として、無差別のままであり続ける。しかし、その物体は、同時に、電気的な領域のなかに存在するのであるから、延長をもつものとして、さまざまの規定性が自分にくっついているのを見せることができる。[9] それゆえ、物体Bは両方の電気をもつとはいえ、電気はまだその物体そのものの側で現存しているのではない。[10] 物体Bが電気をもち、しかも、他の物体がその物体に対立するようになってはじめて電気の個体的な現存があらわれる。さて、そのように接触することによって物体Bからは無差別がとりさられ、物体Bが物体Aのほうにむけているのとは反対の電気が［物体Bに］接触している物体Cに移行するので、反対に、他の電気が物体Bにくっつく。[11] さらに、近さがすでに対立を結びつけることであるために、物体Bの陰電気は、［物体Aから］遠ざけられると、物体Aとの対立において、より強くなるのであり、そしてAに近づけられるほど、強度はさがる。[12] 二枚のガラス板を擦り合わせたうえで絶縁したとき、ふたつを近づけ押しつけあわせると、電気の痕跡は見られないが、二つを離すと、それが見られる。[13] 金属板は、たとえ絶縁されていても、そういうことにはならない。なぜなら、それらのおびる電気はそれ自体で中性化してもいるからである。[14] 同じ電気と同じ大きさの二つの球を互いに接触させると、球の接触位置の強度はゼロだが、球の［接触位置から］離れた点の強度はより大きい。[15] 等しくない大きさと等しい電気の［二つの］球を［接触させると］、さきの場合と同様に、接触の瞬間、接触点ではゼロである。しかし、二つの球を離すと、小さな球の接触点はマイナスEとなる。[16] しかし、大きな球を遠ざけると、そうした規定は消失し、小さな球の全体がプラスEとなる。[17] こうした対立を立てるのは、ここでは、量の不等さである。[18] アユイは次のことも述べている（『鉱物学概論』第一部、二三七ページ）。電気石と、対称の形をもたない水晶は、湯のなかで、しかも石炭のうえに置かれると、そのもろもろの部分が対称を傷つけている先端において、電極を手に入れるが、中間では無差別である。[19]

〔二〕電気の効果について言えば、それはおもに、緊張が止揚されるさいに見られる。[1] 電気を帯びた物体を水と結合させると、緊張は止む。[2] 物体がどれだけを受け入れられるかは、表面しだいである。[3] 瓶は、ひびがはいるくらいまで［緊張を］高めることができる。つまり、ガラスでは、緊張の強さを妨げるものがない。[4] 最も主要な［緊張の］廃棄は、二つの電気が接触したときである。[5] どちらも他方なしでは不完全である。それらは自分を完全なものにしようとする。[6] ふたつは、はなればなれにしておかれるとき、暴力的な状態にある。[7] 実体を欠いた対立は存在できない。自分を自分自身のうちで止揚するのが、緊張というものである。[8] それだから、ふたつがひとつにまとまると、あらわれながら消えてゆく電気的な光となる。[9] しかし、その光の本質は、定在をもつ形態のむとんちゃくな定在の否定性である。――つまり、そうした定在を形態のうちに包むことであり、形態のむとんちゃくさを打ち砕くことであり、自分をひとつにまとめる内的および外的な形である。[10] 自分自身と等しくなった形は、内から噴き出し、外的な光とともにおしよせてくる光であり、重さの自己内存在である。それは自分を破壊し、そして消失しながら無力な単純な光となる、つまり、外的なものとひとつになる。――これは、プラトンが、見るということを、外的な光と内的な光がひとつのものへとびこむこととして把握したようなものである。[11] 緊張を帯びた物体のあいだに結合が立てられることによって、一方の差異は自分を他方の差異のうちへとびこませる。そのとき、二つの電気は互いに接しながら自分たちを統合する。[12] しかし、この所産は、たんなる戯れ、つまり、ふたつの抽象的な規定の喪失であり――それらの火花が互いのなかへとびこむことである。[13] 中心的な作用は、連関のうちにもたらされたものを打ち砕くことである。電気は木片をこなごなにし、動物を殺し、ガラス板を砕き、金属線を熱して溶かし、金を気化させる等々。[14] 電気の作用が機械的な圧力によってももたらすことができるということを示すのは、電気ピストルである。体積で言えば二の水素ガスに一の酸素ガスの割合で電気ピストルにこめると、電気の火花はそれらから水をつくりだす。[15] 電気的な過程における化学的なものは、水の分解である。[16] 物体の個体性がまさに緊張へと移行するのではないからこそ、電気的な効力は、抽象的な中性において、つまり水において、物理的なかたちでしか見ることができない。[17] 電気は、水を水素ガスと酸素ガスに分解する、水の支配者である。そのさいわれわれがすでに知っているのは、次のことである(先の第二八六節の補論第四段落を見よ)。電気は水の成分ではなくて、水が現象する、抽象的な形式である。というのは、ガルヴァーニ的な過程では、小泡がガラス管のなかで動きまわるのは見られないし、また、ガラス管の中央にもちこまれた酸は変化しないが――こうしたことは、そうした「水素や酸素といった」素材が加わるならば生じるにちがいないからである。[18]

三二五

しかし個体的な物体の特殊化は、差別されたものの慣性的な差別性と自己活動という段階に止まらない。この段階を脱却して、抽象的で純粋な自己性、すなわち光の原理は、過程へ、対立するものの緊張へ、緊張の止揚による対立するものの無差別へと進む。[1] さまざまの特殊的な性質は、ただこのような単純な概念の実在性、すなわち、その魂である光の肉体にすぎない。これらの性質の複合体、すなわち特殊な物体は、真に自立的ではない。だから、全ての物体性が、緊張と過程のなかへ入り込む。この過程が同時に個体的な物体の生成となる。[2] 形態は、さしあたりただ概念だけから出発する。そのため、形態はもともとは自体的に措定されていたにすぎなかった。いまやこの形態は、現存する過程からも抜け出て、現存から出て措定されたものとしてあらわれる。——これが化学的な過程である。[3]

補論　われわれは直接的なものとしての形態から始めた。われわれは形態を概念にもとづく必然的なものとして認識した。[1] 形態はしかし最後には現存するものとして、すなわち過程から出現したものとして姿を現さなくてはならない。[2] 物体、すなわち直接的なものは、実在的な化学的過程をその前提としてもっている。[3] たとえば両親は、手始めとなる直接的なものである。しかし、やがて両親自身が現存にかんして、自分をすでに措定されたものとして規定するようになる。[4] 形態は概念にかんしてはこの第三のものに移行している。しかし、この第三のものはむしろ、最初に第一のものであったものがそこから出発した第一のものである。[5] このことが論理的にもっと踏み込んだ所まで行くと、基礎づけられる。[6] 特殊化は抽象的な自己性の緊張としての区別［の段階］にとどまらない。[7] 特殊者としての物体は依存的でもないし、また自立的でもない。ひとつの項（器官）が連鎖につながり、他者に関係づけられている。[8] これが、われわれが既に電気的過程で考察した概念の全能（Allgewalt）である。他者を通じて物体を刺激することの中で、必要とされるのは、また現象に現れてくるのは、物体の抽象的な自己性である。[9] しかし、過程は、全ての物体性が過程の中に入りこむことによって、本質的に物体的な規定の実在的な過程であらざるをえない。物体の相対性が現れざるを得なくなる。そして相対性の現象は化学過程での物体の変容である。[10]

c　化学的な過程

三二六

個体性は、その展開された統合態では、その契機それ自体が個体的な統合になるように規定されている。すなわち、その契機それ自体が特殊な物体の全体であるように規定されている。しかも、これらの個体的な統合は、同時にたんに相互に異なったものとして、関係している。[1] 同一的、自立的ではない物体の同一性というこの関係は矛盾である。この関係はだから本質的に過程である。過程は、概念上、［1］区別されたものを同一的なものと化して（setzen）、［2］これを無差別化するとともに、［3］同一なものを差異化（分化）し、これを賦活させ、分離させるという使命をもっている。[2]

補論〔一〕 化学的過程の普遍的な位置とその本性を認識するためには、前後を見渡してみる必要がある。[1] 化学的過程は形態の第三のものである。[2] 第二のものは、差異をもった形態だった。その抽象的な過程は電気だった。[3] 完成し中和性のものになるまえの形態として、磁気という過程もある。[4] 形態が概念と実在性の統一であるとすると、磁気は、抽象的な、かろうじてそうなったばかりの活動として、形態の概念である。第二のものが、つまり、形態が自分のうちでそして他にたいして特殊化したものが、電気である。自分を実現する不安は、第三に、化学的な過程であり、それは、この領域で概念がもつ真実の実在性である。[5] 磁気がその例になるが、差異をもつものへと自分を分割し、統一として現存するのは、ひとつの形［をもつもの］である。だが、それは、そこで立ちどまったままではいない。[6] 磁気では、その区別がひとつの物体の側にあらわれる。[7] 電気では、おのおのの差異はひとつの自分だけの物体に属する。おのおのの差異は自立していて、形態の全体が過程に入ることはない。[8] 化学的過程は、非有機的な個体性の生の統合である。というのは、ここには、物理的に規定された諸形態の全体があるからである。[9] 物体は、においや味や色にもとづいてあらわれるだけでなくて、においをもち、味をもち、色をもつ物質としてあらわれる。[10] それらの物質のもつ関係は、運動ではなく、互いに異なる物質の全体の変化であり、それらの物質が互いにたいして消滅することである。[11] 物体のもつ抽象的な関係は、物体の光である。そうした関係は、たんに抽象的であるだけではなくて、本質的に、この特殊な関係である。だから、物体性の全体が過程に入る。だから、化学的過程は実在的な電気的過程である。[12] こうしてわれわれは、磁気の場合と同じように、形態全体を手にするが、しかしそれはひとつの全体なのではなく、区別をもつ全体である。[13] だから、形式が自分を分割する両側面は、金属、酸、アルカリというような全物体であり、それらの真理は、それらが関係しているということである。[14] ここで電気的な契機は、これらの両側面がそれだけで、自立したものとしてばらばらになって出たものである。これは、磁気では見られないことである。[15] しかし、この磁気のもつ分離不可能な統一は、同時に、両側面を支配する。それらの物体を再び磁気的な関係へと後戻りさせるような、それらの物体のもつ同一性は、電気的な過程には欠けている。[16]

〔二〕

こういうわけで、化学的な過程は磁気と電気の統一である。[1] 磁気と電気はそうした［化学的な過程という］統合の抽象的で形式的な側面であり、だから、同じ過程ではない。どのような化学的な過程も、もともと自体的に磁気と電気を含んでいる。[2] しかし、化学的な過程がいわば飽和されたかたちですすんでいるときには、磁気と電気は区別されたものとしてはあらわれない。ただ、化学的な過程そのものが抽象的なかたちであらわれ、その完成した実在性に至らない場合だけ、そうしたことがおこる。[3] そうしたことは、地球という普遍的な個体の側で起こる。[4] 化学的な過程は、それだけでは、普遍的な地上的な過程である。しかしそれは、本体の個体性の過程と普遍的な個体性の過程とへ区別されなければならない。[5] 普遍的な個体性のうちにあるときは、化学的な過程は、生き生きとしてはいても、それ自身としては、抽象的に普遍的な仕方でしか現象することができない。[6] 地球という個体は、特殊的な、自分を解消して、他者の側で自分を実在的に中和化することができるようなものではない。[7] というのは、地球は、普遍的な個体のままであるならば、すべての形態を分割する化学的な過程に入ることはないからである。ただ、地球が普遍的でないものとして現存する限りでのみ、つまり、自分をさまざまの特殊な部分へと分割する限りでのみ、地球は化学的な過程に入る。[8] それだから、地球の化学は、われわれがさきに気象学的な過程として見たものである。つまり、まだ個体的な物体性ではない普遍的な規定された物質としての物理的な元素の過程である。[9] ここでは化学的な過程はそうした抽象的なかたちで現存するから、ここでも化学的な過程の抽象的な契機が出現する。[10] 変化は地球の外に起こるために、地球の側に、磁気があらわれ、同様に、雷雨で電気的な緊張が出現する。[11] 地球の電気には稲妻や北極光などが属するが、しかし、そうした地球の電気は、地上的なものとは別のものであり、同じ諸条件のもとには全く結合されていない（先の第二八六節の補論第一段落、三三四節の補論第三段落を見よ）[12]。磁気と電気は化学的な過程によってのみ担われている。磁気と電気は地球そのものの普遍的な過程をとおしてはじめて立てられる[13]。個々の磁針を規定している磁気は、可変的なものであり、この可変的なものは、地球の内的な過程、および、気象学的な過程に依存している[14]。パリー（注1）は北極への旅で、北極では磁針が全く無規定なものとなることを発見した。つまり、激しい霧のときは、どちらが北の方向かは、全くどうでもいいこととなった。針は全ての活動を失い、ひとが望む方向に針を向けることができた[15]。北極光等の電気的な現象は、それよりはるかに不安定なものである[16]。北極光は正午近くに、イギリスの南でも目撃された。スペインの南でさえ目撃された[17]。だから、それらは、総体的な過程のさまざまの契機にすぎないのであり、それらの契機はその過程に依存している[18]。化学的な過程で、とりわけそれがガルヴァーニ的な過程であるとき、電気的な緊張も生じる。しかし、電気的な緊張は磁気的な性向もともなっている[19]。磁気がそのように化学的な過程に依存しているということは、最近の発見のなかでも注目すべきことである[20]。地球がその東極性と西極性である軸のまわりを回るという、地球の普遍的な回転一般をとおして、南北二極性が、つまり、回転軸の方向が規定される[21]。エルステッド（注2）の発見によれば、電気的および磁気的な活動は、ふたつが方向として空間にかかわる限りで、ふたつが互いと交差するとき、ふたつは互いに対立しもするという[22]。電気的な活動は東から西へと向かうが、他方で、磁気的な活動は北から南へと向かう。しかし、その逆にすることもできる（先の第三一三節の補論第三段落を見よ）[23]。しかし、磁気は本質的に空間的活動であり、他方で、電気はすでにそれ以上の、物理的な何かである[24]。さらにこの［エルステッドによる］発見はまた、つぎのことを示している。つまり、個体的な物体性の化学的な過程では、これらの契機が一緒に同時に存在している、しかもそれが、それらの契機が電気と化学のさまざまの区別された現象としてガルヴァーニ過程でばらばらにあらわれるときのことである、ということを[25]。

（注1） 第二八七節補論第二段落の注を参照。

（注2） 第三二四節補論第九段落の注を参照。

〔三〕 体系的‐哲学的な考察を経験的な考察から区別するのは、さまざまの統合としての自然のさまざまの具体的な現存の階層をではなくて、さまざまの規定の階層を描くということである。[1] だから、もし地球が最初に惑星として考察されたとしたならば、それによって、地球のもつ具体的な自然は汲みつくされることはない。そうではなくて、さまざまの物理的な契機の規定をすすめることは、地球の規定をすすめること、つまり、普遍的な個体としての地球に可能な限りですすめることである。というのは、地球は、個体的な物体の有限な関係にはかかわりをもたないからである。[2] まさにこうしたことが、地球という個体にかんして考察されることである。[3] もうひとつは、地球のもつさまざまの関係とそれらの関係の相互の連関との階層的推移である。もうひとつは、具体的な個体的な物体そのものの考察である。[4] 個体的な物体はそうした規定の全てを自分のうちでひとつにするのであり、そしてそれは、それらの規定が束ねられた花束のようなものである。[5] ――いま述べたことを先ほど考察したことに適用するならば、確かに、太陽にたいして自立した個体としての地球で示されるのは、化学的な過程なのであるが、しかしその化学的な過程は、さまざまの元素の過程としてのものでしかない。[6] 同時に、地球の化学的な過程はたんに過去のものとして把握されなければならない。これらの巨大な肢体は、それだけで分離されたものとして、分離の段階にとどまったままであり、中和性へ移行することがないからである。[7] それにたいして、さまざまの特殊な物体的な個体性であらわれるような過程は、それらの個体性が自分を中和性のものへと引き下げ、その中和性のものが再び自分を分離できる、ということをひきおこす。[8] こうした過程は普遍的な過程よりも低次のものである。われわれの考察はそうした過程に限られるのだが、他方で、気象学的な過程は自然の大規模な化学である。[9] しかし他方で、気象学的な過程は、生命をもつ過程に直接的に先行する。だから、再び、より高次のものでもある。[10] というのは、生命をもつ過程では、どの項もまだ部分として現存しておらず、どの項もただ主体的な統一のうちにだけ存在しているからである。生命過程で現実的なものは、主体的な統一である。[11] それにたいして、天体の過程はまだ抽象的である。なぜならば、天体は自立性のうちにとどまったままだからである。だから、個体的な化学的な過程はもっと深い。なぜならば、そこでは、特殊な物体のもつ真理が現実的となり、その結果、特殊な物体は統一をもとめ、それに手が届いているからである。[12]

［四］これが、化学的過程が全体のなかでしめる位置である。[1] そこでは、元素の過程と特殊な過程とが区別されるが、それは、特殊な物体がたんに特殊なものなのではなくて、普遍的な元素に属しているからである。[2] それらの物体は過程における特殊なものであるから、そのため、それらの物体では、あの普遍的な過程が、つまり気象学的な過程があらわれなければならないのであるが、それは、気象学的な過程は普遍的な過程だからである。[3] 全ての化学的な過程は地球一般の過程と連関している。[4] ガルヴァーニ的過程もまた、季節や時刻によって規定される。とりわけ、電気的な側面と磁気的な側面は、おのおの単独にそのことを示している。[5] これらの活動は周期をもつが、それは通常の変化とは別である。こうした周期的な変化は正確に観察され定式化された。[6] これについては化学的な過程のところでも若干のことを述べたが、それほど多くのことを述べてはいない。例えばリッター(注)は、日食がさまざまの変化をひきおこすことを発見した。[7] しかし、こうした連関は、もっと隔たっている。この連関は、さまざまの元素そのものがこの過程に入りこんでくるというようなものではない。[8] しかし、普遍的な元素が規定されるということは、あらゆる化学的な過程の場合に生じる。というのは、さまざまの特殊な形態は普遍的な元素の主体化でしかないのであり、普遍的な元素はそうした主体化とのかかわりでしか存在していないからである。[9] だから、特殊な質が化学的な過程で変化するとき、普遍的な元素が規定されるということも生じる。[10] 水は本質的に条件ないしは所産であり、同様に火は原因ないしは作用である。[11]

(注) 第二八六節補論第四段落の注を参照。

[五]

このようにして、化学的な過程の概念は一般に、統合であるということである。だから、われわれは、化学的な過程では概念はその区別のうちに全く留まったままであるという考え方をする。つまり、概念は、自分を自分の否定的なものとして立てることによって、全く自分のもとに留まったままであるという考え方をする。[1] だから、どの側面も全体である。[2] 酸は側面としては、確かに、カリ的ではない。その逆も言える。だから、どちらも一面的である。[3] しかし、さらに言えば、どの側面もそれ自体で他なのである――つまり、それ自身と他の統合である。これは、カリ的なものが酸を渇望しているということであり、その逆のことでもある。[4] 物体がひとたび活性化するならば、その物体は他をつかまえる。物体が、もっと良いものを何ももたないならば、その物体は空気との過程に入る。[5] おのおののものがそれ自体で他であるということが現出するのは、おのおののものが他を求めるようになるということによる。それによって、おのおののものは自分自身との矛盾となる。[6] しかし、どんなものも、衝動(性向)をもつのは、ただ自分自身との矛盾である限りである。[7] そうしたことが化学的な過程で始まるのは、化学的な過程で、全体であることという、それ自体では中和性のものが、無限の衝動を生じさせることによってである。そうしたことは、この後、生命においてさらにあらわれる。[8] それだから、化学的な過程は生命の類同物(Analogon)である。生命の内的な活発さがまざまざと見えてくるが、そこには目を見張らせるものがある。[9] 化学的な過程が自分自身によって自分をさきにすすめることができたならば、それは生命であるだろう。したがって、生命を化学的に把握するのは、当然のことである。[10]

三二七

はじめに、たんに差別されているにすぎないものの結合[混合と汞和]であって、対立するものの結合[化合]ではないような形式的な過程を除外しなければならない。[1] 差別されているにすぎないものの結合[混合と汞和]は、その媒概念として、これらを自体的に合一させるような現存する第三者を必要としない。これらに共通なもの、すなわちこれらの類がすでに、これらの現存相互の規定性である。これらの結合や分離は直接性の仕方であり、そしてこれらの現存のさまざまの性質は[結合や分離の過程を通じて]維持される。[2] 化学的に互いに活性化されていない物体のこのような結合は、金属の汞和(Amalgamation)や、その他の合金であり、酸相互の混合や、酸、アルコール等々と水、その他等々との混合である。[3]

補論 ヴィンタール(注1)はこうした過程を合体(Synsomatien)と呼んだ。彼がそう呼ばなかったら、この名前は存在しなかった。だから彼は第三版でそうした呼び名を撤回した。[1] この合体は、媒介のない結合である。合体は、変化をひきおこし、みずからも変化をうけるような媒体を欠いている。それゆえそれは、本来的に化学的な過程ではまだない。[2] 火は確かに金属汞和に属している。だが火は、みずから過程に入りこむような媒体ではまだない。[3] 不完全なさまざまの物体がひとつにされるときに問題なのは、それらの物体で何が変化したかということである。[4] われわれが答えなくてはならないのは、それらの物体を特殊的なものとしているのが何かということである。[5] それらの物体を特殊なものにしている第一の根源的な規定性は、その比重であり、そのつぎに凝集状態である。[6] だから、確かに、同じ階層のそうした物体の結合はたんなる混合ではない。それらの物体の差異は、それらが複合されるときに変容をこうむる。[7] しかし、物体の普遍的な特殊性に属するような規定性は、本来的な物理的な差異の向こう側にあるので、それらの特殊性の変化はまだ、本来の意味での化学的な変化ではない。この変化は実体的な内的なものの変化なのであり、そこでは差異そのものが外的に現存することはない。[8] だからわれわれは、そうした個別的な在りかたをしている変化を、化学的な過程から区別しなければならない。というのは、そうした変化はどの化学的な過程でも生じているからである。この変化は、特殊な、自立した自由な現存をもっている。[9] 混合物は外的なものではなく、ほんものの結合である。[10] 混合された水とアルコールは、互いに完全に浸透する。確かに、重量は、ふたつが個別的であるときと同じだが、しかし比重は、ふたつが［混合される］以前よりも少ない空間をしめるために、ふたつの量的な統一とは別のものになっている。[11] 同じように、金と銀が融解するとき、より少ない空間をしめるようになる。それだから、ひとつの王冠にするようにとヒエロンから金と銀をあたえられた金細工師が、あたかも［王を］欺き、なにがしかを自分の懐にいれたかのような疑いをかけられたのだった。それは、アルキメデスがふたつの物体の比重にもとづき混合物の全体の重量を算出したためだったが、アルキメデスは金細工師をまったく不当にあつかった。[12] 比重と凝集状態が変化すると、色も変化する。[13] それだから、銅と亜鉛が融解して出来る真鍮では、赤銅色が減って黄色味を帯びてきている。[14] 金および銀とは容易に溶解するが、鉄およびコバルトとはそうでない水銀の場合、ふたつの金属が互いに飽和させ合っているという特定の関係が存在する。[15] 例えば、銀が少なすぎるとき、水銀の飽和されていない部分は流れ去る。あるいは、銀が多すぎるときは、銀の一部分は変化することはない。[16] 結合物は部分的に単独の個別的な金属よりも高い硬度と比重をもつ。なぜなら、差異は内的統合（Insichsein）の高さを表わすが、これに対して差異を欠くものは、より軽くなるからである。しかし結合物は同時に、個々の金属の融解性を個別的に見たときに出てくるのよりも、融解しやすくなる。というのは、［個々の金属とは］反対に、自分のうちに区別をもつものは、化学的な変化に［個々の金属よりも］より開かれており、化学的な変化にたいして［個々の金属よりも］より弱い抵抗をしめすからである。最高の集中度をもつ気性の持ち主は、暴力にたいしてはもっともきびしく対処するが、しかしまた、その人柄にふさわしいものにたいして心を開くためなら自由な意志でもっとも献身的になるのと同様である。[17] ダルセ（注2）のはんだ、つまり、八の蒼鉛、五の鉛、三の錫の割合で混合したものは、ある温度で、つまり水が沸騰するよりも低い温度で、それどころか手の温もりでも、液状化する。[18] 土の場合もそういうことがおきる。つまり、それだけでは融解しない土は、結合すると融解するようになる。[19] 金属の精錬もここで論じておく。この点は、冶金の際に溶鉱所の作業を軽減するので重要である。なぜなら、融解では、結合されるものの［融点の］相違が問題となるからである。[20] 例えば、銅と結合された銀を精錬するさいには、鉛の助けがいる。つまり、鉛が解けこんでいる熱が、自分といっしょに銀を連れ去る。しかし、銅のうちにしかるべきものが含まれているならば、金は銅と結合したままである。[21] 王水は塩酸と硝酸の結合物である。ばらばらのときは塩酸と硝酸は金を分解しない。ふたつが結合し王水のときだけ金を分解する。[22] それだから、この合体（Synsomatien）は、内的でもともと自体的に存在する差異の変化でしかない。[23] しかし、本来の化学的な過程は規定された対立を前提としており、そうした対立からより大きな活動とより特有の産出物が生じる。[24]

（注1） 彼［Jakob Joseph Winterl, 1732-1809］は、ペスト市の教授だった。そして今世紀［一九世紀］の初頭に化学をもっと深く洞察したいという衝動をもっていた。[1] 彼はアンドロニア（Andronia）という名前の特殊な元素を発見したいと思っていた。しかし、「アンドロニア」は確証されなかった。[2]（原注）

（注2） ジャン・ダルセ（Jean D'Arcet, 1725-1801）。フランスの化学者。熱によって金属や鉱石が融解する過程を実験的に明らかにして、多くの実用的な応用例を生み出した。ヘーゲルが言及した「はんだ」は、彼の『沸騰水中で融解し、溶解と鋳造可能な特質をもつ合金についての実験』（一七七五、一七七七年）に述べられている一五の組成例の内の第一〇組成である。

三二八

実在的な過程は〔一〕、しかし同時に化学的な差異と関係する(第二〇〇節以下)。同時に物体の具体的な統合全部が、この実在的な過程に入り込む(第三二五節)[1]。実在的な過程へ入り込む物体は、これらの物体とは異なった第三者のうちで媒介されている。この第三者は、最端の両極となるこれらの物体の抽象的な、せいぜいもともと自体的に存在している統一にすぎない。このような統一が、過程を経て現存へと転化される(gesetzt)[2]。したがってこの第三者は、元素にすぎない。しかも、この第三者そのものが違っている。まず一つは、合一の元素であり、中和性一般、すなわち、水である。また一つは、差異化と分離化の元素として、空気である[3]。自然のうちでは、区別された概念契機は、特殊な現存のうちにも姿をあらわす。過程における分離と中和化もまた、いずれもそれ自身の側で二重のものであって、具体的な面と抽象的な面を具えている[4]。分離は、一方では、中和的な物体性を物体的な構成要素へ分解することである。分離は、他方では、抽象的な物理的な元素を、四つの、ここではまだ抽象的な化学的な契機、すなわち窒素、酸素、水素、炭素へ分化させることである。これらは集まって概念の統合を形づくり、概念の契機に即応した規定を受けている[5]。したがって、化学的元素にはつぎのものがある。

1　無差別性の抽象である窒素。

2　対立の両元素[抽象]、すなわち、単独で存在する差別性の元素である酸素、すなわち、燃焼させるものと、対立に属する無差別性の元素である水素、すなわち、燃焼しうるもの。

3　それらの個体的な元素の抽象である炭素[6]。

〔二〕同様に合一は、一方では、具体的な物体性の中和化であり、他方では、かの抽象的な化学的な元素の中和化である。[1] さらに、過程の具体的な規定と抽象的な規定とはたしかに異なっている。しかし同時に、これらの二つの規定は合一されてもいる。というのは、物理的な元素は、最端の極の媒概念として、その差異にもとづいてさまざまの無関係な具体的な物体性が活性化されるものだからである。すなわち、これらの物体の化学的差異に現存を獲得させる。この現存は中和化を求めてやまず、中和化に移行する。[2]

補論 〔一〕化学的な過程は統合であるから、化学的な過程の普遍的な本性は、分離させ、分離させたものをひとつへと還元するという二重の活動である。[1] 過程へ入り形態化された物体は、統合として互いと接触することになり、その結果、それらの物体の本質的な規定性は自分と接触する。――しかし、それらの物体がたんに摩擦をとおして、機械的な意味で無関係的なものとして、互いにたいして暴力をふるうだけであるならば、つまり、表面的な電気的な過程でと同じことがなされるだけであるならば、そうした接触は不可能となる。このようにして、それらの物体は、無関係なものでまとまるのであり、この没交渉的なものは、それらの物体の無差別として、抽象的で物理的な元素なのである――つまり、肯定の原理としての水であり、火の、つまり単独存在の、否定の原理としての空気である。[2] そうした中間を形成する諸元素は、ともに過程へと入り、自分を差異として規定するが、同様にともに再び融解し物理的な諸元素となる。[3] だからここでは元素的なものは、有効なもの、つまり、そこで諸個体が初めて自分の有効性を互いにしめすような有効性か、それとも、抽象的な諸形式に変化させられることによって規定されるものとしてあらわれるかの、どちらかである。[4] しかし、両極は中間へと結合される。あるいは、中間が例えば塩のように中和的なものならば、両極へ分解する。[5] だから、化学的な過程は推論なのであり、しかも、その始まりだけではなく途中もそうである。というのは、われわれは形式的な化学的な過程（前節を見よ）としては二つのものしか必要としなかったが、化学的な過程には三つのものが属している、つまり、二つの自立した極と中間が属しているからである。中間で、ふたつの極のもつ規定性が自分に接触し、二つの極は自分を互いに差異化する。[6] 完全に濃縮された酸はそのものとしては無水だが、それが金属へと注がれても、金属を分解しはしない。つまり、金属はそうした酸によっては弱くしか腐食されない。それとは反対に、酸が水で希釈されると、初めて酸は金属をまさにはなはだしく腐食するが、それはそこに三つが揃っているからである。[7] 空気も同様である。[8] トゥロムスドルフ（注）はこう言っている。「乾燥した空気中でも鉛はすぐにその輝きを失う。湿った空気中では急速に失う。[9] 純粋の水は、空気の浸入がなければ、鉛になんの作用もあらわさない。だから、融解したばかりの、まだ輝いている鉛のひとかたまりをコップに入れ、そのコップを蒸留したての水で満たし、コップに蓋をするならば、鉛はまったく無変化のままである。[10] それに対して、空気と多くの接触点をもつ、蓋なしの容器に入れられた水のなかに置かれた鉛はすぐに曇る。[11]」鉄でも同様のことがおきる。したがって、空気に湿り気があるときだけ、さびが生じる。空気が乾燥しており暖かであるならば、鉄は無変化のままである。[12]

（注）　トゥロムスドルフ（Johann Bartholomaeus Trommsdorf, 1770-1837）。化学者、薬学者。『化学全体の体系的手引き』(Systematisches Handbuch der gesamten Chemie, 8 Bde., Erfurt 1800-07)。

〔二〕 物理的な元素はそれ自体で実在的なものであるのだが、四つの化学的な元素は、その物理元素を抽象したものである。[1] 長い間、すべての塩基は、現在、金属的な物質元素（Stoff）からできているとされているように、そうした単純な物質元素からできているとされてきた。[2] ギトン（注1）は、石灰は窒素と炭素と水素から、滑石は石灰と窒素から、カリ塩は石灰と水素から、ソーダ石は滑石と水素からできていると推測した。[3] シュテッフェンス（注2）は植物的なものと動物的なもののなかに炭素と窒素の対立等を再び見つけようとした。[4] しかし、そうした抽象的なものは、それだけで、化学的な差異をもつものとして、個体的な物体性であらわれる、しかも、普遍的な物理的な元素が、媒介として、過程をとおって、現存する差異として規定され、そのことをとおして抽象物へ分けられるときだけ、あらわれる。[5] こうして水は酸素と水素に分離される。[6] 水は酸素と水素からできている(Bestehen)という、物理学者たちがもちいるカテゴリーが許されないことは、気象学のところ(第二八六節の補論第四段落)で話したが、それと同じ意味で、空気は酸素と窒素からできているのではないのであり、それもまた、空気がおかれている形式でしかない。[7] そのさい、それらの抽象は互いに統合しあうのではなく、それらが統合されるのは、第三のものにおいてなのであり、その第三のものにおいて自分の抽象を止揚し、自分を概念の統合として完成させる両極においてである。[8] 化学的な元素について言えば、それらはその塩基にもとづいて素と呼ばれていて、その形式のことは度外視されている。[9] しかし、炭素を例外として、どんなものも素としてそれだけで保つことはできないのであり、化学的な元素は、ガスという形でしかしめすことはできない。[10] だが、化学的な元素は、それそのものとしては、物質的で可量的な現存である。例えば、金属は酸素が付着することで酸化し、それによって重量を増す。例えば、酸化鉛(Bleikalk)がそうである。鉛は、酸素という抽象的な化学的元素と結合し、鈹質の状態にあったときよりも重さを増す。[11] ラヴォワジエ(注3)の理論はそこに根拠をもっている。[12] しかし、金属の比重は減少するのであり、金属は無差別な純粋さという性格を失う。[13]

(注1) ギトン(Louis Bernard Guyton de Morveau, 1736-1816)。化学者。『化学命名法』(一七八七年)の共著者の一人。

(注2) 第二四九節補論第一段落の注を参照。

(注3) ラヴォワジエ(Antoine Laurent Lavoisier, 1743-1794)。化学者。フロジストン説をくつがえして、燃焼過程での酸素の意義を認識した。

[三] これらの四つの元素の統合は、α) 窒素が、金属に対応する死んだ残滓である限りのことである。窒素は呼吸に適せ

ず、燃焼もしない。しかしそれは異なるものとなりうるし酸化しうる。――大気的な空気は、窒素の酸化物である。[1] β)水素は、対立のうちにある規定性の肯定的な側面である。つまり、異なるものとなった窒素ガスである。窒素には動物の命を維持することはできない。動物は窒素のなかではすぐに窒息するからである。[2] 燐は窒素のなかでは発火しない。浸透してきた燐光も、そしてどんな燃焼中の物体も、窒素のなかでは消える。しかし、燐そのものは可燃的であり、大気的なガスないしは酸素ガスが近づいただけで、ただちに発火する。[3] γ)以上の二つに加わるのが、つまり、否定的なもの、活動的なものが、酸素である。酸素は、固有のにおいと味をもっており、一方の側面と他方の側面で活性化させる。[4] δ)全体のうちの四番目、死んだ個体性が、炭素である。――それは普通の炭であり、地(球)的なものがもつ化学的な元素である。[5] それをそれだけで輝かしいものへと変容させたものが、ダイヤモンドであり、ダイヤモンドは純粋な炭素とみなされており、剛性をもつ地(球)的な形態として結晶性である。[6] 炭素だけがそれだけで自立して存在するのだが、他方、その他のものは暴力的な仕方でしか現存することはないのであり、そのような仕方で、一時的な現存しかもたない。[7] これらの化学的な規定こそが、純粋なもの一般が統合されるための形式をかたちづくる。[8] 窒素だけが過程の外にとどまる。しかし、水素、酸素、炭素は、互いに異なる契機であり、これらの契機は、物理的な意味で個体的な物体に帰属するのであり、それによってその一面性を失う。[9]

三二九

〔一〕この過程は、抽象的にはたしかに、根源的分割(判断)と、この根源的分割によって区別されたものを一つに統合することとの同一性である。進展としては、自己自身のうちへ帰る統合である。[1] しかしこの過程の有限性は、物体的な自立性がまたこの過程の諸契機に属しているということである。したがって過程の有限性には、この過程は直接的な物体性が前提となるということが含まれるが、その物体性もまたその過程の所産にすぎない。[2] このような直接性のために、これらの物体性が過程の外部に存立していて、過程が外からこれに近づいてくるような現象がおこる。[3] さらに、そのために過程の経過の契機そのものが、直接的で相互に差別されたものとしてばらばらになる。実在的な統合としての経過は、特殊的な過程の一つの円環となる。これらおのおのの過程は、他の過程を前提としている。それ自身は単独でその過程の始まりを外部からもってくる。そして、その過程の特殊的な所産のなかで消え失せる。統合の次の契機となる過程へと、自発的に進みはしない。また、そういう過程のなかへ内在的に移行しはしない。[4] 物体は、これらの過程のうちの一つの過程では条件として、他の過程では所産としてあらわれる。そして物体がどのような特殊な過程のなかに位置を保つかということが、その物体の化学的な固有性を形づくる。もっぱら特殊的な過程の中でのこのような位置を拠り所にして、物体の区分が可能になる。[5]

〔二〕こうした経過には二つの面がある。1 無差別な物体から始まりその活性化を経て中和性に至るという面と、2 このような合一から、逆に無差別な物体へと分離していく面とである。[1]

補論 〔一〕化学的過程は有機的過程と比べるとまだ有限である。α) 生命過程の中では、分離の統一と分離そのものとは、まったく分けることのできないもので、一者はそのなかで永遠に自分を対象とし、そうして、その一者が自分から分離するとしても、永遠に自分になるのであるが、――化学的過程ではこのような無限な活動性がまだ二つの側面へと崩壊するからである。[1]〔化学的過程では〕分離されたものを再び一体化することはできるということが、それらのものにとっては外面的であり、どうでもよい。分離とともに一つの過程が終わり、そしてまた再び新たな過程が始まることができる。[2] β) 化学的過程の有限性はさらに以下の点に、すなわち、それぞれの一面的な化学的過程は、再び統合になるとしても、それでもある形式的な仕方でだけそうなるにすぎないという点にある。たとえば、燃焼、すなわち差別を立てる酸化は結果として分離をもつことになる。しかしそうした一面的な過程では中和性も成立して、燃焼は水をも生み出すであろう。[3] そして、中和性的なものが結果となる過程では逆に、差別化もおこなわれるが、しかし抽象的な仕方でしかおこなわれない。すなわちガス状のものが展開されるからである。[4] γ) それから、この過程に入ってくる諸形態はまず静止的なものであり、この過程は、物体が自己保存されるようなこともなしに、そうしたさまざまな形態化が一つのものに転化される(gesetzt)か、あるいはそうしたものが没交渉的な存立から差異のうちへと引き裂かれるかする。[5] 区別されたものでもともと自体的に存在する統一は、なるほど絶対的な条件ではあるが、しかしそうした区別されたものは区別されたものとして立ち現れるのであるから、それらは概念からみて一(eins)にすぎない。そしてそれらの統一はまだ現存するには到っていない。[6] 酸と苛性カリとはもともと自体的に同一であり、酸はもともと自体的にカリである。だから、酸はまさにカリを渇望しているのであって、同様に苛性カリは酸を渇望している。[7] おのおのが自己を完全化しようとする衝動(性向)をそなえている。すなわちおのおのはもともと自体的に中和的なのに、[中和的なものとしては]まだ現存するに到っていない。[8] 化学的過程の有限性は、こうしてここでは、概念と現存という二つの側面がまだ互いに一致しないということである。それに対して生命をそなえたものでは、区別されたものの同一性が現存するものになってもいる。[9] δ) 区別されたものはなるほど化学的過程のうちでは一面的なものとして止揚されるが、この止揚は相対的なものにすぎず、別の一面性に沈みこむことである。[10] 金属は酸化物になり、ある物体は酸になる。言いかえれば中和的な所産となるが、それは相変わらず一面的である。[11] ε) さらにそこにはあるのは、過程の全体が、さまざまの過程に崩壊するということである。[12] その所産が一面的なものになるこうした過程そのものが、不完全なものであり、全体的な過程ではない[13]。ある規定態が別の規定態へと定立されることによって、この過程は終わる。したがってこの過程それ自身は真の統合ではなく、余すところなき全体的な過程の一契機にすぎない[14]。もともと自体的には、おのおのの過程はこの過程の統合ではあるが、この統合は、あい異なる過程と所産へと崩壊する[15]。化学的過程全体の理念は、この過程におけるさまざまな段階と通過点が表わすところの切れ切れの過程からなる一経過である[16]。(ζ) さらに化学的過程の有限性には、まさにこの過程のさまざまな段階に、特殊な個体的な物体形態が属している、あるいは物体としての特殊な個体性は、それが過程全体のどのような段階に属しているかによって規定される、ということが含まれる[17]。電気的過程はその表面性からして、どちらかと言えば物体の個体性に対してごくごくわずかな関係しかもたない。極小の規定を通してある物体が電気的にプラスになったりマイナスになったりするからである。化学的過程でようやくこの関係が重要になる[18]。さて人は個々の化学的過程で、区別可能なたくさんの側面、物質をもつことになる[19]。人は、こうした書類の束を理解するために、おのおの場合にどの物質が効力をもって、どの物質がそうでないかを区別しなければならない。そして人はそういう二つの物質を同じ段階で想定(setzen)してはならず、それらをよく区別しなければならない[20]。ある物体の本性は、それが種々の過程に対してどういう対応をするかに左右される。そうした過程のうちでその物体は産出するものであったり、決定するものであったり、所産であったりする[21]。物体はなるほどさらに別の過程の能力もそなえているが、しかしそこでは規定するはたらきをもつものではない[22]。ガルヴァーニ電気の過程のうちで鈹質のものとしての金属が決定するはたらきをする。金属はなるほどカリや酸としての火の過程にも移行するが、カリや酸は金属に対して、それが全体に対してどういう位置にあるのかを指示しない[23]。硫黄は、酸に対する関係ももっていて、そのようなものとして妥当する。しかし、硫黄が決定する当のものは、火に対する硫黄の関係である[24]。こうしたことが硫黄の位置である[25]。しかし経験的な化学ではどんな物体も、それがすべての化学的な物体とどう関係するかにしたがって叙述される[26]。新しい金属が発見されるなら、人はそれがあらゆる度合いの、すべての物体とどういう関係をもつかを調べつくす。[27] 化学の教科書の中で、詳細に挙げられている物体の並びを見ると、主要な区別がここでは、いわゆる単純な物体と、それらの結合による物体との間にある。[28] さて単純な物体といえば、ただちに窒素、水素、酸素、炭素、燐、硫黄、金、銀そしてその他の金属が挙げられる。[29] しかし人は一見して、こうしたものはまったく異質な物だということに気づく。[30] さらに言えば、結合はなるほど過程の所産ではあるが、いわゆる単純な物体は同様にいっそう抽象的な過程から結果として出てくる。[31] 最終的に言うと、あれこれの過程で現れてくる死んだ所産が、化学者にとっては叙述の肝心の点である。[32] しかし本当は、過程と、さまざまの過程の段階的継起こそ肝心の点である。こうした過程の経緯が規定するものであり、そして物体的個体という規定性は過程のさまざまな段階のうちにあるときにこそその意味をもつ。[33] ただし、こうしたことはその場合有限な形式的な過程であり、おのおのの物体は、その特殊性を通して、過程全体の変容された経過を示す。[34] 物体とその物体で特殊な変容された過程との特殊な関わり合いが、化学の対象である。化学は物体のさまざまな規定性を所与のものとして前提している。[35] われわれはここでそれに対して、過程をその統合で考察しなければならないし、そして過程がいかに物体の諸階級を析出するか、またそうした物体の諸階級を、いかに過程の経過の諸段階として、確固としたものになる諸段階として示すかを考察しなければならない。[36]

［二］過程はその諸段階を特殊な物体としての個体性のうちに固定する。その統合された全体としての過程は、この諸段階そのものを、特殊な在り方における諸過程として現象させる。[1] こうした諸過程の統合された全体は、特殊な諸過程からなる一つの連鎖である。そうした諸過程は、一つの円環なのであって、その円周そのものが諸過程からなる一つの連鎖である。[2] こうして化学的過程の統合された全体は、過程の特殊なさまざまの仕方からなりたつ一つの体系である。α) われわれがすでに取り扱った（第三一七節）合体の形式的な過程では、差異はまだ実在的ではない。[3] β) 現実的な過程では、

どのような仕方で活動が現存するようになるかが問題である。1 ガルヴァーニ電気で活動は無差別的な物体における相違(Verschiedenheit)として現存する。ここでも差異はまだ実在的なかたちでは存在していないが、相違は過程の活動を通して差異(Differenz)として措定される。[4] ここでわれわれは、相違がありながら接触し合う金属をもつことになる。そして、そうした金属はそのような結合のうちで活動することになるので、すなわち差異あるものが存在することになるので、過程が現に存在する。[5] 2 火の過程で活動はそれ自体としては物体の外にある。というのも、火は自己のうちで燃え尽きる否定的な単独の存在だからであり、差異を措定しようとする働きをもつ不安定な差異あるものだからである。[6] こうした在り方はまず元素的であり抽象的である。言いかえれば、その所産は火の事物化であって、生気づけられた苛性カリのようなもの、酸への移行である。[7] 3 さて、第一のものが酸化物の定立であり、第二のものが酸の定立であったのに対して、第三のものはこうした生気を得たものの過程である。[8] 今では差異をもたらす活動は物体的なかたちで現存する。[9] この過程は中和性への還元、塩の産出である。[10] 4 最終的に中和的なものは発端に、つまり酸、酸化物そして基に還帰させられる。[11] 無差別的なものが始まり、次いで区別をもって措定されたものが、それから対立するものが、次いで所産としての中和性が出てくる。[12] しかし、中和的なものそれ自身は一面的であるから、再び無差別的なものに還元される。[13] 無差別的なものは化学的過程の前提である。こうした前提を化学的過程はその所産としてもつことになる。[14] 経験的な考察ではさまざまの物体の形式が肝心の点である。しかし過程の特殊な形式から出発しなければならない。こうした特殊な形式が区別されなければならない。[15] このようにしたときにだけ人は経験的に際限のない多様性、そこでは所産だけしか問題にならないような多様性を、理性的な秩序へと分類できるし、同じくすべての無秩序なものをごたまぜにする抽象的な普遍性を防ぐことができる。[16]

α　合　一

三三〇

1　ガルヴァーニ電気 (Galvanismus)

過程の発端と、したがって最初の特殊な過程をなすものは、形については直接的で無差別な物体類〔金属〕である。このような物体類は、区別されたさまざまの性質を、まだ未発展なままに、比重という単純な規定のうちに集約して保持している。これがすなわち金属類である。[1] たんに差別されているだけで、相互に活性化しあうことのない金属は、その均質な統一性(もともと自体的に存在する流動性、すなわち、熱と電気の伝導能力)によって、その内在的な規定性と差別を相互に伝達する。このことによって金属は過程のひき起こし役を演ずる。金属は同時に自立的でもあるから、それとともに相互に緊張状態に入る。このような緊張はまだ電気的である。[2] しかしこの差別は、水という中和的な、したがって分離しうる媒体の側で、空気との結合によって自己を実現することができる。[3] 水は純粋な水の場合もあるし、塩等々によってもっと具体的な作用能力に高められた水の場合もある。水の中和性と、そのようにして開かれた差別可能性とによって、金属と水に対するその緊張した差別の実在的な(たんに電気的ではない)活動が始まる。こうして電気的な過程は、化学的な過程へ移行する。[4] 化学的な過程の産出は、金属の酸化一般と、脱酸化、あるいは水素化(これは産出がそこまで進んだ場合)、少なくとも水素ガスと、またこれと同じように、酸素ガスを発出させることである。すなわちこれは、差別の措定である。中和的なものは分離されて差別に陥る。この差別の措定は、抽象的な現存で単独に行われる（第三二八節）。同時に、これらの差別［水素や酸素］と塩基との合一が、酸化物（あるいは水化物）として現存するようになる。——これが物体性の第二の種類である。[5]

〔二〕過程が以上に解明した通りだとすれば、過程がその最初の段階にあるかぎりでは、電気と過程での化学的なものの一般との区別、ここでは特にガルヴァーニ電気の過程との区別とそれらの関連が明らかである。[1] しかし物理学はかたくなに、過程としてのガルヴァーニ電気のなかにたんに電気だけを見ようとしている。そのため推論の両端の極と媒介項との区別は、乾いた導体と湿った導体とのたんなる区別に帰し、両者は一般に導体という規定のもとに総括されることになる。[2] この点にはさまざまな修正意見がでているが、顧慮する必要はない。たとえば、両端の極が違った液体であることもある。また、媒介［項］が金属であることもある。一方では、電気という形式を（本節で述べたように）あくまで固執する人もあるし、他方では、あるときは電気に軍配を上げておいて、あるときは化学的作用の肩をもつという人もいる。また、金属は自立的であって、石灰へ移行するためには、水とより具体的な中和物、あるいは、酸というすでに出来上がった化学的な対立物、あるいは苛性的なものとをその分化のために必要だとする人もある。非金属類は、自立的ではないからと、空気と関係すると一足飛びにいきなり分化して土になるなどなどの修正がある。[3] このような、またその他多くの細目にわたる事情を考慮してみても、事態は一向変わらず、むしろガルヴァーニ電気という過程の根本現象の考察を妨げている。われわれはこの根本現象に、最初の功労者の名を名乗ることを許したいと思う。[4] この過程の単純で明瞭な考察を、ヴォルタ電堆におけるこの過程の単純で化学的な形態の発見もろとも、即座にうち殺した根元悪は、湿った導体という想念である。[5] 媒介項としての水のうちに措定され、この水の側で、またこの水から、顕在化される活動の把握は単純で経験的な直観だが、それがこの想念によって閉め出され、放棄された。[6] 水は、活動するものではなく、惰性的な導体であると解釈されている。[7] これと関連して、電気も同じようにすでに出来上がったものであって、単に金属を伝わるのと同じように水を伝わって流れるだけのものとみなされる。したがってそのかぎりでは、金属もやはりたんに導体にすぎず、ただ水と比較すれば、第一級の導体であるにすぎないと解される。[8] しかし、活動という関係は、すでにそのもっとも単純な関係、すなわち、一つの金属にたいする水の関係から始まり、条件の変容によって生ずるさまざまに込み入った関係に至るまで、『ガルヴァーニの電気回路の過程』〔ライプツィヒ、一八二六年〕というポール氏(注)の著作のなかに、自然の生きた活動の直観と概念が力強く描かれながら、経験的に証示されている。[9] ガルヴァーニ電気の過程と化学的な過程一般の経過が、自然の活動の統合として把えられている。おそらく、もっぱらただ、そのように捉えなければならないという、より高次の要求が理性的な態度に向けられたことのみが生んだ成果であろう。経験的に証示された事実に注目せよという、もっと低い要求となると、従来ほとんど満たされなかった。[10] ——これもこの分野で経験が無視されている顕著な例になるが、水が酸素と水素からなる(Bestehen)という思いこみを支持しようとして、両者のうちの一方が、水をその活動圏内に置く電堆の一方の側の極に出現し、他方が反対の極に出現することが、水の分解だと述べられている。その際、酸素が発出する極からは、水の中の酸素から分かれた部分である水素が、反対の側に達する。同様にまた、水素が発出する極からは、酸素が反対の側に達する。それぞれ、まだ水として存在している媒体をひそかに通りながら、互いに相手のなかをくぐり抜けつつ、反対の側に向かうとされている。[11] こういうそれ自身の内部で成立不可能であるような思いこみが黙認されているだけではない。それぞれの配分量にあたる水の物質的なものを分離する際に、とはいってもこの分離は一つのただ伝導するだけの結合(金属による)を残存させたまま行われるのであるが、酸素ガスの一方の極における発出と水素ガスの他方の極における発出とが、条件はさまざまでも「同じ仕方で」起こされる。同じ仕方でというのは、ガス、あるいは、分子が同じ名前をもつ側へひそかに進行するという、それ単独で不合理なこの進行が、全く外面的にも不可能になるような「仕方」である。こういう事実が無視されている。また、酸とアルカリがそれぞれ反対の極のところへ運ばれると両者は中和する、という経験的事実も同様に黙殺されている。そしてこの場合にも、アルカリを中和するために、反対側の一定分量の酸がアルカリの側へ行き、またこれと同じように、酸を中和するために、反対側の一定分量のアルカリが酸の側へ行くと思い浮かべられている。酸とアルカリをリトマス・チンキで連結すると、このリトマス・チンキのなかを通過するはずの酸の作用の跡も、現存することの跡も、この敏感な媒体のなかには見あたらない。[12]

(注) ゲオルク・フリードリッヒ・ポール(Georg Friedrich Pohl, 1788-1849)。ドイツのシュテーティン(Stettin)で生まれて、当地の文法学校の教師をした後、ベルリンで同様の職につき、ヘーゲルの講義を聴講した。ヘーゲル派の科学者として経験を重視するとともに、それを体系的理論に組みこむという方法を主張した。晩年はベルリン大学、ブレスラウ大学の教授となった。

〔二〕なお、以上につけ加えておかなくてはならない。水を電気のたんなる導体と見たために、水を媒介にすると、他のさらに具体的な手段を用いるときよりも、酸の作用が弱くなる、という経験も加味されて、つぎのような奇想天外な結論が出された。すなわち(ビオー『物理学概論』II、五〇六ページ)、「純粋な水は、われわれが普通の装置を用いて起こすような強い電気は伝えるが、起電機(この学説では、ヴォルタ電堆はこのように呼ばれている)

によって生ずる弱い電気にたいしては、ほとんど絶縁体となる」という。[1] 水を電気の絶縁体に仕立てた大胆さは、こういう結論を前にしていささかも動ずることのないこの学説の頑固さの賜物であろう。[2]

〔三〕 しかし電気と化学的な関係との同一視ということの学説の核心が問題となると、こんどは、両者の区別が余りにも顕著なためにいわばしり込みして、こういう区別は説明不可能だ、と言ってみずから慰める。説明不可能なのも当然のことで、同一視が前提されていれば、まさにそのことによって、区別は説明不可能となる。[1] 物体が相互にたいしてもっている化学的な規定性を、陽電気および陰電気と同一視することがすでに、それだけ単独で取り上げてもただちに浅薄で不十分であることが分かってしまうはずである。[2] 化学的な関係も、外面的な条件、たとえば温度などに結びついていて、その他の点とも相関的である。電気的な関係は、これに比べると、全くはかなく、流動的で、ほんのささいな事情によっても逆転しかねない。[3] さらに、一方の側の物体、たとえば、酸類はカリにたいするその量的、および質的な飽和度によって、互いに厳密に区別される。これにたいして、純粋に電気的な対立は、たとえそれがもっと安定したものであったとしても、この種の確定可能性をまったく示さない。[4] しかし、たとえ化学的な過程における実在的な物体的な変化の可視的な全経過は無視して、いきなりその所産を問題にするとしても、これと、電気的過程の所産との相違はあまりにも目立って明らかであり、そのため、これらの二つの形が前もって同一視されている場合には、この相違にたいし奇異だという印象がする。[5] その裏付けとして、ベルツェリウスがその『化学的均衡理論その他に関する論考』(パリ、一八一九年)で率直に奇異感を述べている言葉を引用したい。[6] その七三ページに曰く、「しかしここに一つの問題が生ずる。これは、電気‐化学的放電(化学的な結合が電気との同一視に味方して放電と呼ばれている〔ヘーゲルの挿入〕)……にかんして生ずる問題で、類似したどの現象によっても解決されない。これら放電によって結合した物体は、機械的分離を起こすことのできるあらゆる力に勝る一つの力で、このように［固く］結合されている。[7] 通常の電気的現象は、……これほど大きな力で物体に生ずる電気的な対立の解消［放電］後の恒久的な結合の原因を、われわれに明らかにしてはくれない」と(注)[8]。化学的な過程には、比重、凝集状態、形態、色彩等々の変化や、さらに酸性、苛性（腐食性）、カリ性等々の性質の変化があらわれる。これらの変化が無視され、すべて電気という抽象のなかへ没し去っている。[9] 陽電気と陰電気に気を取られて、物体性のこれらすべての性質が忘れ去られてよいならば、哲学にたいして、哲学における特殊なものの捨象や、空虚な普遍性を、どうかもう非難しないでほしい。[10] 自然哲学の以前のやり方といえば、動物の再生産の体制と過程を磁力に、脈管組織を電気に、勢位化するとか、揮発化するとか、稀釈するとかしてきた。このやり方にしても、具体的な物体的な対立を電気に還元するあのやり方ほどには、浅薄な図式化は行わなかった。具体的なものを簡約化し、固有なものを度外視し、抽象して除去するこのようなやり方が、自然哲学の場合には非難された。それが当然なら、どうして電気の場合も非難されないのだろう？[11]

(注)　Joens Jakob Berzelius, Essai sur la théorie des proportions chimiques et sur l'influence chimique de l'électricité, aus dem Schwedischen von Fresnel, Paris 1819.

［四］しかしまだ具体的な過程と抽象的な図式との区別にかんして、困難な事情が残っている。化学的な過程によって結合された素材が酸化物や塩等々となった場合の結合の強さである。[1] この強さを単独に取り出してみると、たんに電気的な放電の結果とは、しかし対照的である。放電後も、陰陽電気の励起状態だったときの物体が同じ状態である。すなわち、この物体はこの放電後も、摩擦以前と、摩擦中と同じ状態で、まさに結合されていないま

ま、それぞれが単独の在り方をしたままである。ただし、火花は消え去っている。[2] これが、電気的過程の本来の結果である。こうした事情からすれば電気的過程と化学的過程が同じだという主張は難しくなるはずである。この事情にかんし電気的過程の本来の結果と化学的過程の結果とを比較しなければならない。[3] この難点は、放電火花の中で陽電気と陰電気の結合は、塩における酸とカリとの結合に匹敵する力をもつと仮定することで除かれはしないだろうか？[4] しかし火花はすでに消えてしまっている。したがって、火花はもはや比較の対象にはならない。それ以上にわれわれの目に明らかなのは、塩や酸化物は、過程の結果として、電気火花以上であるということである。さらにこれも同様に不当なことだが、化学的な過程の中で現象する光と熱の発出が、このような火花であると説明されている。[5] ベルツェリウスは、上述した難点についてつぎのように述べている。「それは、電気の極性化と同様、原子に内在する特殊な力の作用なのであるか？」――ということは、すなわち、化学的なものは、物体的なもののうちにおける、電気とは違ったものではないか？ 確かにその通り、一目瞭然だ！――「それともそれは、普通の現象のなかでは知覚できない、電気の固有性なのであるか？」すなわち、上述した本来の電気的な現象では知覚できないかということである。この問いにたいしても、前の問いと同様、簡単に肯定で答えてよい。すなわち、本来の電気のなかには、化学的なものは存在しない。したがって知覚できない。化学的なものは、化学的な過程のなかではじめて知覚できるからである。[6] ところがベルツェリウスは、物体の電気的規定と化学的規定との差別の可能性という最初の問いに「結合の恒常性は、電気の影響には属さない」と答えている。すなわち、物体の二つの性質は、差別されるから、互いに何の関係もない。たとえば、金属の比重は、その酸化と無関係である。金属の光輝、色彩も、金属の酸化や中和等々と無関係である。[7] しかし反対に物体の性質は、他の性質の活動と変化の影響に、本質的に委ねられているという極めてありふれた経験がある。すでに同じ物体に属している性質でさえ、それらが差別されるとなると、これらの性質の完全な分離と自立を要求するのは、悟性のひからびた抽象である。[8] 電気には、普通の電気のなかで知覚できなくても、強力な化学的な結合を解き離す力があるという、もう一つの問題にたいし、ベルツェリウスは、つぎのように答えている。すなわち、「電気的極性の再生は、どれほど強力な化学的結合でも破壊しないではおかない」と述べている。この裏付けとして、つぎの特殊な例を挙げている。すなわち、五フラン貨幣の大きさの銀 - 亜鉛板のわずか八対ないし十対からなるヴォルタ電堆(ここでは電池と呼ばれている)でも、炭酸カリを、水銀の力を借りて溶解することができる。すなわち、炭酸カリの基を汞和体(アマルガム)として保つことができる。[9] 以前は、ガルヴァーニ電堆の作用とちがって普通の電気はこういう力を示さないとされ、そのため困難が生じていた。[10] 今は、こういう電堆の作用が普通の電気に代入されている。しかもそれは、電堆を電池と呼ぶという単純な転換によってなされている。電堆にたいする学説上の名称が起電機でもあることは前に挙げておいた。[11] しかしこういう転換は余りにも［誤りが］見えすいており、証明を撤回させることは余りにも容易である。というのは、電気と化学的なものを同一視しようとして、これを妨げる困難を除くために、ガルヴァーニ電堆はたんに電気的装置であり、その活動はたんに電気的刺激であるということが、まさにここでも前提されているからである。[12]

§330

補論 ［一］ すべての個別的過程は、直接的と見えるものから始まる。しかし、この直接的と見えるものは、周縁部における循環の他の一つの点で再び産物である。[1] 金属は、自己内で依拠するものとして、本来の始元をなす。ただし、この自己内で依拠するものは、比較によって他のものと異なるように見えるだけである。だから、それは亜鉛と異なっていても、金とは等しい。それは、ちょうど中和的なものや酸化物がそうであるように、自己自身では区別されていない。すなわち、それは対立する二側面へと分解できない。[2] 金属はこうして、さしあたり相互に異なっているが、しかしまた、「われわれにとって」異なっているだけではない。むしろそれらが相互に接触する(この接触は単独では偶然的であるが)ことによって、それらは互いに区別される。[3] それらのこのような差別が能動的となり、他のものの差別の内へ措定されうるということ、それの金属性は、それが連続性であるかぎりにおいて、このことに対する制約である。[4] しかし要求されるのは、実在的な差別化が可能であるような第三者、諸金属がそれで統合されうるような第三者である。そして諸金属の差別はそれ[この第三者]を拠り所にしている。[5] 諸金属は、樹脂や硫黄のように脆弱ではない。これら樹脂や硫黄では、それらの内に措定された規定が一つの点に制限される。これと違い、諸金属には規定性がすっかり伝達されている。諸金属は、一方が自らの差別を他方の内で感受されるものとすることによって、それら相互の差別を開く。[6] ――諸金属の区別が過程における諸金属の比関係を生ずる。この比関係は、まさにおよそ、自己内における高貴さ、均質さ、延性、流動性といったものが、もろさ、容易な酸化可能性[容易に酸化されやすいこと]に対して有する対立である。[7] 金、銀、プラチナといった貴金属は、たんなる空気のもとでは[戸外では]火中で石灰化されることがない。自由な火による貴金属の過程は、焼失をともなわない燃焼である。[8] それら貴金属のもとでは、塩基度と酸度という両極端への分解は生じないから、貴金属がこれら両側面の一方に属するということ[もない]。そうではなくて、生じるのはただ固体から滴下しうる流体への非化学的な形態変化だけである。[9] このことは貴金属の無差別に起因する。[10] 金は金属のこのような堅牢な単純性の概念をもっとも純粋に標示するように見える。だから、古い金貨がまだ完全にぴかぴかであるように、金はまた錆びることもない。[11] これに対して、鉛や他の金属は弱い酸によってだけですでに侵される。[12] 半金属と呼ばれたさらに数の多い金属は、ほとんど鈑状の状態で保持されることがなく、空気中ですでに酸化物に変わる。[13] 酸によって酸化される場合にも、金、銀、プラチナは自らが再興されるために、可燃的な実体が、たとえば炭がつけ加わることを必要としない。これらの金属はむしろ、赤熱した融解の火に触れると、自分だけで再び鈑質の金属となる。[14] 水銀は融解によってなるほど気化されて蒸気の形態になる。それはもちろん振動や摩擦によって、空気が侵入してくる場合には、不完全な黒みを帯びた灰色の石灰に転化するし、加熱され続けることによって、いっそう完全でいっそう暗褐色の石灰、刺激の強い金属的な味がする石灰に転化するのではあるが。[15] しかしながら、トゥロムスドルフが注意しているように、水銀が乾燥した空気の中へ閉じこめられて、静かに放置される場合には、水銀の表面は何の変化もこうむらないし、錆びることもない。けれども彼は、「老いた樽職人のもとで、何年かはわからないが、この職人が取っておいた水銀入りの一つの小瓶を見た」そうである(それは紙の小穴を通して空気が流入できるようになっている)。この小瓶は、上のほうに赤い水銀酸化物の薄い層をなしたということから、石灰化したといわれる。[16] それにもかかわらず、水銀のこの場合を含むあらゆる石灰は、可燃的な事物が加わらなくても、赤熱によって再び鈑質の水銀に回復できる。[17] シェリングは(『思弁的自然学新雑誌』第一巻、第三冊[一八〇二年、「四つの貴金属」]、九六ページ)、金、銀、プラチナおよび水銀というこれら四種を貴金属とみなしている。その理由は、これらの金属の内では、本質(重さ)と形式(凝集状態)との無差別が措定されているからである。これに反して、鉄のように、その内でたいていの場合に本質との無差別から抜け出して、自己性や個体性が優勢なものとなっている場合には、貴金属として認められない。鉛などのように、形の不完全性が本質までも腐敗させ、不純化、劣性化している場合も貴金属として認められない。[18] しかし、これでは不十分である。[19] 金属の高貴さをなしているのは、連続性と均質さが高度だということとともに、また金属の比重が高度だということでもある[からである]。[20] プラチナはなるほど金よりもいっそう高い密度を有しているが、しかしオスミウム、イリジウム、パラジウムといった多くの金属的契機の統一である。[21] 次にシェリングに先だってシュテッフェンス（第二九六節の補論第二段落の注を参照）が、密度は凝集状態と逆比例関係にあると主張したが、この場合にこのことが正しいのはただ、いくつかの貴金属についてだけである。たとえば、比較的もろくて卑しい卑金属よりも特有の凝集状態のすくない金についてである。[22] ――ところが、金属が差別的であればあるほど、能動性もそれだけ高い。[23] われわれが金と銀、金と銅、金と亜鉛、銀と亜鉛を互いに接触させて有し、両者の間に第三者を、つまり水滴を一滴有するならば（けれどもこの場合に空気も存在しなければならない）、即座に一つの過程が、しかも重要な能動性をもつ過程が現存する。[24] これが単純なガルヴァーニ連鎖である。[25] この連鎖が閉じていなければならないことが、偶然によって見出されたが、この連鎖が閉じていない場合には、なんの作用も、なんの能動的な差別も現存しない。[26] 通常は、諸物体がただ現に存在して、ただ重い物質として接触しながら圧迫しあうのだと、表象されている。[27] しかし、すでに電気で見たように、それらは自らの自然学的な規定性にしたがって相互に作用しあう（agieren）。[28] ここ諸金属の場合にも同様に、金属の自然本性の差異、接触しあう金属の比重［にしたがって作用しあう］[29]。

〔二〕単純なガルヴァーニ連鎖はおよそ、そこで差別が現存するようになりうる第三者による対立物の結合、つまり可溶性の中和的なものによる対立物の結合にすぎないから、金属であることはこの能動性の唯一の条件ではない。[1] 流動的なものもまた、過程のこの形式をもつことができる。しかし、それら流動的なものがもつ単純ではあるが相互間では異なる規定性（金属的なものの根拠をなすような規定性）こそ、常にその際に作用する。[2] リッターが金属とみなした石炭でさえもガルヴァーニの過程へ入って行くことができる。石炭は焼失した植物類である。そして、その内で規定性が消滅しているような残留物として、石炭はまたこのような無差別的な性格をもっている。[3] 酸でさえ、その流動性のゆえにガルヴァーニの過程を表示しうる。[4] せっけん水とふつうの水とが錫によって結合されるならば、それはガルヴァーニ電流的に作用する。つまり、せっけん水を舌で触れ、ふつうの水を手で触れるならば、味覚器官が［ガルヴァーニ］連鎖を閉じる際に触発される。しかし、接触を交換すると、連鎖を開く際に［同じことが起こる］。[5] フォン・フンボルト氏は熱い亜鉛と冷たい亜鉛、および湿度とから単純な連鎖が生じるのを見た。[6] シュヴァイガー（注）は、それぞれに希硫酸を満たした加熱した銅皿と冷たい銅皿とから類似の柱を構成した。[7] したがって、このような差別もまた反応作用（Aktion）を導入する。[8] 筋肉のように、その作用結果（Wirkung）の示される物体が微細な場合には、差別はさらにはるかに小さなものでありうる。[9]

（注）ヨハン・ザロモ・クリストフ・シュヴァイガー（Johann Salomo Christoph Schweigger, 1779-1857）。バイロイトやニュルンベルクで数学や物理学の教師をしていて、ヘーゲルとは面識があったと思われる。

［三］ところで、ガルヴァーニ過程の能動性が導入されたのは、二つの特殊的なものが相互の内に自己を導入（setzen）しようとするために、ひとつの内在的矛盾が生ずることによってである。[1] しかし、能動性そのものは、これらの内的差別の、もともと自体的に存在する内的な統一が定立される（gesetzt）ことのなかになりたつ。[2] ガルヴァーニ過程ではさらに電気がきわめて優勢に登場する。その理由は、差別的として措定されたものが金属で、すなわち、無差別的なもの、自ら変化される中にあってさえ自体的に持続するような自立的に存立するものであるからである。このことこそまさに、電気を特徴づける。[3] 一方の側面には負の極が、他方の側面には正の極が存在しなければならない。[4] このことは電気化学の表象と結合された。[5] 物理学者は一部では、電気とは化学的働きに結びついていると信じるほど遠くまで進んだ。[6] ウォラストン（注）は、電気が存在するのはただ酸化が存在するところでだけだとさえ語った。[7]［しかし］正当なことには、猫の毛皮でガラスを打つと、それが酸化なしに電気を産み出すと反論された。[8] 金属が化学的に侵食される場合に、それでも金属は融解されないし、

構成諸部分へと分解されない。だから金属がそれ自身のもとで中和的なものを示すこともない。そうではなくて、金属が酸化作用によって示す実在的な差別は、金属がほかのものと結合されることによってつけ加わる差別である。[9]

（注）ウィリアム・ハイデ・ウォラストン（William Hyde Wollaston, 1766-1828）。イギリス生まれ、医師をやめて自然科学者になる。ヘーゲルが言及したのは、彼の論文「化学的な産出と電気の荷い手」（一八〇一年）で、金属の酸化が電気の主たる発生源であると述べた。

〔四〕ところで、二つの金属の結合はさしあたり、なんの実在する媒辞をもたない。媒辞（中項）はただもともと自体的に接触の中に存在するにすぎない。[1] しかし実在的な媒辞は、差別を現存させるはずの媒辞である。この媒辞は論理学における推論では単純な中項（medius terminus）であるが、自然そのものの内では二重である。[2] この有限な過程の内では、二つの一面的な極端へと向けられた媒介者が、すなわちそこからこれら両極端が統合されるはずの媒介者が自体的に、ひとつの区別されたものでなければならない。たんにそれだけでなく、またこの区別が現存しなければならない。すなわち、まさに媒辞がその現存にしたがって切断されていなければならない。[3] したがって、大気の空気あるいは酸素ガスがなりたつには、ガルヴァーニ的能動性が導入されることが必要である。[4] ガルヴァーニの柱が大気の空気から孤立されれば、それはなんの活動性ももたない。[5] そこでトゥロムスドルフはデイヴィの次の実験を引用している。「〔二枚の〕板の間にある水がまったく純粋であり、外部の空気が樹脂状の皮膜によって水の塊を〔形成するのを〕妨げられる場合には、これの内ではなんのガスも放出されないし、なんの酸化物も生じない。また柱の亜鉛もほとんど変色しない。[6]」ビオー（『物理学概論』II、五二八ページ）はデイヴィに反対して、次のように主張した。空気ポンプの下の一つの柱は、比較的弱いものではあるが、なおガス放出を行なっていると。しかしこのことが生じるのは、空気が完全には除去できないからである。[7] 媒辞が二重であるということには、次のことが属する、すなわち、活動性がきわめて先鋭化されるのは、金属の間の、厚紙製の円盤や布製の円盤の代わりに、塩酸や塩化アンモニウムなどを用いる場合だということが属する。というのも、このような醸造物はすでにそれ自体で、化学的に多様だからである。[8]

[五]この能動性はガルヴァーニズムと呼ばれる。なぜならガルヴァーニが最初にそれを発見したからである。しかし、まずそれを認識したのはヴォルタである。[1] ガルヴァーニはさしあたってまずその事柄をまったく別の仕方で用いた。ヴォルタが初めてその諸現象を有機的なものから解放し、その単純な諸条件に還元した。彼はこれらの条件をたんなる電気とみなしたのではあるが。[2] ガルヴァーニが見出したのは、次のことだった。すなわち、蛙を切断して、その脊髄がむき出しにされ、さまざまな金属によって（ただ銀線だけでもよいが）太腿の筋肉と結びつけられるようにするならば、痙攣が生じ、その内に、[金属の]差別の矛盾であるところの能動性が表出されるということであった。[3] アルディーニ（注）は、その結果を引き起こすためには一つの金属で、すなわち純粋な水銀で十分であるということを示し、また神経と筋肉とを結びつけ能動性の内におくためには、しばしば湿った麻の綱で十分であるということを示した。彼はこのような綱を彼の家の周り二五〇フィートの距離に持って行き、うまく成功した。[4] もう一人の人は、大きな生きた蛙の場合には太腿とその神経とがたんに接触するだけで、あのような装置がなくても痙攣が生じるということを示した。[5] フンボルトによれば、同じ金属の場合には一方[の金属]に息を吹きかけることだけで、金属の刺激を引き起こすには十分であった。[6] 同一の神経の二つの箇所が二つの異なる金属をとりつけられ、一つのよい導体によって結合される場合には同様に痙攣の現象が示される。[7]

（注） アルディーニ（Giovanni Aldini, 1762-1834）。ボロニア生まれの物理学者。ガルヴァーニの甥で、一五年間にわたって助手をつとめた。また、イタリアのさまざまの学会で活躍をした。ヘーゲルがここで言及しているのは、彼の「ガルヴァーニ電気にかんする理論的実験的試論」（パリ、一八〇四年）である。

［六］このことが第一の形式であった。それは動物電気と名づけられたが、その理由は、それがまさに有機的なものに局限されると信じられたからであった。[1]ヴォルタは筋肉および神経の代わりに、金属を採用した。こうして彼はガルヴァーニ電池を、無数のこのような対となった板によって組み立てた。[2]それぞれの対は、続く対の対立する規定性をもっている。しかし、これらの対はその能動性を総括しており、だから一方の終端にはあらゆる負の能動性が、他方の終端にはあらゆる正の能動性があり、中間［媒辞］には無差別点がある。[3]ヴォルタはまた湿った導体（水）と渇いた導体（金属）とを、まるでここには電気以外の何も存在しないかのように、区別した。[4]しかし、水と金属との区別は［電気とは］まったく別の区別である。そして両者は導体の役割をもっているだけではない。[5]——電気の働き（Wirksamkeit）と化学の働きとは容易に分離することができる。[6]すなわち、板の表面が大きくなればなるほど、たとえば八インチ平方になれば、電気の作用は火花放電作用にかんしてそれだけ輝きが高まる。[7]この大きさは他の諸現象に対してはあまり影響を及ぼさないように見えるが、これに対してすでに三つの層が形成されている場合には火花が出現する。[8]四〇対の大きさの亜鉛と銅との板から組み立てられた柱の銀極の側面に、一本の鉄線が取り付けられ、亜鉛極まで引かれるとしよう。この場合に、接触の瞬間に、直径三ないし三と二分の一インチの薔薇のような火が生じる。そして個々の光線のうちのいくつかは長さがおよそ一と二分の一ないし一と四分の三インチであり、いくつかの箇所で区分され、先端には小さな星々が備わっている。[9]火花のでる際に伝達線が非常に強く接合されると、それらを分離するには、かなりの力が必要になる。[10]酸素ガスの中での金と銀との関係は、大気空気の中の場合と同様である。鉄線は発火し焼失する。鉛と錫は非常に活発に生き生きとした色彩を放って焼失する。[11]ところで、この場合に化学的作用が低く評価されるならば、この作用が焼失から区別されるのは、電気の場合にも活発な焼失が起こりはしたが、熱による溶解としてであって、水の分解としてではなかったということによる（前述、第三二四節補論第一二段落参照）。[12]逆に、化学的な働きはいっそう大きくなるが、電気の働

きのほうはいっそう弱くなるというのは、板が小さいが大量であるという場合、たとえば一〇〇〇対の場合である。[13] けれども、両方の働き方はまた合一される。したがって水の分解は強い打撃と合一される。[14] というのは、ビオーが(『物理学概論』II、四三六ページで)次のように語るとおりだからである。「水を分解するために、まず強い放電が用いられたが、この放電は液体によって導かれて、そこで火花と結びついた爆発を呼び起こした。[15] しかし、ウォラストンは同じ作用を、はるかに明瞭で信頼でき、はるかに単純なやり方で産み出すことに成功した。つまり彼は電流を、先が鋭くとがらせられ編み合わされた線によって、水の中へ導いた。[16]」アカデミー会員のリッターは、電気的能動性が絶縁されている渇いた柱を組み立てた。[17] ——ところで、ある柱が他の化合物の際には強い化学的作用と高い電圧を示しうるのに、同じ柱のもとでたんなる水では化学的作用が強くないということが見られたが、そのために化学者たちは、この場合に水は、電気の伝導を阻害する電気的絶縁体として作用するのだという結論に達した。その理由は、もしこの阻害がなければ化学的能動性が大きいはずであるから、この場合に化学的能動性が小さい以上、化学的働きを産み出す電気性の伝導は水によって阻害されるのだという。[18] しかし、それは語られうることのうちで最大の不条理である。なぜなら、水はもっとも強い導体であり、金属よりも強いからである。この不条理は、働きがただ電気にのみおかれて、ただ導体の規定だけが理解されていたことに起因する。[19]

〔七〕ガルヴァーニ的能動性は味覚としても光現象としても表出する。[1] たとえば、一本の錫箔の帯を舌の先端の下へ、また下唇の上にはりつけてみよう。すると、この帯は突き出る。この上に舌の先端の上面を銀と接触させ、錫箔をこれに接触させてみよう。すると、二つの金属が接触しあう瞬間に、緑礬のような際立った刺すような味覚が感じられる。[2] 私が湿った手で、アルカリ溶液を満たした錫製の杯をつかみ、舌の先端を液体の中へ入れると、アルカリ液体に触れる舌の上に、私は酸味を感じる。[3] 反対に、私が錫の杯を(亜鉛の杯のほうがもっとよいが)銀製の脚部の上に立て、それを真水で満たして、次に舌の先端をその水の中へ差し込むと、まずい味がする。しかし同時に、銀の脚部を適当に濡らした手でつかむとすぐに、舌の上に弱い酸味を感じる。[4]口の中で下顎上部と左頬との間に亜鉛の棒をおき、下顎の右側と右頬との間に銀の棒をおいて、金属の部分が口から突き出るようにし、その後で突き出た両端を互いに接近させるならば、両方の金属が接触する際に、闇の中に光が感じとれる。[5]この場合に、主観的に感覚の中には［光という］同一性はあるが、もっと強い電池の場合におそらくあてはまるような、火花が外面的に引き起こされるということはない。[6]

［八］ところでガルヴァーニ的実働性の産物とは、およそ次のことである。すなわち、――諸金属の内では特殊な諸差別が同時にそれらの無差別的な自立性と結合されており、このような特殊な諸差別の同一性は自体的に存在する。しかし同様に、一方の［金属の］差別が他方の［金属の］もとで現存するようになるために、その無差別的なものがしたがって差別的に措定されたのだということ、このことである。[1]まだ中和的な産物は獲得されえない。というのは、まだ現存する諸差別が存在していないからである。[2]ところで、これらの差別はまだ物体ですらないのであって、むしろたんに抽象的な諸規定にすぎない。だから、それら諸差別はここでどういう諸形式で現存に到るとされるのかが問われる。[3]これらの差別の抽象的な現存は、何か元素的なものであって、われわれはこのものが空気状のもの、気体状のものとして現れるのを見る。そこでわれわれはここでは抽象的な化学的な諸元素について語らなければならない。[4]つまり、水は諸金属の間で媒介する中和的なものであり、その内であの諸差別は触れあうことができる。（それはまた、たとえばその内で二つの塩が溶かしあうようなものでもある）。だから、どの金属も、自分の現存する差別を水から取る。すなわち、水を一方で酸化と規定し、他方で水素化［水化］と規定する。[5]しかし、水一般の性格は中和的であるから、現存するのは水の中の活性化させるもの、差別化するものではなくて、空気の中のそれである。[6]空気はなるほど中和的に見えるが、しかし、ひそかに消耗させるもの、能動的なものである。したがって、金属の喚起された能動性は、空気自体から能動性を取り

出さなければならず、こうして諸差別が空気性の形式で現象する。[7]その際に、酸素ガスは活性化させ、差別化する原理である。[8]――ガルヴァーニ過程の成果は、いっそう限定すれば、酸化物、つまり差別的に措定された金属であり、――われわれが有する最初の差別である。無差別的なものは、まだ完全に統合されたものではないが、一つの統合されたものとなる。[9]しかし、産物がすぐに一つの二重のもの――酸化と水素化――であるとはいえ、そこから出てくるのはやはり二つの差別的なものではない。[10]一面で酸化が現象するのは、たとえば亜鉛が石灰化することによる。[11]他の面である金、銀などは、おのれの対立[物]に対するこの純粋さの内でもちこたえ、鈑質の状態のままである。あるいは、他の面が酸化されていた場合には、それは脱酸され、再び鈑質の状態にされる。[12]亜鉛の活性化は一面的な差別の強調(Setzen)であってはならないし、たとえば他の面で脱酸されることができない。だから、対立の他の面はただ、水素ガスが発出することによる水の別の形式のもとでしか現れない。[13]酸化された金属の代わりに水素化された金属が出てくるということ、したがって他の面のほうが産物へと駆り立てられるということも起こる可能性がある。これはリッターが見出した。[14]しかし、限定された差別すなわち対立として限定された差別は、カリと酸である。それは、あの抽象的な差別化とは別である。[15]けれども、この実在的な差別化の場合にでさえ、対立はとりわけ酸素によって生じさせられるものとして示される。[16]――ガルヴァーニ過程の成果である金属石灰には、シリカ[二酸化珪素]、石灰質土、重土、ナトロン、カリといった土類(die Erden)もまた属する。というのは、地として現象するものは一般に、一つの金属的な塩基[Basis 基底]をもっているからである。[17]すなわち、これらの塩基を一つの金属的なものとして標示することは成功したけれども、金属的な諸塩基の徴候しかもっていないものも多い。[18]ところで、この金属的なものが、たとえば半金属元素(Metalloid)でのように、必ずしもそれだけ単独で維持されないとしても、それはやはり水銀アマルガムの内に標示される。そしてただ金属的なものだけが水銀とともにアマルガムの内に入り込むことができる。[19]したがって金属類は、半金属の内ではたんに一つの契機にすぎない。半金属はたとえば、ウォルフラム［タングステン］が鈹質状態にしにくいように、すぐに再び酸化される。[20] アンモニアはとりわけ次の点で変わっている。すなわち、アンモニアにおいて一面で、その塩基が窒素ガスであり、他方のものが酸素であるということが指摘されうるが、しかし同様にまた塩基が金属類であるアンモニウムとして表示されうるということ［が指摘されうる］（第三二八節補論第二段落を参照）。この場合に金属性は、またまったく化学的に抽象的な物質元素（Stoff）として、ガス状のものとして現象するようにと、駆り立てられている。[21]

［九］酸化の成果で、過程は終了した。[1] この最初の抽象的な普遍的否定に対する対立［物］は自由な否定性である。すなわち、金属的な無差別の内で無力化されていた否定性に対立する、単独で存在する否定性である。[2] 概念からみれば、あるいは自体的には、この対立は必然的である。しかし現存からみれば、火が偶然的に出てくる。[3]

三三一

2 火の過程

前節のガルヴァーニ電気の過程ではただ即自的に、関係の内にもたらされた金属の異なった規定性のなかに存在している活動性が、単独で現存するものとして措定されると、それが火である。火によって、もともと燃えるもの（たとえば硫黄）は火になる（火化される）。これは第三種の物体性である。一般的に火によって、まだ無関係で、鈍感な差異（たとえば中和性）の内にあるものが、酸と（苛性的な）カリ類の化学的な対立にまで活性化される。火によって、実在的な物体性という固有の仕方にもたらされるのではなく、単独では現存できないので、第三の形の物体の契機のただ措定されたものの仕方へと活性化される。[1]

補論　[一]　ガルヴァーニ電気の過程は、金属酸化物で、つまり地(Erde)でもって終わりを告げる。こうして化学的過程の経過が中断する。[1] というのは現存という点からすれば、化学的な諸過程は関連し合っていないからである。関連し合っているとすれば、われわれは、過程が円環のうちへ戻る生き生きとした在り方をもつことになるであろう。[2] さて所産がさらに続けられるとすれば、活動は外部から付け加わる。そしてまた金属は外的な活動によって接し合いながら生じたのであった。[3] 内的な必然性である概念だけが、こうして過程を先へと進め、過程はもともと自体的に統合の円環へと進む。[4] 新たな形式が、この論述で登場するとき、その形式は、われわれにとってのみ、概念のうちで、つまり、もともと自体的にはすでに発生している。われわれは、過程のうちに生じてくるものをその自然な在り方(Natuerlichkeit)にしたがって取り上げなければならない。[5] さらに、いわば他の反応からだけ引き続き処理されるようなものは、同じ現存する所産ではない。たとえばここではガルヴァーニ電気が使い果たされたときの酸化物がその例である。過程の中の客観は、もともと自体的に規定するものとして、むしろ根源的なものとして着目されなくてはならない。現存の点で生成したものとして取り上げてはならない。自らの概念の単純で内的な規定性に向けて生成したものという規定性をもつものとして着目しなければならない。[6]

[二]　この過程の一面は炎としての火であって、そこではガルヴァーニ過程の帰結であった差異の統一が今やそれだけ単独で現存するようになっている。しかも自由な不安定の形、自ら燃え尽きる形で現存するようになっている。[1] 別の側面である可燃物は、火の客観である。火と同じ本性だが、しかし物理的に存立する物体としての火である。[2] この過程の所産は、一方では、火が物理的な性質として現存するということである。言い換えると、もとから火の自然規定性をもつ材料[可燃物]の側で、火が起こされる(gesetzt)ということである。[3] 最初の過程は重さの過程であった。われわれはここ

で、火が自ら酸に具体化することによって、軽さの過程をもつことになる。[4] 物理的な物体は、燃焼させられて生気づけられる可能性としては、受動的な無差別に還元された死んだものであるばかりでなく、それ自身燃焼するものになる。[5] さて生気を得た材料は端的に対立を身につけている。しかし対立するものは自らに矛盾するので、そうした素材は自らの他者を必要とし、端的に自らの他者との実在的な関係の中だけに存在する。[6] 燃焼するものは、こうした否定的なものの単独の在り方(対自存在)が区別されるようになるかぎりで、自身の区別のうちへ自分を画定する(setzen)ので、二様の形態をもつことになる。[7] 一方は普通の燃焼するもの、硫黄、燐などであって、燃焼する他方の形式は中和的である。[8] どちらの側でも静止的な存立は現存する一つの仕方にすぎず、それらの本性ではない。それに対してガルヴァーニ電気の金属の場合、無差別がその本性を形づくる。[9] 燃焼するもののさまざまな特徴のなかで、多くの鉱物が行なっているように、燃焼がなくともたんに光ったり、燐光を発したりすることは、注目に値する。それらは、いくらかひび割れがしたり、ひっかいたりされるか、あるいはまた太陽光線にさらされるかして、しばらくの間こうした状態を保持する。[10] これは電気と同じ束の間の光現象である。しかし分裂はおこっていない。[11] 最初の燃焼体は大きな延長をもたない。この最初の燃焼体の周辺を形づくるのが硫黄、瀝青、ナフテン(Naphthen)である。[12] それは、確固たる無差別の基礎をもたない脆弱なものであって、こうした脆弱なものは、ある差異あるものと結合して外部から差異を獲得するのではなく、自らの否定性を自分自身としての自分自身の内部で展開する。[13] 物体の無関係性は化学的な差異に移行している。[14] 硫黄の可燃性はもはや、過程そのもののうちで可能性にとどまるような表面的な可能性ではなく、こうして無関係性を根絶することである。[15] 可燃性のものは燃焼し、火はその現実性である。可燃性のものは燃焼する。ただ燃焼するだけでなく、つまり無関係であることをやめる。そうしたものは酸になる。[16] いやそれどころかヴィンタール(注)は、硫黄そのものが酸であると主張した。硫黄は塩基と土基それから金属を、他の酸には必須の水基(水素)を用いることさえなしに中性化することから、硫黄は実際にそうである。[17] 第二の燃焼するものは、形式的に中和的である。その存立といっても形式にすぎない。その存立が過程にもちこたえられるような、その本性の規定性を形づくってはいない。[18] 形式的に中性的なもの(塩は物理的には中性的である)は石灰、酸化バリウム、炭酸カリウムである。これは、一言で言えば、酸化物にほかならないような、つまり金属を基礎にもつような土壌である。こうしたものは、カリが脱酸化されるガルヴァーニ電気の電池で見出されている。[19] アルカリも金属酸化物であり、アルカリには動物性、植物性それから鉱物性のものがある。[20] 塩基に対する別の側面は、たとえば石灰の場合、炭酸であり、石炭が真っ赤に焼けて生み出される。——それは、抽象的に化学的であり、なんら個体的な物理的な物体ではない。[21] 石灰はそのように中性化される。しかし実在的に中和的ではない。中和性はそのなかではただ元素的な一般的な仕方でだけ達成される。[22] 人は、酸化バリウム、ストロンチウムも塩として考察されるということを知ろうとしない。それらを中和するものは、実在の酸ではなくて、まさに炭酸として現われる例の化学的抽象概念だからである。[23] 過程の別の側面をなすものは、二つの燃焼するものにほかならない。[24]

(注) 第三二七節補論の注1を参照。

[三]

火の過程のうちで抗争しているものは外面的に出会う。こうしたことが化学的過程の有限性を制約している。[1] 媒介するものとして元素的なものがつけ加わる。それは空気と水である。[2] たとえば硫黄からその酸が生じるためには、水で湿らされた壁と空気が必要になる。[3] 過程全体は、不完全な媒辞と二つの端項がそこに属する推論の形式をそなえている。[4] ところでこの推論のもっと詳しい形式が、活動の仕方に関係している。推論の両極の端項は、媒辞(中辞)を規定して、その媒辞にもとづいて自分が統合されるようにする。[5] これを詳細に考察してみれば、非常に微妙な論争が起こるであろうし、そうした論争は同時に決着のつくものではなかろう。[6] あらゆる化学的過程は、一連の推論として描き出されざるをえない。初め端項であったものが媒辞となり、その媒辞が端項として定立される。[7] 燃焼するもの、つまり硫黄、燐あるいは形式的に中性的なものがこの過程のうちで生気づけられるということが、［推論を構成する］普遍者である。[8] 土壌は、それまでは、塩として穏やかであるのに、こうして火によって苛性の状態にもたらされる。[9] 金属的なものも（すなわちできそこないの金属、石灰金属）燃焼によって生気づけられて、酸化物になるのではなくて、ただちに酸にまで駆り立てられる。[10] 砒素の酸化物はそれ自身砒酸である。[11] 生気づけられたカリは刺すように苛性であり、酸を同じく飲みつくし攻撃する。[12] 硫黄（そしてその類のもの）は無差別的な基を自らのうちにそなえていないので、ここでは水が、束の間ではあるが酸がそれだけで存立できるように、塩基性の絆となる。[13] しかしカリが苛性のものとなることによって、結晶性の水（それはもはや水というほどのものではない）として中性化の絆であった水は、火によってその形式的に中性の形態を喪失する。なぜならカリはそれだけですでに金属としての無差別的な基をそなえているからである。[14]

三三二

3　中和化、水の過程

このように差別されたものは、自分の他者と端的に対立する。これが、この差別されたものの質である。したがって、この差別されたものは、本質的に、ただ他者にたいするその関係のうちに存在しているにすぎない。自立的に分離して実存するその物体一般は、したがって暴力的な［外的な力に依存した］状態である。そこで、この差別されたものは、一面性の中に置かれていて、自分を否定するものと自分を同一化（identisch setzen）しようとする過程を身につけている。たとえこの過程が空気による過程であるとしても、酸と苛性カリは空気に触れて単に鈍化され、形式的な中和性へ還元されるだけである。[1] その所産は、具体的な中和的なもの、すなわち塩である。――これが第四の、ただし、実在的な物体としての、物体である。[2]

補論 [一] 金属はもともと自体的に他のものと異なるにすぎない。金属の概念のうちには他のものがある。とはいっても概念のうちにすぎない。[1] しかし今やおのおのの側面が対立するものとして実存することによって、今ではこの一面性はただもともと自体的にあるのではなく、画定されて(gesetzt)いる。[2] しかし、こうして個体化された物体は、自らの一面性を止揚し、そしてこうした物体が自らの概念どおりの統合を確立し(setzen)ようとする衝動である。[3] 二つの側面は物理的な実在性であり、硫酸あるいはある別の酸であって、炭酸ではない。また酸化物、希土、カリ的なものではない。[4] こうして対立が促されると、それは、ある第三のものを介して初めて活動へともたらされる必要がない。おのおのは自分自身に即して、自分を止揚し、自らの反対と統合されて、そうして自分を中和化しようとする不安定をそなえている。しかし対立項は、自分と相容れないので、それだけでは実存することができない。[5] 酸は、水が注ぎかけられるとき、熱を発して燃えだす。[6] 濃縮された酸は、煙と化して、空気から水を吸収する。たとえば濃硫酸はそのようにして増えて、いっそう大きなスペースをとるようになる。しかしその濃度は薄くなる。[7] 人は空気に対して酸を守ろうとすると、その酸は容器を腐食する。[8] 同様に苛性カリは再び穏やかになる。そのとき苛性カリは炭酸を空気から吸い込んだのだと言われる。[9] しかしこれは一つの仮説である。苛性カリは、自ら中和するために、むしろ空気から初めて炭酸を作るという。[10]

[二] さて二つの側面を促すものは、一つの化学的抽象概念であって、差異をもつ抽象態としての酸素という化学的元素である。塩基(水にすぎないとしても)は無差別的な存立、紐帯である。[1] したがって酸の場合の生気づけも苛性的なものの場合の生気づけも酸化である。[2] しかし互いに酸とカリ的であるものは、肯定的と否定的が対立する場合にもすでに見られるように、どちらかというと相関的である。[3] こうして算術では否定的なものが部分的にそれ自身で否定的なものと見

られ、部分的にそれは他のものを否定する。こうしてまさに否定的であり肯定的であるものこそ、否定的である。[4] 同様の事情は電気にも見られる。二つの逆方向の道があって、前進しても後退しても同じ点に戻ってしまう。[5] こうして酸はたしかに酸自身に否定的である。同様に関係が相関性のうちに現われてくる。[6] 一面から見て酸であるものは、他の別の面から見ればカリ的である。[7] たとえば人は、硫肝が水素と化合した硫黄であるとしても、こうした硫肝を酸と呼んでいる。酸はここでは水素との化合である。[8] もちろんこうしたことは至る所に見られる事例ではなく、硫黄の燃焼から現れてくる。[9] しかし硫黄は酸化を通して硫酸になり、その結果、硫黄は二つの形式をとることができる。[10] いくつかの希土についても同様のことが言える。それらは二つの系列になる。a) 石灰、バリウム、ストロンチウムはカリの本性ならびに金属酸化物に属する。[11] b) 珪土(二酸化珪素)、礬土(アルミナ)、苦土(酸化マグネシウム)の場合、部分的にはアナロジーが、つまり部分的にはアマルガムの、ガルヴァーニ電気の作用の痕跡ということを推測させる。[12] しかしシュテッフェンス(注1)は、礬土(アルミナ)をアルカリ系列の珪土(二酸化珪素)と対立させる。[13] シュスター(注2)によれば、礬土(アルミナ)もアルカリに対して反応するもの、つまり酸であることが分かるのであり、別の側面では、硫酸に対する礬土の反応は、それが塩基としての面をとるものだという。そして礬土(アルミナ)は、それが酸によってアルカリに解消するために沈殿する、要するに酸としてふるまう。[14] 礬土(アルミナ)の二重の本性をベルトレ(『化学的静力学』第二部、三〇二ページ)は、次のように確認している。「礬土は、アルカリと同様、酸とも結びつくほとんど同等の傾向をもっている。」「硝酸は、礬土とともに結晶するという性質ももっている。おそらくこうしたことは同様にあるアルカリとしての塩基によって生じる。」(三〇八ページ)(注3)[15] シュスターは、次のように言う。「珪土は、たとえ弱いものであるとしても、酸である。というのは、それは塩基を中性化するからである。つまり珪土はカリや水酸化ナトリウムと化合してガラスとなるのである」等々(右で挙げた文献で四一二ページ以下)。[16] しかしながらベルトレは(第二部、三一四ページ)、珪土はもうアルカリとも酸とも化合する傾向しかもっていない、と書き留めている。[17]

（注1） 第二四九節補論第一段落の注を参照。

（注2） ヨハン・シュスター『ヤコブ・ヴィンタール教授の二元的化学の体系』(Johann Schuster, System der dualistischen Chemie des Prof. Jakob Winterl, 2 Bde., Berlin 1807; Bd. I, S. 415 f.)。

（注3） 第三二四節注解第二段落の注2を参照。

〔三〕

ここでも空気と水は媒介しあう。水分がなく本当に濃縮された酸（それはまったく水分がないというわけではないが）は薄められた酸よりもずっと作用が弱い。特に空気のない場合にはそうである。そうなるのは活動がまったく止むこともあるからである。[1] 酸は、火を発するにまでは到らないようなカリ的なものとともに中和的なものを形成する。しかし抽象的に無差別ではなく、むしろ二つの現存するものの統一を形成する、というのが、一般的で抽象的な帰結である。[2] それらは、それらの対立、それらの矛盾を止揚する。というのも、それらは対立・矛盾に耐えることができないからである。そしてそれらがそのようにして一面性を止揚することによって、それらは、一方も他方も同様に、それらが概念にしたがった在り方を確定(setzen)する。[3] 酸は、直接的に金属にはたらきかけるのではなく、金属を初めは酸化物、つまり実存する対立の一方の側面となして、そうして、なるほど差異をもつ酸化物ではあるが、苛性にまでは活性化されていないこうした酸化物と中和する、と言われている。[4] この中和化の所産としての塩は、初め化学的統合、中心点ではある。しかし同時にまだ生の無限な統合ではなく、むしろ安定に到ったもの、他のものに対して制約されている。[5]

三三三

4　統合された過程

この中和的な物体は、ふたたび相互の関係に入ることによって、完全に実在的な化学的過程［中和］を形成する。［実在的］というのは、この過程は、このような実在的な物体を、その［両］側面としてもつからである。[1] その媒介として、これらの物体は、水すなわち中和性の抽象的な媒体を必要とする。[2] しかしこれらの両物体は、それぞれ単独で中和的であるから、互いに差別されない。[3] ここで登場するのが、普遍的な中和性の特殊化であり、したがってまた、化学的に活性化された物体相互の差別の特殊化である。——これがいわゆる選択親和性である。すなわち、現に存在しているものを分離することによって、他の特殊な中和性を造り出すことである。

［一］選択的親和性の細目的な事情を単純化するためのもっとも重要な一歩は、リヒターとギトン・モルヴォー（注）の発見した法則によって踏み出された。すなわち、中和的な結合は、たとえ分解のために混合が起こり、酸がその塩基を相互に交換しても、飽和状態にかんしてはなんの変化も受けないという法則である。[1] 酸とアルカリの量の割合(Skala)は、この法則と関係がある。すなわち、この割合に従って、個別的などの酸も飽和状態に達するには、どのアルカリとも特殊な比をもっている。もし一定量のある酸にたいし、これを飽和させるアルカリの系列が量にかんして示されるなら、それらのアルカリは、他のどの酸にたいしても、これを飽和させるために、相互に最初の酸にたいするのと同一の比を保っている。ただ、酸が一定系列のアルカリと結合するときの量的な単位が、異なるだけである。[2] 同様に、どの異なったカリ的なものにたいしても、酸は互いに一定の関係を保ってい

る。[3]

(注) 第三二八節補論第二段落の注1を参照。

[二] 選択親和性そのものは、塩基にたいする酸の抽象的な関係にすぎない。[1] 化学的なもの一般、とくに中和的な物体は、同時に、具体的な、物理的な物体でもある。[2] つまり、一定の比重、凝集状態、温度等々をもつ物体である。これらの本来物理的な性質と、過程のその変化(第三二八節)とは、過程の化学的な契機と相関し、これらの化学的契機の活動を困難にしたり、妨げたり、あるいは、容易にしたり、変化させたりする。[3] ベルトレは、『化学的静力学』(注)というその有名な著書で、選択的親和性の諸系列は完全に承認しながらも、化学的な作用の結果に変化を生み出すさまざまの事情を取りそろえて検討している。ところがこれらの化学的な作用の結果は、普通はよく、選択的親和性という一面的な条件だけから規定されている。[4] ベルトレは、「こういう説明によってこの学問が蒙る皮相さを、特に人は進歩とみなす」と言っている。[5]

(注) 第三二四節注解第二段落の注2を参照。

§333

補論 [一] 苛性のものと酸という対立するものの、中和的なものへの直接的な自己統合は、過程ではない。塩は、磁石や放電による電気火花の中での北極と南極の結びつきがそうであるように、過程を欠いた所産である。[1] 過程が継続されるとすれば、塩は、無関係で、何も必要としないので、再び外面的に並存するようにならざるをえない。[2] 活動は塩のうちにはない。活動は、偶然的な事情を通して初めて再び現象にもたらされる。無関係なものがまさにある第三のもの、ここでは再び水である第三のもので接触することができる。[3] 形態化と結晶化はここでとりわけ有意義になる。[4] 過程とは一般に、ある中和性が止揚されながら、再びある別の中和性が生み出されることである。[5]中和性はこうしてここでは、所産である中和性が中和性の否定によって媒介されているので、自分自身との闘争で把握される。[6]こうして互いに抗争のうちにある酸と塩基による特殊な中和性が存在することになる。[7]ある酸のある塩基に対する親和性は否定され、そうしてこの親和性の否定はそれ自身ある酸のある塩基に対する関係であり、それ自身が一つの親和性である。[8]こうした親和性は同じく第二の塩のもつ酸の、第一の塩のもつ塩基に対する親和性でもあり、第二の塩のもつ塩基の、第一の塩のもつ酸に対する親和性でもある。[9]第一の親和性を否定するものとしてのこうした親和性は、選択親和性と呼ばれる。選択親和性は、さらに言えば、磁気や電気のように対立するもの――酸とカリ――が同一なものとして自己を現す(setzen)ということにほかならない。[10]現存して現象してくる活動の仕方はこれと同じである。[11]磁石の北極は北極に反発しはする。それぞれ同一の南極と親和性があるように、ある酸は、ある別の酸をある塩基から追い出す。[12]しかしここでは酸がある第三のもので互いに比較され、そしておのおのの酸にとってそれら酸の対立するものは、別の塩基であるより以上にこの塩基である。化学的過程は質的に異なりつつ互いに活動的である在り方の領域であるので、決定は、たんに対立するものの中の一般的本性を通してだけ生じるのではない。[13]こうして肝心な事柄は親和性の強さである。しかしどんな親和性も一面的ではない。私がある人に近しく親和的であれば、その人も私に近しく親和的である。[14]酸と第二の塩の塩基は、第二の塩の中の結合を止揚して、新たな塩を構成する。それは、この酸が第二の塩の塩基に対して同じ関係をもつのに対して、第二の塩の酸が第一の塩の塩基と結びつきやすく、第一の塩の酸を追いだすからである。すなわち、ある酸は、その酸にとってある別の塩基がいっそう親和的なかたちで差し出されると、その塩基を遺棄する。[15]その場合、帰結は再び実在的に中和的であり、こうしてこの所産は類からみて出発点と同じものであり――中和的なものの自分自身への形式的な環帰である。[16]

〔二〕

リヒターの発見した親和性の法則は注解の中で問題になった。それは、イギリス人やフランス人（ベルトレとウォラストン）がリヒターについて語り、彼の業績を利用し用いたり、それからそうした業績を重要なものとするまで、注目されないままになっていた。[1] 同じくゲーテの色彩論は、あるフランス人やイギリス人がこの色彩論を心にかけるか、あるいは自分でこれと同じ見解を作り上げて主張するまで、ドイツで注目を浴びなかった。[2] こうしたことはこれ以上嘆いてもはじまらない。というのも、われわれドイツ人の場合、ガルの頭蓋骨論のように（注1）、できそこないのがらくたが日の目を見る場合を除いては、事態はともかくいつもそうである。[3] リヒターが多くのスコラ的な諸省察と根本的に取り組んだ化学量論の原理［定数比例の法則］は、きわめて簡単に以下のような比較対照を通してはっきりさせることができる。[4] 私がさまざまな商品をフリードリヒスドール金貨［昔のプロイセン金貨］で買うならば、たとえば私は最初の品物のある量に対して一フリードリヒスドールが必要であり、第二の品物の同じ量に対して二フリードリヒスドールが必要である、等々。[5] さて私がジルバーターラー銀貨で買うならば、私はむしろこの種の貨幣をもっとたくさん必要とする。つまり一フリードリヒスドールのかわりに五と三分の二シルバーターラーが必要になり、二フリードリヒスドールのかわりに十一と三分の一シルバーターラーが必要になる等々。[6] 商品は互いに同じ関係を保存している。二倍ほど多く価値をもつものは、そうしたことがどのような貨幣で計られようとも、つねにそうした価値を保存している。[7] そして貨幣の種類は同じく相異なるものとして互いに特定の関係をもっている。こうしてそれぞれの商品のある分量が、こうした貨幣の種類の相互的規定性にしたがって、貨幣の種類に関係づけられる。[8] それゆえフリードリヒスドールがターラーよりも五と三分の二倍多く、またある特定の商品の三個分が一ターラーにあたるなら、それについては五と三分の二フリードリヒスドール×三個となる。[9] 酸化の段階にかんしてはベルツェリウスが同じ観点を書き留めて、とりわけ一般的法則を目ざそうとしたのであった。というのもほかならぬ酸化のためにある物質元素はほかの元素が必要とするよりも多くの、ないしは少しの酸素を必要とする。たとえば、錫一〇〇の分量が、一酸化物としては酸素一三・六の分量を、白い二酸化物としては酸素二〇・四の分量を、黄色の過酸化物としては酸素二七・四の分量を飽和させるとされる。[10]まず最初にダルトン（注2）はこうしたことを実験した。自分の行なった規定を原子論的形而上学の最も劣悪な形式で包み込むことになった。そうなったのは、彼が、最初の元素あるいは単純な最初の量を一個の原子として規定し、それからこれら原子の重量と重量関係について語ったからである。これらの原子は球形のものとされ、部分的に熱素の濃密ないし薄い空気に取り囲まれているという。そうして彼は、相関的な重量とそれらの直径を規定すること、ならびに合成された物体の中のそれらの数量を規定することを教える。[11]ベルツェリウス（注3）はまた、そしてとりわけシュヴァイガー（注4）は、電気化学的な諸関係のごたまぜを作り上げる。[12]しかし磁気と電気の形式的な諸契機は、この実在的な過程に姿を現わすことができない。あるいはそれらがそうするときには制限されたかたちでできるにすぎない。[13]過程が完全に実在的でない場合にだけ、そうした抽象的な形式が特例として姿を現す。[14]そこでデイヴィーはまず、二つの化学的に対立する作用をもつ物質が電気的に対立するということを示した。[15]硫黄がある壺の中で溶かされると、両者の間に電気的な緊張が現れる。それは、こうしたことが実在的に化学的な過程ではないからである。[16]最も明確なかたちでは、われわれが見たように、電気は、同じ理由からガルヴァーニ過程で現れる。それゆえ電気はまた、ガルヴァーニ電気が化学的過程になるところで引き下がる。[17]しかし磁気は、差異が空間的に示されねばならない場合にかぎって化学的過程に現れることができる。こうしたことは主に、まさに化学的過程の絶対的活動ではないガルヴァーニの形式で再び現れる。[18]

（注1）　フランツ・ヨゼフ・ガル（Franz Joseph Gall, 1758-1828）。医師で解剖学者。頭蓋骨の形態を観察することによって、さまざまの特徴が分かると主張した。今日では、大脳部位説の先駆者と評価されている。ヘーゲルは『精神現象学』で詳細に、頭蓋骨論を論評している。

（注2） ジョン・ダルトン(John Dalton, 1766-1844)。化学者、物理学者。近代原子論の最初の提唱者。
（注3） 第三三〇節注解第三段落を参照。
（注4） 第三三〇節補論第二段落を参照。

β 分　離

三三四

§334

中和的なものが分解することで、特殊な化学的物体への還帰が始まり、ついには無差別な物体にまで達する。これは、一方では、一連の固有の過程を通じてなされる。他方では、このような分離そのものが、おのおの合一と不可分離に結びついている。また反対に、合一の行程に属すると述べた過程には、同時に、直接に分離という他の契機が含まれる。[1] 過程の特殊な形式がそれぞれ占める固有の位置を、したがってまた、過程のさまざまな所産のなかでの特殊なものを割り振るには、具体的な作用因(Agentien)による過程が、同じように具体的な所産の中で観察されなければならない。[2] 作用因が抽象的であるような(たとえば、金属に作用するたんなる水、完全にガス状のもの等々)抽象的な過程は、もともと自体的にはたしかに過程の統合を含んでいる。しかしその契機を顕在的な仕方ではあらわさない。[3]

［一］経験的な化学では、素材とその所産との特殊性が主として問題にされる。表面的で抽象的な規定によってこれらの素材や所産がまとめあげられるために、その細目にはなんの秩序も導入されない。[1] このような分類では、金

属、酸素、水素等々、（かつては土、今では）非金属、硫黄、燐が、単純な化学的な物体として同一線上に並ぶ。[2] しかしこれらの物体の物理学的な相違が非常に大きいために、このような配列にたいして、ただちに反発が起こらざるを得ない。しかし、これらの物体の化学的な起源、すなわち、これらの物体を産み出す過程もまた違ったものとして現れる。[3] ところが、抽象的な過程も実在的な過程も、物体の場合と同じように混沌として無秩序に、同一の段階に置かれている。[4] もしここへ学問的な形を導入するには、すべての所産が、完全に発展した具体的な過程の段階から規定されなければならない。すなわち、その所産が本質的にそこから産み出され、そしてかの所産に固有の意味を与えるところの段階から規定されなければならない。このために、過程の中の抽象もしくは過程の実在性の諸段階を区別することが不可欠である。[5] 動物類の実体と植物類の実体は、元来化学的な物体とは全く別の秩序に属する。それらの実体［動植物］の本性は、化学的な過程からは決して把握されない。化学的な過程ではその本性がむしろ破壊され、死の道に突き落とされるだけである。[6] しかしこれらの実体［動植物］は、化学と物理学を支配している形而上学に対抗するのにもっとも役立つはずである。その形而上学とは、まず、どういう事情のもとでも素材は不変であるという思想、あるいはむしろ粗野な想念であり、また、物体をこういう素材からの合成で成立するとみなす合成・成立のカテゴリーである。[7] 化学的素材は合一されると、分離状態で示す性質を失うということは一般に認められている。それなのに、これらの素材は、そのものがその性質をそなえることでそのものであるような性質を失っても、同じ物であるとか、これらの性質をそなえた物としての素材が、過程の所産としてはじめてなりたつものではないとかという思いこみが一般に通用している。[8] まだ無差別である物体、すなわち金属は、その肯定的な規定を物理的な仕方でもつ。すなわち、つぎのような金属の性質は、直接的に身についたものとして現象する。[9] しかし、さらに立ち入った規定をもつ物体の場合には、これらの物体が過程のうちでどのように振舞うかが見られると前提することができない。そうではなく、これらの物体は、その最初の本質的な規定を、もっぱら化学的な過程の中での位置に応じてもつようになる。[10] それ以上に込み入っているのは、物体が他のすべての特殊的な物体にたいして示すふるまいによって決定される経験的で、その物体に全く特有な細目である。これを知るには、あらゆる作用因にたいする物体の反復的な振舞いを、通覧しなければならない。[11] この点にかんしてもっとも目立つことは、四つの化学的な元素（酸素等々）が、素材として金、銀等、硫黄等と同列に並べ立てられていることである。まるでこれらの元素が、金や硫黄等々のように自立的な現存をもつかのようである。たとえば酸素が、炭素のような現存をもつかのようにである。［酸素は独立した実存をもたない機能的な元素。[12]］四つの化学的元素が、金、銀、硫黄などの素材の下位に立つものであり、抽象物であることは、過程の中のその位置から明らかである。それらが下位に立ち、抽象的であるために、それらは金属や塩から、区別して分類され、それらをこのような具体的な物体と同列に置くことは決して許されない。過程の中のこのような位置は、第三二八節で説明して置いた。[13] 抽象的な媒介項は、それ自身のうちで分裂しており（第二〇四節注解参照）、したがって二つの元素――水と空気――から成っていて、たんに手段として使いつぶされるにすぎない。この抽象的な媒介項によって、推論の実在的な両端項は、その根源的な、せいぜい自体的にすぎなかった差別性が実存を獲得する。[14] 差別性のこの契機がこのように単独で現存にまで達すると、完全に抽象的な契機としての化学的な元素を構成する。これらの物質は、根本的な元素、すなわち、実体的な基礎ではない。「元素」という表現からまず差し当って思い浮かべられるのとは違い、むしろ差別性の最尖端である。[15]

〔二〕 この場合にかぎらず、一般にそうであるが、化学的な過程はその完全な統合の中で受け取らなくてはならない。[1]特殊な部分、形式的で抽象的な過程を切り離してしまうと、化学的な過程一般を、たんに一つの素材の他の素材にたいする作用とみなすような、抽象的な思いこみが生じて来る。こういう考え方の場合には、その際に起こる他の多くのことがら、至るところで起こる抽象的な中和による水の産出、抽象的な分離によるガスの発出が、ほとんどたんなる副次的な事象、もしくは偶然的な結果、あるいは少なくともたんに外面的に結びついたものと思われ、全体と関係する本質的な契機とはみなされていない。[2] しかし、化学的な過程を、その総体性で完全に説明し尽くすには、この過程を、さらに実在的な推論として、ただし、もっとも内的に深く相互に入り組んだ推論の三重構造として解明する必要がある。この推論は、たんにその名辞の一般的な結合ではない。それは活動として、これらの名辞の規定の否定である（第一九八節参照）。この推論と、さらに、一つの過程のうちで結びついている結合と分離とを連関させて描き出す必要がある。[3]

補論 〔一〕 結合の第一の諸過程が行なわれていた。中和的なものの諸過程はお互いに同時に中和的なものの分離あるいは解体である。われわれがそこから出発した抽象的な物体の分離である。[1] われわれは純粋な金属から始めた。それは、われわれがそうした金属を直接的にあるものと見たからである。こうした金属は、今やこのような仕方で、われわれがそこに向かって進んだところの全体的な物体から産出された所産である。[2] ここで解消されるものそして具体的な媒辞であるところのものは、実在的に中和的（塩）である。それに対してガルヴァーニ電気では水が、火の過程では空気が、解消された形式的な媒辞であった。[3] この還帰の仕方と段階はさまざまである。とりわけ火の過程、同じく塩の過程はそうである。[4] たとえば赤熱することによって塩では中和した酸に再び火が入れられる。同じく石灰から炭酸が追い出される。石灰は、この温度では炭酸よりも「熱素」ともっと親和性をもつとされるからである。[5] たとえば、酸としてある塩基と結合した硫黄が追い出されて、金属が鉱質になる場合、こうしたことは金属の還元にまで進む。[6] ごくわずかな金属だけが同時に自然の中に純粋なかたちで発見される。たいていの金属は化学的過程を通して初めて分離される。[7]

［二］以上が化学的過程の全経過である。[1] 個体的物体がどの段階に属するかを明確にするためには、化学的過程の行程がそうした過程の特定の段階的継起の中で確定されなければならない。さもなければ人は、それだけではいつまでも非有機的な混乱状態のままの無数の素材とかかわることになる。[2] 物体の個体性は、こうして過程の中で以下のように規定される。過程の諸契機であり所産がある。それらは、個体性として確定される具体的なさまざまの元素としての、限定されたすなわち差異をもつ物体一般の、次のような体系を形づくる。[3]

［三］a) 個体化され差異をもつ空気はガス状のものである。しかもそれ自身四つのものからなる全体である。α) 抽象的に無差別的なものとしての窒素ガス、β) 対立の中の空気としての酸素ガスと水素ガス、前者は火を入れ生気づける。後者は対立の中の積極的なもの、無差別なものである。γ) 一部は地上的なもの、一部はガスとして現象するので、地上的である炭酸ガス。[1]

［四］b) 対立の一方の契機は火の圏、個体的な実現された火である。それに対立するものは燃焼されるべきものである。[1] この契機それ自身が一つの全体である。α) 塩基。もともと自体的に燃焼するもの、もともと自体的に火的なものであって、ある差異のうちでだけ、規定として、定立されるはずの無差別なものではなく、差異的なものとしてのみ限界づけられるはずの肯定的でもなく、否定性それ自体である。この否定性は、(火そのものが活動的な時間と言われうるように)自分のうちで実現された休眠時間である。そこで、そうした時間の静止的な存立はたんに形式にすぎない。その

結果、この否定性はそうした時間の質であって、そうした時間の存在だけの形式ではなく、そうした時間の存在そのものがこうした形式である。——地上的な塩基としての硫黄、空気的な塩基としての水素、植物的で動物的な油であるナフサ油等々。β) 酸、しかも 1 地上的な燃焼するものである硫酸、2 窒素酸、——さまざまな形式をもつ硝酸、3 水素酸、——塩酸(私は水素を塩酸の基とみなしている。空気の個体性の中の無差別性は、酸として生気づけられねばならない。そうであればこそ、そうした無差別性は、金属がそうであるように、もともと自体的に燃焼的である。たんにそうした無差別性が抽象態だからだけではない。無差別的なものでありつつ、そうした無差別性はそれ自身で質料であって、酸素がそうであるように自己外にあるのではない)、4 地上的な酸、αα) 抽象的な地上的な炭酸、ββ) 具体的な亜砒酸等々、γγ) 植物的なそして動物的な酸(クエン酸、血液酸(Blutsaeure)、蟻酸)。γ) 酸化物に対する酸、カリ一般。[2]

[五] c) 対立の他の契機は、実現された水、酸と酸化物の中和性、——塩、希土、岩石である。[1] 本来的にはここで統合された物体が立ち現れる。ガス状のものは空気である。火の圏はまだ統合された在り方の静止には到っていない。硫黄は火の圏の中で根底としてその他の地上的な物体の上に漂う。[2] 希土は白い。端的に脆弱である。個別的なもの一般であって、これは、金属の連続性と過程によるその経過も、燃焼性ももたない。[3] 四つの主要な希土がある。[4] この地的な中和的なものは、二重化されたものの系列のうちへと自己分裂する。α) 中和性の塩基としてただ水の抽象態をもつにすぎない。そして酸ならびにカリの中和的なものとして存立する中和的なもの。こうした移行をなすのは、珪土(二酸化珪素)、礬土(アルミナ)そして苦土(酸化マグネシウム)である。[5] 1 珪石は、いわば地上的な金属である。純粋に脆弱である。その個別性の抽象を通してとりわけカリと化合して、ガラスとなる。珪土は、金属が融解の過程を色や純粋な状態として表現するように、こうした過程を個別性として表現する。珪石は無色であって、そこで金属性が消滅して純粋な形式となっていて、内的な状態は絶対的な離散なのである。[6] 2 珪石は直接的な単純な非開放的な概念であった。礬土は、

差異をもつ最初の泥質のものである。――燃焼の可能性である。[7] 礬土は純粋な礬土であるときには酸素を空気から吸い取る。しかし一般には硫酸と合わさって、泥質状の火となる。陶器の碧玉である。[8] 礬土の硬さと結晶化は火のおかげである。[9] 水は、外的な凝集力ほどには結晶化する連関を作り上げない。[10] 3 苦土は、塩の主語である。海の苦味はそこからやってくる。[11] こうしたことが、媒介、すなわち、火の原理に転化している味覚である。まさに中和的なものの火の原理への還帰である。[12] β) 最後にわれわれはこれに加えて対立物をもつことになる。本来実在的に中和的なもの、石灰類、カリ的なもの、差異をもつもの。そうしたものは、自らの土状の原理を再び解消して、そして過程であるために、物理的な元素のみを必要とする。――この過程は、再び回復されるところの消滅していた過程である。石灰は火の原理である。この原理は、物理的物体からそれに即して生み出される。[13]

[六] d) それにとってはあらゆる他の規定が自分の外部から現れた、また重量が光と同一になるところにある、まだ残っている重い地的なものは、金属である。[1] 重量が無規定な外面性の中の自己内存在である。こうした自己内存在が光においては実在的である。[2] 金属は一面では色をもっている。他面ではしかしその輝きは自ら放つ無規定な純粋な光である。こうした光が色を消失させる。[3] 金属のさまざまの状態とは、まずはじめに、その連続性と純正性である。次には、その脆弱性、点的性格、酸化可能性に対して開かれている在り方である。純正な金属はそれぞれの状態を次々に身につけて遍歴していく。α) そうして多くの金属が鈹質であることが明らかになる。β) 他の金属は、ただ酸化されたかたちで、土状となって現れ、なんら鈹質のかたちでは現れない。またそうした場合でも、そうした金属はまったく粉末状で現れる。たとえば、砒素である。――アンチモンとその類のものは脆弱で硬いので、たやすく粉末状にすることができる。[4]

γ) 最後に燃えがらとしての金属はガラス化して現れ、そして硫黄のように連関の同等性のたんなる形式をもつ。[5]

三三五

化学的な過程は、一般的にはたしかに生命である。というのは、個体的な物体がその直接性のなかで止揚されるとともに、ふたたびまた産み出されるからである。そうなると概念が、もはや内面的な必然性にとどまっていないで現象するようになる。[1] しかし、化学的な過程のなかへ入り込む物体が直接的であるため、化学的な過程には、一般に分離がつきまとっている。そのため、化学的な過程の契機は、外面的な条件として現象する。分離するものは、相互に無関係な所産に分裂する。それが中性的なものの中の火である。そして火は、それ自身では、この過程では二度と燃え立つことがない。すなわち、過程の始まりと終わりは、互いに違っている。これが化学的な過程の有限性を形づくる。その有限性がこの過程を生命から隔て、区別する。[2]

たとえば、過程のなかで、酸のある部分では酸化が強まるのに対して「酸化という目的を達成するかのように」ある酸化物では、酸化の度が下がり、これに作用する酸と結合できるようになるという化学的現象がある。こういう現象を説明するという機縁から、化学では、合目的性という規定が適用されるようになった。合目的性とは、概念が自分を実現するに当って、自発的に自分を規定して開始するということである。こうなると、概念の実現が、その外部に存在する条件だけで規定されることはない。[1]

補論 たしかに生命性の見かけが現に存在する。しかし生命性は所産では消えてしまう。[1] 化学的な過程そのものの所産がふたたび活動性「反応」を始めるとき、その所産は生命となるだろう。[2] 生命はその限りで持続化させられた化学的過程である。[3] ある化学的物体の種の規定がその実体的な自然［本性］と同一である。われわれはここではまだ確定的な種の領域にいる。[4] 生命体では反対に種の規定性が個体の実体性と同一的ではない。個体はその規定にかんして有限であるが、無限でもある。[5] 概念が化学的な過程ではその契機をただ中断された形で提示する。化学的な過程の全体は一面では、無差別という在り方をするという確固とした規定性を保持している。そして他方で自己内で対立（そこでは規定性が抜けてしまう）であるという衝動をもっている。[6] 静的な存在と衝動とが相互に違っている。ただもともと自体的にのみ、すなわち概念でのみ統合された在り方が措定されている。[7] とりわけ一つの概念に二つの規定があるということは現存にまでは出てこない。現存するものとしての統一は生命の規定である。そして自然はそこに向かっていく。[8] もともと自体的には生命は化学的な過程のなかに存在する。しかし内的必然性がまだ現存する統一になってはいない。[9]

§ 336

三三六

しかし化学的な過程そのものは、次のような結果となる。［1］先に述べた直接的な前提、すなわち、この過程の外面性と有限性の基礎であるものを否定されたものとして措定する。［2］過程の特殊的な段階の結果として現象する物体の性質を、他の段階で変化させる。［3］このように条件であったものを、所産にまで引き下げることである。[1] このように一般に化学的な過程で措定される（gesetzt）のは、直接的な実体および質の相対性である。[2] 無関係に存立する物体的なものは、このことによって、個体性というたんなる契機として措定され、概念は、それに対応した実在性のなかで措定される。概念に対応した実在性とは、一つのものの中で区別された物体一般の特殊化から生ずる自分との具体的な統一である。——この統一は、これらの物体が示す自己関係のこの一面的な形式［個体の見かけ上の自立性」を否定する活動である。すなわち、自分を概念の諸契機へ分裂させ特殊化すると同時に、その統一のなかへ連れ戻す活動である。――したがって、この活動は、自分自身を、燃え立たせ維持する無限な過程であり、これが有機体である。[3]

補論　今やわれわれは非有機的自然から有機的自然に、自然の散文から自然の韻文に移行しなければならない。[1] 物体は化学的過程のうちで表面的にではなく、あらゆる面にわたって変化する。凝集力、色彩、輝き、不透明性、響き、透明性といったあらゆる性質が失われていく。[2] 最も深い最も単純な規定であるように見える比重でさえ、存続しない。[3] まさに化学的過程では、個体性の［互いに］没交渉に現象してくる諸規定の相対性は、偶有性のこうした交替の中の実在として存在する。そうした個体性の、無関係に現れてくる諸規定が相関的であることが明らかになる。物体はその現存が流動的であることを示すのであり、そしてこの相関性が物体の存在である。[4] 物体が、その何であるかが述べられるとすれば、その記述は、物体の変化の全領域が挙げられるときにだけ完成される。というのは、物体の真の個体性は、ある個別的な状態のうちにあるのではなく、さまざまの状態のこうした円環のうちでだけ汲み尽くされて叙述される。[5] 形態の統合は存続しない。しかもそうした形態は一つの特殊なものにすぎないのでそうである。そうした物体が有限であるので、不変でないという物体の権利が、個体的な物体に生じてくる。[6] こうして、色彩の全領域を遍歴して、酸化物としてあるいは酸によって中和化されることで、透明な中和された塩もまたつくられうる。塩一般がそうであるように色彩が和らげられている。[7] 脆弱性、純正性、におい、味などが同じく消失する。ここで述べられるのは、特殊なもののこうした観念性である。[8] 物体は、そうした規定の可能性の全円環を通り抜ける。[9] たとえば、銅は、鈑質の金属としてその色からみて赤い。硫酸銅は、しかし青い結晶をもたらす。水酸化銅(Wasser-Kupferoxyd)は沈殿物としては藍色であり、塩酸による酸化銅は白い。銅のほかの酸化物は緑、黒みを帯びた灰色、赤褐色などであったりする。藍銅鉱は再び別の色などをもつ。[10] 試薬によって反応はさまざまであり、そして化学的物体は、その反応の総和である。[11] すなわち反応の統合性は総和としてのみ存在するものであり、自分自身への無限の還帰としてあるのではない。[12] 銅が他のものと合体、酸化そして中和性で合せさせるすべての反応で、銅は自らの規定性を保持する。しかしもともと自体(即自)的に存在するものとしてであって、現に存在するものとしてではない。鉄はつねにもともと自体的に鉄のままである。これまたもともと自体的にそうであるだけであって、その現存の仕方でではない。[13] しかし現存の維持が問題であって、もともとの自体(即自)の維持が問題ではない。——というのも、まさにもともと自体は現存のうちにあるのであり、あるいは現存はもともと自体的であるからである。[14] 特殊な反応の領域が物体の一般的な特殊性を形づくる。しかしこうした特殊性は、もともと自体的にだけ現存するのであって、なんら一般的な現存ではない。[15] 火の過程でのみ、活動は内在的である。——自己の生の、といっても死に急ぐ活動である生の一瞬である。[16] しかし特殊な諸規定を自らにそなえる直接的な形態はここでは崩壊(untergehen)するので、移行は、規定性のもともと自体的に普遍的なものが現存でも定立されるという点にある。そしてそれが有機的なものの自己保持ということである。[17] 有機的なものは実にさまざまなポテンツに対して作用したり反応したりする。それぞれの反応で別のかたちに規定される。しかし同じくまた自分自身との統一であり続ける。[18] 今や現存する仕方ももともと自体的に存在する規定性は、他のものと関わりをもつようになる。しかしこの関わりを中断しもして、他のものと中和化せずに、にもかかわらず自分と自分の他者によって規定される過程のうちで自分を保持する。[19] 無限の形式が、個体性の魂として、さらに形態で具体化されるならば、この形式は、自分自身のうちで無限に自由な形式ではないものにおとしめられる自らの現存において、一個の存在し持続するものになる。[20] しかしこうした無限な形式にとってこの安定は不向きである。というのも、無限な形式は不安定であり、運動、活動だからで形態のそれぞれが自立的な物質として現存するのである。それは、絶対的（即かつ対自的）にあるものとして初めて立ち現れる。[21] 形態のそれぞれが自立的な物質として現存することのできるような形態で、無限な形式の契機を持ち続けることは、なるほど無限な形式が現存のうちへと現れることである。しかしここではこの形式をもつ一者は、まだ一者である真理をもつに到っていない。[22] さてしかし化学的過程はまさに、それによって物体のあらゆる特殊な諸性質が過ぎ去りゆくものへと引きずりこまれる弁証法を描き出している。化学的過程とは、その有限性の原理となっている直接的な諸前提を否定することである。そうしてもなお存続するものは、単独で存在する無限の形式、物質的存立としてみればあくまで一個の変化するものであるような物体抜きの純粋な個体性である。[23] 化学的過程は、非有機的自然が到達しうる最高のものである。そこで非有機的自然が自らを否定して、そして無限な形式こそが自らの真理であることを示す。[24] こうして化学的過程は形態の没落を通して、有機体といういっそう高次の領域への移行であって、この有機体で、無限な形式は無限な形式として実在的になる。すなわち、無限な形式は、ここで自らの実在性に到る概念である。[25] この移行は、現存の普遍性への高揚である。[26] こうして自然はここで概念の定在に到達した。概念はもはや自分のうちにあるものとしてではないし、自然の相互外在的存立のうちに沈みこんでいるのでもない。[27] こうした在り方は自由な火であり、それは、α）物質的在り方から純化されており、そして β）定在で形体化されている。[28] 存立するものの諸契機そのものがこうした観念性に高められており、観念性のこうした存在だけをもち、そして制限された存立に逆戻りすることはない。われわれはこうして、ヘラクレイトスが火を魂として、また乾いた魂を最良のものとして言表したように、客観的な時間、不滅の火、生命の火をもつことになる。[29]

■岩波オンデマンドブックス■

ヘーゲル全集 2a 自然哲学 上巻

1998年 3月27日 第1刷発行
2016年 8月16日 オンデマンド版発行

訳 者 加藤尚武《かとうひさたけ》

発行者 岡本 厚

発行所 株式会社 岩波書店
〒101-8002 東京都千代田区一ツ橋 2-5-5
電話案内 03-5210-4000
http://www.iwanami.co.jp/

印刷/製本・精興社

ISBN 978-4-00-730470-5 Printed in Japan